한국어 교원을 위한
한국어교육학

강현화 · 김선정 · 김은애 · 김종수
이미혜 · 정명숙 · 최은규 지음

KNOU PRESS
한국방송통신대학교출판문화원

한국어 교원을 위한 **한국어교육학**

초판 1쇄 발행 | 2016년 3월 2일
초판 3쇄 발행 | 2020년 9월 10일
지은이 | 강현화·김선정·김은애·김종수·이미혜·정명숙·최은규
펴낸이 | 류수노
펴낸곳 | (사)한국방송통신대학교출판문화원
주소 서울특별시 종로구 이화장길 54 (03088)
대표전화 1644-1232
팩스 (02) 741-4570
http://press.knou.ac.kr
출판등록 1982. 6. 7. 제1-491호

ⓒ 강현화·김선정·김은애·김종수·이미혜·정명숙·최은규, 2016
ISBN 978-89-20-01826-8 93710
값 20,000 원

출판위원장 | 이기재
편집 | 이근호·이강용
편집 디자인 | 홍익 m&b
표지 디자인 | 이상선

서 문

외국인을 대상으로 한국어를 가르치고자 하는 한국어 교사들을 위한 교재인 『외국어로서의 한국어학』과 『외국어로서의 한국어교육학』을 발간한 지 벌써 십 년이 되었다. 그동안 한국어 교육 분야에서는 여느 분야 못지않게 학술활동이 활발하게 이루어져 많은 논문이 발표되었고, 적지 않은 연구서 및 각종 개론서들이 출간되었으며, 다양한 한국어 교재의 발간도 꾸준하게 이어졌다. 그만큼 『외국어로서의 한국어학』과 『외국어로서의 한국어교육학』의 내용을 보완할 필요성도 커졌다고 할 수 있으며 집필에 참여했던 필자들 역시 보완의 필요성을 제기해 왔다. 이에 따라 최근의 학계의 성과를 충실하게 반영하고 필요한 내용을 추가하여 새로운 책으로 출간하게 되었다.

한국어 교원이 되고자 하는 학생들을 대상으로 기획된 본 교재는 두 권으로 되어 있다. 제1권인 『한국어 교원을 위한 한국어학』은 한국어 교육에 토대가 되는 국어학에 관한 내용들이 중심을 이루지만 일반 언어학에 관한 내용들인 '언어학 개론, 대조언어학, 외국어 습득론'에 관한 내용도 추가하였다. 제2권인 『한국어 교원을 위한 한국어교육학』은 한국어교육에 직접적으로 관련되는 내용들로 구성되어 있다.

각 장별로 집필에 참여하신 분들은 각 주제에 대해 최고의 전문가라 할 수 있다. 필자가 여러 명일수록 원고를 수합하고 체재를 통일하는 과정 등에서 번거로운 점이 적지 않고 시간도 많이 걸리게 되지만 최고의 전문가를 필진으로 모신다면 그만큼 내용은 좋아지게 마련이다. 본 교재는 여러 가지로 바쁜 중에도 기꺼이 집필을 맡아 주신 필자들이 있었기에 시중의 어떤 교재 못지않은 충실하고 훌륭한 교재가 될 것이라고 확신한다.

교재 출간을 앞두고 서문을 쓰면서 많은 분들에게 큰 신세를 졌다는 생각을 하게 된다. 지난 교재에 이어 이번 교재에서도 집필을 맡아 내용 보완과 수정을 해 주신 강현화 선생님, 구본관 선생님, 김선정 선생님, 김은애 선생님, 박동호 선생님, 이미혜 선생님, 이호권 선생님, 이홍식 선생님, 임동훈 선생님, 최은규 선생님, 그리고 이번에 새로 집필에 참여해 주신 김종수 선생님, 송원용 선생님, 정명숙 선생님, 정승철 선생님께 깊은 감사의 말씀을 드리고 싶다. 또한 집필 기간이 길어져서 남모를 속앓이를 했을 한국방송통신대학교 출판문화원의 이근호 선생을 비롯하여 관계자 여러분께도 특별히 고마운 마음을 표하고 싶다.

2016년 2월
집필진을 대표하여
고성환 씀

차 례

제3장 어휘 교육론 [강현화]

제 1 장

외국어로서의 한국어 교수법

정명숙

학습개요

한국어교육은 한국어를 모국어로 하지 않는 사람들에게 한국어를 가르치는 것으로, 한국어교육의 목표는 학습자들이 한국어로 원활하게 의사소통할 수 있도록 하는 데 있다. 따라서 이러한 의사소통 능력을 향상시킬 수 있는 바람직한 한국어교육 방법은 한국어의 특성, 한국어 학습자의 특성에 대한 이해를 바탕으로 찾을 수 있다. 따라서 이 장에서는 먼저 한국어교육의 특성을 파악하고, 이를 바탕으로 한국어 교육의 목표를 설정할 것이다. 또한 한국어를 교육할 때 어떤 원칙을 가지고 접근해야 하는지, 즉 한국어교육의 원리를 살펴보고, 이에 따라 실제로 한국어 수업을 진행할 때는 어떤 구조로 수업을 해야 하는지, 그리고 수업의 각 단계에서 무엇을 어떻게 해야 하는지를 제시할 것이다.

1. 한국어교육의 개념과 범위

한국어교육은 한국어를 모국어로 하지 않는 외국인이나 재외동포들에게 한국어를 외국어로서, 혹은 제2언어로 가르치는 것을 말한다.[1] 한국어를 모국어로 하는 사람들, 즉 한국인을 대상으로 하는 국어교육과는 교육 대상이 다르기 때문에 한국어교육은 국어교육과 교육의 목표, 내용, 방법 등 모든 면에서 다르다. 한국어교육에 대한 정확한 이해 없이는 효과적인 한국어 교육이 이루어지기 어렵다. 이에 여기에서는 한국어교육의 개념을 소개하고, 보다 구체적으로 한국어교육의 대상과 범위가 어디까지인지 알아보고자 한다.

한국어교육은 앞에서도 언급했지만 한국어를 모국어로 하지 않는 사람들에게 한국어를 가르치는 것을 말하는데, 한국어교육의 목표는 한국어 의사소통능력 향상에 있다. 즉 한국어교육은 한국어로 의사소통이 불가능한 사람들에게 한국어로 의사소통할 수 있도록 교육하는 것이라 할 수 있다. 한국어로 의사소통하기 위해서는 한국어 발음과 어휘, 문법을 알아야 하며, 이들을 운용해 소통 가능한 문장과 담화를 생성하는 규칙을 알아야 한다. 또한 한국어로 의사소통하기 위해서는 한국어 모어 화자들이 공유하고 있는 문화에 대한 이해가 필요하다. 따라서 한국어교육은 엄밀하게는 한국어 문화 교육이라 할 수 있다. 이러한 한국어와 한국어의 운용 규칙, 그리고 한국 문화를 잘 알고 있다고 해서 누구나 한국어로 원활하게 의사소통할 수 있는 것은 아니다. 결국 이러한 한국어와 한국 문화에 대한 지식뿐만 아니라 실

---

[1] 학습자들이 처해 있는 언어 환경이나 학습 목적에 따라 '외국어교육'이 되기도 하고 '제2언어 교육'이 되기도 한다. 제2언어라는 것은 목표어가 그 사회에서 생활하는 데 꼭 필요한 언어이기 때문에 그 사회에서 생활하기 위해서 배우게 되는 언어를 말하며, 외국어로서 교육한다는 것은 학습자가 속해 있는 사회에서 생활하는 데 필요한 언어는 아니지만 그 목표어를 사용하는 사람들과 의사소통하거나 목표어 사회의 언어와 문화에 대한 이해를 목적으로 교육하는 것을 말한다. 한국어 학습자들의 경우 과거에는 한국어를 외국어로 학습하는 경우가 많았으나 최근에 국내 학습자들 중에는 제2언어로서의 한국어 학습자가 크게 늘어났다. 과거에는 비록 한국에 와서 한국어를 학습하더라도 한국에 체류할 목적이 아니라 잠시 연수를 할 목적으로 방문하는 경우가 많았기 때문에 이들이 한국어 사용 환경에서 한국어를 학습한다고 하더라도 이들의 한국어 학습은 대부분 외국어로서의 한국어 학습이라 할 수 있다. 그러나 최근 외국인 근로자와 유학생이 증가하고 결혼이민자들이 늘어나는 등 한국이 다문화 사회로 옮아가면서 한국어를 제2언어로 학습하는 학습자들이 점점 늘고 있다고 할 수 있다.

제 유의미한 맥락 속에서 이들 지식을 사용하여 실제로 의사소통할 수 있어야 한다. 따라서 한국어교육의 내용은 다음과 같이 구성된다.

표 1-1 한국어교육의 내용

영역	한국어 지식	한국 문화 지식	사용
내용	한국어 발음, 어휘, 문법	한국 문화	한국어 듣기, 말하기, 읽기, 쓰기

한국어교육의 내용은 결국 한국어 발음 교육, 어휘 교육, 문법 교육, 한국 문화 교육, 한국어 듣기, 말하기, 읽기, 쓰기 교육과 같은 영역을 포함한다. 이는 올바른 국어 생활 및 국어문화 창조에 이바지하고자 하는 국어교육의 내용과 유사한 측면이 있다. 그러나 한국어교육과 국어교육의 세부 내용과 교육 방법은 완전히 다르다. 한국어교육의 교육 내용과 방법을 문법을 예로 들어 제시하면 다음과 같다.

[1] 한국어교육에서의 문법 교육 예시
가. 문법 항목: -(으)ㄹ 수 있다
나. 문법 설명: 동사 어간에 붙어 주어가 그 동작을 할 능력이 있음을 나타낸다. 동사 어간이 모음이나 'ㄹ'로 끝나면 '-ㄹ 수 있다'를 붙이고, 'ㄹ' 이외의 자음으로 끝나면 '-을 수 있다'를 붙인다.
다. 문법 연습:
　　가) 구문 카드(운전하다, 책을 읽다, 불고기를 만들다 등)를 제시하면 학생들이 '-(으)ㄹ 수 있다' 형태로 바꿔 말하는 것을 여러 번 반복하여 규칙을 내재화한다.
　　나) 동작 그림 카드를 제시하면 학생들이 '-(으)ㄹ 수 있다' 형태로 말하는 것을 반복한다.
　　다) 자신이 할 수 있는 일이 무엇인지 친구들과 이야기한다.

한국어를 모어로 하지 않는 학습자들에게 문법 교육을 할 때는 [1]에서 제시한 바와 같이 '-(으)ㄹ 수 있다'와 같은 덩어리 표현이 어떤 의미인지, 어떤 어휘와 결합 가능한지, 어떤 이형태 규칙이 적용되는지를 설명해야 한다. 또한 이 문법 형태의 규칙을 의식적으로 적용하는 것이 아니라, 자동적으로 규칙이 적용될 수 있도록 하기 위해 반복 연습을 시킨 다음, 유의미한 맥락 속에서 배운 문법 형태를 활용해 자신이 표현하고 싶은 것을 표현할 수 있도록 연습시킨다. 이와 같이 한국어교육과 국어교육에서 모두 문법을 다루고 있지만, 한국어에 대한 직관이 없는 외국인을 대상으로 하는 한국어교육과 한국어 모어 화자를 대상으로 하는 국어교육은 구체적인 교육 내용과 교육 방법이 근본적으로 다르다는 것을 확인할 수 있다.

한편 한국어교육은 1988년 올림픽 이후 학습자 수가 증가하여 2000년대 이후에는 폭발적인 증가를 하였으며, 한류의 확산으로 한국어교육의 발전은 꾸준히 지속되고 있다. 한국어교육이 발전하면서 한국어 학습자층도 재외동포와 일반 외국인에서 외국인 근로자, 결혼이민자, 다문화 가정 자녀로 확대되었다. 이에 따라 한국어교육은 외국어로서의 한국어교육에서 제2언어로서의 한국어교육, 최근에는 이중언어로서의 한국어교육으로 그 외연을 넓혀 가고 있다.

또한 학습자들이 다양해지면서 특수한 목적을 가지고 한국어를 학습하는 계층이 생겨나게 되었다. 이에 따라 한국어교육은 학습자들의 학습 목적에 따라 일반 목적의 한국어교육 외에 특수 목적의 한국어교육 분야로 구분되고, 특수 목적의 한국어교육은 한국의 대학이나 대학원에 진학하는 것을 목적으로 하는 학습자를 대상으로 하는 학문 목적 한국어교육과 한국계 회사나 한국과 관련되는 회사에 취업하는 것을 목적으로 하는 직업 목적 한국어교육이 주를 이루고 있다. 이 외에도 관광 목적, 군사외교 목적 등 다양한 특수 목적의 한국어 학습자들을 대상으로 하는 한국어교육도 이루어지고 있다.

한국어 학습자 수가 증가하면서 여러 한국어교육기관이 생겨나고,[2] 이러한 다양한 학습자들의 한국어 학습 목적과 요구를 반영하여 다양한 한국어 교육과정이 개설 운영되고 있다.[3] 또한 이들 다양한 교육과정에서 사용할 다양한 한국어 교재가 개발되고,[4] 이들을 교육할 한국어 교사를 양성하기

---

2) 대학 부설 한국어교육기관, 다문화가족지원센터, 해외 대학 한국어학과, 해외 한글학교, 세종학당 등
3) 한국어 교육과정의 종류는 한국어 정규과정, 일본인을 위한 한국어 특별과정, 재외동포청소년을 위한 한국어과정, 유학생을 위한 한국어과정, 비즈니스 한국어과정, 미군 한국어과정, 외교관을 위한 한국어과정, 여성결혼이민자를 위한 한국어과정, 다문화 학생을 위한 한국어과정 등 셀 수 없을 만큼 다양하다.
4) 한국어 교재는 1990년대까지는 대학 부설 한국어교육기관에서 해당 기관에서 사용할 목적으로 만들어진 교재가 주를 이루었으나, 2000년대 들어 학습자들의 수가 크

위한 전공, 비전공 교육과정이 운영되고 있다.[5]

2. 한국어교육의 목표

한국어교육은 외국어로서의 한국어교육이나 제2언어로서의 한국어교육이나 공히 한국어 의사소통 능력 향상을 목표로 하고 있다. 그런데 의사소통 능력은 어휘와 문법, 발음 등 목표어에 대한 지식만으로 길러지는 것이 아니다. 과거에는 목표어의 문법 규칙을 알면 목표어로 의사소통할 수 있다고 생각하였다. 그러나 1970년대 이후 의사소통 능력에 대한 보다 정밀한 개념 규정이 이루어지면서 외국어교육의 목표도 재설정되었다.

의사소통 능력의 개념을 가장 명확히 규정한 것으로 평가받는 것은 커넬과 스웨인(Canale & Swain, 1980)의 정의이다. 여기에서는 의사소통 능력에는 문법적 능력(grammatical competence), 사회언어학적 능력(sociolinguistic competence), 담화 능력(discourse competence), 전략적 능력(strategical competence)이 포함된다고 하였다.

[2] 의사소통 능력
가. 문법적 능력: 발음, 어휘, 문법을 정확히 사용해 문법적으로 올바른 문장을 생성하고 이해하는 능력
나. 사회언어학적 능력: 담화 참여자의 관계, 담화 상황에 맞게 문법적 형태를 사용하고 이해하는 능력
다. 담화 능력: 의미적 완결성과 통일성을 갖춘 담화를 구성하기 위해 담

게 늘어나고 이들의 요구가 다양해짐에 따라 다양한 형태와 내용의 교재들이 개발되었다. 각 등급별 한국어 통합교재 외에도 읽기, 쓰기, 듣기, 말하기 등의 언어기능별 교재와 어휘 교재, 문법 교재, 발음 교재, 문화 교재는 물론 유학생을 위한 한국어 교재, 비즈니스 한국어 교재, 외국인 근로자 대상 교재, 여성결혼이민자 대상 교재, 다문화 학생 대상 한국어 교재 등 다양한 목적의 한국어 교재 및 단기 과정용 교재, 독학용 교재, 웹 교재, 단어 카드, 그림 카드 등의 교구 등 활용 목적에 따른 다양한 교재들이 개발되어 있다.

5) 2015년 7월 현재 문화체육관광부에서 발급하는 한국어교원 2급 자격증을 받을 수 있는 한국어교육 전공(학위과정)은 학부과정이 51개, 대학원이 107개가 개설되어 있으며, 한국어교원 3급 자격증 시험에 응시할 수 있는 자격을 부여하는 한국어교원양성과정(비학위과정)은 190개가 운영되고 있다.

　　　　화를 응집성 있게 구성하고 이해하는 능력
　라. 전략적 능력: 의사소통의 효율성을 제고하거나 의사소통 과정에서 발
　　　　생할 수 있는 문제를 극복하는 전략을 사용하는 능력

　이와 같이 의사소통 능력은 문법적으로 올바른 문장을 생성하는 것에 국
한되지 않는다. 예를 들어 '밥 먹자.'라는 문장은 문법적으로 매우 정확한 문
장이나, 이 문장을 어른에게 사용하거나 격식적인 상황에서 사용한다면 비
문법적인 문장이 된다. 따라서 의사소통을 위해서는 문법적 능력 외에 사회
언어학적 능력이 요구된다. 또한 '아버지는 회사원입니다. 어머니는 미국에
살고 있습니다. 우리 가족은 아버지, 어머니, 나, 이렇게 세 명입니다. 저는
운동하는 것을 좋아합니다.'와 같이 말했다면 이 이야기를 구성하는 문장 하
나하나는 매우 문법적인 문장으로 구성되어 있으며, 발표라는 담화 상황에
도 적절한 형식으로 발화하고 있다고 할 수 있다. 그러나 이야기의 흐름이
논리적이지 않고, 핵심적으로 전달하고자 하는 메시지가 무엇인지 알기 어
려운 구성을 갖고 있어 청자가 화자의 의도를 파악하기 어렵다. 결국 성공
적인 의사소통을 위해서는 담화 능력이 요구된다는 것을 알 수 있다. 마지
막으로 '우리 가족은 아버지, 어머니, 나, 이렇게 세 명입니다. 아버지는 회
사원입니다. 어머니는 미국에…(침묵)…'와 같이 화자가 '미국에' 이후에 적
절한 표현이 생각나지 않아 계속 침묵한다면 상대방은 매우 불안해질 것이
다. 이와 같이 적절한 표현이 생각나지 않을 때는 상대방에게 도움을 요청
하거나 좀 더 쉬운 표현으로 바꿔서 말하거나 하여 이런 문제 상황을 극복
해야만 원활한 의사소통이 이루어질 수 있다. 결국 의사소통 능력은 발음과
어휘, 문법 등에 대한 지식과 그것의 사용과 기술에 대한 지식뿐만 아니라
실제 의사소통 상황에서의 언어를 수행할 수 있는 능력까지를 포괄하는 개
념이라고 할 수 있다.
　한편 미국은 1996년에 "21세기에 대비한 외국어 습득의 기준"으로 5C를
제시한 바 있는데, 이는 외국어 습득의 목표가 언어 지식과 언어 기능의 습
득에만 있지 않고, 내용 지식의 습득, 나아가 언어 공동체 활동에까지 이르
러야 한다는 것을 강조하고 있다.

　[3] 21세기에 대비한 외국어 습득의 기준
　가. Communication(외국어 의사소통 능력)

나. Culture(외국 문화에 대한 이해)
다. Comparison(모국어 문화와 외국어 문화의 비교를 통한 언어 문화의 본질에 대한 이해)
라. Connection(전공과 외국어의 연계)
마. Communities(다언어, 다문화 사회에서의 활동)

한편 김정숙(2003)은 기존 외국어교육의 목표와 한국어 학습자들의 학습 목적 및 요구 등을 고려하여 한국어교육의 목표를 다음과 같이 설정하였다.

[4] 한국어교육의 목표
가. 한국인과의 의사소통과 한국 생활에 필요한 한국어 의사소통 능력을 기르도록 한다.
나. 한국어로 된 다양한 정보를 이해하고, 이를 활용할 수 있는 능력을 기르도록 한다.
다. 한국어를 이용해 자신의 전문 분야에서 필요한 기능을 수행할 수 있도록 한다.
라. 한국 사회와 문화를 이해하여, 한국에 대해 우호적인 태도를 갖도록 한다.
마. 서로 다른 언어를 사용하는 외국인이 한국어를 사용하여 친교를 나누고 필요한 정보를 교환할 수 있도록 한다.

이와 같이 한국어교육의 목표에서 핵심이 되는 것은 의사소통 능력 향상이다. 한국어 의사소통을 위해서는 한국어 발음, 어휘, 문법 요소에 대한 교육이 반드시 필요하나 이것 자체가 목표가 되는 것이 아니라 언어 내용 요소에 대한 교육은 의사소통이라는 목표를 달성하기 위한 하나의 하위 요소로 보아야 한다. 결국 한국어교육은 말하기, 듣기, 읽기, 쓰기 등의 의사소통 활동을 중심으로 이루어져야 한다. 그러나 이러한 의사소통이 일상생활에서의 의사소통만을 의미하는 것은 아니다. 학습자들이 학습 목적에 따라 한국어를 학습하여 실제로 수행할 의사소통 활동을 가능하도록 하는 교육이 필요하다. 이를 위해 '한국어로 된 다양한 정보를 활용할 수 있는 능력'과 '자신의 전문 분야에서 필요한 의사소통 기능을 수행할 수 있는 능력'이 필요하다. 뿐만 아니라 한국어로 의사소통하기 위해서는 한국어가 담고 있는 문화적 맥락에 대한 이해가 필요하며, 한국어 학습의 효과를 높이기 위해서도 한국 문화에 대한 교육이 필요하다. 마지막으로 한국어가 매개가 되는 담화 공동체 내에서 활동할 수 있도록 하는 것이 필요하다.

3. 한국어교육의 특성

1970년대에 외국어교육에 의사소통적 접근법이 등장한 이후, 외국어교육의 초점은 언어 형태에서 의미와 기능으로, 사용법에서 사용으로, 결과 중심의 교육에서 과정 중심의 교육으로 옮겨졌다. 이러한 외국어교육의 경향은 한국어교육에도 적용되어 '의사소통 능력 배양'을 목적으로 하거나 '과제 (task) 중심'의 원리를 내세운 한국어 교재와 교수법이 개발 활용되고 있다. 그러나 의사소통 중심 교육, 과제 중심 교육을 한국어교육에 그대로 적용하기에는 여러 가지 문제점이 있다. 따라서 이러한 교수법을 한국어교육에 적용하여 효과적인 교육이 이루어지도록 하기 위해서는 이 교수법이 한국어의 특성에 부합하는가에 대한 고려가 필요하다. 또한 한국어를 학습하는 주체인 학습자들의 특성에 대한 고려가 필요하다.

먼저 과제 중심의 언어 교육이 갖는 효과와 한계에 대해 좀 더 알아보자. 과제 중심의 언어 교육은 학습자들이 실세계에서 수행할 가능성이 높은 의사소통 과제를 교실에서 수행하게 함으로써 언어를 습득할 수 있도록 하는 것을 말한다. 과제 중심의 교육에서 가장 중요한 것은 의사소통 목적과 활동이며, 언어 형태에 대한 고려는 부차적이다. 따라서 교수요목 설계 단계나 교육 단계에서 언어 형태가 중요하게 다루어지지 않으며, 발화의 실제성을 살리기 위해 문법적 난이도와 복잡성이 무시된 입력 자료가 학습자에게 제공되기도 한다. 이로 인해 과제 중심의 교육을 받은 학습자들은 초기에는 빠른 숙달도 신장을 보이는 듯하나 정확성이 결여되어 중급 이상의 단계로 발전하는 데 한계를 갖는다.

이러한 문제점을 보완하기 위해 최근의 과제 중심의 교육에서는 '형태 초점(focus on form)' 방법을 사용하여 언어의 정확한 사용을 유도하고 있다. 그러나 형태에 대한 명시적 설명이나 연습이 결여된 상태에서 이루어지는 '형태 초점' 방법만으로 언어의 정확한 사용을 이끌어 내는 데 한계가 있다.

또한 이해와 연습의 토대가 없는 상태에서 모방이 아닌 창조적인 과제 수행을 하기가 힘들다는 문제도 아울러 가진다.

한국어교육의 경우에는 학습자들이 대부분 성인 학습자라는 점을 고려했을 때, 형태에 대한 이해와 연습을 바탕으로 하지 않은 과제 중심 교육이 효율적인 한국어 교수-학습 효과를 가져온다고 보기는 어렵다. 성인 학습자들은 이미 모국어의 구조에 대한 지식을 가지고 있기 때문에 일반적으로 외국어를 접할 때 자신의 모국어 문법 체계와 외국어의 문법을 대조하여 학습하는 경향이 있다. 이처럼 성인 학습자들은 인지 능력이 발달해 있기 때문에 규칙을 통해 언어를 학습하기를 기대한다. 실제로 하나의 언어 규칙을 이해함으로써 무수한 발화를 생성해 낼 수 있는 능력이 있다. 또한 성인 학습자들은 대부분 실패를 두려워하기 때문에 외국어를 발화할 때 지나치게 모니터를 발동시키는 경향이 있다. 따라서 이러한 성인 학습자들의 특성을 고려하여 한국어를 교육할 때는 한국어 구조에 대해 이해시키고, 충분한 연습을 통해 규칙을 내재화한 후에 실생활 의사소통 과제를 수행하게 하여 한국어 의사소통 시 지나친 모니터링이 일어나지 않도록 하는 것이 좋다.

또한 한국어 학습자들은 성인이 되어서 처음으로 한국어를 접한 경우가 대부분이다. 따라서 이들은 한국어에 대한 기본적인 지식과 이해가 부족하고, 완전히 낯선 언어로서 한국어를 배우는 경우가 많다. 한국어에 대한 어휘나 문법 지식을 가지고 있는 학습자는 과제 수행을 통해 의사소통 능력을 쉽게 향상시킬 수 있으나, 한국어에 대한 지식이 없거나 부족한 학습자가 과제 수행을 통해서만 언어를 학습하는 데는 문법 교육을 함께 받는 경우보다 훨씬 많은 시간과 노력이 요구된다. 따라서 교육의 효율성과 효과 측면에서 한국어 어휘나 문법에 대한 설명과 연습 단계를 거치는 것이 좋다고 할 수 있다.

더구나 한국어는 교착어에 속하는 언어로서, 문장을 생성하는 규칙의 적용을 크게 받는다. 뿐만 아니라 한국어는 유사한 의미를 나타내는 다양한 형태가 존재하고, 시제나 품사에 따라 달라지는 이형태 등이 복잡하기 때문에 과제 수행만으로 한국어를 학습한다는 것은 무척 힘든 일이다. 결국 한국어는 형태적으로 매우 복잡한 언어이기 때문에 한국어를 교육하기 위해서는 언어 형태에 대한 명시적인 설명이 반드시 필요하며, 이러한 규칙을 자동화할 수 있는 반복 연습이 반드시 필요하다.

즉 한국어의 특성, 한국어 학습자의 특성을 고려했을 때 한국어교육은 의

사소통을 중시하여 '과제'를 중심으로 교육을 하되 형태에 대한 교육을 중요
하게 다루어야 한다. 형태에 대한 교육을 중시한다고 해서 언어를 분절시켜
서 교육하거나, 문법을 문법 그 자체로 교육하자는 것은 아니다. 해당 과제
를 수행하는 데 필요한 문법 항목이 포함된 언어 덩어리를 학습자에게 제시
하고, 이 항목을 명시적으로 설명하여 이해시키고 충분한 연습을 통해 규칙
을 내재화시킨 후에 다시 이들이 포함된 언어 덩어리로 의사소통 연습을 할
수 있도록 하자는 것이다.[6]

4. 한국어교육의 원리

한국어교육은 학습자가 누구인가, 교수-학습 환경은 어떠한가, 학습 목표
는 무엇인가, 학습 내용이 무엇인가 등에 따라 실로 다양한 모습으로 구현
되지만 앞에서 언급한 한국어교육의 목표를 실현하기 위해 한국어의 특성,
한국어 학습자의 특성을 고려했을 때 다음과 같은 원리를 바탕으로 이루어
져야 한다(김정숙, 1998).

첫째, 사용 중심의 교육이 되어야 한다.

1970년대 이후 언어는 기본적으로 의미를 교환하는 도구라는 관점이 확고
해졌다. 즉 기본적으로 모든 언어는 어떤 종류의 의미를 수용하고 전달하기
위해서 사용된다는 도구적 관점이 자리 잡은 것이다. 언어의 본래 목적이
의사소통에 있다면, 그것은 언어 교육에도 그대로 적용되어야 한다. 즉 언어
교육 역시 의미의 수용과 표현이라는 언어의 본래 목적을 수행할 수 있도록
하는 데 초점이 맞추어져야 한다는 말이다. 그러기 위해서는 교실이 언어에
대한 지식을 얻는 곳이 아니라 언어를 직접 사용하는 곳, 즉 의사소통의 리
허설 장이 되어야 한다. 교실 활동도 교실 밖의 실세계에서 접할 가능성이
높은 맥락과 상황, 기능을 고려하여 실제 한국어를 사용할 수 있도록 해야
한다. 이 말은 또한 교실 수업에서 문법이나 구조 등의 언어 형태에 대한 교
육의 비중이 축소되어야 함을 의미한다. 문법적으로 올바른 문장을 생성해
낼 수 있는 능력은 언어 능력의 일부에 불과하기 때문이다.

---

6) 한국어 학습자의 특성, 한국어의 특성을 고려한 이러한 교수법은 김정숙(2003)이
'형태를 고려한 과제 중심 교수법'이라는 이름으로 제안하였다.

둘째, 과제 수행 중심의 교육이 되어야 한다.

과제 수행 중심의 교육은 언어 기능이 실제적인 사용을 통해 증진된다고 보고, 언어 교육이 어휘나 문형 등에 초점을 맞추는 것이 아니라 일련의 과제의 집성으로 설계되어야 한다는 것을 강조하는 것으로 의사소통적 언어 교수법의 일환이라 할 수 있다. 이는 각종 과제의 수행이 의사소통 능력을 향상시킬 수 있다는 믿음에서 출발한 것으로, 오늘날 널리 인정되는 교육의 방향이다. 과제의 의미에 대해서는 다양한 정의가 있지만 일반적으로 언어 교육에서는 '의미를 중심으로 의사소통을 위해 행하는 모든 이해, 처리, 생산, 대응 활동(Nunan, 1991)'을 말하는데, 언어를 이용해 무엇을 행할 수 있는가 하는 언어의 기능적인 측면을 강조하는 것이다.

교실 수업에서 과제를 강조하는 것은 형태가 아니라 의미에 초점을 맞추어 의사소통 활동을 수행하거나 주어진 문제를 해결해 보는 것이 결국은 자연스러운 의사소통 능력으로 전이될 수 있다고 보기 때문이다. 즉 과제 수행은 학습자로 하여금 유의미적이고 유목적적인 활동을 교실 안에서 해 보게 함으로써 교실에서의 언어 학습 활동을 실세계에서의 언어 활동으로 연결시키는 역할을 한다. 또한 이것은 학습자의 학습 동기 유발에도 큰 역할을 할 수 있다. 실생활에서의 활용, 즉 실제적인 사용이 전제되지 않는다면, 학생들은 교실 수업에 결코 흥미를 느끼지 못할 것이다. 실제적인 목적을 염두에 두고 언어를 활용해 볼 때 학생들은 그만큼 분명한 목적의식과 흥미를 갖고 수업에 참여할 수 있을 것이다. 물론 이 경우 한국어가 목표어인 만큼 과제를 구성할 때 한국인과의 의사소통을 원활하게 하거나 한국의 실생활에서 접할 가능성이 높은 실제적 과제를 찾아야 할 것이다.

셋째, 형태에 대한 이해와 연습에 기반한 한국어교육이 되어야 한다.

앞서 언급한 바와 같이 외국어교육이 의사소통 활동, 즉 과제(task)를 중심으로 하는 교육으로 옮아가면서 문법이나 구조 등의 언어 형태에 대한 교육이 등한시되는 경향이 있다. 그러나 원활한 의사소통을 위해서는 유창성뿐만 아니라 정확성도 필요하다. 언어 사용의 정확성과 유창성을 함께 기르기 위해서는 형태에 대한 정확한 이해와 연습이 반드시 필요하다. 형태에 대한 정확한 이해가 없으면 실제 의사소통 상황에서 그 형태를 제대로 사용할 수 없게 되며, 형태에 대한 충분한 연습이 이루어지지 않은 경우에도 역시 학습자는 실제 의사소통 상황에서 학습한 형태를 제대로 쓸 수 없게 된다.

특히 한국어의 경우에는 유사한 의미를 나타내는 다양한 형태가 존재하고, 어휘의 품사와 시제 등에 따라 조사와 어미의 형태가 달라지는 등 형태적으로 복잡한 언어라는 특징을 지니고 있다. 또한 대부분의 한국어 학습자가 성인 학습자로서 언어를 분석적으로 학습하려는 경향이 있다. 이런 점을 고려했을 때 한국어의 경우에는 더욱 형태에 대한 교육이 강조되어야 한다. 언어 형태에 대한 교육을 강조한다는 것은 학습자들에게 먼저 한국어 어휘나 문법에 대해 설명하고, 충분한 연습을 통해 학습자들에게 그 형태를 내재화할 수 있도록 하는 단계를 거친 후에 실제 의사소통 활동을 수행하게 하는 것을 의미한다.

넷째, 과정 중심의 교육이 이루어져야 한다.

언어 과제는 지금껏 배워 알고 있는 언어 지식을 최대한 활용하여 자신이 표현하고자 하는 의미와 수행하고자 하는 기능을 효과적으로 수행할 수 있도록, 최적의 조건을 만들어 주고 그 바탕 위에서 학습자들이 언어 수행을 할 수 있도록 하게 하는 것이다. 따라서 이를 위해서는 이해와 산출로 학습자를 유도할 수 있는 과정을 설계하는 것이 필요하다. 그런데 이때의 과정은 첫째, 과제 수행의 전 단계에서 의사소통을 위해 필요한 항목을 학습한 후에 실제 의사소통의 기회, 즉 과제 수행을 할 수 있도록 교육 내용을 구성하는 것, 둘째, 동일한 주제 아래 제시되어 있는 여러 과제들의 경우 선행 과제가 후속 과제의 기반이 되어 후속 과제를 안내할 수 있도록 과제를 배열하는 것, 셋째, 과제 수행 단계에서 먼저 과제를 유의미하게 도입하고 목표를 확인하고 수행을 준비하게 하는 준비 단계와, 실제 과제를 수행하는 활동 단계 그리고 과제 수행이 끝난 후에 그 수행을 정리하고 앞으로의 사용을 독려하는 활동 후 단계 모두를 포함하는 것이다.

다섯째, 듣기, 말하기, 읽기, 쓰기 기술을 통합하여 교육해야 한다.

의사소통은 듣기, 말하기, 읽기, 쓰기의 네 가지 기술로 이루어지지만 실제 의사소통에서는 한 가지 기술만이 활용되는 것이 아니라 여러 가지의 기술이 함께 활용된다. 예를 들어, 대화를 할 때는 듣기, 말하기가 활용되며, 대학 강의를 들을 때는 전공 서적이나 PPT 자료를 읽으면서 동시에 교수님의 설명을 듣는다. 또한 발화의 이해와 표현이 별개가 아니며, 문어와 구어 역시 완전히 분리되는 것이 아니기 때문에 의사소통 과정에서 네 가지 언어 기술이 상호작용을 하게 된다. 따라서 한국어교육을 할 때는 네 가지 언어 기술을 각각 분리하기보다는 통합적으로 교육하는 것이 좋다.

한편 네 가지 언어 기술을 통합하여 교육하는 것이 각각의 언어 기술을 분리하여 교육하는 것보다 교육의 효과 면에서도 뛰어나다. 읽은 것을 말하기나 쓰기에서 활용하기도 하고, 듣거나 말한 것과 비슷한 내용의 글을 읽을 경우 훨씬 더 잘 이해되는 것을 누구나 경험해 보았을 것이다. 이와 같이 습득한 언어 기술은 다른 언어 기술과 연계될 때 더욱 강화될 수 있다.

여섯째, 문장 단위를 넘어서 담화 차원의 한국어교육을 해야 한다.

완벽한 하나하나의 문장을 생성하는 것이 중요한 것이 아니라 의사소통이라는 관점에서 볼 때 의미적 긴밀성과 형태적 응집성을 갖춘 담화의 이해 능력과 구성 능력이 중요하다. 이를 위해서는 말을 하거나 글을 쓸 때 내용을 조리 있게 조직할 수 있도록 교육하는 것이 필요하며, 말이나 글을 이해할 때도 언어 해독보다는 전달하고자 하는 의미를 중심으로 내용을 파악하게 하는 것이 필요하다.

또한 언어마다 담화를 구성하는 방식에 차이가 있을 수 있는데, 외국어를 교육할 때는 목표 언어의 담화 공동체가 기대하는 담화 형식에 따라 말을 하거나 글을 쓸 수 있도록 교육해야 한다. 이를 위해서는 한국어 담화 공동체에서 활용되는 다양한 담화 유형을 다루어야 하며, 각각의 담화 유형별 담화의 특성, 즉 담화 구조와 담화 표지 등을 교육해야 한다.

일곱째, 학습자 중심의 언어 교육이 실시되어야 한다.

학습의 주체는 학습자 자신이다. 즉 학습이란 본질적으로 학습자 개인의 정의적, 인지적 노력에 의해 이루어지는 것이기 때문에 학습자의 자발적이고 적극적인 학습을 유도할 수 있어야 한다. 학습자의 학습 동기를 유발하여 학습자의 적극적인 참여를 유도하기 위해서는 학습자의 요구에 부합하는 교육을 제공하고, 실생활에서의 활용 가능성을 제시할 필요가 있다.

즉 학습자 중심 언어 교육은 첫째, 교육 내용이 학습자의 요구에 맞추어져야 한다는 것이다. 이는 학생들의 흥미와 욕구, 필요나 동기 등이 교육 내용에 적절히 반영되어야 한다는 의미로서, 학습자에 대한 모든 정보가 교육 과정, 계획, 수행 평가의 모든 단계에서 고려 대상이 된다는 의미이다. 둘째, 언어 교육이 학습자가 실제로 활용할 수 있는 것 중심으로 이루어져야 한다는 뜻이다. 그러기 위해서는 수업시간에 활발한 상호 활동이 이루어져야 한다. 교사는 학습자 스스로 학습을 해 나갈 수 있다는 믿음을 갖고 교사와 학습자, 또는 학습자들 간의 상호 활동이 자유롭고 활발하게 이루어질 수 있는 분위기를 조성함으로써 의사소통을 목적으로 한 언어 사용의 기회를 가능한 한 충분히 제공해야 한다.

여덟째, 유의적 교육이 이루어져야 한다.

학습은 기본적으로 학습자가 이미 알고 있는 지식에 새로운 항목을 연관시켜 가는 과정이라고 할 수 있다. 자의적이고 기계적인 학습을 통해서는 학습자가 갖고 있는 기존의 인지 구조와 유의적 관계를 맺기 어렵고, 의미와 유리되거나 인지 구조와 연결되지 않고 개별적으로 받아들여진 정보는 장기기억을 창출하기 어렵다. 따라서 언어 교육도 고립적으로 이루어지는 것이 아니라 그 언어가 사용되는 의미 범주, 맥락 속에서 유의적으로 교육되는 것이 바람직하다.

유의적인 교육은 과제가 '준비 단계 → 활동 단계 → 활동 후 단계'로 단계적 과정을 밟아 실시될 때 가장 효과적으로 수행된다. 이 중에서도 특히 준비 단계는 학습자의 배경지식과 경험, 인지 능력을 최대한 활용하여 발화 생산자와 수용자로서의 스키마[7] 형성과 작동을 돕는 단계로, 학습의 효율성을 높이는 데 절대적인 역할을 한다. 성인 학습자의 경우는 인지력이 발달하고 세계에 대한 배경지식이 풍부하기 때문에 이러한 준비 단계에서의 스키마 작동이 텍스트의 원활한 이해와 생산에 큰 영향을 끼친다. 특히 교실 학습은 아무리 실제 자료를 이용하여 자연성을 살리고 맥락화한다고 하더라도 실제 발화 맥락에서 유리되었다는 특성을 갖기 때문에 새로운 과제에 들어가기에 앞서 학습자로 하여금 텍스트의 이해나 생산에 대한 준비를 할 수 있는 과정을 갖도록 하는 것이 매우 중요하다.

아홉째, 교수-학습 상황에 맞는 절충적인 교수법을 스스로 만들어 가야 한다.

한국어교육에 적용되는 여러 외국어 교수법, 더 나아가서 한국어교육에서 일반적으로 통용되는 여러 교육 원리들은 모두가 다 나름대로의 장단점을 가지고 있다. 따라서 모든 상황에 다 적용될 수 있는 유일무이한 교수법과 원리가 없듯이, 어느 것 하나도 완전히 쓸모없는 것은 없다. 따라서 교사는 자신의 현재 교수-학습 상황을 고려하여 다양한 교육과정과 교수법의 원리

---

7) 스키마(schema)란 우리 기억 속에 있는 정보들을 연결시켜 주는 지식 구조로, 학습자가 과거의 경험이나 학습으로부터 이미 가지고 있는 일종의 개념 구조, 틀을 말한다. 학습자는 자신이 이미 형성하고 있는 스키마를 통하여 새로운 경험을 해석하여 인식한다. 이러한 스키마는 우리의 정보 처리 능력을 높이고, 복잡한 지적 문제를 해결해 주며 기억 능력을 확장하고 학습 전략과 규칙을 익히게 하는 데도 탁월한 능력을 발휘한다. 우리는 언어에 대한 지식, 세계에 대한 지식, 그리고 이야기 문법에 대한 지식 등으로 구축된 스키마를 작동시켜 텍스트를 생산하고 해석한다.

에서 활용 가능한 것들을 선택해 활용할 수 있는 능력을 길러야 한다. 즉 학습자의 나이나 숙달도 같은 학습자 변인과 교사 자신, 교수-학습 상황 같은 여러 변인 등을 고려하여 상황에 맞는 적절한 교수 방법을 개발할 수 있어야 하는 것이다.

열째, 목표어 문화에 대한 교육을 언어 교육에 통합시켜야 한다.

최근 언어 교육에서 가장 두드러진 변화는 언어 교육을 문화 교육과 통합하려는 움직임이다. 따라서 이제 한국어교육에 문화 교육을 포함시키는 것은 선택이 아니라 필수적인 과제이다. 언어 학습은 단순히 언어의 기능적인 면을 학습하는 데 그치는 것이 아니라 그 언어를 사용하는 집단의 세계관, 생활양식을 함께 배우는 것을 의미한다. 그리고 문화적 배경지식이 없으면 언어적으로 낮은 수준의 과제나 기능도 수행하기가 힘들다. 특히 듣기와 읽기 같은 수용적 기술의 이해에 사회언어학적 요소, 방언적 변이 등이 큰 영향을 미치므로 목표어 문화에 대한 교육이 중요하게 다루어져야 한다.

또한 문화 교육은 한국어교육의 효과와 관련해서도 매우 중요한 부분이다. 학습자의 한국 문화에 대한 그릇된 선입견 및 편견이 한국어 학습을 저해하는 큰 요인이 되기 때문이다. 실제로 한국어 학습 과정에서 자신의 문화와 다른 한국 문화를 접했을 때 한국 문화에 대한 거부감을 가질 수 있고, 이것이 곧 한국어 학습을 방해하는 요소가 되기도 한다. 따라서 한국 문화에 대한 이해 부족으로 인한 오해와 편견을 갖지 않도록 하기 위해 언어에 대한 교육뿐만 아니라 그러한 문화가 생겨나게 된 배경에 대한 이해를 통해 한국 문화에 대한 수용적, 긍정적 태도를 갖도록 하는 것이 중요하다.

열한째, 학습자의 개별 전략 개발에 관심을 기울여야 한다.

의사소통 전략이란 언어 사용자가 의사소통의 효율성을 높이고 소통 장애가 발생했을 경우 이를 보상하거나 피해 가기 위해 사용하는 전략을 말하며, 학습전략은 학습자가 보다 효과적인 학습을 위하여 사용하는 전략을 말한다. 이러한 전략은 학습의 효율성을 가져올 뿐만 아니라 의사소통의 효율성이나 가능성 여부에 커다란 영향을 미친다. 언어 학습 과정이라는 것이 실제 의사소통 상황에서는 결국 개별 학습자의 언어 능력에 좌우되는 것이므로 과제를 수행하는 데 효율적인 학습 전략을 이해하고 이를 학습자들에게 훈련시키는 것은 외국어교육의 효율성을 높여 준다. 사실 앞에서도 언급했듯이 언어 학습에서 교사의 역할에는 한계가 있기 때문에 만족할 만한 수준의 언어 학습 결과나 성취도를 기대하기 위해서는 학습자 스스로가 자신의 학습을 통제하고 이끌 수 있는 능동적인 능력이 필요하며, 능동적인 학습자를 기르기 위해서는 보다 효율적인 의사소통 전략이나 학습 전략 과정에 대한 이해와 훈련이 필요하다.

5. 한국어 교수법

한국어교육의 목표는 '의사소통 능력 향상'에 있으며, 이를 위해서는 실생활에서 접할 가능성이 높은 과제(task)를 중심으로 한국어교육을 하여 한국어 교실을 실생활의 리허설 장으로 만드는 것이 좋다고 하였다. 이를 '과제 중심 교수법(Task-Based Language Teaching)'이라고 하는데, 앞에서도 언급했지만 과제 중심 교수법을 한국어교육에 그대로 적용할 경우 한국어의 특성과 한국어의 학습자의 특성에 부합하지 않는 면이 있어서 교육의 효과성과 효율성이 떨어질 수 있다.

과제 중심의 언어 교육은 학습자들이 실세계에서 수행할 가능성이 높은 의사소통 과제를 교실에서 직접 수행하게 함으로써 학습 초기에는 빠른 습득 양상을 보이나 학습자들이 유창하게 의사소통을 하기는 하나 부정확한 발화를 하기도 하며, 중급 단계 이상으로 발전하지 못하는 한계를 갖는다고 하였다. 원활한 의사소통을 위해서는 유창성뿐만 아니라 정확성도 반드시 길러야 하는데, 유창성과 정확성이라는 두 마리 토끼를 잡을 수 있는 한국어 교수법이 필요하다.

한국어 학습자들의 연령층과 이들의 학습 전략을 고려할 때, 그리고 의미적인 분화가 심하고 형태적으로 복잡한 구조를 가지고 있는 한국어의 특성을 고려했을 때 학습자들의 한국어 유창성과 정확성을 동시에 높일 수 있는 바람직한 한국어 교수법은 한마디로 '형태를 고려한 과제 중심 교수법'이라 할 수 있다(김정숙, 2003). 즉 실생활에서 접할 가능성이 높은 의사소통 과제를 중심으로 교육을 하되, 해당 과제를 수행하는 데 필요한 어휘와 문법 항목을 명시적으로 설명하고, 이를 충분히 연습시킨 후에 의사소통 과제를 수행하도록 하는 것이다. 이를 적용한 수업 모형은 PPP(Presentation-Practice-Production) 모형이라 할 수 있다.

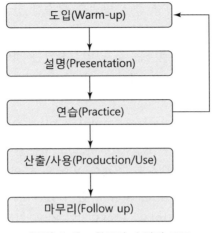

[그림 1-1] 한국어 수업의 구조

[그림 1-1]에서 도입과 마무리를 제외하면 설명(Presentation), 연습(Practice), 산출(Production)의 3단계, 즉 PPP 모형이 된다. 이 모형의 최종 목표는 바로 산출(Production)이라고 할 수 있다. 의사소통 활동을 하는 데 필요한 어휘나 표현을 먼저 설명하고 연습하여 의사소통을 원활하게 하는 구조라 할 수 있다.

그런데 하나의 의사소통 과제를 수행하기 위해서는 여러 가지의 어휘나 표현이 필요하다. 일반적으로 여러 개의 어휘 범주와 문법 항목을 연습한 후에 이 모든 표현을 활용해 의사소통을 하게 되는데, 여러 표현들을 한꺼번에 설명하고 연습을 시키는 것보다 한 가지를 설명하고 바로 이어서 연습을 하는 것이 훨씬 효과적이다. 따라서 위의 그림에서 제시한 수업의 5단계는 선형적으로 진행되는 것이 아니라 해당 단원에서 교육해야 할 어휘 범주와 문법 항목의 수만큼 '도입-설명-연습'이 순환되는 구조로 이루어진다. 예를 들어, 교육해야 할 어휘 범주와 문법 항목이 다섯 개라면 '도입-설명-연습'이 다섯 번 반복되는 것이다.

그렇다면 이제 각각의 단계에서 무엇을 어떻게 해야 하는지 알아보자.

1) 도입

도입 단계는 학습 목표를 학생들에게 제시함으로써 학습 동기를 부여하여 학습을 시작할 수 있도록 학습자들을 준비시키는 단계이다. 한국어 수업에서 학습 동기를 부여하는 가장 좋은 방법은 학습할 한국어의 효용성, 즉 실생활에서 이러한 의사소통 상황을 자주 접하게 된다거나 그 상황에서 해당 한국어 표현이 빈번히 활용된다는 것을 인식시키는 것이다. 따라서 도입 단계에서는 학생들과 자연스러운 대화를 해 나가면서 해당 목표로 유도하는 것이 좋다.

도입은 단원 전체의 교육 목표를 도입하는 것과 어휘나 문법 혹은 발음 등과 같은 세부 교육 항목을 도입하는 것으로 구분된다. 단원 전체 도입은 그 단원이 목표로 하는 의사소통 주제와 기능을 도입하는데, 만약 주제가 '취미'라면 학생들에게 '여러분은 보통 시간이 있을 때 뭘 해요?'나 '○○씨는 영화를 참 좋아하는 것 같아요. 맞아요?'와 같은 질문을 던져 자연스럽게 '취미'라는 주제로 이끌 수 있다. 단원 전체의 도입이 이루어진 다음에는 그 단원의 어휘나 문법 등 세부 항목 중에서 첫 번째로 교육할 항목에 대한 도입으로 이어진다.

어휘의 도입은 간단한 질문이나 상황 제시를 통해 해당 단원의 주제에 따른 과제를 수행할 때 어떤 범주의 어휘들이 필요한지를 학습자 스스로 알 수 있도록 하는 방식으로 이루어진다. 예를 들어, 음식, 식당이 주제인 단원에서 음식명을 교육해야 한다면 다음과 같은 방식으로 학습자의 동기를 유발할 수 있다.

교　사: 식당에서 아주머니한테 어떻게 이야기해요?

마이클: "김치찌개 주세요."

교　사: 네, 맞아요. "김치찌개 주세요." 이렇게 이야기해요.
　　　　이렇게 식당에서는 음식 이름을 이야기해야 돼요.
　　　　그러면 여러분은 어떤 음식 이름을 알아요?

학생들: 라면, 불고기…
　　　　(학생들이 이미 알고 있는 어휘도 일부 있지만 그 수가 매우 적음을 깨
　　　　닫게 됨)

교　사: 그러면 지금부터 한국 음식 이름을 공부해요.

문법 항목을 교육할 경우 교육 목표의 도입은 해당 문법 형태가 사용되는 전형적인 맥락을 제시하여 학습자들이 그 맥락을 통해서 해당 문법의 의미를 유추해 볼 수 있도록 하는 방식으로 이루어진다. 예를 들어, 그 단원의 주제가 '여행'이고, 교육해야 하는 문법이 '경험'의 의미를 나타내는 '-아/어/여

보다'인 경우, 다음과 같이 질문을 하여 문법 항목을 도입할 수 있다.

교　　사: 여러분은 한국에서 어디를 여행했어요?

　　　　　(교사가 먼저 목표 문법을 사용하지 않기 위해 '어디에 가 봤어요?'라고
　　　　　하지 않았다.)

마이클: 경주요.

교　　사: 아, 마이클 씨는 경주에 가 봤어요? 어땠어요?

마이클: 너무 좋아요.

교　　사: 또 다른 친구들은 어디에 가 봤어요?

　　　　　(교사가 목표 문법 형태를 사용해서 질문할 수 있다.)

아야코: 부산에 갔어요.

　　　　　(학생들은 아직 '-어 보다'를 배우지 않았기 때문에 이렇게 대답할 수
　　　　　있다.)

교　　사: 아야코 씨는 부산에 가 봤어요? 그럼 동래파전 먹어 봤어요?

　　　　　(학생이 발화한 불완전한 형태를 목표 문법 형태로 바꾸어 준다.)

이런 식으로 학생 두세 명에게 여행지와 여행지에서 한 일 등을 묻고 답하면서 '-아/어/여 보다' 형태를 노출시킬 경우 학생들은 새로운 형태에 집중하게 된다. 또한 자연스러운 대화 맥락을 통해 목표 문법의 의미를 유추할 수 있게 된다.

2) 설명

설명 단계는 학생들이 도입 단계를 통해 유추한 목표 어휘나 문법의 의미를 확인시키고 정확한 의미와 사용법을 설명하여 목표 한국어 표현에 대한 학습자의 이해를 돕는 단계이다.

설명 단계에서 어휘나 문법을 설명할 때는 그 표현이 어떤 의미를 가지고 있는지에 대한 설명도 해야 하지만, 그 표현을 실제 의사소통 상황에서 어떻게 사용해야 하는지에 대한 설명도 해야 한다. 따라서 어휘나 문법 항목의 의미, 형태, 화용적 특징에 대한 설명을 해야 한다. 예를 들어 '-(으)ㅂ시다'라는 형태를 교육할 경우 '청유'의 의미를 갖는다는 것을 설명하고, 형태적으로는 동사 어간에 결합하며 어간이 모음이나 'ㄹ'로 끝나면 '-ㅂ시다', 나머지 자음으로 끝나면 '-읍시다' 형태를 쓴다는 설명을 해야 한다. 마지막

으로 화용적인 특징으로는 '아주 높임'의 종결 어미임에도 불구하고 개인적인 관계에서는 윗사람에게 사용할 수 없다는 것을 설명해야 한다.

이렇게 어휘나 문법 항목의 의미, 형태, 화용적 특징을 설명하되, 그 순서도 '의미 → 형태 → 화용'의 순으로 하는 것이 바람직하다. 왜냐하면 일반적으로 사람들이 말을 할 때 말할 내용, 즉 '의미'를 먼저 생각하고, 그다음으로 어떻게 말할지, 즉 형태와 의사소통 상황(청자와 화자의 관계, 격식성 정도 등)에 대해 생각하기 때문이다. 또한 의미와 유리된 정보는 학습이 어렵기 때문이다. 이러한 이유로 어휘와 문법을 설명할 때는 유의적 학습이 되도록 해야 한다. 학습이란 것은 기존의 지식 체계에 새로운 정보를 연결시키는 것을 의미하는 것이다. 따라서 기존의 지식 체계와 무관하게 고립적인 정보로 제공되는 지식은 기존의 지식 체계에 포함되지 못한 채 표류하다가 사라진다.

한편 어휘나 문법을 설명할 때는 교사가 일방적으로 설명하기보다는 학습자들의 발견 학습을 유도하는 것이 좋다. 이를 위해서 학습자들의 기존 지식을 활용하거나 한국어 예를 제시하고, 학생들에게 규칙성을 발견하도록 하는 방법을 자주 활용한다. 이러한 귀납적 방법은 학습자 스스로 규칙을 발견하게 유도하여 학습자들의 장기 기억을 돕는다는 점에서 효과적인 방법이나, 제시된 맥락을 통해서 학습자 스스로 규칙을 발견하기 어려운 경우나 형태적으로 복잡한 문법 항목의 경우에는 효율성을 고려하여 연역적인 방법을 활용해 교육할 수도 있다. 즉 교육 항목의 특성을 고려하여 적절한 방법을 선택하는 것이 좋다.

3) 연습

연습 단계는 설명 단계를 통해 학습자가 이해한 의미나 규칙을 반복 연습을 통해 내재화하는 단계이다. 연습의 첫 단계는 발화에 대한 두려움을 없애고 형태적인 규칙을 자동적으로 적용할 수 있을 단계까지 반복적으로 실시하는 형태적 연습으로 이루어진다. 이러한 기계적인 반복 연습을 통해 학습자는 규칙 적용이 정확해지고 빨라진다. 이로 인해 발화의 정확성과 유창성을 높일 수 잇다.

그런데 이때 주의할 점은 학생들이 연습을 통해 발화하는 문장이나 표현이 실제 생활에서도 빈번하게 사용될 수 있는 것이어야 한다는 것이다.

가령, '-기 전에'에 대한 연습으로 '물을 마시다/밥을 먹다'라는 카드를 제시하고 학생들에게 '물을 마시기 전에 밥을 먹었어요.'라는 문장을 발화하게 하는 경우가 있는데, 이 문장은 문법적으로는 틀리지 않지만 실제 생활에서 이런 문장을 발화할 가능성은 거의 없는 것이다. 형태에 초점을 맞춘 기계적 연습이라 하더라도 학생들이 실제로 발화하게 될 문장을 연습시키는 것이 좋다.

이러한 기계적인 연습 이후에는 반드시 특정 형태에 초점을 맞추었으나 학습자 자신이 표현하고 싶은 것을 묻고 대답할 수 있는 유의적 연습(structured but meaningful practice)이 실시되어야 한다. 가령, 미래 표현인 '-(으)ㄹ 거예요'를 설명한 후에는 다양한 동사 카드를 제시하여 기계적으로 문장을 만들어 보게 하는 기계적 연습을 한 후에 자신의 주말 계획이나 오늘 오후의 계획에 대해 묻고 대답해 보도록 하는 유의적 연습을 할 수 있다.

4) 사용

사용 단계는 앞의 도입, 설명, 연습 단계를 통해 학습한 어휘, 문법, 발음 항목 등을 모두 활용하여 실제로 의사소통 활동을 하는 단계, 즉 과제(task)를 수행하는 단계이다. 앞선 단계가 어휘와 문법을 의식적으로 학습하는 단계라면, 사용 단계는 무의식적인 습득의 단계라 할 수 있다. 따라서 형태가 아니라 의미에 초점을 두어 상황과 맥락에 맞는 의사소통 활동을 수행하도록, 특정한 형태를 사용할 것을 강요하지 않는다. 그러나 학습한 형태가 의사소통 단계에서 활용될 수 있도록 하기 위해서는 과제를 구성할 때 앞에서 학습한 형태가 자연스럽게 사용될 수 있도록 하는 것이 좋다.

과제는 크게 실제적 과제(real-world task)와 교육적 과제(pedagogic task)로 나뉘는데, 실제적 과제는 그야말로 현실 세계에서 일어날 수 있는 의사소통을 말하며, 교육적 과제는 현실에서는 존재하지 않을 수 있으나 교육을 목적으로 교실에서 학생들에게 수행하게끔 제시한 과제를 말한다. 한국어교육의 목표가 실생활에서의 의사소통 능력 향상에 있기 때문에 교육적 과제보다는 실제적 과제를 제시하는 것이 학습자들의 학습 동기를 유발하여 학습자의 흥미도와 참여도를 높일 수 있고, 나아가 실생활 의사소통 능력을 높일 수 있다는 점에서 장점을 갖는다. 그러나 실제적 과제가 학습자들의 수준에 비해 지나치게 어렵거나 복잡한 경우에는 교육의 효율성을 고려해 교육적 과제를 도입할 수도 있다.

5) 마무리

마무리 단계는 지금까지 학습한 내용을 정리하고, 학습자들의 학습 활동에 대해 평가하고 격려하는 단계이다. 이때 교사가 일방적으로 교육 내용을 정리해 제시하는 것보다는 앞선 단계, 즉 과제 수행 단계에서 학습자들이 생성한 문장이나 표현을 활용해 학습한 내용을 정리하는 것이 좋다. 학습 내용을 정리할 때도 형태적인 면에 초점을 두어 정리하기보다는 학습한 표현이 사용되는 맥락, 의미에 초점을 두어 정리하는 것이 좋다. 학습자들을 평가하고 격려할 때는 무조건적인 칭찬보다는 교사의 평가가 학습자들에게 환류(wash-back) 효과를 발휘할 수 있도록 구체적으로 잘된 부분과 부족한 부분을 지적해 주는 것이 좋으며, 부족한 부분을 보충할 수 있는 학습 자료나 방법을 제시하는 것이 좋다.

연습문제

1. 일반적인 한국어교육의 목표로 적절하지 않은 것은?

   ① 한국어에 대한 체계적인 지식을 갖도록 한다.

   ② 한국인과 한국에 대해 우호적인 태도를 갖도록 한다.

   ③ 한국어로 필요한 정보를 얻고 활용할 수 있도록 한다.

   ④ 다른 외국인들과 한국어로 정보를 교류하고 친목을 다진다.

2. 한국어교육에 대한 관점이 올바른 것은?

   ① 쓰기 수업을 진행할 때 쓰기 활동 전에는 읽기, 말하기, 듣기 등의 다른 활동을 하는 것이 좋지 않다.

   ② 한국 문화 교육은 기본적인 한국어 의사소통이 가능한 중급 단계 학습 자를 대상으로 실시하는 것이 좋다.

   ③ 어휘나 문법을 명시적으로 설명하기보다는 의사소통 활동을 통해 자연 스럽게 그 형태를 익힐 수 있도록 유도한다.

   ④ 유의적인 학습을 유도하기 위해 '준비 단계 → 활동 단계 → 활동 후 단 계' 등과 같이 수업에 과정을 두어 구성하는 것이 좋다.

3. 다음은 PPP 모형에 따라 수업을 할 경우 각 단계에서 유의해야 할 점에 대해 설명한 것이다. 단계별 유의 사항이 맞게 연결된 것은?

   ① 도입: 문법을 도입할 때는 교사가 먼저 목표 문법을 활용한 발화 시범 을 보임으로써 학생들의 주의를 끈다.

   ② 설명: 문법을 설명할 때는 먼저 목표 문법의 의미를 예문을 활용해 설 명한 후에 형태적, 화용적 특성을 설명한다.

   ③ 연습: 설명 단계에서 이해한 것을 실제 의사소통 상황에서 사용할 수 있도록 역할극을 통해 목표 문법을 연습시킨다.

   ④ 사용: 앞에서 연습을 통해 내재화한 규칙을 교실 밖의 실제 의사소통 상황에서 활용해 보도록 하는 과제를 부과한다.

풀 이

1. [①]. 한국어교육의 목표는 한국어에 대한 체계적인 지식을 습득하는 데 있는 것이 아니라 실제로 한국어를 활용해 필요한 의사소통을 할 수 있도록 하는 데 있다. 이 외에도 김정숙(2003)은 일반적인 한국어교육의 목표로 1) 한국어 의사소통 능력 배양, 2) 한국어로 된 정보의 이해와 활용, 3) 한국어로 자신의 전문 분야에서의 기능 수행, 4) 한국 문화에 대한 이해, 5) 한국어 커뮤니티 활동의 다섯 가지를 언급하고 있다.

2. [④]. ① 읽기, 쓰기, 듣기, 말하기 등의 과제를 수행할 때 과제 수행 전후에 다른 언어 기능의 활동을 하는 것이 좋다. ② 한국 문화에 대한 편견은 언어 학습을 방해하기도 하며, 문화에 대한 이해가 의사소통과 밀접한 관계가 있으므로 문화 교육은 초급 단계부터 실시하는 것이 좋다. ③ 한국어의 경우 학습자가 대부분 성인이고, 한국어가 형태적으로 복잡한 언어라는 점을 고려했을 때 형태에 대한 명시적인 설명 단계가 반드시 필요하다.

3. [②]. ① 도입 단계에서는 교사가 먼저 시범을 보이기보다 학생들과의 자연스러운 대화를 통해 해당 목표 문법이 필요한 상황을 제시하여 학생들에게 학습의 필요성을 인식시킨다. ③ 역할극은 실제 의사소통 상황으로 사용 단계에서 말하기 과제(task)로 제시하고 학생들에게 수행하도록 할 수 있다. ④ 사용 단계는 실생활에서 일어날 수 있는 의사소통 상황을 제시하여 교실에서 의사소통 활동, 즉 과제(task)를 수행하도록 하는 단계이다.

참고문헌

김정숙(1998), "숙달도 배양을 위한 한국어 교육 원리 및 모형", 『이중언어학』 15, 이중언어학회.

_____(2003), "통합 교육을 위한 한국어 교수요목 설계 방안 연구", 『한국어교육』 14-3, 국제한국어교육학회.

Canale, N., & Swain, M. (1980), "Theoretical Bases of Communicative Approaches to Second Language Teaching and Testing", *Applied Linguistics* 1.

Numan, D. (1991), *Language teaching Methodology: A textbook for teachers*, New York: Prentice-Hall.

제2장

한국어 발음 교육

김선정

학습개요

서양인들은 겉모습만을 보고는 한국 사람과 일본 사람, 중국 사람을 쉽게 구별하지 못한다고 한다. 그러나 아무리 비슷하게 생겼다고 하더라도 영어 몇 마디를 하게되면 어려움 없이 어느 나라 사람인지를 구별할 수 있다고 한다. 이는 한국 사람은 콩글리시(Korean＋English)를 하고, 중국 사람은 칭글리시(Chinese＋English)를 하며, 일본 사람은 장글리시(Japanese＋English)를 하기 때문이라고 한다. 거꾸로 우리는 외국인들이 하는 한국어를 듣고 그들의 모어를 추측해 볼 수 있다. 이러한 사실은 외국어 학습에 있어 학습자의 모어의 영향은 피할 수 없는 현상임을 잘 나타내주는 예라고 할 수 있다.

우리가 어떻게 하면 외국인들에게 한국어의 정확한 발음을 보다 효과적으로 지도할 수 있을까? 이 단원에서는 발음 교육의 필요성과 발음 교수의 모형을 알아보고, 발음 교육을 위한 활동 유형에 관하여 알아본다. 그런 다음 한국어의 모음과 자음의 특징과 더불어 한국어 음절 구조의 특징, 자음과 관련된 몇 가지 음운 변동에 관하여 살펴보고, 이를 외국인 한국어 학습자들에게 효과적으로 교육할 수 있는 방안에 관하여 살펴보고자 한다.

1. 발음 교육의 필요성

한국어를 교육해 본 경험이 있거나 외국어를 배워 본 경험이 있는 사람들은 한 번쯤 학습자의 모어와 학습 대상 언어 간의 관계에 관하여 생각해 보았을 것이다. 외국어 학습에 영향을 미치는 여러 가지 요인 중에서도 학습자의 모어는 가장 중요한 요인 중의 하나임에 틀림이 없을 것이다. 외국어를 배울 때에 학습자들의 모어에 따라 나타나는 문제점이 다르다는 사실이 이를 뒷받침해 준다. 다시 말해, 외국어 학습에 나타나는 모어의 간섭은 피할 수 없는 현실이다. 특히 발음은 외국어 학습에서 학습자의 모어로부터 가장 많은 영향을 받는 분야로 알려져 있다.

한국어 학습에 있어 발음에 영향을 미치는 요소로는 학습자의 모어와 한국어에서 사용하는 개별 음소의 차이, 음절 구조의 차이, 상이한 음운 변동이나 초분절적 요소 등이다. 한국어를 배우는 외국인들은 한국어의 말소리를 정확하게 인지하지 못하고 자신들의 모어에 있는 말소리와 가장 가깝다고 생각되는 소리로 인지한다. 게다가 조음 기관의 근육이 학습자 모어의 말소리를 발음하는 데 이미 익숙해져 있기 때문에 자신들의 모어에 없는 한국어 발음을 제대로 발음하지 못하며, 모어에서 사용하는 음 중 유사한 소리로 발음한다. 이뿐만 아니라 발음은 언어 습득 과정에서 가장 일찍 굳어진다고 한다. 어린이의 모어 습득 과정에서와 마찬가지로 외국어 학습에 있어서도 발음은 학습의 초기 단계에서 굳어지므로 처음부터 체계적이고 계획적인 발음 교육이 이루어져야 한다. 게다가 발음은 학습하고 있는 외국어의 유창성에 대한 첫인상을 좌우한다. 다시 말해, 외국인이 학습 대상 언어인 한국어를 말할 때 그렇게 많이 듣지 않고도 한국어 학습자의 한국어가 유창한지 그렇지 않은지를 쉽게 판단할 수 있다. 발음은 학습 대상 언어의 겉모습이나 다름없다. 또한 발음은 학습자의 성취감이나 자신감과 직결된다. 언어 학습의 궁극적인 목표가 의사소통이라고 본다면 특히 구어 의사소통에서의 발음은 학습해야 할 기본적인 요소인 것이다. 따라서 발음 교육은 언어 학습의 초기 단계에서부터 반드시 체계적이고 지속적으로 이루어져야 하는 것이다.

2. 발음 교수의 모형

발음 교수 모형은 일반적으로 접근 방식과 교육 단계에 따라 구분할 수 있다.

1) 접근 방식에 따른 발음 교수의 모형

접근 방식에 따른 발음 교수의 모형은 상향식 모형과 하향식 모형으로 구분할 수 있다.

(1) 상향식 모형(Bottom-up model)

이 모형은 형태에 초점을 두는 방법으로 소리에서 낱말로, 낱말에서 구와 문장으로, 문장에서 담화 전체에 이르도록 학습시키는 방식이다. 즉 자음과 모음 등의 분절음에서 시작하여 강세, 리듬, 억양 등의 초분절음으로 지도해 가는 방식을 일컫는다. 발음의 유창성보다는 정확성에 관심을 두고, 최소대립쌍(minimal pair) 연습을 통한 음성 훈련이나, 듣고 따라 하는 방식을 활용하여 발음 교육을 실시하는 청각구두식 교수법(audiolingual teaching method)에서 자주 사용된다. 그러나 이 모형은 해당 언어에서 사용되는 개별 음을 정확히 익힐 수 있지만 실제 언어생활에서 빚어지는 상황과는 유리될 수 있다는 단점이 있다.

(2) 하향식 모형(Top-down model)

이 모형은 형태보다는 상황과 의미에 초점을 두는 방법으로 담화 수준의 초분절적 요소에서 시작하여 분절음으로 지도해 가는 방식이다. 발음의 정확성보다는 유창성을 지향하고, 의사소통을 위해 이해가 가능한 수준까지의 발음 학습에 목표를 둔 의사소통 중심 접근법(communicative approach)에서 자주 사용된다. 그러나 이 모형은 담화 수준의 의사소통 능력을 배양할 수 있지만 자칫 분절음의 정확한 음가를 익히는 데 소홀하기가 쉽다. 따라서 한국어와 학습자 모어 간의 차이에서 발생되는 여러 가지 언어적 어려움을 극복하는 데 어려움이 있을 수 있다.

발음 교육에 더 효과적인 방식이 상향식 모형이냐 하향식 모형이냐 하는 논의를 떠나 상호작용식 모형(integrated model), 즉 두 모형을 학습자의 요구에 맞게 적절히 조절하여 균형 있게 가르치는 것이 발음 교육의 효과를 높일 수 있는 방법이다.

2) 교육 단계에 따른 발음 교수의 모형

훌륭한 피아노 연주를 위해서는 악보를 보는 법과 연주법을 익힌 다음 끊임없이 연습해야 할 것이다. 이와 마찬가지로 학습 대상 언어의 발음을 유창하게 하기 위해서는 해당 언어에서 사용하는 음의 특성을 정확히 알고, 이를 반복적으로 연습해야 할 것이다. 목표음의 특징에 대해 이해하고 안다는 것과 발음을 하는 것은 별개의 문제이기 때문이다. 우리가 어떤 특정한 음에 관해 이론적으로 안다고 하더라도 이를 정확히 생성해 내기란 쉽지 않다. 발음 교육의 단계를 제시, 연습, 생성의 세 단계로 나누어 구체적으로 설명하면 다음과 같다.

(1) 제시 단계(Presentation Stage)

학습자들에게 어떤 특정한 소리 및 그 소리의 특징과 관련된 사항을 제시함으로써 학습자들로 하여금 그 소리에 관해 알게 하는 단계이다. 보통 목표음에 관해 설명하기와 듣고 구별하기의 활동 등으로 구성된다. 교사는 학습자들에게 어떤 특정한 발음과 음운 규칙이 언제 어떻게 나타나는지에 관하여 명확한 설명을 제시한다. 또한 듣고 구별하기 활동을 통하여 학습자로 하여금 자연스러운 원어민의 발음에 노출되도록 한다. 학습자에게 낯선 발음을 집중적으로 들려주어 학습자가 목표음의 특징을 스스로 인지할 수 있도록 해야 한다. 다양한 게임을 활용하여 교사와 학습자 또는 학습자 간에 듣고 구별하는 활동을 할 수 있다. 이 단계는 아동보다는 자신의 모어를 발음하는 데 이미 익숙해져 있는 성인 학습자에게 더 의미 있는 과정이라고 할 수 있다. 성인 학습자는 듣고 따라 하는 활동으로 목표음을 학습하는 데 어려움이 있으므로 학습자의 모어와 학습 대상 언어에 나타난 발음상의 차이점을 이해한 후에 목표음을 연습해야 한다. 제시 단계에서 주의할 사항을 몇 가지만 정리하면 다음과 같다.

① 간단한 조음법을 설명한다. 이러한 이유로 교사는 음성학에 대한 충분한 지식을 갖고 있어야 한다. 교사가 학습자의 모어와 학습 대상 언어인 한국어를 대조하여 설명해 줄 수 있으면 학습에 도움이 된다.

② 학습할 새로운 음을 결정할 때 발음하기 어려운 것부터 하지 말고, 전체 음 체계 속에서 상대적 난이도 등을 고려하여 결정한다. 발음하기가 특히 어려운 음을 학습할 때는 비슷한 다른 음들로부터 시작하여 차차 원하는 음으로 옮아가면 수월하다.

③ 적절한 교육적 표기법과 시청각 보조 자료를 이용한다. 국립국어원에서 개발하여 배포한 '바른 소리' CD를 이용해 보는 것도 좋은 방법이다.

④ 표준이 되는 발음을 충분히 들려주어야 한다. 그러나 너무 여러 번 반복하여 지루하지 않도록 한다. 이때 주의 깊게 발음한다고 하여 지나치게 천천히 발음해서는 안 되고, 일반적인 속도로 된 발화를 모방하도록 한다. 따라서 한국어 교사는 모방의 모델이 될 수 있도록 보다 정확한 발음을 구사해야 한다.

(2) 연습 단계(Practice Stage)

학습자가 다양한 활동을 통하여 목표음을 연습하는 단계이다. 이때 학습 대상 언어의 발음을 모방할 수 있을 뿐만 아니라 새로 습득한 발음을 자신의 발음으로 고정화시킬 수 있는 수준까지 연습해야 한다. 아직 연습한 발음이 자신의 발음으로 굳어지지 않았으므로 대화문, 연설문, 대본 등과 같은 고정된 텍스트를 이용하여 반복적으로 연습한다. 연습 단계는 통제 연습 (controlled practice)과 유도 연습(guided practice)으로 나뉜다. 통제 연습은 제시 단계에서 학습한 내용을 학습자가 실제로 발음 연습에 적용해 보는 것이다. 따라서 초기 단계에는 특정 소리나 소리의 대립과 같은 형태에 초점을 두고 문맥화된 발음 연습을 주로 하도록 한다. 대본을 소리 내어 읽어 보거나 문장이나 대화문 등을 따라 하는 연습도 좋다. 유도 연습 단계에서는 형태에만 초점을 두는 단계에서 발전하여 의미, 문법, 의사소통 등에까지 초점을 맞추도록 한다. 드라마 장면의 역할 놀이나 준비한 이야기 발표하기 등과 같이 미리 준비한 글이나 텍스트를 사용한다. 이때 학습자들이 실제와 유사한 의사소통 상황에서 자신이 연습한 발음을 적용해 보도록 하는 것이 중요하다. 연습 단계에서 중요한 몇 가지 사항을 제시하면 다음과 같다.

① 교사는 학습자가 잘못된 발음을 연습하지 않도록 관심을 가져야 한다. 다시 말해, 교사는 학습자가 무슨 발음을 어떻게 연습하고 있는지를 늘 살펴보고 필요할 경우 목표음에 관해 다시 설명해 주어 연습하는 음의 특징을 제대로 알고 연습할 수 있도록 해야 한다.

② 가끔씩 발음을 평가하여 적절한 칭찬이나 피드백을 해 주어야 한다. 한국어의 복잡한 음운 규칙을 자연스럽게 익힐 수 있도록 받아쓰기를 자주 실시하는 것이 좋다.

③ 학습자들이 유창하게 발음할 수 있도록 하기 위해서는 처음에는 천천히 말하게 하여 정확한 발음을 습득하게 한 후 빠르게 말하는 연습을 한다. 그렇지 않으면 학습자들이 발화 시에 지나치게 머뭇거리거나 문장 중간의 적절하지 못한 곳에서 휴지(pause)를 두게 된다. 또는 특정 음의 결합 부분에서 말을 더듬어 부적절한 리듬을 만들어 내기도 하고, 연음을 해야 하는 상황에서 연음을 하지 못하고 음절 단위나 단어 단위로 하나씩 끊어 발음함으로써 자연스러움을 떨어뜨리기도 한다.

(3) 생성 단계(Production Stage)

생성 단계의 목표는 제시와 연습 단계를 통해 습득한 새로운 음을 활용하여 학습자가 겪을 수 있는 자연스러운 상황에서도 즉흥적이고 창의적인 발화를 할 수 있도록 하는 데 있다. 이 단계에서는 학습자의 언어학적·담화적·사회언어학적·전략적 능력의 신장에 주안점을 두고 고정된 텍스트 없이 형태와 의미 모두를 말하게 하는 조사 활동, 역할 놀이, 인터뷰, 즉흥 연설, 패널 토의 등의 활동을 할 수 있다. 주의할 점은 학습자들에게 발음과 여러 가지 요소들에 한꺼번에 주의를 기울이게 해서 학습 목표를 흐리거나 주의를 분산시켜서는 안 된다는 것이다. 즉 학습자들에게 한 번에 한두 개의 발음의 특징에 주목하면서 의사소통 활동을 하도록 하는 것이 중요하다. 예를 들어 발음 활동의 목표가 동화 현상이고, 의사소통 활동 연습으로 역할 놀이를 설정하였다면 학습자들에게 동화 현상에 관심을 두면서 과제를 완수하도록 해야 한다.

3. 발음 지도를 위한 활동 유형

발음 지도는 말하기뿐만 아니라 듣기를 통해서도 이루어져야 한다. 상대방의 말을 듣고 이해할 줄 알고 자신이 전달하고 싶은 내용을 표현할 줄 알아야 의사소통이 가능하기 때문이다. 발음 지도를 위해 활용할 수 있는 활동 유형을 몇 가지만 제시하면 다음과 같다.

1) 듣고 구별하기

학습자가 원어민의 발음이나 음원의 발음을 듣고 구별하는 활동이다. 학습자로 하여금 목표음을 인지하게 하기 위한 활동이다.

2) 듣고 따라 하기

학습자가 원어민의 발음이나 음원의 발음을 듣고 따라 함으로써 목표음을 익히는 활동이다. 이때 학습자가 목표음의 발음을 잘못 인식하여 틀린 발음을 따라 하지 않도록 주의해야 한다.

3) 음성 훈련

한국어에서 사용되는 각 소리를 여러 가지 방법을 활용하여 연습한다. 각각의 분절음을 조음 위치나 조음 방법 등과 함께 설명해 주고, 음성적 환경을 달리하여 사용해 보도록 연습시켜 보고, 스스로 원리를 발견하도록 한다. 한국어에서 필요한 모든 분절음과 각 분절음의 이형태를 학습시킨다.

4) 최소대립쌍 연습

구별하기 어려운 발음을 익히는 데 도움이 된다. '달/딸/탈'이나 '불/뿔/풀'과 같은 단어 수준의 최소대립쌍 연습은 다른 음운 환경은 같은데도 불구하고 단 하나의 음소가 달라 뜻이 달라지는 단어를 제시하고 학습자들에게 그 차이를 구별하도록 하는 활동이다. 그러나 단순한 최소대립쌍 연습은 문맥이 결여되어 학습자에게 유의미한 학습을 이끌어 내기 힘들다. 따라서 이러한 활동은 초급 수준의 한국어 학습자들에게 적합하다. 한국어 수준이 중급 이상인 경우에는 단어 수준의 최소대립쌍이 아니라 아래와 같이 문장에 나타난 최소대립쌍을 이용해야 한다. 여기에는 한 문장 안에서 최소대립쌍이 제시되는 경우와 두 문장의 동일한 위치에 최소대립쌍이 제시되는 경우가 있다.

① 한 문장 안에서 최소대립쌍이 제시되는 경우
- 우리 딸은 달을 좋아한다.
- 굴 맛이 꿀맛 같다.
- 방에 들어가서 빵을 먹자.
② 두 문장의 동일한 위치에 최소대립쌍이 제시되는 경우
- 공원에 풀/불이 났다.
- 나는 굴/꿀을 먹었다.
- 아저씨는 공장에서 종/총을 만든다.

5) 소리 내어 읽기 및 역할극

학습자들에게 대본을 나누어 주고 읽게 한다. 연극 대본을 암기하여 몸동작과 함께 하도록 지도함으로써 감정 표현이나 제스처 등과 같은 비언어적 특징도 함께 연습시킬 수 있다. 이때 학습자의 한국어 수준에 따라 모델 대화문을 선택할 수 있다. 예를 들어, 초급인 경우에는 교과서의 본문을 이용해도 좋고, 중급 이상의 경우에는 실생활에 필요한 광고 자료나 재미있는 만화를 이용해도 좋다.

6) 학습자의 발화 녹음하기

학습자의 발음 연습, 자유로운 대화, 즉흥 연설 및 역할극을 녹음하도록 하여 자기 스스로 자신의 발음을 평가하도록 하거나, 동료의 평가 혹은 교사의 피드백을 얻을 수 있는 자료로 활용한다.

7) 드라마 더빙하기

고급 학습자의 경우에 사용할 수 있는 방법으로 드라마를 선별한 후 미리 준비해 놓은 드라마의 대본에 있는 역할을 정해 연습시킨다. 그런 다음 조별 과제로 녹음을 해 오도록 하여 수업 시간에 TV를 틀어 드라마의 소리를 제거한 다음 드라마의 장면을 보면서 학습자들의 녹음 자료를 듣는다. 학습자들의 흥미를 유발할 수 있을 뿐만 아니라 리듬이나 휴지 등의 연습에 효과적이다. 필요한 역할을 정한 후 드라마의 장면에 맞춰 직접 연극을 해보는 것도 좋다.

이 밖에도 동화 구연이나 인터뷰 연습, 빙고 게임 또는 관련 정보 연결하기 등 다양한 학습 활동을 통하여 한국어의 자음이나 모음을 지도할 수 있고, 음운 변동이나 리듬 등을 지도할 수 있다.

4. 발음 교육 시 주의할 점

발음을 효과적으로 교육해야 한다고 하여 교사의 의욕만이 앞서서는 안 된다. 또한 음성학이나 음운론과 같은 전공 수업과 비슷할 정도로 발음 교육 내용에 관한 설명만을 늘어놓아서는 더욱 안 된다. 교사가 음성학이나 음운론에 관한 지식이 있을지라도 학습자들이 이에 관한 사전 지식이 없으면 아무런 소용이 없다. 다음은 발음을 교육할 때의 주의 사항을 간략히 요약해 놓은 것이다.

① 한국어 화자들도 무시하는 음의 구별을 요구해서는 안 된다. 예를 들어, 이미 한국어를 모어로 사용하는 대다수에 의해 어느 정도 중화되어 버린 모음인 'ㅔ'나 'ㅐ'의 구별을 지나치게 강조해서는 안 된다.
② 철자법대로 지도하지 말아야 한다. 너무 조심스럽게 발음하다 보면 철자법대로 발음하는 경우가 종종 눈에 띈다. 하지만 발음은 음운 체계나 음운 변동 등 발음법에 바탕을 두어야지 철자법에 바탕을 두어서는 안 된다.

③ 학습자들에게 일단 전달된 음은 지속적으로 일관성 있게 유지되어야 한다. 교사는 학습자들에게 항상 역할 모델이 되므로 수업 시간 이외에도 바르게 발음하고 또 일관성 있게 발음하도록 노력해야 한다.

④ 학습자들이 정확한 발음을 내려고 노력하고 있는지에 늘 관심을 가져야 한다. 의사소통 중심의 교수법을 지향하는 수업에서는 정확성보다는 유창성을 강조하지만 학업 초기에 화석화된 발음은 고치기 어려우므로 초기에는 정확한 발음을 할 수 있도록 지도해야 한다.

⑤ 발음을 연습할 때도 학습자가 문장의 의미를 이해하도록 해야 한다. 가능하면 낱말 차원보다는 문장이나 담화 차원의 상황 맥락 속에서 발음 연습을 하여 실제 활용할 수 있는 단계에까지 이르도록 한다.

그러면 한국어의 발음을 교육하기 위하여 반드시 알아야 하는 한국어의 음운적 특징에 관하여 살펴보도록 하자.

5. 한국어 모음과 자음의 특징 및 교육법

다음 짝지어진 낱말들을 발음해 보고, 소리의 가장 작은 단위로 나누어 보자.

공 : 종	공 : 강	공 : 곰

짝지어진 두 낱말은 각각 뜻은 다르지만 소리는 유사하다. 각 낱말을 소리의 가장 작은 단위로 나누어 비교해 보면, 세 가지의 소리 중에서 한 개의 소리만이 서로 다름을 알 수 있다. 비슷한 소리임에도 불구하고 짝지어진 낱말이 서로 다른 뜻을 가지는 것은 그중 하나의 소리가 다르기 때문이다. 즉 첫 번째 예에서는 'ㄱ'과 'ㅈ'이 뜻을 가르고, 두 번째에서는 'ㅗ'와 'ㅏ', 세 번째에서는 'ㅇ'과 'ㅁ'이 두 낱말의 뜻을 분별해 준다. 이처럼 낱말의 뜻을 구별해 주는 가장 작은 단위를 음소라고 한다. 위에 있는 예들은 각각 세 개의 음소로 되어 있다. 다른 모든 언어와 마찬가지로 한국어의 음소도 크게 자음과 모음으로 나뉜다. 자음과 모음은 일반적으로 숨을 내쉴 때 만들

어지는데, 자음은 폐에서 나오는 공기의 흐름에 어떤 형태로든지 장애를 받는 음이고, 모음은 장애 없이 공기가 그대로 방출되는 음이다.

1) 한국어의 모음

모음은 발음할 때 입술 모양이나 혀의 위치가 변하느냐 변하지 않느냐에 따라 단모음(monophthong)과 이중모음(diphthong)으로 나뉜다. 예를 들어, 'ㅣ'나 'ㅏ'는 단모음이고, 'ㅑ'나 'ㅘ'는 각각 'ㅣ'와 'ㅏ', 'ㅗ'와 'ㅏ'로 이루어진 이중모음이다.

(1) 단모음

단모음은 조음을 시작할 때의 혀의 위치나 입술 모양과 조음을 끝냈을 때의 혀의 위치나 입술 모양에 변화가 없는 모음을 말한다. 단모음은 다시 조음에 사용되는 혀의 높낮이(고모음, 중모음, 저모음)와 혀의 최고점의 앞뒤 위치(전설모음, 후설모음), 그리고 입술이 둥근지 그렇지 않은지(원순모음, 평순모음)에 따라 분류된다. 〈표 2-1〉은 한국어 모음의 분류표이다.

표 2-1 한국어의 단모음

혀의 앞뒤 위치 / 혀의 높낮이	전설모음		후설모음	
	평순모음	원순모음	평순모음	원순모음
고모음	ㅣ [i]		ㅡ [ɨ]	ㅜ [u]
중모음	ㅔ [e]		ㅓ [ə]	ㅗ [o]
저모음	ㅐ [ɛ]		ㅏ [a]	

이러한 모음은 개별적으로 지도하지 말고 그룹으로 묶어 지도하는 것이 좋다. 듣고 따라 하기식의 교육 방법을 이용하여 다음과 같은 활동을 한다. 이때 학습자로 하여금 혀의 위치가 어떻게 달라지는지, 입술의 모양이 어떻게 달라지는지 스스로 느낄 수 있도록 해야 한다.

먼저, 교사가 학습자들에게 아래에 있는 모음을 충분히 들려주고, 따라 해 보도록 한다. 이를 여러 번 반복한다. 이 활동은 혀의 높낮이에 따라 달라지는 모음을 익히기 위한 것이다.

| ㅣ : ㅔ : ㅐ | | ㅡ : ㅓ : ㅏ |

'ㅔ'를 발음할 때는 'ㅣ'보다 입이 더 열려서 혀의 높이가 낮아지고, 'ㅐ'는 'ㅔ'보다 입이 더 크게 열려서 혀의 높이가 더 낮아진다. 'ㅓ'를 발음할 때는 'ㅡ'보다 입이 더 열려서 혀의 높이가 낮아지고, 'ㅏ'는 'ㅓ'보다 입이 더 크게 열려서 혀의 높이가 더 낮아진다. 이러한 이유로 환자의 입안을 보기를 원하는 치과의사는 환자에게 '아'라고 소리 낼 것을 권하지 '으'나 '이' 등을 소리 낼 것을 권하지 않는다.

그런 다음 혀의 최고점의 위치에 따라 달라지는 모음을 익히기 위하여 아래에 있는 모음을 학습한다.

| ㅣ, ㅔ, ㅐ : ㅡ, ㅓ, ㅏ, ㅜ, ㅗ |

'ㅣ, ㅔ, ㅐ'는 입천장의 중간점을 기준으로 하여 혀의 최고점이 앞쪽에 있을 때 나는 소리이고, 'ㅡ, ㅓ, ㅏ, ㅜ, ㅗ'는 혀의 최고점이 뒤쪽에 있을 때 나는 소리이다. 이때 'ㅣ : ㅡ', 'ㅔ : ㅓ', 'ㅐ : ㅏ'를 짝으로 하여 비교해 보면 혀가 전후로 자리를 바꾼다는 것을 보다 쉽게 알 수 있다.

다음 활동은 입술 모양에 따라 달라지는 모음을 익히기 위한 것이다.

| ㅏ, ㅐ, ㅓ, ㅔ, ㅡ, ㅣ : ㅗ, ㅜ |

모음 'ㅏ, ㅐ, ㅓ, ㅔ, ㅡ, ㅣ'를 발음할 때는 입술 모양이 둥글지 않고, 'ㅗ, ㅜ'를 발음할 때는 입술 모양이 둥글다. 'ㅡ : ㅜ', 'ㅓ : ㅗ'로 짝을 지어 발음을 해 보면 보다 쉽게 원순모음과 평순모음의 특징을 익힐 수 있다.

일반적으로 대부분의 언어에서 비슷한 양상으로 나타나는 'ㅏ, ㅣ, ㅜ' 모음보다는 언어마다 실현 양상이 다른 모음인 'ㅗ, ㅓ, ㅐ, ㅔ' 등의 학습에 주의해야 한다.

① 'ㅔ'와 'ㅐ': 많은 한국어 화자들에 의해 이미 중화되었지만, 소리를

구별하여 적는 데다가 표준 발음법에서도 두 모음의 발음을 구별한다. 따라서 강조할 필요는 없지만 두 모음을 구별하여 제시한다.

② 'ㅓ': 한국어의 'ㅓ' 모음은 원순성이 다른 언어들에 비해 강하여 외국인들이 듣기 어려운 소리 중의 하나이다. 많은 외국인들은 모음 'ㅓ'와 'ㅗ'를 구별하지 못한다. 예를 들어, 'ㅓ' 모음이 없는 일본어나 인도네시아어를 모어로 하는 학습자들에게는 두 모음을 구별하여 정확히 듣고 발음하는 일이 쉽지 않다. 따라서 이 두 모음이 들어가는 쉬운 단어들을 골라 반복적으로 들려주고 따라 하고 받아 적는 연습이 필요하다. 'ㅓ' 모음의 경우 먼저 'ㅏ' 모음을 발음하게 한 다음 입을 약간만 닫도록 하는 연습을 반복하면 좀 더 쉽게 익힐 수 있다.

③ 모음 'ㅡ': 우리가 차용어를 발음하거나 한국어에 맞지 않는 외국어의 음절을 발음할 때 첨가되는 모음이다. 이 소리를 교육할 때는 'bus, tent, print, Christmas' 등의 단어를 우리말식으로 발음하여 외국인 학습자들로 하여금 그들의 발음과 다름을 인식하도록 하고, 그 차이가 바로 모음 'ㅡ'의 첨가 때문이라는 사실을 인식하도록 한다. 그런 다음 'ㅡ' 모음을 학습하면 수월하다. 'ㅡ' 모음은 'ㅜ' 소리를 낼 때와 마찬가지로 아래턱이 거의 다 올라간 상태에서 아랫니가 조금 보일 정도로 발음한다. 이 소리가 'ㅜ'와 다른 점은 입술이 평평해진다는 것이다. 즉 'ㅜ' 상태에서 둥근 입술을 옆으로 펴서 거의 자연스러운 상태에서 발음을 하면 한국어의 'ㅡ' 소리가 난다. 'ㅜ'와 'ㅡ' 모음의 발음을 여러 번 반복한다.

개별적인 모음의 제시가 끝나면 모음으로만 되어 있는 실제 어휘(아우, 이, 아이, 오이 등)를 이용하여 모음 익히기 활동을 할 수 있다.

(2) 이중모음

앞에서 말한 바와 같이 이중모음이란 조음 기관의 모양이나 위치가 조음을 시작할 때와 끝날 때가 서로 다른 모음을 말한다. 모음 'ㅑ, ㅕ'를 길게 발음해 보면 결국 'ㅏ, ㅓ'가 됨을 알 수 있을 것이다.

```
ㅑ  ➡  ㅏ
ㅕ  ➡  ㅓ
```

따라서 이중모음을 발음할 때는 마치 두 개의 모음이 연속적으로 발음되는 것처럼 느껴진다. 발음하는 동안 입술이나 혀가 움직이지 않는 단모음과는 달리 두 모음의 특성에 따라 입술 모양이나 혀의 위치가 변하게 된다. 〈표 2-2〉에서 보는 바와 같이 한국어에 있는 모든 이중모음은 'ㅢ'를 제외하면 첫소리가 'ㅣ' 또는 'ㅜ'(또는 ㅗ)이다.

표 2-2 한국어의 이중모음

구분	내용
〈ㅣ-계〉 이중모음	ㅑ, ㅕ, ㅛ, ㅠ, ㅖ, ㅒ
〈ㅜ-계〉 이중모음	ㅘ, ㅝ, ㅟ, ㅙ, ㅞ, ㅚ
기타	ㅢ

이중모음 'ㅢ'는 한국어를 모어로 하는 사람에게서도 발음상의 다양성이 발견되기도 하고, 표준 발음법을 보더라도 위치에 따라 또는 문법적인 기능에 따라 아래와 같이 여러 가지로 발음됨을 알 수 있다.

표 2-3 'ㅢ'의 발음

위치	발음	예시
어두	[ㅢ]	의지[의지], 의미[의미]
자음 + ㅢ	[ㅣ]	희망[히망], 띄다[띠다]
둘째 음절 이하	[ㅢ] 또는 [ㅣ]	주의[주의/주이], 의의[의의/의이]
속격 조사	[ㅢ] 또는 [ㅔ]	우리의[우리의/우리에], 사랑의[사랑의/사랑에]

이러한 'ㅢ'의 발음은 한국어를 배우는 학습자들에게도 학습에 어려움을 겪게 한다. 따라서 'ㅢ'가 들어가는 단어를 선별하여 환경을 달리하여 발음해 보도록 하는 세심한 배려가 필요하다.

한국어에서 이중모음은 표기상으로는 하나의 단위처럼 보인다. 즉 단모음과 마찬가지로 이중모음 역시 음절을 구성할 때 중성의 위치에 놓는다. 모

음 '귀'와 '긔'는 단모음으로 발음할 경우 각각 [ü], [ö]로 실현되지만, 이중
모음으로 발음할 경우에는 [wi], [we]로 실현된다.

이중모음은 단모음과 자음의 학습이 끝난 다음에 지도하는 것이 학습자
들의 혼란을 줄일 수 있다. 이중모음을 제시한 후에는 이중모음으로만 되
어 있거나 단모음과 이중모음이 섞여 있는 '여유, 야유, 의의, 예의, 애, 왜,
우유, 여우, 유아, 이유' 등의 실제 어휘를 이용하여 익히기 연습을 할 수
있다.

2) 한국어의 자음

앞에서 말한 바와 같이 자음은 폐에서부터 나오는 공기가 주요 조음 기관
인 입술이나 혀 등에 의해 장애를 받아 만들어지는 소리이다. 따라서 자음
을 분류할 때도 장애가 어디에서 어떻게 일어나는지에 따라 나눈다. 즉 장
애가 일어나는 위치와 장애가 일어나는 방법이 자음 분류의 기준이 된다.
여기에 특정 언어에만 나타나는 특성을 덧붙이면 한 언어의 자음을 기술하
는 방법이 될 것이다. 예를 들어, 영어의 /p : b/, /t : d/, /k : g/ 등의 자음은
조음 위치도 같고, 조음 방법도 같지만 조음 시에 나타나는 성대 진동의 유
무에 따라 구별된다. 이처럼 언어마다 고유한 특징을 가질 수 있는데, 한국
어의 자음은 기(aspiration)의 세기에 따라 예사소리(평음), 된소리(경음), 거센
소리(격음)로 나뉜다.

〈표 2-4〉를 보면 한국어의 자음 체계는 'ㅎ'을 제외하고는 균형 잡힌 체
계라고 할 수 있다. 즉 파열음과 파찰음은 '평음-경음-격음'으로 나뉜다. 하
지만 마찰음에는 치조에서 나는 평음과 경음이 있고, 목청에서 나는 평음이
있다. 여기에 세 개의 비음(ㅁ, ㄴ, ㅇ)이 있고, 하나의 유음(ㄹ)이 있다. 이렇
게 구성된 한국어의 자음 체계는 마찰음이 많은 영어와는 달리 파열음이 많
다는 특징이 있다.

표 2-4 한국어의 자음

조음방법		기의 세기	양순음	치조음	경구개음	연구개음	후음
장애음	파열음	평음	ㅂ[p]	ㄷ[t]		ㄱ[k]	
		경음	ㅃ[p']	ㄸ[t']		ㄲ[k']	
		격음	ㅍ[pʰ]	ㅌ[tʰ]		ㅋ[kʰ]	
	마찰음	평음		ㅅ[s]			ㅎ[h]
		경음		ㅆ[s']			
		격음					
	파찰음	평음			ㅈ[ʧ]		
		경음			ㅉ[ʧ']		
		격음			ㅊ[ʧʰ]		
공명음	비음		ㅁ[m]	ㄴ[n]		ㅇ[ŋ]	
	유음			ㄹ[l/r]			

(1) 조음 위치에 따른 특징

〈표 2-4〉를 보면 한국어 자음은 크게 다섯 군데에서 공기의 흐름에 장애를 받아 소리가 난다는 것을 알 수 있다. 두 입술에서 장애가 이루어져 나는 소리를 양순음이라 하고, 윗잇몸보다 조금 안쪽에서 나는 소리를 치조음이라 하며, 딱딱한 입천장에서 장애가 이루어져 나는 소리를 경구개음이라고 한다. 경구개보다 조금 안쪽의 부드러운 입천장에서 장애가 이루어져 나는 소리를 연구개음이라고 한다. 그리고 목청에서 나는 소리를 후음이라고 한다.

조음 위치적 관점에서 보면 한국어의 자음은 영어나 중국어 등 다른 언어들보다 단순하다. 예를 들어, 한국어의 자음은 조음 위치에 따라 양순음, 치조음, 경구개음, 연구개음, 후음 정도로 분류될 수 있는 반면에, 영어에는 한국어에는 없는 순치음(예 : feet, victory)과 치음(예 : think, father)이 있다. 이중 순치음은 중국어나 러시아어에서도 발견되는 상당히 보편적인 음이다. 따라서 조음 위치적 관점에서만 보면 영어나 중국어, 러시아어를 모어로 하는 사람들이 한국어를 학습할 때에는 특별한 어려움을 겪지 않을 것임을 예측할 수 있다.

학습자들에게 〈표 2-4〉에 있는 자음을 하나씩 발음해 보도록 하고, 소리

나는 위치를 바르게 말할 수 있도록 한다. 자연스럽게 발음할 수 있을 때까지 여러 번 반복하게 한다. 이때 'ㅂ, ㄷ, ㅈ, ㄱ'을 순서대로 천천히 발음하게 하여 어느 부분에서 폐쇄가 이루어지는지 느껴 보도록 한다. 이러한 활동은 조음 위치를 익히는 데도 도움이 되고 학습자의 흥미를 유발하는 데도 도움이 된다.

(2) 조음 방법에 따른 특징

〈표 2-4〉를 통하여 알 수 있는 또 하나의 사실은 조음 방법상으로 자음은 '파열음, 마찰음, 파찰음, 비음, 유음'으로 나뉜다는 것이다. 입안의 가득한 공기를 내보내는 방법에는 세 가지가 있는데, 조음기관으로 막고 있던 공기를 풍선이 터지듯이 한꺼번에 내보내는 방법(파열음), 입술을 조금 벌려 작은 실구멍이 난 풍선에서 바람이 빠지듯이 지속적으로 공기를 내보내는 방법(마찰음), 그리고 앞의 두 가지 방법을 섞어 내는 방법으로 두 조음 기관이 닫혔다가 개방될 때 완전히 열리지 않아서 마찰이 수반되는 방법이다. 비음과 유음도 소리 내는 방법과 관련된 것인데, 비음은 구강 안이 막힌 상태에서 연구개를 내려서 공기가 비강을 통해 방출되면서 발음되는 소리이다. 유음은 기류가 혀의 양옆을 통해 방출되면서 발음되는 방법(예를 들어, [l]과 같은 소리)과 혀끝이 윗잇몸을 한 번 가볍게 튀기면서 발음하는 방법(예를 들어, [r]와 같은 소리)이 있다.

'파열음, 마찰음, 파찰음'을 장애음이라 하여 발음을 할 때 목청이 떨려 울리는 소리인 공명음이라고 불리는 비음이나 유음과 구별된다. 장애음과 공명음은 발음할 때 울림이 있느냐 없느냐에 따른 분류이기도 하지만 언어학적인 기능 면에서도 크게 다르다. 즉 많은 언어에서 비음과 유음은 자음이 아닌 모음의 기능을 할 때가 있는 데 비하여, 장애음들은 오로지 자음의 기능만을 하는 순수 자음이기 때문이다. 여기서 모음의 기능이란 영어에서처럼 독자적으로 음절을 이룰 수도 있다는 것이다.

다음은 한국어 자음을 교육할 때 조음 방법적 관점에서 주지해야 할 사항들이다.

① 파열음

한국어의 파열음은 타 언어와 비교해 볼 때, 평음, 경음, 격음으로 구성되어 있는 점이 상당히 특이하다. 따라서 외국인이 한국어를 학습할 때 많은 어려움을 겪는다. 평음은 약한 소리이고, 격음과 경음은 강한 소리이다. 경음은 성대의 긴장성 면에서 평음보다 강하고, 격음은 우리 몸으로부터 방출되는 기(aspiration)의 세기 면에서 평음보다 강하다. 공기의 세기에 따른 특징을 보면, 격음은 공기의 세기가 가장 센 소리이고, 경음은 공기의 세기가 가장 적은 소리이다. 평음은 두 계열의 중간 정도의 세기를 갖는 소리이다. 따라서 파열음을 학습할 때는 학습자들에게 손바닥을 펴게 한 다음 공기의 세기를 직접 느껴 보도록 하는 것이 좋다. 이때에는 공기의 세기를 가장 확실하게 느낄 수 있는 양순음(ㅃ, ㅂ, ㅍ)부터 시작하는 것이 좋다. 그런 다음 다른 위치에서 소리 나는 자음으로 넘어간다. 개별 음운에 대한 학습이 끝나면 여러 가지 최소대립어를 제시해 주며 듣고 구별하기, 받아쓰기, 듣고 따라 하기 등을 반복한다.

② 유음

영어를 외국어로 배워 본 사람이면 누구나 영어의 'r'와 'l'을 구별하여 정확하게 발음하는 일이 쉽지 않음을 경험했을 것이다. 한국어를 배우는 외국인들도 한국어의 'ㄹ'을 발음하는 데 어려움을 겪는다. 한국어의 'ㄹ'은 환경에 따라 [r]로도 소리 나고 [l]로도 소리 난다. 다시 말해, 모음 사이에서는 [r]로 발음되고, 받침 등 그 밖의 환경에서는 [l]로 소리 난다. 이러한 [r]과 [l]의 분포는 한국어 학습에서 외국인 학습자들에게 많은 어려움을 겪게 한다. 한국어에서 소리 나는 [l]은 영어의 닫힌 음절에서 나는 어두운 'l', 즉 [ɫ]이 아니라 밝은 [l]이라는 것이다. 따라서 외국인들이 받침에 있는 'ㄹ'을 우리가 발음하는 것과 비슷한 소리로 발음하도록 하기 위해서는 의도적으로 '달, 딸, 탈' 등을 발음할 때마다 혀끝을 살짝 내밀게 요구하여 혀를 뒤로 가져가지 못하게 하면 도움이 된다. 또한 모음 사이에서 나는 'ㄹ'의 경우에도 정확히 말하면 [r]가 아니라 [ɾ]임을 주지시켜야 한다. 그렇지 않으면 혀의 중간쯤에서 내는 떨림이 있는 소리로 내게 될 것이다. 이 소리는 'water, city, cotton'에서와 같이 't'가 약해질 때 내는 소리와 유사하다.

③ 마찰음

한국어의 'ㅎ'은 다른 언어들에서 발견되는 'ㅎ'과 많이 다르다. 한국어에서 'ㅎ'은 어두에서는 제 음가대로 소리 나지만 모음과 모음 사이에서나 앞 음절의 종성이 'ㄴ, ㄹ, ㅁ, ㅇ'일 때는 상당히 약화되어 발음된다. 예를 들어, '고향, 은행, 실행, 삼행시, 영향'과 같은 단어를 특별히 주의 깊게 발음하지 않으면 'ㅎ'이 탈락된 것처럼 들린다. 또한 'ㅎ'으로 끝나는 동사나 형용사에 모음으로 시작되는 어미가 붙을 때 'ㅎ'은 반드시 탈락된다. 예를 들어, '넣어요'와 '좋아요'는 각각 [너어요]와 [조아요]로 발음된다.

'ㅅ'의 경우에도 환경에 따라 다르게 소리 나는 경우가 많으므로 특별히 주의하여 지도해야 한다. 예를 들어, '사'와 같은 경우의 [ㅅ] 소리는 '시'나 '쉬'와 같은 경우의 'ㅅ'과 다르다. 전자의 경우는 [s]이지만, 후자의 경우는 각각 [ɕ]와 [ʃ]이다. 무엇보다도 특이한 점은 치조마찰음 'ㅅ'과 'ㅆ'을 별개의 음소로 사용한다는 점이다. 영어의 경우 이 두 자음은 변이음으로 실현되어 'ㅆ'은 강세를 받는 모음 앞에 쓰이고, 'ㅅ'은 그 밖의 환경에 쓰인다. 예를 들어, 영어 단어 'song'의 발음을 한글로 적으면 [쏭]이고, 'small'은 [스몰]이다. 같은 's'가 전자에서는 'ㅆ'으로 발음되고, 후자에서는 'ㅅ'으로 발음됨을 알 수 있다. 따라서 외국인들에게 한국어의 치조마찰음을 교육할 때에는 모음 앞에 결합하는 자음인 'ㅆ'을 먼저 학습하고, 그다음에 'ㅅ'을 학습하는 게 좋다.

④ 비음

한국어 비음에는 양순음(ㅁ), 치조음(ㄴ), 연구개음(ㅇ)이 있다. 어두에 오는 'ㅁ, ㄴ'은 음성학적으로 볼 때 영어 등 다른 언어에서 사용되는 비음과 꽤 다르다. 다시 말해, 비음들이 공통적으로 갖고 있는 비음성(nasality)이 매우 낮다. 따라서 '누구, 나비, 노래, 모두, 모기'를 주의 깊게 발음하지 않으면 외국인들에게는 각각 [두구], [다비], [도래], [보두], [보기]로 들리기 쉽다. 즉 비음과 같은 위치에서 나는 평장애음으로 들린다. 그러므로 외국인들에게 한국어를 교육할 때에는 그들이 한국어 비음의 음성적인 특성에 익숙해질 때까지는 의도적으로 비음성을 강조하여 비음을 발음해야 오류를 피할 수 있다.

여기까지 학습을 하고 나면, 학습자들은 이제 받침이 없는 한국어를 읽을 수 있다. 이때 받침이 없는 실제 어휘(아기, 아빠, 아래, 아주, 아래, 야구, 애기, 어느, 어디, 어제, 어서, 여기, 여자, 오빠, 오리, 오후, 오디오, 외교, 요리, 요구, 우리, 우주, 유리, 의사, 의미, 의자 등)를 이용하면 유의적인 발음 연습에 도움이 된다.

6. 한국어 음절의 특징 및 교육법

지금까지 한국어의 모음 체계와 자음 체계에 관하여 살펴보았다. 자음과 모음은 결합하여 더 큰 단위를 이루는데, 자음과 모음이 결합하여 한 번에 낼 수 있는 소리의 마디를 음절(syllable)이라고 한다. 음절은 다시 자음으로 끝나는 닫힌 음절(폐음절, closed syllable)과 모음으로 끝나는 열린 음절(개음절, open syllable)로 나뉜다. 예를 들어, '사랑'은 다섯 개의 음운과 두 개의 음절로 되어 있다. '사'는 열린 음절이고, '랑'은 닫힌 음절이다. 한국어의 음절은 초성(onset), 중성(nucleus), 종성(coda)으로 이루어져 있다. 초성과 종성의 자리에는 자음이 오고, 음절핵인 중성의 자리에는 모음만이 올 수 있다. 자음이 없이 모음만으로도 음절을 이룰 수 있지만 모음이 없이 자음으로는 음절을 이룰 수 없다. 한국어에서 가능한 음절 구조는 다음과 같이 모두 네 개뿐이다.

[1] 한국어에서 가능한 음절 구조
　　가. 모음(v): 아, 오, 이, 우
　　나. 자음＋모음(cv): 가, 나, 무, 소
　　다. 모음＋자음(vc): 입, 온, 울
　　라. 자음＋모음＋자음(cvc): 감, 공, 문

위를 통해 알 수 있는 점은 한국어의 자음은 반드시 모음과 결합하여야 음절을 이룰 수 있으며, 자음 홀로는 음절을 이룰 수 없다는 점이다. 또한 자음은 철자에 나타난 모습과는 달리 반드시 한 번에 하나만 발음될 수 있다. 즉 어두에서든, 어말에서든 어느 위치에서도 두 개의 자음이 연달아 발음되는 겹자음이 올 수 없다. 이러한 특징은 비음이나 유음 등의 성절자음(syllabic consonants)이 있고, 겹자음이 널리 존재하는 영어와는 사뭇 다른 양상이다. 반면에 모음은 모음(母音)이라는 한자가 말해 주는 것처럼 자음이 없이도 음절을 이룰 수 있다. 즉 어머니가 아들이 없이도 살 수 있는 것처럼 '어머니 소리'인 모음은 '아들 소리'인 자음(子音) 없이도 음절을 이룰 수 있다.

한국어의 발음을 정확하게 내기 위해서는 한국어에 있는 자음과 모음의 특성을 이해하는 일 말고도 한국어의 음절 구조를 이해하고 이에 익숙해져야 한다. 그렇지 않으면 외국인들이 흔히 갖는 강한 악센트가 섞인 어색한 발화를 하게 된다. 특히 한국어에서 음절이 갖는 역할은 영어나 기타 서양 언어에서보다 크다. 쓰기 체계에 음절 개념을 도입하여 음절 단위로 쓰는 것(예를 들어, Kim vs. 김)은 물론, 어떤 말을 줄여 사용할 때도 영어에서는 두문자어(頭文字語, acronym)라고 하여 각 단어의 맨 앞 철자만을 취하는 데 반해, 한국어에서는 맨 앞 음절들을 취한다. 예를 들어, 국제음성기호(International Phonetic Alphabet)를 IPA라고 부른다. 하지만 이 말이 한국어였더라면 우리는 각 단어의 첫째 음절을 취하여 In Pho Al, 즉 '인포알'이라고 불렀을 것이다. 이만큼 한국어에서 음절은 중요한 기능을 한다.

음절 구조의 차이로 인한 발음상의 오류는 개별 음소의 발음에서 오는 차이에서 기인한 오류만큼이나 듣는 사람의 귀에 거슬리게 된다. 예를 들어, 종성에 극히 제한적인 자음만이 허용되는 일본어 모어 화자가 한국어를 발음할 때 한국어에는 없는 모음을 임의로 삽입하여 발음하는 현상이 나타난다. 하지만 같은 위치에서 영어 모어 화자들의 한국어 학습에서 나타나는 발음상의 오류는 일본어 화자들에게서 나타나는 양상과는 사뭇 다르다. 영어를 모어로 사용하는 사람들에게서는 이러한 현상이 나타나지 않는다. 이와는 반대로 한국어 철자상에 나타나는 겹자음 두 개를 모두 발음하는 경우가 자주 눈에 띈다. 예를 들어, '닭'을 [tak]으로 발음하지 않고 [talk]으로 발음한다거나 '밟-'을 [pap]으로 발음하지 않고, [palp]로 발음한다. 이는 영어에서 /lk/나 /lp/로 된 겹자음이 허용되어 'milk, quilt, pulp' 등이 소위 말하는 겹자음 단순화의 영향을 입지 않고, 각각 [milk]와 [kwilt], [pʌlp]로 발음되기 때문일 것이다.

한글 쓰기에 관한 학습이 이루어지기 전까지 외국인들은 '살'을 'ㅅㅏㄹ'로 쓰기 쉽다. 이를 개선하기 위해서는 한국어에서는 음절 단위로 모아 씀을 인식시켜 주어야 한다. 또한 겹자음이 없는 특징을 익히기 위해서도 특별한 지도가 필요한데, 이를 빨리 학습하기 위해서는 학습자와 교사가 다 함께 알고 있는 외래어나 나라 이름, 도시 이름 등을 이용하면 좋다. 학습자의 이름이나 학습자 가족의 이름을 한국어로 써 보는 연습도 도움이 된다. 예를 들어, Ronald와 같은 말이 겹자음으로 끝나는지, 아니면 우리가 인식하는 것처럼 '드', 즉 모음으로 끝나는지 하는 문제는 한국어 학습에 있어 커다란 의미를 갖는다. 전자의 경우에는 자음으로 끝나는 다른 낱말처럼

'이, 을, 은' 등의 조사가 쓰일 테고, 후자의 경우에는 모음으로 끝나는 다른 낱말처럼 '가, 를, 는' 등의 조사가 쓰일 것이다. 따라서 학습자들이 한국어의 음절 구조를 이해하고 이에 익숙해질 때까지 말하기와 듣기, 또는 읽기와 쓰기를 통하여 음절에 관한 교육을 해야 한다. 음절 구조에 관한 학습이 끝나고 나면 음운 변동이 일어나지 않는 실제 어휘(입, 발, 달, 아침, 애인, 여름, 예약, 예언, 오늘, 오전, 우산, 이름 등)를 가지고 익숙해질 때까지 음절 익히기 연습을 한다.

7. 한국어 음운 변동의 특징 및 교육법

음운 변동이란 기저형이 어떤 특정한 음운론적인 이유에 의해 다른 음으로 실현되는 것을 의미한다. 한국어를 배우는 학습자들이 한국어를 정확히 발음하기 위해서는 자음과 모음 등의 개별 음운이나 음절 구조를 이해하는 것 외에도 발음에 영향을 미치는 갖가지 음운 변동을 파악해야만 한다. 특히 한국어의 음운 변동은 복잡한 데다가, 대부분의 경우에 음운 변동이 일어나기 전의 형태를 그대로 고정하여 적기 때문에 철자와 발음이 다를 때가 많다. 따라서 한국어를 정확히 발음하기 위해서는 음운 변동에 관한 정확한 이해가 필요하다. 이를 자연스럽게 익히도록 하기 위해서는 받아쓰기를 자주 하고 중요한 사항은 반복적으로 학습해야 한다.

1) 음절의 끝소리 발음

(1) 홑받침의 발음

앞에서 말한 바와 같이 한국어의 장애음에 존재하는 세 계열의 자음은 한국어 자음과 관련된 특징 중에서 가장 두드러진 점일 것이다. 하지만 이러한 세 계열의 자음은 모든 위치에서 그 소리 값을 그대로 유지하는 것이 아니다. 어두에서나 모음과 모음 사이에서는 제 음가대로 소리 나지만 어말이나 다른 자음 앞에서는 제 음가대로 발음되지 못한다. 다시 말해, 이 세 계열의 자음의 구별이 사라지고 모두 파열되지 않는 평음으로 발음된다. 이뿐만 아니라 마찰음(ㅅ, ㅆ)이나 파찰음(ㅈ, ㅊ)도 대표음인 'ㄷ'으로 소리 난다. 이를 중화라고 하는데 정리하면 〈표 2-5〉와 같다.

표 2-5 홑받침의 발음

표기상의 자음	발음	예
ㅁ	ㅁ[m]	밤, 솜
ㄴ	ㄴ[n]	산, 문
ㅇ	ㅇ[ŋ]	공, 방
ㄹ	ㄹ[l]	물, 길
ㅂ, ㅍ	ㅂ[p˺]	입, 잡다, 앞, 덮다
ㄱ, ㄲ, ㅋ	ㄱ[k˺]	국, 밖, 닦다, 키읔
ㄷ, ㅌ, ㅅ, ㅆ, ㅈ, ㅊ	ㄷ[t˺]	닫다, 밭, 옷, 웃다, 있다, 낮, 꽃

중화규칙과 관련하여 무엇보다도 중요한 점은 받침에서 소리 나는 음이 파열된 평음이 아니라는 사실이다. 다시 말해 '밥'이라는 단어가 있을 때 어두의 'ㅂ'과 어말의 'ㅂ'이 그 모습은 같으나 실제로는 다른 소리라는 것이다. 즉 어두에서 나는 'ㅂ'이 파열된 소리인 반면, 어말에서 나는 'ㅂ'은 파열되지 않는 소리이다. 이러한 사실을 한국어를 배우는 학습자에게 주지시키지 않으면 받침에 있는 'ㅂ'을 파열시켜 발음함으로써 우리에게는 마치 *[바브]처럼 들린다. 따라서 어말이나 다른 자음 앞에서 소리 나는 장애음은 파열되지 않는 평음임을 분명히 알게 해 주어야 한다.

한국어를 배우는 학습자들이 이러한 특징을 제대로 습득하지 못하면 아주 어색한 한국어를 발화하게 된다. 따라서 공기가 파열되지 않는 특징을 가장 쉽게 눈으로 확인할 수 있는 'ㅂ'을 먼저 교육한 후 다른 장애음(ㄱ, ㄷ 등)으로 넘어가는 것이 좋다. 이를 위해 'cup, tap, top' 등의 영어 단어를 한국어식으로 발음해 주어 한국어와 영어의 발음 차이를 학습자 스스로가 느끼게 한다. 즉 어말 'p' 음을 파열하지 않고 입을 다문 채로 발음하는 것이다. 이를 몇 번 반복하면 학습자들이 파열되지 않는 한국어 장애음의 특징을 알 수 있을 것이다. 그런 다음 한국어의 실제 어휘(밥, 입, 십 등)를 가지고 연습한다.

홑자음의 발음 교육에서 특별히 주의하여 지도해야 할 학습자들은 태국어나 인도네시아어, 베트남어를 모어로 하는 학습자들이다. 이 언어들에서는 유음(ㄹ)이 종성에서 사용되지 않기 때문이다. 이들은 공통적으로 유음을

'ㄴ'과 비슷하게 발음을 하므로 반복적인 연습이 필요하다. 또한 일본어 모어 화자들의 경우에는 대부분의 종성을 발음하는 데 많은 어려움을 겪는다. 특히 비음(ㅁ, ㄴ, ㅇ)을 구별하여 발음하는 데 많은 노력을 기울여야 한다.

(2) 겹받침의 발음

한국어에는 철자상 열한 개의 겹받침(ㄳ, ㄵ, ㄼ, ㄽ, ㄾ, ㅄ, ㄺ, ㄻ, ㄿ, ㄶ, ㅀ)이 종성의 자리에 올 수 있다. 하지만 이러한 겹받침은 어말이나 자음 앞에서 자음 하나는 탈락되고 하나만 발음된다. 즉 두 자음 모두를 발음하지 않는다. 하지만 겹받침 뒤에 모음이 올 경우에는 첫 번째 자음은 앞 음절의 종성으로 발음하고 뒤 자음은 뒤 음절의 첫소리로 옮겨 발음한다.

표 2-6 겹받침의 발음

앞 자음이 발음되는 경우			뒤 자음이 발음되는 경우		
표기	발음	예	표기	발음	예
ㄳ	ㄱ	넋 [넉]	ㄺ	ㄱ	닭 [닥]
ㄵ	ㄴ	앉다 [안따]	ㄻ	ㅁ	삶 [삼]
ㄼ	ㄹ	여덟 [여덜]	ㄿ	ㅍ[ㅂ]	읊다 [읍따]
ㄽ	ㄹ	외곬 [외골]			
ㄾ	ㄹ	핥다 [할따]			
ㅄ	ㅂ	값 [갑]			
ㄶ	ㄴ	않고 [안코]			
ㅀ	ㄹ	싫다 [실타]			

겹받침 'ㄼ'의 경우 'ㄹ'을 발음하는 것이 표준이나 '밟-'과 '넓적하다' 또는 '넓죽하다'의 경우에는 예외적으로 'ㅂ'을 발음한다. 또한 'ㄺ'은 '닭'을 [닥]으로 발음하는 것처럼 'ㄱ'을 발음하지만, 용언의 경우 'ㄱ' 앞에서는 'ㄹ'을 발음한다.

[2] 밟다[밥따], 밟고[밥꼬], 넓적하다[넙쩌카다]
　　맑고[말꼬], 읽겠습니다[일껟씁니다], 읽거나[일꺼나]

이러한 겹받침 단순화 현상을 이해하지 못하는 한국어 학습자들은 두 자

음 모두를 발음하려 하거나 어떤 학습자들은 아예 발음해 보려는 시도조차
하지 않는다. 이를 교육할 때 학습자의 한국어 수준이 낮은 경우에는 빨간
볼펜으로 소리 나는 자음에 ○표를 해 가며 익숙해지도록 한다. 그러나 학
습자들이 한글의 자모 순서를 알 정도(익숙하지는 않지만 사전을 찾을 수 있는
수준)가 되면 한글의 자모 순서 중 앞에 있는 자음을 발음하고 뒤에 오는 자
음을 탈락시킨다고 설명해 준다. 예를 들어, 'ㄺ'의 경우 한글 자모 순서에
서 'ㄱ'이 'ㄹ'보다 앞에 있으므로 'ㄱ'을 발음한다고 설명한다. 이는 어떠한
음운 이론으로 설명될 수 있는 것은 아니지만 한국어교육에 활용할 수 있는
의미 있는 관찰일 것이다. 그러나 이렇게 설명할 경우 'ㄻ', 'ㄿ'만은 예외
이다.

(3) 연음

  형태소의 끝 자음이 모음으로 시작되는 어미, 조사, 접미사로 연결되는 경
우 그대로 다음 음절의 초성으로 옮겨 발음한다. 예를 들어, '빛이'는 [비지]
로, '꽃이'는 [꼬치]로 '팥으로'는 [파트로]로 발음한다. 따라서 각각을 [비
시], [꼬시], [파츠로]로 발음하는 것은 잘못된 것이다.
  겹받침으로 끝나는 형태소의 경우에도 모음으로 시작되는 어미, 조사, 접
미사가 연결되는 경우 겹받침 중 하나를 탈락시키지 않고 두 자음을 모두
발음한다. 첫 번째 자음은 첫음절의 종성으로 발음하고, 두 번째 자음은 다
음 음절의 초성으로 발음한다. 예를 들어, '앉아'는 [안자]로, '읽어'는 [일
거]로, '값이'는 [갑씨]로 발음한다. 다음은 연음과 관련된 몇 가지 예이다.

  [3] 국이[구기], 옷을[오슬], 몸이[모미], 밭에서[바테서]
    앉아[안자], 읽어[일거], 값을[갑쓸], 흙에[흘게]

  위에서 설명한 것처럼 음절 말 자음 뒤에 의존형태소가 올 경우 음절 말
자음을 다음 음절의 초성으로 옮겨 발음한다. 그러나 '옷+위'처럼 음절 말
자음 뒤에 '위'와 같은 실질형태소가 연결되는 경우에는 중화규칙을 적용한
후에 연음하여 발음한다. 따라서 '옷 위'는 [오쉬]가 아니라 [오뒤]로 발음한
다. 겹받침의 경우에도 '닭+안'처럼 겹받침 뒤에 실질형태소가 오는 경우
겹받침 중 하나를 탈락시킨 후에 남은 자음을 연음하여 발음한다. 따라서
'닭 안'은 [달간]이 아니라 [다간]으로 발음한다.

그러면 여기서 잠깐 한국어 학습에서 활용 가능성이 높은 '있어요'와 '없어요'의 경우를 살펴보자. '있어요'에 '맛'이라는 말을 앞에 더하면 [마시써요] 또는 [마디써요]로 발음하지만 '없어요'의 경우는 이와 다르다. 즉 '맛없어요'는 [마덥써요]라고 발음하지 [마섭써요]라고는 발음하지 않는다. 즉 '있어요'의 경우에는 중화규칙을 적용하지 않은 채 연음하는 게 허용되는 반면, '없어요'의 경우에는 반드시 앞에 오는 단어에 중화규칙을 적용한 후에 연음해야 한다. 한국어 학습의 초기 단계에서 나오는 '있어요'와 '없어요'의 발음상의 차이는 한국어를 배우는 외국인 학습자들에게 반드시 주지시켜야 할 것이다. '맛있어요/없어요, 멋있어요/없어요, 재미있어요/없어요, 시간 있어요/없어요' 등과 같이 활용 가능성이 높은 실제 어휘를 이용하면 좋다.

2) 인접한 두 자음의 발음: 자음 동화

앞 음절의 종성과 뒤 음절의 초성이 만나는 경우 '안개, 설마, 딸기'와 같이 원래의 자음대로 발음하기도 하지만 '막내, 심리, 국립, 설날'과 같이 두 자음을 같거나 비슷하게 발음하기도 한다. 후자와 같이 두 자음을 같거나 비슷하게 발음하는 것을 자음 동화(consonant assimilation)라고 하는데 한국어의 대표적인 음운 변동이다. 그러나 이러한 자음 동화는 모든 언어에서 나타나는 음운 변동이 아니므로 많은 한국어 학습자들에게는 매우 낯설다. 그러나 한국어 학습에서는 학습의 초기 단계에서부터 자음 동화를 바르게 이해해야만 한국어를 정확하게 발음할 수 있다. 예를 들어, 한국어 학습에서 아주 이른 시기에 배우는 '-습니다/-ㅂ니다'에서도 자음 동화가 일어나기 때문에 한국어교육의 초기 단계에서부터 자음 동화를 신경 쓰지 않으면 안 된다.

한국어에서 일어나는 자음 동화에는 비음화와 유음화가 있는데 이에 관해 구체적으로 알아보도록 하자.

(1) 비음화
두 자음이 인접하여 있을 때 비음이 아닌 자음, 즉 장애음이나 유음이 비음으로 소리 나는 현상을 일컫는다.

① 장애음을 비음으로 발음하는 경우
아래 [4]와 같이 장애음 'ㄱ, ㄷ, ㅂ'이 비음 앞에 올 때 각각을 비음 'ㅇ,

ㄴ, ㅁ'으로 발음한다. 즉, 장애음인 앞 자음이 뒤에 오는 비음의 영향을 받아 같은 위치에서 소리 나는 비음으로 바뀌어 발음된다.

   [4] 막내[망내] *[막내]
      닫는[단는] *[닫는]
      밥물[밤물] *[밥물]

   여기에서 재미있는 점은 두 자음의 순서가 바뀌어 비음 뒤에 장애음이 오는 경우에는 '안개, 한강, 임금' 등에서와 같이 아무런 음운 변동이 일어나지 않고 원래대로 발음이 된다는 점이다.
   그러면 장애음과 유음이 인접해 있는 경우를 살펴보자.

   [5] 독립[독닙 → 동닙], 백로[백노 → 뱅노], 막론[막논 → 망논]
      입력[입녁 → 임녁], 십리[십니 → 심니]

   이 경우 위에서 보는 바와 같이 인접한 자음 모두를 비음으로 발음한다. 다시 말해, 장애음은 뒤에 오는 자음인 유음을 비음인 'ㄴ'으로 소리 나게 하고, 이 비음은 다시 앞에 오는 자음에 영향을 주어 같은 위치의 비음으로 소리 나게 한다. 그러나 이 경우에도 유음과 장애음의 위치가 바뀌게 되면 '딸기, 얼굴, 날개, 알밥'에서와 같이 자음 동화가 일어나지 않는다.

   ② 유음을 비음으로 발음하는 경우
   'ㄴ'과 'ㄹ' 이외의 공명음, 즉, 'ㅁ'이나 'ㅇ'이 'ㄹ'과 인접할 경우 유음인 'ㄹ'을 비음인 'ㄴ'으로 발음한다.

   [6] 심리[심니], 담력[담녁], 침략[침냑]
      정리[정니], 궁리[궁니], 대통령[대통녕]

   위와 같이 유음이 비음으로 소리 나는 동화는 장애음이 비음으로 소리 나는 경우와 달리 앞 자음이 뒤 자음에 영향을 주는 형태로 일어난다. 이 경우에도 '설명, 얼마' 등에서와 같이 종성의 위치에 유음이 오고 다음 음절의 초성 위치에 비음이 오는 경우에는 일어나지 않는다.

지금까지 장애음과 유음의 비음화에 대하여 살펴보았다. 한국어의 동화에서 특이한 점은 조음 위치에 의한 자음 동화는 표준 발음으로 인정하지 않는다는 것이다. 다시 말해, 일상 구어에서는 '감기'나 '문법', '꽃길'을 각각 '[강기]'나 '[뭄뻡]', '[꼭낄]'처럼 인접한 두 자음을 동일한 조음 위치로 발음하기도 하지만 표준 발음이 아니다.

또 한 가지 동화와 관련하여 언급해야 할 점은 낱말 경계를 넘어 일어나는 동화이다. 일반적으로 발음의 변동은 낱말 내에서 또는 조사나 어미가 결합할 경우에 일어난다. 간단히 말해, 낱말 경계를 넘어서는 경우에는 특별한 경우를 제외하고는 발음의 변동이 잘 일어나지 않는다. 예를 들어, 한국어에서 '밥집'과 같이 'ㅂ' 다음에 오는 'ㅈ'은 필수적으로 경음으로 발음하지만, 같은 환경이라도 '밥 짓는다'와 같이 낱말 경계를 넘어서는 경우에는 '짓는다'의 'ㅈ'을 경음으로 발음할 수도 있고 그렇지 않을 수도 있다. 그러나 장애음 뒤에 비음이 오는 경우에는 '복 많이[봉마니] 받으세요.', '밥 맛있게[밤마시께] 먹어.'와 같이 여러 낱말을 하나의 말 토막으로 발음할 때에는 낱말 경계를 넘어 장애음을 비음으로 발음한다.

앞에서도 말한 바와 같이 한국어의 자음 동화는 자음의 배열 순서에 민감하다. 다시 말해, 인접한 모든 두 자음을 같거나 비슷한 소리로 발음하는 것이 아니다. 장애음 뒤에 비음이나 유음이 오는 경우에는 장애음을 비음으로 발음하지만 반대의 경우에는 아무런 음운 변동 없이 원래대로 발음한다. 또한 비음 뒤에 유음이 오는 경우에는 유음을 비음으로 발음하지만 반대의 경우에는 원래대로 발음한다. 따라서 외국인 학습자들에게 인접한 자음 간에 일어나는 동화를 교육하기 위해서는 무엇보다도 인접한 자음의 출현 순서를 강조해야 할 필요가 있다.

이러한 형태의 자음 동화는 타 언어에서는 극히 드문 현상이다. 다시 말해, 영어를 포함하여 많은 언어에서는 장애음과 비음이 이어 나올 경우 동화되는 일 없이 원래대로 발음된다. 따라서 특별히 주의하여 지도해야 한다. 예를 들어, 'good night, good morning, foot-note, nickname, big man, picnic, bookmarker, rock music, batman, top-most'는 영어에서는 동화 현상 없이 그대로 발음하지만 'ㄷ-ㄴ, ㄷ-ㅁ, ㄱ-ㄴ, ㄱ-ㅁ, ㅂ-ㅁ' 등의 자음 연속체는 한국어에서는 동화 현상이 일어난다. 우리가 영어 단어 'good morning'을 발음할 때 [굳모닝]이라고 발음하지 않고 한국어에서는 필수적으로 일어나는 자음 동화를 일으켜 [군모닝]으로 발음하는 것이 자연스럽다면, 영어를 모국어로 하는 사람들은 반대의 현상을 보인다. 예를 들어, '국물'을 [궁물]로 발음하지 않고 동화 없이 [국물]로 발음한다.

(2) 유음화

'ㄴ'의 앞이나 뒤에 'ㄹ'이 오는 경우 두 자음 모두를 [ㄹㄹ]로 발음한다. 이를 유음화라고 한다.

  [7] 진리[질리], 신라[실라], 전라도[절라도]
  　　설날[설랄], 줄넘기[줄럼끼], 팔년[팔련]

위와 같이 비음과 유음은 순서에 상관없이 인접하기만 하면 두 자음 모두를 유음으로 발음한다. 따라서 유음화를 교육할 때에는 유음화가 일어나는 환경보다는 유음의 연속체, 즉 'ㄹㄹ'의 발음에 역점을 두어 지도한다.

비음과 유음이 인접할 경우에도 영어에서는 'Henry, only, well-known, on-line'에서와 같이 동화가 일어나지 않는다. 따라서 우리가 'Henry'를 한국어의 음 체계에 맞춰 [헬리]라고 발음하는 것처럼 많은 외국인들은 '신라'를 원래대로 발음하는 오류를 범하기 쉽다.

비음화든, 유음화든 자음 동화를 지도할 때에는 영어 단어를 한국어식으로, 즉 자음 동화를 적용하여 발음해 주어 학습자들로 하여금 스스로 두 언어 간의 차이점을 깨닫게 하면 도움이 된다. 듣고 따라 하기나 받아쓰기 등의 반복 학습을 실시하여 자음의 변동에 익숙해지도록 한다. 자음의 변동에 익숙해질 때까지는 동화가 일어나는 낱말이 나올 때마다 칠판에 원래 형태를 써 주고 변화가 있는 자음에 ○표를 하고 바뀌는 자음을 한글로 적어 주는 것도 음운 변동을 이해하고 기억하는 데 도움이 된다. 발음 클리닉과 같은 별도의 발음 수업 시간을 마련하여 지도하는 것도 좋을 것이다.

3) 인접한 두 자음의 발음 : 경음화

'잠자리'라는 단어는 두 가지로 발음될 수 있다. 가을 하늘을 날아다니는 곤충이라는 의미라면 원래대로 [잠자리]라고 발음을 하고, 잠을 자는 장소의 의미라면 [잠짜리]로 발음할 것이다. 반면에 '식당'은 누구든지 언제나 [식땅]이라고 발음할 것이다. 한국어를 모어로 하는 사람에게 '잠자리'는 두 가지 발음이 모두 가능한 데 반해, '식당'은 원래대로 [식당]으로 발음하는 것은 불가능하고 'ㄷ'을 경음으로 발음하는 것만이 가능하다. 이렇듯 'ㄱ, ㄷ, ㅂ, ㅅ, ㅈ' 등의 평음을 특정한 환경에서 경음인 [ㄲ, ㄸ, ㅃ, ㅆ, ㅉ]로 발음하는 현상을 경음화라고 하는데 현대 한국어에서 아주 활발하게 일어난다. '식당'과 같이 언제나 경음으로 발음하는 경음화를 필수적 경음화라고 하고, '잠자리'와 같이 경음으로 발음하기도 하고 안 하기도 하는 경음화를 수의적인 경음화라고 한다.

필수적인 경음화와 수의적인 경음화의 환경상의 차이는 'ㄱ, ㄷ, ㅂ, ㅅ, ㅈ' 앞에 오는 자음이다. 다시 말해, 'ㄱ, ㄷ, ㅂ' 뒤에 'ㄱ, ㄷ, ㅂ, ㅅ, ㅈ'이 연결될 때에는 예외 없이 [ㄲ, ㄸ, ㅃ, ㅆ, ㅉ]로 발음한다. 필수적인 경음화에는 아래와 같은 예가 있다.

[8] 숙제[숙쩨], 식사[식싸], 숙식[숙씩]
　　옆집[엽찝], 국밥[국빱], 덮개[덥깨]

이에 반해 장애음이 아닌 공명음, 즉 'ㅁ, ㄴ, ㅇ, ㄹ' 뒤에 'ㄱ, ㄷ, ㅂ, ㅅ, ㅈ'이 올 때는 아래와 같은 경우에만 [ㄲ, ㄸ, ㅃ, ㅆ, ㅉ]로 발음한다.

① 관형사형 어미 '-(으)ㄹ' 뒤에 꾸밈을 받는 명사의 두음 'ㄱ, ㄷ, ㅂ, ㅅ, ㅈ'은 [ㄲ, ㄸ, ㅃ, ㅆ, ㅉ]로 발음한다. 단, 관형사형 어미와 꾸밈을 받는 명사 사이에 강한 휴지를 두어 발음할 때는 된소리로 발음하지 않는다.
　예 할 것을[할꺼슬], 갈 데가[갈떼가], 할 바를[할빠를]
　　　만날 사람[만날싸람], 먹을 밥[머글빱], 죽을 병[주글뼝]

이러한 경음화와 'ㄹ' 다음에 장애음이 오는데도 불구하고 원래의 음가를 유지하여 발음하는 '딸기, 얼굴, 굴밥' 등의 단어를 비교해 보면 'ㄹ'이 관형사형 어미라는 문법적 기능을 갖고 있어 뒤 자음을 경음으로 발음함을 알 수 있을 것이다.

② 용언의 어간 말 자음 'ㄴ, ㅁ' 뒤에 결합되는 어미의 첫소리 'ㄱ, ㄷ, ㅂ, ㅅ, ㅈ'은 각각 된소리 [ㄲ, ㄸ, ㅃ, ㅆ, ㅉ]로 발음한다.

> 예 신-고[신꼬], 감-자[감짜], 안-다[안따]
>   젊-고[점꼬], 삶-자[삼짜], 닭-다[닭따]
>   얹-고[언꼬], 앉-자[안짜]

다만 '안기다', '넘기다', '옮기다'와 같이 피동, 사동 접미사 '-기-'는 된소리로 발음하지 않는다. 이러한 경음화를 '보고하다'라는 뜻의 '신고'나 식물 중의 하나인 '감자'를 원래대로 각각 [신고]와 [감자]로 발음하는 것과 비교해 보면 위 예에서 경음화가 일어나는 이유를 알 수 있을 것이다. 즉 '신고'에서의 'ㄴ'과 '감자'에서의 'ㅁ'이 용언의 어간 말 자음이기 때문에 각각을 [신꼬]와 [감짜]로 발음하는 것이다.

③ 한자어에서 'ㄹ' 받침 뒤에 결합되는 'ㄷ, ㅅ, ㅈ'은 각각 된소리 [ㄸ, ㅆ, ㅉ]으로 발음한다.
> 예 갈등[갈뜽], 발등[발뜽], 일시[일씨], 말살[말쌀]
>   물질[물찔], 갈증[갈쯩]

그러나 한자어 'ㄹ' 받침 뒤에 'ㅂ, ㄱ'이 결합될 경우에는 대부분의 경우 경음으로 발음하지 않는다. '발전'이나 '발달'을 각각 [발쩐], [발딸]로 발음하는 데 반해 '발견'을 *[발껸]으로 발음하지 않고, [발견]으로 발음하는 이유가 여기에 있는 것이다. '출발'도 'ㄹ' 뒤에 'ㅂ'이 오기 때문에 *[출빨]로 발음하지 않고, [출발]로 발음한다.

④ 표기상으로는 사이시옷이 없더라도 관형격 기능을 지니는 사이시옷이 있어야 할 합성어의 경우에는 뒤 낱말의 첫소리 'ㄱ, ㄷ, ㅂ, ㅅ, ㅈ'을 된소리로 발음한다.
> 예 손-재주[손째주], 눈-동자[눈똥자], 신-바람[신빠람]
>   아침-밥[아침빱], 술-병[술뼝], 강-가[강까]

앞에서 살펴본 '잠자리'가 [잠짜리]로 발음되는 이유도 '잠'과 '자리'가 결합하여 합성어를 이루기 때문이다. 낱말과 낱말이 결합하여 합성어를 이룰 때에는 사이시옷이 들어가는데, 이때 앞 낱말이 자음으로 끝나면 사이시옷을 표기에 반영할 길이 없다. 결국 사이시옷은 표기에는 나타나지 않으나 뒤에 오는 'ㄱ, ㄷ, ㅂ, ㅅ, ㅈ'을 경음으로 소리 나게 하는 역할을 한다.

표기상 사이시옷이 있는 경우에는 아래 예에서와 같이 뒤에 오는 'ㄱ, ㄷ, ㅂ, ㅅ, ㅈ'을 예외 없이 경음으로 발음한다.

[9] 냇가[내까/낻까], 콧등[코뜽/콛뜽], 햇살[해쌀/핻쌀]
바닷가[바다까/바닫까], 등굣길[등교낄/등굗낄]

'ㄱ, ㄷ, ㅂ, ㅅ, ㅈ'이 된소리로 발음되는 현상을 가르칠 때는 필수적인 경음화와 수의적인 경음화로 나누어 가르치는 것이 좋다. 필수적인 경음화의 경우에는 'ㄱ, ㄷ, ㅂ, ㅅ, ㅈ' 앞에 장애음이 오는 경우에는 무조건 경음으로 발음한다고 지도하면 된다. 다만 외국인 한국어 학습자들은 평음과 경음을 구별하여 제대로 발음하기가 어렵기 때문에 반복적인 연습이 필요할 것이다. 그러나 수의적인 경음화의 경우에는 언제 경음화가 일어나고, 언제 일어나지 않는지를 분명히 지도해야 한다. 그러나 한국어를 모르는 외국인 한국어 학습자들에게 경음화가 일어나는 환경을 설명하기도 쉬운 일이 아니고, 설명을 한다고 해도 복잡한 경음화의 환경을 이해하기가 쉽지 않다. 이 경우 단일형태소에서는 경음화가 일어나지 않고, 형태소가 결합하는 경우에만 일어난다고 설명해 주면 이해에 도움이 된다. 예를 들어 '신고(report), 감자(potato), 잠자리(dragonfly)'에서 경음화가 일어나지 않는 것은 단일형태소이기 때문이다. 그러나 '(신발을) 신고, (머리를) 감자, (잠을 자는 장소) 잠자리'가 각각 [신꼬], [감짜], [잠짜리]로 발음되는 것은 형태소의 결합이 있기 때문이다.

경음화는 위에서 설명한 바와 같이 출현 빈도가 높음에도 불구하고, 일어나는 환경이 복잡하기 때문에 경음화가 일어나는 낱말이 나올 때마다 듣고 따라 하기 등의 방법을 통하여 자연스럽게 익히도록 해야 할 것이다.

4) 인접한 두 자음의 발음: 격음화

'ㅎ'의 앞이나 뒤에 'ㄱ, ㄷ, ㅂ, ㅈ'이 올 경우 'ㅎ'과 'ㄱ, ㄷ, ㅂ, ㅈ'을 결합하여 각각 [ㅋ, ㅌ, ㅍ, ㅊ]로 발음한다. 단 'ㅎ' 뒤에 'ㅅ'이 결합되는 경우에는 'ㅅ'을 [ㅆ]로 발음한다.

[10] 축하[추카], 입학[이팍], 맏형[마텽], 잡히다[자피다]
　　좋다[조타], 놓고[노코], 이렇게[이러케], 좋던[조턴]
　　좋소[조쏘], 싫소[실쏘], 놓소[노쏘]

'ㅎ' 뒤에 'ㄴ'이 결합되는 경우에는 'ㅎ'을 [ㄴ]로 발음한다. 따라서 '놓는' [논는]으로, '좋네'는 [존네]로 발음한다. 그러나 'ㅎ' 뒤에 모음으로 시작된 어미나 접미사가 결합되는 경우에는 '좋은, 놓이다'를 각각 [조은], [노이다]로 발음하는 것처럼 'ㅎ'을 발음하지 않는다.

'ㄱ, ㄷ, ㅂ, ㅈ'과 'ㅎ'이 만나 [ㅋ, ㅌ, ㅍ, ㅊ]로 소리 나는 현상을 설명하면서 획을 더하여 강한 소리를 표시하는 한글의 제자 원리를 소개하는 것도 학습자의 흥미를 유발할 수 있다.

5) 치조음과 'ㅣ' 모음의 발음: 구개음화

받침 'ㄷ, ㅌ'이 조사나 접미사의 모음 'ㅣ'와 결합되는 경우에는 구개음 [ㅈ, ㅊ]로 바꾸어서 뒤 음절 첫소리로 옮겨 발음한다. 또한 'ㄷ' 뒤에 접미사 '히'가 결합되어 '티'를 이루는 것은 [치]로 발음한다.

[11] 맏이[마지], 굳이[구지], 해돋이[해도지]
　　같이[가치], 솥-이[소치], 붙이다[부치다]
　　닫히다[다치다], 묻히다[무치다], 굳히다[구치다]

'닫히다, 묻히다, 굳히다'의 경우는 먼저 'ㄷ'과 'ㅎ'이 결합하여 '다티다, 무티다, 구티다'가 된 후, 구개음화의 적용을 받아 [다치다, 무치다, 구치다]가 되는 것이다.

'ㄷ → ㅈ, ㅌ → ㅊ'의 구개음화는 'decide-decision, quest-question'에서 확인할 수 있는 바와 같이 영어를 포함하여 많은 언어에서 일어나는 음운 변동이다. '같이'는 외국인 학습자들이 맨 먼저 배우게 되는 구개음화가 일어나는 단어일 것이다. 이때는 원리에 관한 자세한 설명보다는 간략히 음의 변동을 제시해 주는 정도로 수업을 진행해도 좋을 것이다.

6) 'ㄴ' 첨가

합성어나 파생어 등 복합어의 경계에서 앞말의 끝이 자음이고, 뒷말의 첫음절이 'ㅣ, ㅑ, ㅕ, ㅛ, ㅠ'인 경우에는 'ㄴ'음을 첨가하여 [니, 냐, 녀, 뇨, 뉴]로 발음한다. 그러나 첨가된 'ㄴ'은 앞 음절의 종성과 함께 다시 비음화와 유음화와 같은 동화를 일으킬 수 있다. 다음의 예를 보자.

[12] 'ㄴ' 첨가: 한여름[한녀름], 맨입[맨닙], 눈요기[눈뇨기]
　　　'ㄴ' 첨가+비음화: 색연필[생년필], 꽃잎[꼰닙] 부엌일[부엉닐]
　　　'ㄴ' 첨가+유음화: 서울역[서울력], 물약[물략]

'ㄴ' 첨가는 '사랑+이'를 '사랑니'로 쓰는 것처럼 '이'를 '니'로 쓰는 것 외에는 표기에 반영되지 않는다. 또한 위와 같이 첨가된 'ㄴ'은 앞 음절의 종성과 인접하게 되므로 환경이 맞을 경우 앞에서 설명한 두 자음 간의 동화가 일어난다. 예를 들어, '꽃+잎'은 'ㄴ' 첨가와 중화, 비음화의 복잡한 과정을 거쳐 [꼰닙]으로 발음되는 것이다. 따라서 외국인 학습자들이 'ㄴ'이 첨가된 낱말을 발음하기란 쉬운 일이 아니다.

'ㄴ' 첨가를 교육할 때에는 'ㄴ' 첨가 외에 다른 음운 변동이 일어나지 않는 경우와 첨가된 'ㄴ'이 앞 자음과 음운변동을 일으키는 경우로 나누어 지도해야 한다. 첨가된 'ㄴ'과 앞 음절의 종성 간에 음운 변동이 일어나는 경우도 앞 자음의 비음화가 일어나는 경우와 첨가된 'ㄴ'이 유음으로 발음되는 경우로 나누어 체계적으로 지도해야 학습자들이 이해하는 데 도움이 된다.

연습문제

1. 다음 중 발음에 관한 설명으로 바르지 <u>못한</u> 것은?

   ① 발음은 일반적으로 모국어의 간섭을 가장 많이 받는 분야로 알려져 있다.

   ② 발음을 지도할 때에는 쉬운 음에서부터 점차 어려운 음으로 옮아가는 게 수월하다.

   ③ 발음은 학습 대상 언어 능력의 겉모습이므로 학습자는 늘 정확한 발음을 위해 노력해야 한다.

   ④ 처음부터 정확한 발음을 요구해서는 안 되므로 발음 교육은 외국어 학습의 고급 단계에서부터 실시되어야 한다.

2. 다음 중 발음을 교육할 때의 주의해야 할 사항으로 적합하지 <u>않은</u> 것은?

   ① 한국어 화자들도 무시하는 음의 구별을 요구해서는 안 된다.

   ② 학습자들에게 일단 전달된 음은 지속적으로 일관성 있게 유지되어야 한다.

   ③ 교사는 학습자들이 철자법대로 발음할 수 있도록 늘 관심을 갖고 지도해야 한다.

   ④ 발음을 연습할 때도 학습자가 의미를 이해할 수 있는 유의미적 활동이 바람직하다.

3. 다음은 교사가 학습자들 앞에서 한 발음이다. 표준 발음법에 <u>어긋나는</u> 것은?

   ① 솜이불[솜니불]   ② 식용유[시공뉴]

   ③ 영업용[영어붕]   ④ 색연필[생년필]

4. 다음 중 한국어의 음절 구조를 교육하는 방법으로 적당하지 <u>않은</u> 것은?

   ① '가, 나, 다'와 같은 음절은 자음과 모음의 결합으로 가르친다.

   ② '또, 빠, 꾸'와 같은 음절은 자음 하나와 모음의 결합으로 가르친다.

   ③ '아, 어, 오, 우'와 같은 음절은 자음 'ㅇ'과 모음의 결합으로 가르친다.

   ④ '닭, 값'과 같은 음절은 종성에 겹자음이 오지만 자음 하나만 소리 난다고 가르친다.

5. 다음 어간의 겹받침 중 어미와 결합할 때 'ㄹ'이 발음되지 <u>않는</u> 것은?

 ① 밟지   ② 흙을

 ③ 읽고   ④ 넓어

6. 다음 중 음절의 끝소리 규칙에 관하여 <u>잘못</u> 설명한 것은?

 ① 우리말에서 필수적으로 나타나는 음운 변동이다.

 ② 자음으로 끝나거나 뒤에 자음이 연결될 때 일어나는 현상이다.

 ③ 음절 끝에서 장애음의 파열이 강하게 이루어지기 때문에 일어나는 현상이다.

 ④ '꽃 안'과 같은 예는 실질형태소가 연결되기 때문에 [꼬찬]이라고 발음하지 않는다.

7. '불/뿔/풀'의 세 자음 'ㅂ/ㅃ/ㅍ'의 차이를 외국인 학습자들에게 교육하는 방법에 관해 설명하라.

풀이

1. ④. 외국어 학습에 있어 발음은 학습의 초기 단계에 굳어지게 되므로 학습의 초기 단계에서부터 고급 단계에 이르기까지 꾸준히 지도해야 한다.

2. ③. 교사가 발음을 교육할 때에는 주의 깊게 발음한다고 하여 철자법대로 발음하거나 그렇게 하도록 지도해서는 안 된다. 발음은 철자법이 아니라 음운 체계에 맞아야 한다.

3. ③. 보기의 낱말들은 '솜+이불, 식용+유, 영업+용, 색+연필'과 같이 모두 합성어 또는 파생어들이다. 그리고 앞 낱말이나 형태소는 모두 받침을 가지고 있고, 뒤 단어나 형태소는 '이, 유, 요, 여, (야)'와 같은 모음으로 시작한다. 이러한 경우 우리말에서는 'ㄴ'이 첨가된다. 따라서 '영업용'은 [영엄뇽]으로 발음하는 것이 표준 발음이다.

4. ③. '아, 오' 같은 음절은 자음과 모음의 결합으로 이루어진 음절이 아니라 모음 하나만으로 된 음절이다. 'ㅇ'은 자음이 아니라 단지 자음의 위치를 나타내 주기 위하여 사용된 기호일 뿐이다. 한국어의 음절 구조에서는 어느 위치에서도 두 개의 자음이 연달아 올 수 없다. 따라서 '닭'과 '넋'과 같은 낱말의 종성에 있는 겹받침 중 하나만 소리 나는 것이다.

5. ①. 겹받침 다음에 모음으로 시작하는 어미나 조사가 오면 그 겹받침은 모두 발음된다. 따라서 '흙을'의 겹받침은 모두 발음되어 [흐글]이 아닌 [흘글]로 발음된다. 그러나 겹받침으로 끝나거나 겹받침 다음에 자음이 오면 두 자음 중 하나만 발음된다. 예를 들어 받침 'ㄼ'은 '여덟'이 [여덜]이고, '넓다'가 [널따]인 것처럼 'ㄹ'이 발음된다. 하지만 '밟다'는 예외적으로 'ㄹ'이 아닌 'ㅂ'이 발음되어 [밥따]로 발음된다. 또한 받침 'ㄺ'은 [ㄱ]이 발음되어, '흙'이 [흑]이 되고, '읽다'가 [익따]가 된다. 하지만 '읽고, 늙게'처럼 어미가 'ㄱ'으로 시작할 경우는 [일꼬]/[늘께]와 같이 받침을 [ㄹ]로 발음한다.

6. ④. 음절의 끝소리 규칙, 즉 중화 현상은 우리말에서 장애음이 파열되지 않기 때문에 일어나는 음운 변동이다.

7. 이 세 가지 소리는 폐에서 나오는 공기의 세기에 차이가 있다. 'ㅍ'이 방출되는 공기의 세기가 가장 센 소리이고, 'ㅃ'이 가장 약한 소리이다. 'ㅂ'은 중간 세기의 소리이다. 따라서 이 음들을 외국인들에게 가르칠 때는 손바닥을 펴 입 가까이에 대고 각 자음을 발음해 보게 하여 입 밖으로 나오는 공기의 차이를 직접 느껴 보게 한다.

참고문헌

김선정(1999), "영어 모국어 화자를 위한 한국어 발음 교육 방안", 『한국어교육』 10-2, 국제한국어교육학회.

_____(2004), "숙달도 향상을 위한 한국어 파닉스 연구", 『언어과학연구』 29, 언어 과학회.

_____(2005), "한국어 발음, 어떻게 가르쳐야 하나", 『외국어로서의 한국어교육학 개론』, 박이정.

배주채(2003), 『한국어의 발음』, 삼경문화사.

연세대학교 한국어학당(1995), 『한국어 발음』, 연세대학교출판부.

이상직(1998), "한국어의 표준 발음과 음운 변동", 『외국인을 위한 한국어 교육의 방법과 실제』, 한국방송통신대학교출판부.

이현복(1998), 『한국어의 표준 발음』, 교육과학사.

한재영 외(2003), 『한국어 발음 교육』, 한림출판사.

허용(2002), "한국어 발음 교육을 위한 음운론적 고찰", 『한국어 교육의 현황과 과 제』, 한국문화사.

____(2003), "언어의 보편성과 특수성에 따른 한국어 발음 교육", 『한국어 교육을 위한 한국어 문법론』, 한국문화사.

허용 · 김선정(2005), 『외국어로서의 한국어발음교육론』, 박이정.

제**3**장

어휘 교육론

강현화

학습개요

이 단원에서는 어휘 교육의 주요 내용과 교수 방안을 알아본다. 이를 위해 먼저 어휘 교육 단위를 제안해 보고, 구조적 관계와 어휘 의미 관계에 따라 분류된 어휘들의 교수 방안을 살펴본다. 아울러 교육용 기본 어휘의 선정에 대해서도 학습한다.

후반부에서는 교실에서의 어휘 제시 방법과 말하기, 듣기, 읽기, 쓰기에서의 영역별 교수 방안, 어휘 학습 전략에 대해서도 알아본다. 아울러 교실에서 활용할 수 있는 어휘 게임 방법에 대해서도 살펴본다.

1. 어휘 교육의 개념

최근 의사소통 접근법이 등장하면서 외국어교육에서 어휘 교육의 중요성이 부각되고 있다. 기본적인 어휘를 학습한 후 제2언어 학습자가 겪는 어려움의 대부분이 어휘적인 것이며, 학습의 초기 단계에서 일어나는 어휘적 오류는 주로 철자와 모국어 간섭에 의한 것이지만 고급 단계로 갈수록 의미적·문체적·연어적 오류라는 연구 결과를 생각해 보면 초급에서 고급 단계에 이르기까지 어휘에 대한 학습은 반드시 필요하다.

그간의 한국어교육 현장에서는 어휘는 단지 문법이나 문장 구조를 학습하거나 읽기 교육을 하는 데 있어서의 부차적인 요소로서만 다루어질 뿐 어휘 자체를 중심으로 교수하는 방법은 많이 도입되지 않은 경우가 많았다. 하지만 최근 발간되는 한국어 교재는 어휘 영역을 따로 배정하여 주제와 관련된 어휘 학습을 별도의 목표로 설정하는 경우도 늘고 있다.

사실 언어 교육에서의 어휘 교육은 과연 어휘 교육이 필요한가 하는 근본적인 문제부터 논의되었다. 언어 교육에 있어서 어휘 교수의 필요성에 대한 문제는 교수법에 따라 변화해 왔는데,[1] 먼저 청각구두식 교수법과 구조주의 접근법에서는 어휘 교육이 무용하다고 보았다. 프라이스(Fries, 1945)는 외국어를 배우는 데 제일 중요한 것은 소리 체계와 문법 구조를 배우는 것이지 어휘를 배우는 것은 아니라고 보고, 통사적 구조를 연습하는 데 필요한 어휘만 알고 있으면 충분하다고 보았다. 즉 기능어, 대용어, 부정어와 긍정어 등은 완전히 알아야 하지만 내용어는 조금만 알아도 된다는 입장이다. 어휘 교육에 부정적인 학자들은 학습자가 필요로 하는 단어를 예측할 수 없으며, 어휘 학습은 어휘의 축적일 뿐이라고 보았다. 1960년대의 변형문법 역시 어휘는 주변적인 것이며 질서 있는 문법의 불규칙적인 부분으로 여겼다.

반면에 의사소통 접근법에서는 어휘 교육의 필요성을 인식하였다. 성공적인 제2언어의 사용을 위해 적당량의 어휘 습득은 필수적이며, "문법이 없이는 의미가 거의 전달되지 않지만 어휘가 없으면 의미는 전혀 전달되지 않는다."는 지적은[2] 어휘 교육의 중요성을 드러내는 연구이다. 1970년대 중반부터 다시 어휘에 대한 관심이 되살아나고 어휘의미론적인 관점이 도입되었으

---

1) 유용론과 무용론에 대한 소개는 코위(Cowie, 1998) 참조.
2) 윌킨스(Wilkins, 1972) 참조.

며, 어휘가 언어 기술(skill) 중의 하나라는 입장이 나타나기 시작했다. 어휘 의미론은 번역의 과정을 이해하게 도와주고, 어휘 목록을 조직화할 수 있게 하였으며, 의의 관계(sense-relation)를 공부하는 것이 단어의 완전한 의미를 이해하게 해 준다는 점을 강조했다.

이러한 배경하에 국외에서 논의되는 어휘 교육에 대한 연구는 어휘 교육 의 방법, 기술, 재료들의 개발과 어휘 학습 전략에 관한 것들이 주를 이룬 다. 또한 최근 발달한 컴퓨터 기술을 바탕으로 한 말뭉치 언어학의 도입으 로 어휘의 빈도, 학습자 사전 등의 문제도 활발히 연구되고 있다.

한국어 어휘 교수에 대한 선행 연구들은 최근 활발히 연구되고 있다. 첫 째, 이론 연구를 살펴보면 어휘의미 관계에 대한 연구가 압도적으로 이루어 져 왔으며, 어휘 대조에 대한 연구도 활발했다. 유의어 연구들은 상대적으로 많이 이루어지기는 했으나, 숙달도별 유의어 목록에 대한 연구는 충분하지 않은 편이다. 어휘장에 대한 연구는 최근 가장 급증한 분야로, 예를 들면 이 주 여성을 위한 '요리 관련 어휘'와 같이 학습 목적에 따른 어휘장을 선정하 여 이들의 어휘 목록을 다룬 연구가 많다. 다의어에 대한 연구도 증가했는 데, 이는 고급 학습자가 증가하면서 다의항목별 단계적 교수가 필요함을 인 식한 데에서 기인했다고 본다. 유의 관계나 반의 관계 어휘 간의 대조분석 적 연구나 이들의 연어 구성에서의 차이 등에 대한 논의 또한 이루어질 필 요가 있다. 향후 주제별 어휘장에 대한 논의가 심도 있게 다루어진다면, 특 정 주제의 어휘장을 필요로 하는 이주 여성이나 학문 목적 학습자의 교재 개발에 활용될 수 있을 것이다. 대조 연구를 주제별로 살펴보면 한자어 대 조와 신체어 대조가 가장 많이 이루어졌으며, 외래어, 존칭어, 의성의태어, 의식주 관련 어휘들이 많이 다루어졌음을 알 수 있다. 개별 어휘를 대상으 로 한 대조 연구도 많았는데, 품사별로 보면 동사, 명사, 조사 대조가 많았 으며 수량사, 지시사 등에 대한 논의도 많이 이루어졌다. 조어 방식에 따른 어휘 교육 연구도 활발하다. 특히 고유어 접사보다는 한자어 접사에 대한 연구가 많고, 의미 유형별로 접사를 묶어 대조하는 논문도 보인다.

연어에 관한 연구는 다양한 관점에서 폭넓게 진행되어 왔다. 이는 학습자 의 연어 오류[3]가 많아 어휘 학습에 중요한 부분을 차지하기 때문이라고 판 단된다. 초기에는 주로 한국어교육에서 다루어야 할 관용 표현의 범위나 목

---

3) 연어의 논의에서는 문법적 연어도 포함된다.

록에 대한 논의가 이루어져 왔는데, 관용 표현의 개념과 유형 연구에 치중했던 국어학적 관점과는 달리, 언어교육에서 다루어야 할 고빈도 관용 표현의 목록에 대한 논의가 주를 이루었다. 또한 관용 표현의 세부 항목별(관용구, 한자어 관용 표현, 사자성어 등) 연구가 이루어졌는데, 이는 주로 대조 연구를 하기 위한 기초 자료로 사용되었다. 관용 표현은 언어 간 대조의 결과를 바탕으로 유사한 것과 차별적인 것, 혼동을 야기하는 것들로 분석되어야 함에도 불구하고, 다양한 언어권별로 이러한 연구가 충분히 이루어지지 않은 것은 아쉽다. 특히 관용 표현 연구가 현재 사용하는 언어라기보다는 단순히 기존의 사전 목록에 기대고 있는 연구가 많아서 실제성의 측면에서 미진한 경우가 많다. 아울러 효율적인 관용 표현 교수 방법에 대한 논의 역시 어휘 교수의 일반적 방법과 크게 차별화되지 못하는 경향이 있다. 관용 표현은 단순한 의미 제시보다는 맥락에서의 사용 방법에 초점을 두는 것이 바람직하기 때문이다. 또한 화자의 의도에 따라 관용 표현의 사용 여부가 달라져야 하는데, 이러한 측면에 초점을 두지 못하는 측면이 있다.

관용 표현을 이해 어휘에 초점을 두어야 하는지, 생산 어휘로서의 기능을 가져야 하는지에 대한 고민도 필요하다. 대부분 이해 어휘가 될 가능성이 많으나 생산 어휘로 사용된다고 하더라도 누구에게, 어떤 맥락에서, 어떤 의도를 가질 때 사용할 수 있으며, 용인될 수 있는지에 대한 충분한 교수가 이루어지지 않는다면 효율적인 사용이 이루어질 수 없기 때문이다. 속담은 오랜 기간 목표 문화 화자에게 공유되어 온 문화적 특성을 담고 있는 것으로 교훈성을 담고 있는 것이 대부분이며, 이는 한국의 문화와 밀접하게 연계된다. 하지만 현재의 연구들은 단순히 속담 표현의 목록 제시와 이에 근거한 대조 분석에 머물러 있는 경우가 많으며, 구체적으로 분석 결과를 바탕으로 하여 문화 간 차이를 드러내는 데에까지는 이르지 못하고 있다.

한편 외래어의 경우, 현행 한국어 교재들은 교육적 보수성으로 인해 실제 사용되는 외래어의 비중을 상대적으로 적게 담고 있으므로, 실제 사용을 고려한 부가적 어휘 교수에 대한 고려가 필요하다. 유행어는 현행 교재에서는 보수적으로 다루어지고 있으나, 한국어 학습자의 관심은 상대적으로 높다. 지속성 여부가 불투명하므로 이를 교육의 대상으로 삼아야 하는지에 대해서는 논란이 있지만, 한류에 영향을 받은 특정한 환경의 학습자에게는 매우 중요한 부가적 어휘 교수의 대상으로 활용될 수 있으리라 본다. 호칭어에 대한 연구도 관심이 높으며, 이 중 많은 수가 대조적 연구임이 주목할 만하다. 이는 한국어의 호칭어 습득이 상대적으로 매우 어렵기 때문인 것으로 파악된다. 호칭어와 지칭어의 구분도 쉽지 않지만, 호칭어는 특히 화자와 청자, 그리고 화자와 청자의 관계에 따라 맥락 의존적으로 달라지므로 외국인 학습자에게는 매우 습득하기 어려운 어휘군이다. 특히 한국어의 호칭이 대명사나 이름보다는 직함이 더 많이 활용되며, 가족 호칭어가 사회에서 상용되기도 하는 특성을 고려한다면 학습자의 어려움을 짐작할 수 있다. 이러한 이유로 해당 분야에 대한 연구가 많은 것으로 해석할 수 있을 것이다. 어휘 영역에서 추가적으로 연구되어야 할 부분은 최근 어휘 사용을 반영한 혼성법(blending)에 의한 어휘나 구어에서 나타나는 줄임(shortening)이나 생략(clipping)에 대한 논의들이다. 이에 대한 논의가 상대적으로 부족하다.

둘째, 어휘 교수 방법론에 대한 기초 연구는 상대적으로 활발하지 못했다. 학습자의 중간언어 분석을 유사 통시적 방법으로 접근한 몇몇 논문을 제외하고는 어휘 습득의 구체적인 연구는 매우 제한적이다. 이에 비해 어휘 오류에 대한 연구는 많이 이루어졌다. 하지만 어휘 오류 분석을 바탕으로 한 습득 양상에 대한 고찰에 이르기보다는 오류 자료에 근거한 양적 통계에 머물고 있는 연구들이 많다. 학습자 오류 자료는 양적 규모 면에서 국외의 학습자 언어 자료에 비해 충분하지 못하며, 다양성 면에서도 문어 자료에 치중되어 있다. 또한 일부 연구들은 개인이 구축한 소규모 자료의 양적 통계에 의존하고 있어, 오류 유형이나 오류 빈도 분석에 대한 일반화가 어려운 것들도 있다. 이런 의미에서 본다면 학습자 말뭉치의 수집 및 활용은 국내외 기관이 협력하여 체계적으로 구축될 필요가 있다. 말뭉치의 유형 역시 다양한 자료(구어, 문어, 영상)로 구축한 다양한 유형(수업 담화, 평가 자료, 일상 담화 등)이 필요하다. 어휘 지식 영역에 대한 연구는 많이 이루어진 반면 상대적으로 어휘를 가르치는 구체적이고 체계적인 방법론 개발이 아직 미진한 이유는 어휘를 암기의 대상으로 보고 모국어와 대응하여 학습하면 된다는 편견에서 기인한 것으로 보인다. 향후 효과적인 어휘 학습 전략이나 암기 전략과 같은 연구들이 필요하다.

셋째, 어휘 자료에 대한 연구가 많지 않다. 어휘 선정이나 사전에 대한 논의가 많지 않은 것은 학습사전 혹은 보고서 형식의 자료는 많이 이루어졌으나, 이를 논문으로 작성한 사례는 많지 않기 때문으로 해석된다. 최근 웹을 통한 외국인을 위한 기초 사전(5만 어휘)과 다국어 대역사전에 대한 논의가 많이 다루어졌으며,[4] 어휘그림 사전에 대한 논의도 이루어졌다. 한국어교육용 어휘 목록에 대한 연구는 다양하다. 어휘 선정과 관련하여 그간 한국어 교육용 어휘 목록에 대한 용역성 연구나 사전 기술을 위한 목록 연구, 개별 연구 등이 다수 이루어져 왔으나, 전체적인 어휘 계량에 대해서만 관심을 가졌을 뿐, 어휘 영역별 선정 기준에 대한 기술은 상대적으로 부족한 감이 있었다. 예를 들면 고유명사 선정 기준이라든지, 어미(어미 복합형 포함) 선정 기준 등에 대한 명시적 기준 제시가 부족했다. 최근의 논의로는 강현화 (2014c, 2014d)의 초급과 중급 어휘 선정 연구와 강현화 외(2014)의 한국어능 력시험용 초급과 중급 어휘 선정 연구는 선정의 기준과 절차를 명확하게 제 시하고 있다는 점에서 후속 연구를 위한 토대를 마련하고 있다. 강현화 (2014c)는 현행 한국어 교재 및 한국어능력시험 어휘량을 분석하고 있는데 아래와 같이 선행 연구의 논의들에 비해 교육과정이나 평가에서 많은 어휘 들이 노출되어 다루어지고 있음을 확인할 수 있었다.

표 3-1 한국어 5개 기관 교재와 한국어능력시험 텍스트의 어휘량 비교

단계	타입		토큰		비고
	한국어 교재	한국어 능력시험	한국어 교재	한국어 능력시험	
초급	6,966 (5종 평균 3,004)	3,529	302,265	112,667	한국어능력 시험 1~34회
중급	14,844 (5종 평균 6,384)	9,942	499,676	215,037	
고급	22,355 (5종 평균 9,053)	18,566	457,293	277,233	
합계	28,511 (5종 평균 12,279)	21,602	1,527,778	327,704	1~36회

이러한 연구는 국어정보학적 접근에서 단순히 어휘 빈도에 근거한 기본어 휘를 선정하는 방식에 앞서, 한국어교육 교육과정에서 사용되고 있는 어휘 량을 객관적으로 파악하여 숙달도별 어휘량을 선정하는 데에 기초 자료로 활용될 수 있을 것이다.

---

4) 강현화·원미진(2012)은 한국어 교재, 한국어 학습사전, 토픽 자료 등 약 17종의 한 국어 관련 자료에서 추출한 어휘 목록을 바탕으로 한 5만 어휘의 한국어 학습용 어 휘를 선정하고 있어 어휘 목록 수로는 가장 큰 규모를 제시하고 있다.

어휘를 습득한다는 것은 개념을 습득하는 것으로, 개인의 인지 능력을 구성하는 핵심 요소이므로 어휘력이 부족하면 언어 활동을 원활하게 할 수 없다. 외국어 학습은 어휘 학습으로부터 시작되며 중급, 고급으로 숙달도가 올라갈수록 어휘에 대한 요구는 더욱 커진다. 이런 의미에서 어휘 교육은 매우 중요하다. 다음 절에서는 한국어 학습자를 위한 어휘 단위에 관한 것과, 어휘를 '어떻게' 가르쳐야 하느냐 하는 교수 방안의 문제를 구체적으로 논하기로 한다.

2. 언어 교수에서의 어휘

1) 어휘 단위

단어(word)는 '언어의 최소한의 의미 있는 단위'라고 정의된다. 단어는 띄어쓰기의 단위가 되며 최소의 의미를 가진 독립 형식을 의미한다. 이러한 단어의 특성은 '자립성, 분리성, 쉼'으로 설명된다. 즉 질문, 진술, 감탄에 대한 대답으로서 독자적으로 사용될 수 있다면 단어가 된다. 아래의 예문에서 빗금(/)으로 구분되는 단위는 학교 문법에서의 단어이다.

[1] 수미/는/ 오늘/ 재미있는/ 영화/를/ 보았다.

하지만 단어의 정의는 그리 간단한 것이 아니다. 단어의 경계 구분에서 문제가 되는 것은, 먼저 조사의 경우 단어로는 분류되지만 독자성을 지녔다고 보기 어려우며, 실질 의미가 아닌 기능 의미를 가진 경우가 있다. 실제로 조사는 단어이지만 앞 체언과 붙여 쓰며, 받침 여부에 따라 이형태(주격 조사 '이/가')가 달라지므로 독립성을 가졌다고 보기 어려운 측면이 있다. 또한 관용구의 경우에는 단어보다 큰 단위이지만 의미적으로는 한 덩어리를 이루는 구들이다. 따라서 한국어교육에서는 단어의 단위로 교수의 단위를 삼는 것보다 어휘라는 단위로 접근하는 것이 편리하다. 구체적인 어휘의 단위는 어휘소라고 하는데, 어휘소(語彙素, lexeme)란 의미를 가진 언어의 기본 단위를 말한다. 어휘소는 단어뿐만 아니라 접사, 어근, 관용어를 모두 포함한다. 이들은 사전에 올림말이 된다는 점에서 등재소(登載素)라는 이름으로 불리기도 한다. 예를 들면 사전에는 '과일'과 같은 단일어뿐만 아니라, '풋과일', '책상-다리'와 같은 복합어, '풋-', '-쟁이'와 같은 접사, '미역국을 먹다(관용구)', '삼고초려(사자성어)', '닭 잡아먹고 오리발 내민다(속담)'와 같은 관용적 표현이 모두 등재어가 되는데, 이들은 모두 어휘소라고 할 수 있다. 이 어휘소의 집합을 어휘(語彙, vocabulary)라고 한다.

2) 어휘 능력

어휘 능력(lexical competence)이란 어휘를 이해하고 구사하는 데 관련된 일체의 능력을 말하며 어휘 지식이라고도 불린다. 어휘 능력이 풍부하다는 것은 개인의 인지적 능력과 연계되는 개념 지식이 풍부하다는 것을 의미한다. 어휘력은 기본적인 사고 활동이나 학술 활동에 반드시 필요한 능력으로, 개별 단어의 의미는 물론 그것을 문장 속에서 운용하는 지식까지 모두 여기에 포함된다.

하나의 어휘소를 안다는 것은 해당 어휘소에 대한 깊이 있는 지식을 의미하는 것으로, 예를 들어 한 단어를 안다는 것은 형식에 대한 지식(단어의 음과 단어의 철자, 단어의 형태와 조어법), 의미에 대한 지식(단어의 의미, 단어의 개념 및 연상적 의미), 문법에 대한 지식(단어의 문법적 기능), 용법에 대한 지식(연어 관계에 대한 지식, 사용 제약, 빈도 등) 모두를 안다는 것을 의미한다. 따라서 어휘 지식은 이러한 개별 어휘소에 대한 지식과 더불어 어휘 체계에 대한 지식 모두를 아는 것을 의미하며, 언어 내적 지식과 더불어 언어의 외적 지식까지 아는 것을 포함한다.

어휘 지식은 양적 지식과 질적 지식을 모두 포함하는 개념으로 양적 지식은 주로 어휘량으로 산정한다. 모국어 습득 연구에서는 아동기에 약 5,000 단어족,[5] 20세 정도에 2만 개의 단어족을 알고 있다고 본다. 단, 연령, 성별, 계층에 따른 어휘량 차이가 있을 수 있으며, 이에 대한 연구도 활발하다.

또 어휘의 질적 지식은 이해 어휘와 표현 어휘로 구분되기도 한다. 이해

---

5) 단어족(單語族, word family)이란 개념은 한 단어의 굴절형이나 파생어를 포함해서 하나의 단위로 산정할 때 사용하는 개념이다. 예를 들면 '길다'를 알면 '길고, 길어…' 등과 '길이'를 알 수 있고, '친절'을 알면 '불친절, 친절하다' 등을 알 수 있다고 보아 이를 하나의 단어족으로 보는 방식이다. 파생의 기본이 되는 단어를 알고 있다면 이미 알고 있는 단어의 파생어는 학습 부담이 크지 않기 때문에 흔히 언어 교육에서는 단어족의 개념으로 어휘를 산정한다.

어휘(수동적 어휘)란 사용하지는 못하지만 말을 듣거나 글을 읽을 때 이해할 수 있는 어휘를 말하며, 표현 어휘(능동적 어휘)란 말하거나 글을 쓸 때 쉽게 발화하고 사용할 수 있는 어휘를 말한다. 흔히 언어 사용자는 이해 어휘가 표현 어휘보다 그 수가 많다.

3. 어휘 교수 내용

1) 단어 형성법에 따른 어휘 교육

이 절에서는 단어 형성법에 따른 어휘들을 구별해 보고 이들을 활용하여 어휘를 가르치는 방법을 간단히 제시해 보고자 한다. 한국어의 단어 형성 방법은 크게 세 가지로 나뉜다.

첫째로, 단일어는 하나의 어근으로 이루어진 단어로 보통 기본적인 어휘들로 구성되어 있다. 이들은 단어 자체를 한 단위로 가르치게 된다.

둘째로, 파생어는 접사의 결합 양상과 접사의 기능 및 의미에 관하여 교수하면 단어의 확장에 도움이 된다. 예를 들어 생산성이 강한 주요 접두사와 접미사 목록을 가르치거나 접미사의 품사 전성의 기능을 가르칠 수 있다. '풋과일'을 배운 뒤에 '풋사과, 풋고추, 풋밤' 등의 단어로 확장이 가능하며, '풋사랑, 풋내기' 등의 추상어로의 어휘 확장도 가능하다. 생산성이 강한 '선생님'에서의 '-님'은 따로 분리하여 그 용법을 가르칠 수도 있다. 파생어를 활용한 교수는 학습자의 어휘 확장에 도움을 준다. 한편 다음과 같은 파생어를 활용한 품사 전성에 대해서도 가르칠 수 있다.

　[2] 넓다 - 넓이, 길다 - 길이, 높다 - 높이, 깊다 - 깊이

셋째로, 합성어는 새로운 단어의 형성에 중요한 역할을 하는데, 합성에 중심적인 역할을 하는 대표 어휘를 빈도수 및 생산성에 의하여 선정하여 어휘교수에 활용할 수 있으며, 아울러 합성에 의한 어휘 의미 변화도 교수의 대상이 된다. 의미 변화가 없는 병렬합성어의 경우에는 띄어쓰기에 유의하여한 개념이 되었음을 강조해야 하며, 의미가 변화되거나 품사를 달리하는 융

합합성어[6]는 이들의 다른 의미와 용법을 주지시켜야 한다.

[3] 병렬합성어: 남북, 돌다리…
융합합성어: 돌아가(시)다(='죽다') ← 의미 변화
밤낮(='언제나, 항상') ← 의미 변화, 품사 변화

일부 합성어의 구성 요소는 매우 생산적으로 사용되기도 하는데, 이러한 단어 역시 어휘 확장을 하는 데에 효과적으로 활용할 수 있다. 예를 들면 '고속 버스, 직행 버스, 마을 버스, 공항 버스, 노선 버스, 좌석 버스, 심야 버스, 간선 버스, 지선 버스' 등이 그것인데, 합성어로 사전에 등재되어 있는 것도 있지만 구 단위로 사용되는 것들도 있다.[7]

조어법을 활용한 교수는 어휘 확장에도 도움을 주지만, 단어를 구성 요소로 분석하는 방법을 익힘으로 해서 모르는 단어를 만났을 때, 구성 요소의 분석을 통해 그 의미를 추측해 보는 전략으로 활용할 수 있다. 학습자가 모든 어휘를 다 학습할 수 없다면, 구성 요소 분석을 통한 어휘 짐작하기 전략은 필수적인 어휘 학습 전략이 될 수 있다.

2) 어휘 의미 관계에 따른 어휘 교수

다음으로는 어휘 의미 관계를 활용한 어휘 확장 학습에 대해 살펴보자. 어휘들은 어휘 간의 의미 관계로도 분류를 할 수 있으며, 이에는 유의어, 반의어, 상위어, 하위어 등이 있다. 이들은 어휘 간의 계열적 관계를 보이는 것으로 어휘 상호 간의 연관성을 보인다는 점에서 어휘 확장이나 어휘의 정확한 의미 파악에 주요 역할을 한다.

첫째, 유의어란 '의미적으로 중첩되거나 포함되는 부분이 있는 두 개 이상의 어휘'로 규정할 수 있다. 국어학적 논의에서의 유의어의 정의는 주로 어

---

6) 이렇게 원래의 의미를 짐작하기 어렵거나 품사를 달리하는 합성어는 조어 방식에 주목하기보다는 전체 어휘를 하나로 인식하게 하는 것이 좋다.

7) 한자어로 이루어진 단어 역시 해당 한자어를 이루는 조어 단위를 이용해 어휘의 의미를 추측하는 학습을 할 수도 있다. 예를 들어 '(배울) 학'의 의미가 '공부하다, 학습하다'의 의미가 있다는 것을 파악하면, '수학, 물리학, 공학, 국문학' 등의 어휘를 알거나, '학문, 학생, 학교, 학습, 학업, 학술' 등의 어휘를 짐작할 수 있다. 고급 수준의 학문 목적 학습자의 경우, 이런 원리를 활용해서 한자어 학습을 할 수 있다.

휘 의미적인 면을 주로 고려한 것으로, 학자에 따라 완전 동의어는 주로 '동의어'로 부분 동의어는 주로 '유의어'로 쓰이는 경우가 많다.

> ■ **유의어의 유형 구분**
> • 외래어가 유입되면서 기존에 있던 고유어와 의미의 중첩 관계를 가지게 되는 경우 예 같다/동일하다, 열쇠/키, 시위/데모
> • 사회적 변이에 의한 경우: 지역 방언, 사회계층 간 차이를 드러내는 것 예 옥수수/강냉이
> • 성별, 연령의 사용 차이에 의한 경우 예 맘마/밥
> • 존비 관계에 의한 유의어 예 밥/진지, 자다/주무시다
> • 금기에 의한 유의어: 성(性)이나 죽음, 배설물, 신앙 등에 관련된 것들 예 변소/뒷간/화장실, 죽다/돌아가다/숨지다/눈감다/사라지다/입적하다/열반하다
> • 글말/입말 환경에서의 유의어 예 매우/되게, 서신/편지

유의어를 이용한 어휘 교수는 전통적으로 가장 널리 어휘를 교수하는 방법이었으며, 현재도 많은 교육 현장에서 유의어를 이용해 어휘 확장을 유도한다. 하지만 유의어가 모든 상황에서 치환되어 사용되지 않는 경우가 있으므로 각 유의어 간의 차이점도 명확히 제시하여야 한다. 이러한 유의어의 변별 교수를 위해서는 어휘 간의 의미 차이가 드러날 수 있도록 설명하고 관련어 관계를 이용하여 변별을 해 줄 필요가 있다. 유의어의 의미상의 차이는 각각 어휘의 용법의 차이를 통해 객관적인 방법으로 확인할 수 있다.

  [4] 나는 개를 {기르고, 키우고} 있다.
    요즘 남자 대학생들을 머리를 {기르는 *키우는} 것이 유행이다.

또한 정도의 차이를 보임으로써 유의어를 변별하는 방법도 있는데, 예를 들어 시간적인 빈도를 나타내는 부사들은 그 의미 풀이만으로는 빈도의 정도를 쉽게 구별해 내기 힘들다. 따라서 이러한 정도성의 차이는 아래와 같은 상관관계를 통해 파악하게 하는 것이 효과적이다.

[5] [+frequent] ───────────────────── [+sparse]
자주 – 종종 – 때때로/때로 – 가끔/이따금/간간이/더러/간혹 – 드문드문/띄엄띄엄

연어 관계의 차이로 변별되는 유의 관계도 있다. 단어의 의미는 보통 연관되는 단어와 관련이 깊으므로 연어적 방법(collocations)을 사용해 어휘를 교수하는 것은 기억에 도움이 될 뿐 아니라 그 단어의 의미 영역을 알게 해 준다. 아울러 학습자로 하여금 어떤 종류의 단어가 서로 어울릴지 예상할 수 있는 지식을 갖게 한다는 효과가 있다.

[6] (영화) 관객, (미술관) 관람객, (스포츠) 관중

용언 유의어 간에는 선택 제약이나 격틀의 차이로 변별되는 경우도 있다. 이를 활용하여 구분하는 것도 좋다.

[7] 가. 커피<u>에</u> 우유를 <u>타서</u> 주세요.
　　나. 커피<u>와</u> 설탕을 <u>섞은 뒤</u>, 물을 넣었다.

다만 유의 관계를 가지는 단어들은 한꺼번에 교수할 경우 혼동의 우려가 있고 실제 의사소통 환경에서 사용되지 않는 빈도가 낮은 것들이 있으므로, 이들 유의관계 단어 간의 교수의 우선순위를 정하는 것도 중요하다.

둘째, 반의어란 의미의 상당 부분에 있어 공통된 특성을 가지면서도 어느 하나의 측면에서 완전히 반대의 관계를 이루는 어휘를 말하며 대립어라고도 한다. 공통점이 없으면 성립하지 않으며, 차이점이 많아도 성립하지 않는다.

■ 반의어의 유형
 • 극성 대립: 중간 단계가 설정되지 않는 대립 예 죽다 ↔ 살다
 • 비극성 대립: 중간 단계가 예상되는 대립 예 덥다 ↔ 춥다
 • 방향 대립: 방향상의 관계적 대립이나 이동 또는 변화를 나타내는 대립
   예 위 ↔ 아래, 사다 ↔ 팔다

교사는 어휘를 제시하면서 흔히 반의어를 사용하여 어휘 확장을 시도한다. 교수에 주의할 점으로는 동시에 대립 짝을 제시하면 의미 간의 혼동이 생겨날 수 있으므로 순차적으로 주는 것이 좋다. 즉 이미 알고 있는 단어의 반의어가 새 어휘로 도입될 때 기존에 아는 단어와의 반의 관계를 설명하는 것이 좋다. 또한 단순한 어휘 제시에 그치지 않고 문맥에서 활용할 수 있는 구 전체의 제시가 필요하다.

셋째, 상위어와 하위어는 특정한 단어의 의미가 그 단어보다 더 일반적인 어떤(특정한) 단어의 의미 안으로 포함되는 계층적인 관계를 말한다. 예를 들어 상위어 '요일'에는 '월요일, 화요일, 수요일, 목요일, 금요일, 토요일, 일요일'이 하위어 관계에 있으며 이들 각각은 서로 자매어 관계이다. '아버지, 어머니, 아들, 딸, 할아버지, 할머니, 오빠, 누나, 형, 언니, 동생' 등은 '친족어'로 묶일 수 있으며, '자동차, 배, 비행기' 등은 '교통수단'으로 묶일 수 있다.

상위어나 하위어를 교수하면서 필요에 따라 자매어나 상하 관계의 어휘를 함께 연관 지어 어휘 확장을 시도하는 것도 바람직한데, 예를 들어 '시계'를 가르치면서 '손목시계, 벽시계, 탁상시계, 알람 시계'와 같은 하위어를 소개하거나 '짜다'라는 단어를 가르치면서 맛을 나타내는 자매어들인 '달다, 맵다, 시다, 쓰다' 등을 가르치는 것을 예로 들 수 있다. 서로 가깝게 연결되어 있는 단어들은 관련되지 않은 단어보다 상기하기가 더 쉽지만, 어떤 종류의 관련성은 배우는 데 도움을 주고 어떤 것은 배우는 데 있어서 매우 강한 부정적인 영향을 가지고 있다.[8] 의미장을 이용한 어휘 교수는 이미 설정된 범주에 맞추어 어휘를 분류해서 뜻을 설명하는 방법으로 학습자에게 어휘를 체계적으로 익히게 한다는 장점이 있다. 초급의 경우 어휘가 제한되어 있기 때문에 지나치게 어휘를 확대하는 것은 좋지 않다. 따라서 각 단계별로 어휘를 확장하는 것이 한 방법이다.

넷째, 하나의 어휘 형태가, 관계가 있는 둘 이상의 여러 가지 의미를 가질 때 이를 다의어라 한다. 예를 들면 '손'이라는 단어의 의미가 아래와 같이 다양하게 사용되는 것을 말한다.

---

8) 단어 사이의 연합망 관계는 이것을 직접 가르치는 것이 최선의 방법인지는 더 많은 실제 연구가 필요하다고 본다. 실제로 유의어가 함께 배우기에 가장 어렵다는 연구도 있으며 새 단어를 연합망에서 가르치자는 제안에 부정적인 시각도 많다.

[8] 손
    가. 신체의 일부분: 오른손, 손을 흔들다
    나. 일손이나 노동력: 손이 많다/부족하다
    다. 도움이 되는 힘: 손을 빌리다
    라. 교제·관계·인연: 손을 끊다, 손을 씻다
    마. 수완·꾀: 손에 놀아나다
    바. 소유나 권력의 범위: 손에 넣다, 손에 넘어가다
    사. 힘·능력·역량: 손에 달려 있다
    아. 솜씨: 손이 서투르다, 손이 빠르다
    자. 버릇: 손이 거칠다

다의가 생겨나는 이유는 특정 어휘의 의미가 중심 의미에서 주변 의미로 확장되기 때문이고 그 기제는 유사성과 인접성 때문이다. 즉 관계, 형태, 구성, 기능이 유사하거나 시간이나 공간으로 인접되어 있는 경우에 형성된다.

[9] 목: 손목, 발목, 길목 [기능]
    아침: 아침(때), 아침(밥) [시간]

한국어 학습자에게는 수많은 새로운 어휘를 계속해서 가르치는 것보다는 다양한 다의 용법을 가르치는 것도 학습에 효과적이다. 다의적 의미들은 용법에 따라 각각 그 의미에 차이를 보이지만 근본적이고 핵심적인 의미를 공통적으로 가지고 있다.

다의어 교수에 있어서 고려해야 할 점은 다의어와 동음이의어 간의 경계가 확정적이지 않다는 점이다. 기존의 몇몇 사전들의 의미 기술을 대조해 보면 금방 사전에 나타난 의미 기술의 불일치를 쉽게 확인할 수 있는데, '가다'라는 동사를 살펴보면 사전에 따라 변이 의미가 달리 나타난다. 따라서 다의 항목 중 의미의 변화가 작은 것과 큰 것을 구분하여, 학습자의 언어를 고려해서 각각의 교수에의 효용성을 진단해 보아야 한다. 학습자의 모국어에서는 해당 단어가 다의를 가지지 않았을 수도 있기 때문이다.

학습의 단계에 따라 다의어 중 어떤 의미부터 가르칠 것인가도 중요한 문제인데, 기본 의미나 의미 빈도수가 높은 항목, 학습에 유용한 것을 먼저 가르치는 것이 좋다. 초급에서 배우는 빈도수가 높은 기본 어휘들은 다의어인 경우가 많기 때문에 각 학습자의 수준별로 중심 의미에서 주변 의미로 점차 확대하며 가르치는 것이 필요하다.

3) 그 밖의 어휘 교수

화용적인 기준에 의해 어휘를 구분할 수 있다. 존대어, 비속어, 완곡어, 성별어(남성어, 여성어), 연령어, 유행어 등도 학습자의 목적에 따라 고려해야 할 어휘 항목이다.

① 존대어의 경우 학습자 모국어에 높임말이 없다면 높임말을 배우기에 어려움을 겪는다. 어휘적 높임말의 목록을 만들어 단계적으로 가르치는 것이 필요하며 어휘의 제시에만 그치지 않고 주어의 바뀜에 따른 어휘적 높임말의 교체를 집중적으로 연습시킬 필요가 있다.

② 아울러 자신을 낮추는 겸양어에 대한 교수도 필요하다.

③ 비속어는 교양 있는 사람들의 언어생활에서는 적당하지 않은 어휘이다. 따라서 표현 어휘로는 가르칠 필요가 없지만, 생활에서 비속어를 들었을 때 이를 습득하여 재활용하지 않도록 일상어와의 차이점을 설명해 주는 것이 필요하다. 완곡어는 금기가 되는 어휘를 대체해서 완곡하게 부르는 말로, 언어권마다 '죽음, 배설물'과 같은 어휘에 많이 나타난다.

④ 성별어란 남자들만이 혹은 여자들만이 즐겨 쓰는 어휘를 말하며 문형으로도 나타난다. 이에 대한 교수도 필요하다.

⑤ 연령어란 어린아이나 노인들과 같은 특정 나이의 사람들이 즐겨 쓰는 표현으로 이해 어휘(passive vocabulary) 학습에 필요하다.

⑥ 유행어는 젊은 나이의 학습자들이 배우기를 선호하는 경향이 많다. 목표 언어 화자와의 소통에서 친근함을 가지는 데에 큰 역할을 하기 때문이다. 정규 학습에서는 교수가 어렵더라도, 영화나 드라마 등의 실제적 시각 자료를 활용한 교수에서는 부차적으로 학습될 수 있을 것이다.

⑦ 외래어 어휘 교육은 원어와는 무관하게 나라마다 발음과 철자가 다른 경우가 대부분이므로 따로 목록을 마련하여 학습해야 할 영역이다. 또한 현재 많은 외국어가 범람하고 있는 현실을 고려한다면 어휘의 이해를 위해서는, 외래어가 아니더라도 고빈도로 사용되는 외국어의 목록

을 확보하여 이를 제공하는 것이 필요하다. 또한 외래어에 나타나는 생산적인 조어 단위에 주목하거나 외래어와 함께 공기(共起)하는 연어 관계에 주목한 교수도 고려해 볼 만하다. 특히 외래어와 고유어가 유의어를 이루는 경우, 이들 간의 변별에 대한 논의도 필요하다.

⑧ 한자어 교수는 한자권 학습자와 비한자권 학습자에 대한 접근이 상이할 수 있다. 먼저 한자어권 학습자들의 경우, 한자어에 구성되어 있는 한자를 활용하여 어휘 확장을 시도할 수 있다. 하지만 어휘 단위에 국한한 단순한 비교가 아닌 문맥에서의 사용까지 고려한 철저한 대조분석이 바탕이 된 한자어 자료를 활용해야 한다. 실제로 동양어권에서 사용하는 한자들이 기본 의미에서는 관련이 있으나 변이 의미에서는 다른 의미로 나타나는 경우가 많으므로 이를 주의하여야 한다. 비한자권 학습자의 경우에는 학습자가 원하는 경우, 한자 학습과 연계하여 한자어 지도를 할 수도 있다. 하지만 현대국어의 문자 생활에서 사용되는 한자의 비중을 고려한다면 한자 자체의 지도는 흥미를 끌 수는 있으나, 사용의 효용성 면에서는 미약하므로 조어 단위로서의 한자 어휘 교육에 초점을 두는 것이 바람직하다.

⑨ 또한 구어, 준말과 줄어든 말, 의성어, 의태어, 간투사 등의 교수도 중요하다. 동일한 의미를 가진 문어와 구어 간의 비교나 본딧말과 준말의 관계, 주어나 서술어와 공기하는 의성어나 의태어의 특성들, 특정한 담화 기능을 가지기도 하는 간투사 등의 교수 역시 어휘 교수의 대상이 될 수 있다. 이러한 대상들은 중급 이상의 어휘 교수에 적용할 만하다.

4) 구로 나타나는 어휘 교수

단어를 활용한 어휘 교수 외에도 주목해야 할 구 단위 어휘 표현으로 고정 표현(praseological units)이 있는데, 한 언어에서 많은 어휘들은 비교적 관례적으로 사용되는 패턴이 있다는 점에서 중요하다. 언어 교수에서의 이런 고정적인 표현의 역할은 아주 크다. 어휘 교수에 있어서 이러한 고정 표현이 최근 주목을 받는 이유는 모국어나 제2언어 습득 시 혹은 성인의 언어 생산에 주요 역할을 한다는 점 때문이다.

이러한 고정적 표현은 고립된 단위가 아니라, 구조화된 언어상의 담화이므로 이를 기능에 따라 분류하여 교수하는 것이 중요하다. 예를 들어 '가만 있자, 그 사람 이름이 뭐더라?'와 같은 문장에서의 '가만 있자'라는 구는 주로 문장 첫머리에 쓰여서 남의 말이나 행동을 잠시 멈추거나, 화자에게 다른 사람의 주의를 돌리게 할 때 쓰이므로, 단순히 해당 표현의 의미뿐만 아니라 그것이 가지는 기능을 함께 학습하는 것이 중요하다. 또한 이러한 고정적 표현은 언어와 문화 사이의 연관성을 잘 보여 주는 영역으로 어휘부 중 문화적 정보를 가장 많이 담고 있으므로 언어를 통한 문화 연구의 가장 좋은 실례가 된다.

한국어의 고정적 표현은 '배짱을 부리다, 방정을 떨다…'와 같은 연어 표현, '코가 삐뚤어지게 술을 마시다, 눈이 빠지게 기다리다…' 등의 상투 표현, '원숭이도 나무에서 떨어질 때가 있다'와 같은 속담, 관용적 숙어(미역국을 먹다, 파리를 날리다…) 등을 모두 포함한다. 한국어 교재에서 주로 다루는 속담의 목록은 아래와 같다.

[10] 발 없는 말이 천 리 간다/둘이 먹다가 하나가 죽어도 모르겠다/병 주고 약 준다/첫 술에 배부르랴/누워서 침 뱉기/가는 말이 고와야 오는 말이 곱다/배보다 배꼽이 크다/시작이 반이다/말 한 마디에 천 냥 빚 갚는다/콩 심은 데 콩 나고 팥 심은 데 팥 난다/천 리 길도 한 걸음부터/길고 짧은 건 대어 보아야 안다/소 귀에 경 읽기/고생 끝에 낙이 온다/바늘 도둑이 소 도둑 된다/오르지 못할 나무는 쳐다보지도 마라/꼬리가 길면 밟힌다/원숭이도 나무에서 떨어질 때가 있다/돌다리도 두드려 보고 건너라…

5) 어휘 학습에서의 대조 분석

학습자는 어휘 학습의 초기에는 목표 언어의 단어와 모국어로 된 번역의 짝으로 암기하는 경향이 있다. 모국어와 함께 내재화된 개념의 많은 부분들은 약간의 조정만으로 제2언어 개념으로 전환이 가능하며, 특히 구체적인 물리적 지시물의 경우에는 더욱 그렇다. 이는 제2언어 학습에서 상당한 양의 초기 어휘가 목표 언어의 단어와 모국어로 된 번역의 짝을 암기함으로써 습득될 수 있는 근거가 된다. 그러나 각각의 언어는 개념을 조직하는 방식이나 개념의 세분화가 다르고, 그 문화만의 독특한 의식은 다른 언어권의 개념에 존재하지 않을 수도 있으므로 제2언어 학습자들에게 과확장(over-extension) 및 미확장(underextension)이 일어날 수 있다.

모국어와 제2언어에서 어떤 어휘는 서로 의미가 완전히 일치하는 경우도 있는데, 이는 대개 물리적 실재를 나타내는 개념의 경우에 일어난다. 한편 두 언어 간에 개념은 동일하게 존재하지만 각기 다른 어휘로 나타나기도 하는데, 예를 들어 영어에서는 모자를 쓰는 것부터 양말을 신거나 향수를 뿌리는 것까지 모두 'put on'이라는 동사로 표현할 수 있지만, 한국어는 각각 '쓰다, 입다, 신다, 걸치다, 매다, 뿌리다' 등으로 신체 부위에 따라 각기 다른 어휘를 사용한다.

하지만 대부분의 어휘는 의미가 상이하게 나타나는 경우9)가 많으며, 문화에 따라 추상적 개념을 각기 다른 방식으로 분류하기 때문에 이에 대응하는 모국어의 어휘를 찾기 어려운 경우가 많다. 예를 들어 영어의 'identity, smooth'는 이에 대응하는 한국어 어휘를 찾기 어렵고, 한국어의 '선배(先輩), 정(情), 한(恨)' 등의 개념에 해당하는 단어를 영어에서 찾기 어렵다. 언어 간의 개념 구조의 차이는 그 개념을 나타내는 어휘의 품사의 차이를 가져오는데, 예를 들면 영어에서의 형용사 중 많은 부분이 우리말에서 명사나 동사로 표현되기도 한다. 또한 양 언어의 단어가 같은 의미라고 하더라도 문법적 맥락이나 단어 간의 연합 관계가 다른데, 이는 이중 언어 사전을 사용하는 제2언어 학습자가 작문을 하는 데 가장 어려움을 겪는 부분이다. 또한 의미가 같다고 하더라도 격식이나 스타일이 달라 쓰이는 맥락이나 담화에서 어휘의 조직 방식이 언어마다 서로 다르기 십상이다.10)

제2언어 어휘 학습은 모국어와는 달리 대부분 실제 생활이 아닌 교실이라는 제한된 범위에서 이루어지므로 언어 입력의 양과 질의 차이가 많을 수밖에 없으며, 목표어로 상호작용할 수 있는 기회가 제한된다. 하지만 쉽게 이미지를 그릴 수 있는 어휘나 음운상으로 쉽게 기억할 수 있는 길이의 어휘, 분류의 범주상 기본 층위의 어휘, 학습자의 시야에 가깝거나 흥미를 가지는

---

9) 용언의 경우 기본 의미는 같더라도 나머지 의미 항목에서 많은 차이를 보이기도 한다. 예를 들어 '먹다'의 의미가 17개에 이르더라도 영어의 'eat'로 대역될 수 있는 의미 항목은 한두 개에 지나지 않는다.

10) 제2언어 어휘 습득의 어려움은 이러한 모국어와의 차이점에 기인하기도 하지만 제2언어 자체가 가진 복잡성 때문이기도 한데, 라우퍼(Laufer, 1997)는 어휘 학습의 어려움을 야기하는 요소들을 상이한 음운 체계, 철자, 길이, 단어 형태, 굴절 및 파생의 복잡한 정도, 사용역의 제한, 관용어구, 한 단어의 다의성 등이라고 보았다.

어휘, 모국어와 개념적으로 일대일 대응될 수 있는 어휘 등은 비교적 쉽게 습득될 수 있다. 따라서 학습자의 단계에 따라 적절한 수준의 어휘가 학습될 수 있도록 어휘를 통제하는 것이 효과적인 학습을 가져올 수 있고, 학습자로 하여금 성취감을 주어 계속적으로 상급 단계의 어휘를 학습할 동기를 부여해 줄 수 있다.

구체적으로 학습 대상이 되는 어휘 목록을 논하고자 할 때 문제가 되는 것은 어휘와 문법과의 연관성이다. 실제로 피동이나 사동의 경우, 어떤 나라에서는 문법 범주이고 다른 나라에서는 어휘의 영역이기도 하다. 따라서 대조 문법적 관점에서 범주가 다른 어휘 영역에 대한 교수가 고려되어야 한다. 한국어의 경우, 피동이나 사동은 어휘적 피·사동과 통사적 피·사동으로 구별되는데, 어휘적 피·사동의 경우 주동과 사동, 능동과 피동에 대한 문법적 대응 관계에 따른 접근보다는 개별 어휘로 접근하여 교수하는 것이 훨씬 효과적이다.

또한 몇몇 어휘는 개별 단어로 학습하기보다는 문법 범주와의 연관 속에서 학습해야만 하는 것들도 있다. 예를 들어 '아이고, 아니, 글쎄, 그럼, 있잖아요, 참, 저기, 응, 아니요' 등의 간투사는 어휘 자체의 의미보다는 상호 호응되는 문장에서의 역할이 중요시되며, 어휘적 높임법(계시다, 잡수시다, 드시다, 편찮으시다)의 경우도 개별 어휘로서의 접근보다는 존대법과의 연계에서 교수하는 것이 바람직하다.

또한 '개, 권, 명/분, 마리, 그루, 송이, 벌, 켤레, 쌍, 다발, 묶음, 끼, 번, 병, 잔, 채, 동, 통, 부, 자루, 살' 등의 분류사는 개별 어휘이지만 일정한 명사와만 어울리는 의존적인 쓰임을 보이므로,[11] 상호 비교와 연관성을 고려하면서 학습하는 것이 바람직하며, 급별 등급화와 교수 순서의 고려도 필요한 어휘들이다.

---

11) 또한 세는 말도 달라진다. 예를 들어 시간을 세는 '한/*일 시, 삼십/*서른 분'처럼 세는 말이 고유어나 한자어 중 하나와만 결합하거나 '책 한 권/책 오십 권, 한 살/육십 살'처럼 숫자가 적을 때는 고유어와 쓰이나 많아지면 한자어와 함께 사용되는 경우, '한 사람, *한 책상'처럼 일반 명사가 세는 말이 되는 경우와 그렇지 않은 경우가 있다.

4. 어휘 선정

1) 어휘량 측정 및 산정

교사들은 먼저 학생들이 특정한 활동(task)을 하는 데 학습자들이 필요한 어휘를 얼마나 인지하고 있는지를 파악할 필요가 있으므로 어휘 측정은 중요하다. 이는 교재의 선정이나 교수 방법 등에 다양하게 영향을 미치기 때문이다. 학습자가 알고 있는 어휘의 크기를 측정하는 방법에는 사전을 이용하는 방법과 빈도를 이용하는 방법이 있다.[12] 학습자들이 이미 알고 있는 어휘 수를 측정한 후에는 학습자가 필요로 하는 학습 목표 어휘를 산출하는 방법에 대해 논해야 할 것이다.

우선 얼마나 많은 단어가 학습자에게 필요한가? 하나는 모국어 화자의 어휘를 살펴서 비교해 보는 것이며, 다른 하나는 텍스트에 나타나는 어휘의 빈도를 살피는 방법이 있다. 영어의 경우, 〈표 3-2〉의 어휘량이 제시된다.

어휘의 빈도(frequency)는 각 단어가 얼마나 자주 등장하는가를 의미하며, 한 단어가 등장하는 텍스트 종류의 수를 통해서 단어의 범위(range)를 살펴볼 수 있다. 학습자에게 가장 유용한 단어는 어떤 것일까?

우선 가장 넓은 범위를 지닌 고빈도어를 들 수 있다. 그러나 이런 빈도를 기반으로 하는 어휘 선정에도 다음의 몇 가지 문제점을 지니고 있다. 먼저 유용하고 중요한 단어가 기본 어휘에서 누락될 수 있다. 최상위 빈도의 어휘가 초급 학습자에게 적합하지 않을 수 있다. 또한 어휘 빈도 목록은 일정한 기준이 없으며, 필요로 하는 글의 종류에 따라 다르게 선택될 수밖에 없다. 이 밖에도 어휘 빈도 목록의 순서와 교수에 필요한 어휘의 중요도는 일치하지 않으며, 학습자의 수준에 적합한 신뢰성 있는 어휘 빈도 목록은 설

---

12) 먼저 사전을 이용하여 어휘 크기를 계산하는 공식은 '사전의 총 표제어 수×맞힌 답의 개수'를 '문제의 총수'로 나누면 되는데, 가능한 한 큰 사전을 사용하는 것이 좋다. 빈도를 이용하는 방법은 상위 빈도 단위별로 단어를 나누어 각 부분의 어휘 능력을 파악하는 것이다. 서로 다른 빈도 집단에서 같은 수의 단어를 무작위 추출하여 측정하는 방법으로 첫 번째 다 맞고, 두 번째 1,000개에서 반을, 세 번째 1,000개에서 4분의 1을 맞혔고, 다음 1,000개에서 하나도 맞히지 못했다면 이 학습자의 어휘 크기는 $1,000 + 1,000 \times \frac{1}{2} + 1,000 \times \frac{1}{4} = 1,750$(개)로 보는 것이다. 어휘량 측정에 대해서는 네이션(Nation, 1990)을 참조.

표 3-2   영어의 어휘력을 구성하는 어휘의 양

유형	어휘 수	출현 빈도	텍스트 점유율	교수·학습 참고 사항
고빈도어	2,000개	모든 텍스트에서 자주 등장	모든 유형의 텍스트 전체 어휘의 87%	필수 어휘
학술용어	800개	대부분의 학술적 텍스트에서 자주 등장	학술 텍스트 전체 어휘의 8%	고등교육에 필요한 필수 어휘
전문용어	주제별 1,000~2,000개	전문적 텍스트에서 경우에 따라 자주 등장	전문적 텍스트 전체 어휘의 3%	특정 교과 학습에 포함되는 어휘
저빈도어	약 12만 3,000개	자주 등장하지 않음	모든 유형의 텍스트의 2% 이상	교수를 위한 시간 할애의 필요성이 적음

출처: Nation, 1990.

정되기 어렵다는 문제가 있을 수 있다. 반면에 경험적인 직관에 의해 산정된 어휘 목록 역시 현행 교재의 출현 어휘에 기대게 되는 등 객관성 여부에 논란이 있을 수 있다. 따라서 양쪽을 보완하기 위해서는 한국어 학습의 현장에서 필요한 교육용 어휘나 한국어능력시험 문제 자료 등도 보완 자료가 된다고 본다. 또한 고빈도 어휘를 바탕으로 해서 해당 교수 전문가의 직관에 따른 선정 용어 검증도 보완 방법으로 제시될 수 있다.[13)]

따라서 교육 어휘 선정에서 고려할 점은 고빈도의 어휘이면서 학습자의 필요를 충족시켜야 한다. 여기에 기초 어휘와 기본 어휘의 관점이 있다. 기초 어휘란 일상적 언어생활에서 생존에 필요한 기초적인 어휘를 이르는 말이다. 일반적으로 약 2,000개 정도의 고빈도 어휘가 모국어 화자의 일상생활에서 주로 사용된다고 알려져 있다. 기초적인 2,000개의 어휘는 필수 어휘라고 불리기도 한다. 언어마다 다소의 차이가 존재하지만 약 2,000개의 어휘는 일반적인 대부분의 텍스트에서 80~90% 정도를 차지한다고 알려져 있다. 기본 어휘란 '교육용 기본 어휘'와 같이 구체적인 적용을 목적에 두고, 어떤 방면에서 사용되는 문장이나 담화를 조사해서 얻어진 핵심이 되는 어

---

13) 학습자가 필요로 하는 어휘 목록의 설정을 위해서는 빈도와 범위 이외의 다른 규준을 사용해야 하는데, 리처드(Richards, 1976)는 빈도(frequency), 범위(range), 요구(language needs), 가용성 및 친숙성(availability and familiarity), 다른 단어를 대체할 수 있는 어휘의 수용 능력(coverage), 규칙성(regularity), 어휘 학습량의 부담(ease of learning or learning burden)을 들었다.

휘의 집합으로 단어의 사용 빈도나 범위를 고려하여 통계적으로 선정된 것을 말한다.

기본 어휘와 기초 어휘는 다소 혼동되어 사용되기도 하는데,[14] 여기서 기본 어휘란 사용 빈도가 높고 사용 범위가 넓은 어휘의 집합으로 구체적인 자료(교과서, 잡지, 뉴스 방송 등)에서 뽑아 낸 구체적이고 객관적인 자료를 말하며, 기초 어휘는 학문적인 전망을 가지고 설정된 일상생활에 필요한 언어 표현 단위로서의 어휘 집합으로 어휘의 총수나 어휘의 범위가 사전에 결정되어 있어서 설정 방법이 주관적이고 연역적이라는 차이가 있다고 보도록 한다. 교육용 기본 어휘를 선정하는 방법은 크게 주관적 방법과 객관적 방법, 그리고 절충적 방법이 있다.

주관적 방법이란 어휘론이나 어휘 교육론의 전문가가 직관적으로 어휘를 평정하여 선정하는 방법으로 교사나 어휘 전문가의 경험과 직관에 기대어 이루어진다. 이는 오랜 경험과 전문성을 바탕으로 하므로 기초 어휘가 누락되지 않는 장점이 있으나, 전문가 간의 직관과 경험에는 차이가 존재할 수 있어 객관성과 타당성이 결여되어 있다는 지적을 받을 수 있다.

객관적 방법이란 빈도 산출 등의 계량적 방법에 기초한 연구로 개별 어휘소의 사용 빈도나 하나의 어휘소가 출현하는 텍스트의 수를 통해 어휘의 사용 범위를 분석하는 방법이다. 개별 어휘소가 얼마나 많이 사용되는가 하는 빈도 분석과 어휘소가 사용되는 문맥이 얼마나 다양한가를 살피는 어휘 범위 분석, 어떤 어휘소가 얼마나 포괄적인 의미를 지니는가 하는 것을 살피는 텍스트 점유율(coverage) 분석이 기본이 된다. 교육용 어휘 선정에는 이 밖에도 학습 용이성, 이용 가능성(학습자의 요구에 따른 상황적 빈도), 교수 용이성 등의 요소를 부가할 수 있다. 아울러 언어 내 난이도나 특정 언어권 화자에 따른 언어 간 난이도 결과 역시 교육용 어휘 선정에 영향을 미친다. 객관적 분석은 빈도 순위와 교수에서 필요로 하는 중요 어휘가 서로 일치하지 않을 수 있어, 반드시 포함되어야 할 중요 단어가 누락될 수 있다는 단점이 있다.

최근에는 절충적 방법이 선택되는데, 앞의 두 가지 방법의 장점을 취하고자 하는 방법이다. 우선 빈도를 기반으로 한 객관적인 방법을 적용한 뒤, 선정된 목록에 대한 한국어 학습자와 교사의 어휘 친숙도 조사, 전문가 어휘

---

14) 학자에 따라 이들 용어는 혼용되기도 한다.

평정의 과정을 거친다. 이는 전문가의 경험적 직관에 따른 주관적인 방법을 혼합하는 방법이라 할 수 있다.

기본 어휘의 활용이 가장 잘 이루어져야 하는 것은 언어 교재이다. 좋은 교재를 만들려면 교재를 만드는 당시부터 어휘 실러버스(lexical syllabus)를 마련해야 하는데, 여기에는 어휘의 선정 원칙이 반영되어 있어야 한다.

2) 어휘 등급화

다음으로는 선정된 어휘 목록을 숙달도별로 등급화하는 것이 중요하다. 선정된 기본 어휘를 대상으로 하여 학습 목적과 학습 수준에 따라 어휘를 등급화할 필요가 있다. 아래에서 어휘를 등급을 위한 기준을 어떻게 정해야 할 것인가에 대해 간단히 살펴보기로 하자.

① 고빈도성으로, 기초 어휘 순으로 우선학습 어휘(초급)를 선정한다.
② 중복도가 높은 단어 순으로 우선학습 어휘(초급)를 선정한다.
③ 편찬될 교재의 단원별 주제와 관련된 기본 어휘를 우선적으로 학습해야 하며, 어휘 자체의 상관관계(의미망)도 고려한다.
④ 기본 의미를 가진 어휘, 파생력이 있는 어휘를 우선학습 어휘로 선정한다.
⑤ 단원의 문법 교수요목과 연계를 가진 어휘를 우선적으로 학습해야 하며, 문법 이해를 위한 필수적인 기능어를 우선학습 어휘로 삼는다.
⑥ 교수 현장과의 연계로 교수 현장에서 필수적인 단어는 저빈도 단어라도 우선학습 어휘의 대상에 넣을 수 있다.

구체적으로 숙달도별 어휘 교수에서의 주안점을 살펴보면, 우선 초급에서는 단어를 형성하는 원리를 습득하는 것보다 단어 자체를 어휘 사전에 입력시키는 행위가 많이 일어난다. 특히 모국어와 목표어를 일대일로 대응시켜 학습하려는 경향이 있으며, 상당한 양의 초기 어휘는 암기와 같은 방법에 의해 능률적으로 신속하게 학습될 수 있다. 다음으로 중급부터는 어휘를 생성하는 원리에 의해서 어휘 확장을 이룰 수 있을 것이다. 마지막으로 고급에서는 이미 구축된 어휘를 이용하여 어휘를 확장시키는 방법을 택한다. 따라서 어휘 형성의 원리에 대한 보다 진전된 교육을 실시하여야 할 것이며,

의미 관계에 따른 다의어, 동음이의어 등에 관한 교육이 이루어져야 할 것이다. 이는 어휘 해석부와의 밀접한 관계를 맺게 된다. 모르는 의미의 어휘를 문맥 속에서 파악하는 능력이나, 어휘 자체의 구성을 통해서 파악하는 능력이 어휘 해석과 관련이 된다. 이를 위해서 어원을 이용한 어휘 해석 능력을 길러 주는 것도 중요한 접근 방법이 될 것이다.

각 어휘들이 학습자들에게 유용하고 적절한가를 확인하기 위해서는 그 어휘들의 문화적인 적절성에 주의를 기울여야 하며, 학생용 교재 혹은 교사용 지침서 각 단원의 끝이나 교재의 부록에 새 어휘 목록이 있어야 한다. 또한 교재가 학습을 촉진시키기 위한 어휘 분류 방법을 고려하여 이러한 유형의 분류법을 사용하고 있어야 한다.

아울러 등급화에 있어서 이해 어휘와 생산 어휘에 대한 구분이 고려되어야 할 것으로 보인다. 학습자의 수준을 고려할 때 수업당 혹은 시간당 습득되어야 할 생산적 어휘의 양과 수용적 어휘의 양에 대한 고려가 있어야 한다. 이해 어휘(passive vocabulary)는 문자로 보거나 음성으로 듣고 그 의미나 뉘앙스를 이해할 수 있는 어휘를 말하고, 표현 어휘(speaking vocabulary)는 실제로 말이나 글로 표현할 때 사용할 수 있는 어휘를 말한다. 어휘의 습득 순서를 보면, 먼저 '이해'를 하고 그다음에 '표현'할 수 있게 된다. 그러나 모든 이해 어휘가 표현 어휘가 될 수 있는 것은 아니고, 표현 어휘는 자기가 이해하고 있는 어휘 중에서도 많이 접하여 친근해진 어휘나 사용에 자신 있는 어휘, 또는 자기가 좋아하는 어휘가 되는 것이다.

5. 어휘 교수 방안

1) 어휘 제시 방안

교실에서 교사가 어휘를 제시하는 구체적인 방법으로는 다음과 같은 방법들이 있다.

첫째는, 실물이나 그림, 동작을 통한 방법이 있다. 실물을 보여 주거나 손으로 하는 제스처, 그림, 사진을 보여 주는 행동들을 포함하는데, 이러한 정의 방식에 적절한 단어는 교실에 있는 물건이나 가져오기 쉬운 물건, 확인하기 쉬운 동작(걷다, 잡다, 던지다…), 부사(천천히, 빨리, 크게, 작게…) 등을 들 수 있다. 크레파스나 학생들이 입고 있는 옷을 이용해 색을 나타내는 어휘를 배우고, 일기예보의 그림 정보를 이용하여 날씨 관련 어휘를 배울 수도 있다. 생활 주변의 구체적인 사물을 가지고 위, 아래, 앞, 뒤 등의 공간 지시어를 배운다거나 몸짓으로 쉬운 동작 동사나 의태어를 쉽게 배울 수 있다. 초급 교실에서 흔히 사용하는 방법으로 웹 사이트의 그림 자료나 그림 어휘집 등을 활용할 수 있다. 하지만 추상적인 어휘 설명에는 적합하지 않으며 오해의 소지가 있을 수 있다. 예를 들어 '갑자기'를 제시하려고 몸을 움직일 때 학생들은 '빨리'로 해석할 수도 있기 때문이다.

둘째는, 추상화에 의한 분석적 정의를 활용한 제시 방법으로 뜻풀이 설명·연상 등에 의한 방법을 들 수 있다. 이 방법은 '학습자가 이미 알고 있는 것만을 가르칠 수 있다.'는 학습 이론에 근거한 것으로 학습자에게 완전히 생소한 어떤 것을 묘사하거나 정의하는 것은 사실상 불가능하다고 보는 관점에서 사용한다. 흔히 사전의 뜻풀이에 제시된 내용을 설명하거나 해당 어휘의 기능을 통해 설명하는 방식이다. 예를 들면 '병원'을 설명하면서 '병을 치료하는 곳'이라는 뜻풀이나 '몸이 아플 때 가는 곳이에요.', '의사나 간호사가 치료해 주어요.' 등의 기능적인 의미를 설명함으로 해서 그 의미를 파악하게 하는 방식이다. 그러나 분석적 개념이 명확하게 제시되어도 학생들이 이해하거나 기억하기 어려우므로 학습자들이 스스로 그러한 정의를 내릴 수 있을 때까지, 많은 예를 들어가면서 학생들을 이끌어 줄 필요가 있다.

셋째는, 문맥을 활용한 제시 방법이 있다. 실제로 배우는 문맥 속에서 정의하는 것이므로 다른 어떤 방식보다도 자연스럽다. 이는 '의미는 곧 사용'이라는 관점으로, 어휘를 제시할 때는 그 어휘의 의미 자체도 중요하나 문장 안에서의 용법에 중점을 두어 학습자가 실제로 사용하는 데에 도움이 되도록 해야 한다. 문맥적 정의는 단어의 의미를 직접적으로 설명하지 않고 학습자로 하여금 단어의 사용과 다른 단어와의 결합 과정에서 의미를 찾아가도록 유도하는 방식이다. 새 어휘를 상황에 넣어 문장을 만들어 설명하는 방법이 효과적이다. 또한 말할 때 쓰는 어휘인지, 글을 쓸 때 쓰는 어휘인지가 구별이 되는 경우에는 그것도 구별하여 제시한다.

넷째는, 학습자의 모국어로의 번역을 활용하는 방식이다. 이 방법은 시간이 절약되므로 읽기에서 그다지 중요하지 않은 단어를 빨리 넘어가기를 원할 때 유용하며, 특별히 단어의 품사에 제약을 받지 않고 학습자들이 이해했는지 확인하기 쉽다. 다만, 단어의 개념이 학습자의 모국어의 개념과 같을 때에 사용이 가능하다. 하지만 이 방법은 학습자가 목표어에 노출될 기회를 줄이며 교사는 부호화에 유용한 여러 가지 기술을 사용할 기회를 잃게 된다. 또한 잘못된 번역이나, 정확하게 일치하지 않은 개념을 대응시킬 수 있다.

여러 유형의 정의 방식을 적용할 때는 정의되는 단어의 유형, 단어의 중요성과 학습자의 필요, 학습자의 나이, 관심, 지적 수준 등의 변수를 고려해야 하며, 위의 네 가지 방식들을 보통 서로 결합해서 사용하고 있다.

2) 어휘 제시 고려 사항

다음으로는 어휘를 제시할 때 고려해야 할 사항들이다.

첫째, 어휘가 학습자에게 시각적·청각적 기억에 자리 잡을 수 있도록 한다. (어휘 카드를 이용하거나 판서하는 방법과 함께 발음 연습을 한다. 발음 연습을 할 때 특히 용언의 경우는 활용형으로 하는 것이 좋다. 또한 제시하는 방법은 용언의 경우 격틀도 함께 제시하면 효율적이다.)

둘째, 어휘를 제시할 때 교사의 말하기 속도, 발음, 억양, 표현 등은 자연스러워야 하며, 학습자 역시 그렇게 되도록 연습시켜야 한다.

셋째, 의미의 제시는 될 수 있는 한 쉬운 고유어로 설명하는 것이 좋으며 기초적인 단어 혹은 선행 학습 단어로만 통제하여 간단히 설명하는 것이 좋다. 해당 단어보다 어려운 말로 설명하거나 지나치게 많은 정보를 제공하면서 설명한다면 학습자가 이해하기 어렵기 때문이다. 특히 한국어를 배우는 과정에 있는 학습자들에게 문법 정보나 형태적 제약 정보 등의 과다한 정보 제시는 해당 어휘의 정의 학습에 장애가 될 수 있다. 형태론적으로 복잡한 어휘의 경우는 어휘가 형성된 파생 과정을 설명해 줌으로써 일차적인 의미 파악에 도움을 줄 수 있다. 즉 어근이나 접사의 의미를 이용하여 어휘를 설명하는 것이다. 예를 제시하는 경우에도 지나치게 복잡한 복문을 피하고 될 수 있는 한 단문 위주로 제시해 주는 것이 좋다. 초급 학습자들에게는 관형절 구성이 반복되거나 연결어미로 이어져 있는 복잡한 문장은 의미를 이해하는 데 어려움을 줄 수 있다. 어휘의 용법을 이해하고 실제로 문장 안에서 사용할 수 있게 하는 데 중점을 두는 것이 좋다.

넷째, 단순한 의미 파악 외에도 화용적인 정보의 학습도 중요하다. 즉 지시적 의미는 아니지만, 실제 통용되는 부가적인 의미나 해당 어휘와 연관된 사회문화적 관습 등도 함께 학습하는 것이 중요하다. 따라서 교사는 먼저 가르칠 단어의 용법 중 어디까지를 가르칠 것인가를 결정해야 한다.

마지막으로 교사의 제시가 끝난 후에는 간단한 질문, 응답 등 의사소통적 활동을 통해서 학생들의 이해 여부를 점검한다. 이때 가능한 한 학생들이 새로 배운 어휘를 문장 안에 자연스럽게 넣어 대답할 수 있도록 질문을 던져 학습 여부를 확인한다.

3) 암기하기와 확인

효과적인 방법으로 단어의 의미를 제시하는 것은 아주 중요하다. 하지만 단어를 학습한 뒤에 이를 외우게 하는 기술 역시 중요하다. 교사의 어휘 제시가 끝난 후에는 간단한 질문, 응답 등 의사소통적 활동을 통해서 학생들의 이해 여부를 반드시 점검해야 한다. 교사가 학습자에게 어떤 내용을 전달할 수는 있지만 그것이 곧 학습자에게 학습되었다는 것을 의미하지는 않기 때문이다. 학습이 제대로 일어나게 하려면 학습자 스스로가 새로운 자료에 주의를 기울이고 그것을 배우려는 노력을 해야만 한다. 교실의 학습 결과를 주의 깊게 분석하면 교사는 많은 정보를 얻을 수 있다. 학습자들의 활동 변화를 통해서 교사는 끊임없이 교수의 효과가 무엇인지, 학생들이 이미 배운 단어에서 유도된 단어의 의미까지도 이해할 수 있는지 등에 대한 질문을 하면서 교수의 효과에 주의를 기울여야 한다.

학습자가 훈련할 수 있는 효율적인 기억 전략을 활용해 보는 것도 중요하다. 아래의 예들은 영구 장기 기억으로 이동하도록 하기 위한 기억에 관한 연구 결과들인데, 이는 어휘 암기 전략에도 활용할 수 있다.

① 반복(repetition): 단어의 암기를 여러 번 반복하는 것으로 단순 반복보다 간격을 두고 반복하는 것이 효과적이라고 알려져 있다. 읽기에서 간격을 두고 적어도 어떤 단어를 일곱 번 이상 만난다면 기억되기 쉽다는 연구 결과가 있다.
② 검색(retrieval): 또 다른 종류의 중요한 반복인데, 기억 속에서 단어를 검색하는 행동을 하는 것이다. 기억에서 자주 검색하는 단어는 이후에 다시 회상하기 쉬운 단어가 되는데 이를 미래 회상을 위한 '길 닦기(oil the path)'라고도 부른다.

③ 간격(spacing): 일정 시간에 걸쳐서 기억 활동을 나누어 하는 것으로 분배된 연습을 말한다. 예를 들면 2, 3개의 단어를 제시하고 → 복습 → 시험 → 몇 개를 더 제시 → 되짚어 보기 등의 단계를 거치면 기억에 도움을 준다고 알려져 있다.

④ 속도 조절(pacing): 학생들이 자신의 기억 활동의 속도를 조절할 기회를 받는 것을 의미한다. 교사는 학습자들이 어휘를 학습하는 동안 학습자들의 '기억 작업'을 조용히, 개별적으로 하도록 배려함으로써 학습자들의 학습 속도와 보조를 맞추는 것을 의미한다.

⑤ 사용(use): 학습한 단어를 직접 사용해 보는 것을 말하는 것으로 장기 기억으로 가져가는 명확한 방법이라고 알려져 있다. 혹자는 '사용하거나 잊어버리거나(use it or lose it)'라고도 말할 정도로 사용을 중요한 요소로 본다.

4) 통합적 어휘 학습 전략

학습자의 연어적인 실수나 잘못은 흔하다. 실제로 학생들의 발화나 작문을 보면 이런 연어적 능력(collocational competence)의 부족으로 인해 문법적 오류를 만들어 내거나, 문법상으로는 맞지만 담화상으로는 매우 어색한 필요 이상의 긴 발화를 만들어 내곤 한다.

과거 수년간의 언어 교육 연구는 문법-어휘의 양분법에 의존했다. 즉 문법 체계를 마스터하고 많은 단어를 학습하면 학습자는 원하는 것에 대해 말하게 해 줄 것이라고 믿었다. 하지만 우리는 학습자들이 기본적인 문법 지식과 더불어 많은 수의 개별 단어들을 알고 있을지라도, 언어의 생산적 활동에서 연어적 유창성이 결여되어 있음을 보게 된다.

언어는 전형적으로 나타나는 형태에서 뭔가 특별한 것을 표출하는 둘 이상의 단어 덩어리들로 이루어져 있다. 이런 항목들을 가지고 나누어 파악하는 것은 그것들을 완전히 의사소통적 힘을 잃게 한다. 이 덩어리들은 전체로 학습자의 모국어로 번역되는 것이 안전하다. 만약 연어를 가르치지 않는다면 복잡한 생각을 매우 단순하고 정확하게 표현할 수 있는 덩어리 표현을 무시하게 된다. 학습자들은 연어를 적게 사용할수록 그것을 전달하기 위한 더 많은 문법화를 가진 더 긴 표현을 사용하게 되며, 전혀 사용하지 않는 표현을 만들어 낸다. 더 많은 연어를 아는 것은 그들이 문법화를 덜 필요로 한다는 것을 의미하며, 중급과 고급 학습 단계에서 나타나는 많은 오류에 대한 가장 최선의 교수는 문법적 교정보다 덩어리로 나타나는 어휘 표현의 교수가 효과적이라고 볼 수 있다. 어휘 교육에서 통합적 어휘 관계의 활용이 중요한 이유로 아래와 같은 것을 생각해 볼 수 있다.

첫째, 어휘의 통합 관계 교수에 있어 기존의 교사 중심 교육을 학습자 중심 교육으로 전환한다. 습득의 관점에서 보면 학습자들은 어휘의 덩어리(chunk)를 훈련하는 것이 다른 것들보다 유용한 언어(useful language)를 인지하는 기회를 증가시키며, 학습자들이 텍스트에 만들어진 덩어리를 많이 알면 알수록 그들이 인지한 입력(input)이 수용(take)으로 전환되기 쉽다.

또한 덩어리 표현에 대한 인지는 학습자 스스로에 의해 이루어진다. 그간의 교육에서 '제시-연습-생산(P-P-P)'의 방식은 교사 연수의 중심 부분이었으나, 최근 어휘 접근법에서는 이의 대안으로서 학습자 주도의 '관찰-가정-실험' 패러다임을 제안[15]하고 있다. 즉 학습자는 '만남(meet)-혼동(muddle)-완전 이해(master)'를 경험하게 되는 것이다.

둘째, 그간의 연역적 방법의 교수 방법과는 달리 문맥을 통한 귀납적 방법의 교수와 학습을 가능케 한다. 즉 문맥을 통한 덩어리의 학습을 통해 어휘 관계에 대한 귀납적 지식을 얻게 된다. 최근의 말뭉치 언어학의 발달은 이러한 교수를 위한 자료 확보를 가능케 했다. 기존의 교실 현장에서 교사나 학습자 모두 문맥에서 새 단어를 분리시키려는 경향이 많았다. 그러나 자연스런 문맥에서 단어를 분리하는 것은 단어의 의미가 아니라 단어의 사용이라는 중요한 정보를 놓치는 것이다. 모든 단어는 나름의 문법을 가지고 있으므로 단어에서 문법을 분리하는 것은 현명하지 않은 일이다.

셋째, 어휘 단위에 대한 인식이 전환된다. 그간의 어휘 교육이 주로 단어에만 국한되었던 것을 넘어서 구 단위 이상의 어휘 단위의 학습 필요성을 인지하게 된다.[16] 조합된 덩어리는 그간의 학습이 개별의 단어를 알아 이들 간의 조합을 통해 문장을 산출하던 방식에서 문맥에서의 덩어리를 학습한 뒤 이를 후분석하는 분석적 방법을 취하게 된다.

---

15) '관찰'은 새로운 언어를 만나고 인지함을 말하며, '가정'은 유사성과 차이점에 기반하여 입력을 분류화함을 말한다. '실험'은 학습자의 중간 문법에 기반하여 언어를 사용하는 것으로서, 새로운 입력(input)은 학습자의 현재의 가정을 확증해 주거나 반증하기도 한다.

16) 울라드(Woolard, 2000)는 어휘의 통합 관계에 대한 교수의 지위는 음운, 문법과 동등하게 위치해야 한다고 주장한다.

넷째, 의사소통 능력에 있어서 유창성을 증진할 수 있게 된다. 네이션(Nation, 2001)이 지적하듯이 유창하고 적절한 언어 사용은 연어적 지식을 필요로 한다. 전통적 교수에서는 문법 규칙과 정확성에 가치를 두고 정확성 후에 유창성이 늘 것이라고 믿어 왔다. 그러나 미리 조합된 많은 덩어리를 이해한다면 문법 규칙은 다른 덩어리들 사이의 유사성과 차이점을 관찰하는 과정에서 얻어질 수 있다. 이는 전통적 방법과는 완전 반대되는 입장이다. 또한 실제 문맥을 통한 덩어리 표현의 학습을 통해 언어 사용의 실제성을 제고할 수 있게 된다. 실제 언어에 나타나는 관습적인 주요 표현을 학습하는 것은 큰 의미가 있다.

다섯째, 학습자의 모국어 언어 전이에 따른 오류를 줄이는 효과가 있다. 고급 학습자의 오류 중 많은 부분은 문법적 오류보다는 어휘의 연어적 오류에 집중되는 양상을 보이는데, 모국어의 통합 관계의 전이가 부자연스런 한국어를 낳게 된다. 어휘의 통합적 관계에 따른 어휘 대조를 바탕으로 한 교수와 학습은 학습자의 오류 방지에 도움을 준다.

따라서 중급과 고급에서는 주요 어휘의 통합적 관계에 대한 학습자 스스로의 학습 전략 개발이 유창성 확보에 도움을 준다.

6. 교실에서의 어휘 학습 활동

1) 과제 활동

학습자가 어휘에 관하여 다양하고 깊이 있는 판단을 내릴 때 어휘가 어휘망으로 통합될 가능성이 높다. 따라서 장기기억으로의 보존과 재생(recall)을 위해 과제 활동을 활용할 필요가 있다. 어휘들은 자주 상기할수록 더 쉽게 상기할 수 있게 된다. 어휘를 과제에 통합한 교실 활동에는 반복하기, 분리·정리하고 상기하기, 비교하기, 조합하기, 짝짓기, 분류하기, 머릿속으로 상상하기, 다시 섞기 등의 다양한 활동이 있다. 이들을 과제의 유형별로 구분해 보면 다음과 같다.

(1) 과제의 유형별 구분

① 판단 과제: 주로 수용적, 어휘 식별하기, 텍스트 안에 숨어 있는 어휘를 찾아내는 것, 읽기를 활용한 식별하기 과제, 선택하기, 이상한 것 찾아내기, 짝짓기, 인지한 어휘들을 묘사, 번역, 동의어, 반의어, 정의, 연어를 고려하여 연결하기, 연어 찾기

② 분류 과제: 어휘를 서로 다른 범주에 분류하기, 순위 매기기와 차례대로 배열하기, 어휘들을 일종의 순서에 따라 배열하기

③ 생산 과제: 일정한 종류의 말하기나 쓰기 활동 안에 새로 학습한 어휘들을 통합, 문장과 글 완성하기(빈칸 채우기-개방형, 폐쇄형), 문장과 글 창작하기(주어진 어휘를 가지고 맥락 만들기)

(2) 읽기나 듣기와 연계하여 이루어질 수 있는 어휘 과제 연습

① 읽고 인지하기
  - 문장에서 해당 단어 찾아서 인지하기
  - 문맥에서 특정 의미군과 관계된 단어 찾기
  - 문장에서 특정 품사 찾기
  - '동사-어 동사' 꼴을 찾아서 밑줄 긋기(예: 먹어 버리다)

② 듣고 인지하기
  - 들려주는 이야기 중에서 특정 단어나 어휘군 찾기
  - 들은 단어 카드를 집거나 순서대로 배열하기
  - 들은 단어와 관련성 있는 단어를 가지고 도표에 빈칸 채우기
  - 들은 단어의 철자를 바로잡기

2) 단어 게임

언어 놀이(language play)는 긴 역사를 지니고 있으며, 어린이나 성인 모두에게 게임으로 활용된다. '어휘를 성공적으로 상기하는 경험이 잦을수록 더 회상하기 쉬워진다.'는 원리를 따른다면, 되도록 빠른 시간 내에 어휘를 상기시키도록 유도하는 게임이 유용하다. 단어 게임은 자모 교육 단계부터 초급, 중급, 고급에 이르기까지 다양하게 활용하게 할 수 있으며, 교사 중심의 수업을 학습자 중심으로 전환한다는 것도 장점이다.

게임을 통한 학습의 효과는 학습자의 긴장감을 해소하고 자발적이고 창조

적인 언어 사용의 측면이 강화되며 강화, 복습, 발전의 촉매 기능을 할 수 있다는 점을 꼽는다. 다만, 게임을 할 때는 학습 목표를 분명히 하고, 게임이 학습자의 흥미를 끌고 있는지 확인해야 한다. 아울러 학습자의 연령이나 성향에 맞는 게임법을 개발하는 것이 중요하다.

(1) 초급에서 많이 사용될 수 있는 어휘 게임의 예

① 실물 보고 한국어로 써 보기: 본 것을 많이 기억해 내고 정확하게 쓰는 사람이나 그룹이 이기는 게임이다.

② 같은 소리로 시작하는 말 잇기: 교사가 단어를 제시하면 그와 같은 자음으로 시작하는 단어의 목록을 말하거나 쓰는 게임이다. 혹은 같은 소리로 끝나는 말 잇기 게임도 가능하다.

③ 모음 찾기 게임: 어휘에서 모음을 빼고 자음만을 제시하면서 교사가 그 어휘를 발음해 주면 학생들이 알맞은 모음을 찾는 게임이다. 이 게임은 발음 수업과 연계해서 할 수 있으며 특정 모음의 구별을 어려워하는 학습자들이 이용하기에 좋다.

④ 틀린 철자 찾기: 그룹을 나누어서 틀린 철자가 있는 카드를 찾게 하는 게임이다.

⑤ 벽에 붙이기: 수업 전에 배울 단어를 벽에 붙여 놓고 수업이 끝난 후에 암기한 어휘를 말해 보게 한다.

⑥ 이야기 듣고 그림 그리기: 이야기를 연상할 수 있는 사진이나 그림을 고른 후 교사가 이야기를 해 준다. 학생은 듣고 그림을 그린다. 그 후 원본과 비교해 본다. 위치를 나타내는 어휘인 '위, 아래, 왼쪽, 오른쪽, 앞, 뒤, 옆' 등을 교수할 때 편리하다.

(2) 난이도와 운영 방법을 바꾸어 다양한 수준의 학습자에게 활용할 수 있는 게임의 예

① 보고, 기억하고 본문 예측하기: 어휘를 섞은 종이를 나눠 주고 외우게 한 다음 외운 어휘를 말하게 한다. 다음에 조별로 본문에 관해 토론하게 한 후 본문을 나누어 준다. 어휘 기억에 도움을 주는 방법이다. 이 방법은 어휘를 보고 본문의 내용을 예측하게 하는 효과가 있으며 '읽기 전 단계'로 활용하면 좋다.

② 핵심 어휘 찾기: 읽기 수업과 관련된 게임으로 조별로 나누어 각각 다

른 본문을 조에 주고 몇 분 동안 본문을 훑어보게 하고 주제 등에 관한 핵심 어휘를 비교해 보도록 한다. 본문의 길이가 지나치게 길거나, 본문이 너무 어려우면 학습자의 흥미를 떨어뜨릴 수 있다.

③ 이야기 사슬: 학생들에게 하나씩 어휘를 나눠 주고 그 단어를 이용해서 문장을 만들게 한다. 이때 문장들을 이었을 때 하나의 이야기가 되도록 해야 한다. 학습자들의 의사소통이 자유롭게 일어나고, 이야기를 구성하는 능력이 키워진다는 점에서 의의가 있는 게임이다. 어휘 대신 문형을 이용하는 방법도 가능할 것이다.

④ 낱말 맞추기(crossword): 가로, 세로 열쇠의 설명을 보고 단어를 써 나가는 게임이다. 어휘의 복습 방법으로 이용하기에 좋은 게임이다.

⑤ 모눈종이 속 어휘 찾기: 사각형 속에 어휘를 숨겨 놓고 어휘를 찾게 하거나, 해당 어휘의 설명을 보고 찾게 하는 게임이다. '학교, 동물, 병원' 등과 같이 어휘의 범주를 정해 놓고 할 수도 있다. 무의미한 음절을 사각형 속에 나열해 놓고 그 속에 유의미한 어휘를 넣어 두는 게임이기 때문에 학습자의 흥미를 유발할 수 있으며, 개인별로 또는 소그룹으로 나누어 찾게 할 수도 있다.

⑥ 끝음절 잇기: 교사가 어휘 하나를 제시하면 학생들이 그 어휘의 마지막 음절과 같은 음절로 시작되는 어휘를 계속 이어서 말해 가는 게임이다. 어휘의 맞춤법을 연습하고 확인하는 데 좋은 방법이다.

⑦ 귓속말로 전달하기 게임: 단어를 듣고 다른 사람에게 귓속말로 전달하여 얼마나 정확하게 전달했는지를 알아보는 게임이다. 문장으로 할 수도 있다. 이 게임은 소리와 단어를 연결시켜서 단어를 익히기에 좋은 방법이다.

⑧ 사전 찾기 게임: 학습자가 어떤 어휘를 말하면 나머지 학생들이 그 발음을 적고 사전을 찾는 게임이다. 중급 이상에서 적당하며 글자의 모양과 발음이 일치하는 어휘를 선택하는 것이 좋다.

⑨ 설명 듣고 어휘 맞추기: 한 학생에게만 어휘를 보여 주고 제시된 그 어휘를 한국말로 설명하게 하면 다른 학생들이 알아맞히는 게임이다. 이 게임은 말하기, 듣기 활동이 같이 일어날 수 있는 어휘 게임이다.

⑩ 예문 듣고 어휘 맞추기: 하나의 특정 어휘에 대한 예문을 몇 개 제시하고 어떤 단어인지 알아맞히는 게임이다.

⑪ 스무고개 게임: 어휘 분류를 활용하여 학생들의 질문과 대답으로 20번

안에 해당 어휘를 맞히는 게임이다.

⑫ 띄어 쓰지 않은 문장을 띄어 읽기: 띄어 쓰지 않은 문장을 얼마나 정확하게 끊어 읽는지 시험하는 게임이다. 이 게임은 문장 속에서 단어를 익히기에 좋다.

7. 맺음말

어휘 학습은 학습자의 숙달 단계별로 달리 나타나는데, 초급에서는 단어를 형성하는 원리를 습득하는 것보다 단어 자체를 외우는 경향이 많고, 특히 자신의 모국어로 이해하려는 학습자가 많으므로 암기나 번역을 통한 학습으로 능률적이고 신속하게 학습할 수 있다. 초급에서 단순 암기 위주로 어휘를 확대시킬 수 있었다면 중급부터는 파생에 의한 어휘 확장이나 관련어를 통한 어휘 확장, 구 단위 표현을 익힐 수 있을 것이며, 고급에서는 이미 학습된 어휘를 이용하여 어휘 의미의 심화나 다의 습득, 관용적 표현 단위의 학습 등으로 확장할 수 있을 것이다.

어휘는 평가에 있어서도 중요한 역할을 차지하는데, 현행 한국어 교육기관에서 실시되는 시험의 많은 부분이 어휘 능력과 관계가 있다. 어휘 평가를 위해서 교사는 평가 대상이 되는 어휘의 목록을 미리 정하고, 그 목록에 제시된 어휘의 빈도수와 난이도에 입각하여 내용 면에서 타당성 있는 문제를 만들어 평가해야 할 것이다. 현재 자주 사용되는 어휘 평가의 예를 살펴보면 반대말 고르기, 높임말 고르기, 주어진 빈칸에 의존명사 채우기, 주어진 빈칸에 알맞은 어휘 고르기, 유의어 고르기, 주어진 설명에 맞는 단어 고르기, 지문을 읽고 맞는 단어 고르기 등이 있다.

어휘 교수는 그간의 교수 현장에서 텍스트의 주석 형태로 제시되어 왔으며, 의미 제시와 용법의 설명 역시 교사에 따라 많은 편차를 보이는 등 체계적인 학습이 이루어져 왔다고 보기 어렵다. 최근 언어 사용의 유창성 확보를 위해서는 학습자의 어휘량이 큰 변수가 된다는 연구가 많다. 향후 어휘 교수에 있어서 교재 내에 어휘 학습란을 따로 설정하거나 어휘 학습을 위한 독립 교재를 고려하는 등 좀 더 적극적인 어휘 교수의 방법이 요구된다.

연습문제

1. 파생어의 교수 방법에 대해 논하라.

2. 의미장을 이용한 교수의 효용성에 대해 설명하라.

3. 어휘의 등급을 설정하기 위한 기준을 설명하라.

4. 어휘를 제시하는 방법을 설명하라.

5. 어휘 게임의 장점에 대해 설명하라.

풀이

1. 파생어는 접사의 결합 양상과 기능 및 의미에 관하여 교수한다면 단어의 확장에 도움이 된다. 생산성이 강한 주요 접두사와 접미사 목록을 가르치거나 접미사의 품사 전성의 기능을 가르치면 도움이 된다.

2. 의미장을 이용한 어휘 교수는 이미 설정된 범주에 맞추어 어휘를 분류해서 뜻을 설명하는 방법으로, 학습자에게 어휘를 체계적으로 익히게 한다는 장점이 있다.

3. 어휘의 등급을 설정하기 위한 기준으로는 다음과 같은 것들을 고려해 볼 수 있다.
   • 고빈도성으로, 기초 어휘 순으로 우선학습 어휘(초급)를 선정한다.
   • 중복도가 높은 단어 순으로 우선학습 어휘(초급)를 선정한다.
   • 편찬될 교재의 단원별 주제와 관련된 기본 어휘를 우선적으로 학습해야 하며, 어휘 자체의 상관관계(의미망)도 고려한다.
   • 기본 의미를 가진 어휘, 파생력이 있는 어휘를 우선학습 어휘로 선정한다.
   • 단원의 문법 교수요목과 연계를 가진 어휘를 우선적으로 학습해야 하며, 문법 이해를 위한 필수적인 기능어를 우선학습 어휘로 삼는다.
   • 교수 현장과의 연계로 교수 현장에서 필수적인 단어는 저빈도 단어라도 우선학습 어휘의 대상에 넣을 수 있다.

4. 첫째는 실물이나 그림, 동작을 통한 방법이 있다. 둘째는 추상화에 의한 분석적 정의를 활용한 제시 방법으로 설명, 예시, 연상에 의한 방법을 들 수 있다. 셋째는 문맥을 활용한 제시 방법이 있다. 넷째는 학습자의 모국어로의 번역을 활용하는 방식이다.

5. 어휘 게임은 교실 현장에서 학습자의 흥미를 유발하고 의사소통 능력을 신장시키기 위해 자주 이용되는 방법으로, 자모 교육 단계부터 초급, 중급, 고급에 이르기까지 다양하게 활용하도록 할 수 있으며, 교사 중심의 수업을 학습자 중심으로 전환하는 장점이 있다. 게임을 통한 학습의 효과는 학습자의 긴장감을 해소하고, 자발적이고 창조적인 언어 사용을 강화하게 된다.

참고문헌

강현화(2008), "연어 관계를 이용한 어휘교육 방안: 표적 척도 형용사 부류의 코퍼스 분석을 중심으로", 『언어와 문화』 4-2, 한국언어문화교육학회.

_____(2008), "한국어교육을 위한 연어의 유형에 대한 고찰", 『응용언어학』 24-3, 한국응용언어학회.

_____(2009), "한국어학습자를 위한 어휘학습용 워크북 개발 모형 연구", 『한국어교육』 20-3, 국제한국어교육학회.

_____(2010), "한국어교육학 연구의 최신 동향 및 전망—연구사를 중심으로", 『한국어교육』 21-2, 국제한국어교육학회.

_____(2012), "한국어교육에서의 담화 기반 문법 연구", 『외국어교육』 19-3, 한국외국어교육학회.

_____(2014a), "국내 한국어교육기관 교재 어휘 분석 연구", 『외국어로서의 한국어교육』 41, 연세대 언어교육원.

_____(2014b), "부정표현의 맥락 문법 연구", 『문법교육』 20, 한국문법교육학회.

_____(2014c), "한국어교육용 중급 어휘 선정에 대한 연구", 『외국어로서의 한국어교육』 40, 연세대학교 언어교육원.

_____(2014d), "한국어교육용 초급 어휘 선정 연구", 『문법교육』 21, 한국문법교육학회.

_____(2015), "한국어 교재의 숙달도별 품사 분석 연구", 『외국어교육』 22-1, 한국외국어교육학회.

_____ 외(2014), "한국어능력시험(TOPIK) 어휘 목록 개발 및 활용 방안 연구", 교육부 국립국제교육원 용역보고서.

_____ · 원미진(2012), "한국어학습자를 위한 〈한국어기초사전〉 구축 방안 연구", 『한국사전학』 19, 한국사전학회.

곽지영(1997), "외국인을 위한 한국어 어휘 교육", 『말』 22, 연세대학교 한국어.

김광해(1998), "유의어의 의미 비교를 통한 뜻풀이 정교화 방안에 대한 연구", 『선청어문』 26, 서울대학교 사범대학 국어교육과.

김정은(2003), "한국어 파생어 교육 연구", 『이중언어학』 22, 이중언어학회.

박재남(2002), "외국어로서 한국어의 유의어 교육 방안 연구", 연세대학교 교육대학원 외국어로서의 한국어교육 전공 석사학위논문.

오상언(2010), "한국어 교재 분석을 통한 한국어 교육용 분류사 선정 연구", 『高凰論集』 47, 慶熙大學校 大學院.

유현경·강현화(2002), 유사관계 어휘정보를 활용한 어휘교육 방안", 『외국어로서의 한국어교육』 27, 연세대학교 언어교육원.

이양혜(2011), "한국어 학습자를 위한 특이파생어 교수·학습 방안 연구", 『우리말 연구』 28, 우리말학회.

이정민·강현화(2008), "한국어 독학용 어휘학습 교재 개발 방안: 좁은 독서를 통한 점증적 어휘학습 전략 활용", 『한국어교육』 19-1, 국제한국어교육학회.

조현용(2000), 『한국어 어휘 교육 연구』, 박이정.

한송화·강현화(2007), "연어관계를 통한 어휘교수 방안", 『한국어교육』 15-3, 국제 한국어교육학회.

Carter, R. (1988), *Vocabulary: Applied Linguistic Perspectives*, Routeledge Publishers(『어휘론의 이론과 응용』, 원명옥 역, 한국문화사).

Cowie, A. P. (1998), *Phraseology-Theory, Analysis, and Applications*, Oxford: Clarendon Press.

Cowie, A. P. (1999), *English Dictionary for Foreign Learners: a History* 제2장 (Praseology & Learner's Dictionary, Clarendon Press).

Cruse, D. A. (2000), *Meaning in Language-An Introduction to Semantics & Pragmatics*, Oxford Univ. Press.

Gairns. R., & Redman, S. (1986), *Working with Words: A Guide & learning Vocabulary*, Cambridge Press.

Harley, B. (Ed.) (1995), *Lexical Issues in Language Learning*, John & Benjamins Publishing Company.

Jackson, H., & Etienne, Z. A. (2000), *Words, Meaning and Vocabulary-An Introduction to Modern English Lexicology, ch.1, What is Lexicology*, Cassell Publishers.

Nation, I. S. P. (1990), *Teaching & Learning Vocabulary*, Heinle & Heinle Publishers.

Nattinger, J. (1988), "Some Current Trends in Vocabulary Teaching", In R. Carter & M. McCarthy, *Vocabulary & Language Teaching*, Pearson Education Limited.

Richards, J. C. (1976), "The role of vocabulary teaching", *TESOL Quarterly*, 77-89.

Thornbury, S. (2002), *How to Teach Vocabulary*, Longman.

Wilkins, D. A. (1972), Grammatical, Situational and Notional Syllabuses.

Wooland, G. (2000), "Collocation-encouraging leorrner independence," In M.

Lewis (Ed.), *Teaching Collocation: Further Development in the Lexical Approach*, Language Teaching Publications.

제 **4** 장

한국어 문법 교육론

강현화

이 단원에서는 한국어 교육 문법의 내용과 교수 방안에 대해 학습한다. 먼저 외국어로서의 한국어 교육 문법의 개념을 규범 문법이나 내국인 대상 교육 문법과 변별하고, 다음으로 문법 교육의 내용에 대해 다룬다. 문법의 표현 단위를 정리하고 이어서 문법 교육의 원리에 대해 살펴본다. 문법의 내용을 등급화하는 기준을 살펴보고, 문법의 의미와 기능과의 연계성을 알아본다. 후반부에서는 문법 설명의 방식과 숙달도별 교수 모형을 살펴보고, 교수 현장에서의 문법 교수의 단계적 절차를 살펴본다.

1. 문법 교수의 필요성

학습자에게 문법 학습은 왜 필요한가? 학습자들은 문법 학습을 통해 의미 표현을 향상시키고 정확한 의사소통을 수행할 수 있게 된다. 즉 문법은 기능적 동기를 지닌 의사소통의 도구로 인간 생활에 내재적인 기본 의미들의 표현을 촉진하는 것이며 화자를 도와서 자신을 주변 세계와의 관계 속에서 자리 잡게 하는 것이라고 표현된다.

언어를 사용할 때 문법을 의식하지 못하지만 언어 교사들로서 문법의 영향력을 잊어버리는 경우는 없다. 문법이 없다면 매우 혼란스러울 것이다. 학습자들은 문법 학습의 필요성에 다음과 같이 말한다.

> "문법을 배우지 않고서는 결코 올바르게 정확하게 말할 수 없어요./사람들과 얘기할 때 문법에서 실수를 하지 않을까 걱정하기 때문에 부끄러움을 느껴요./ 어휘가 생각 안 나는 것은 괜찮지만 문법이 틀리면 아주 부끄럽고 다시는 얘기하기가 싫어요./글을 쓸 때 늘 적절한 위치에서 올바른 문법을 사용하는지 신경을 써요."[1]

사실 문법은 일상생활에서의 의사소통에서 필수적인 부분이며 교수요목 설계(syllabus design)에 많은 영향을 미치는 영역이다. 또한 학생들은 끊임없이 문법에 대해 묻기 때문에 교수 현장에서도 교사들은 많은 시간을 문법 교수에 할애하는 것이 사실이다. 이러한 이유로 최근 다양한 교재들이 나오지만 사실 어휘와 문법은 교수 내용의 주된 부분을 이루고 있는 것이다.

의사소통 교수법에서는 언어를 배운다는 것을 상대방과의 의사소통에 대해서 학습하는 것으로 보고, 학습자가 의사소통 능력을 얻게 된다면 언어의 구조나 형식은 저절로 알 수 있다고 보아 문법을 배제한 면이 있었다. 하지만 최근에는 문법 학습의 목표를 자연스러운 의사소통에 두고, 문법 학습의 최종 단계는 규칙의 적용, 문장의 생성에 그치는 것이 아니라 자유로운 의사소통을 위한 문법의 사용이라는 전제를 바탕으로 한다.[2] 이러한 목표 아

---

1) Batstone(1994) 인용.
2) 맥락을 벗어나게 해 주는 것이 문법이라고 한다면 현장성 대화가 배제된 쓰기와 읽기를 접할 기회가 많은 학문 목적 학습자에게 '정확한' 기술을 위한 문법 교수는 필수적이다.

래 이루어지는 문법 교수는 의사소통 능력 향상에 저해되는 일이 아니라, 오히려 의사소통 능력을 제고하는 것이라고 본다.

하지만 사실 문법이란 말을 사용함에 있어 전형적인 것으로 흔히 쓰이는 규칙, 즉 대체적인 현상에 불과하므로 언어의 규칙은 결국 정도성의 문제가 되기 쉽다. 실제 말뭉치의 문법 사례들도 많은 예외를 보이는데, 이러한 문법을 학습자에게 어떻게 효율적으로 교수할 것인가는 교수자의 과제가 된다. 문법의 기술은 매번 규칙화하기 어려우며 많은 예외적인 예들이 존재한다. 즉 학습자가 오류를 만들어 낼 때마다 오류의 이유를 설명하거나 오류를 피할 수 있는 규칙을 제시해 주기란 쉽지 않다. 예를 들어 용언별로 피동사를 만드는 규칙은 어휘 개별적이어서 규칙화하기 어렵거나 피동 표현에서의 '-에게', '-에 의해'의 사용 역시, 이들의 변별적 사용 환경을 설명하기 힘들다. 내국인과는 달리 외국인 학습자를 교수하기 위해서는 분명한 규칙과 설명할 수 있는 예외 등이 정리되어야 하기 때문이다.

1980년대부터 지금까지 '한국어교육'과 관련된 문법 교육의 내용 및 교수 방안에 대한 논의는 상대적으로 활발하지 않았다. 이는 그간 한국어교육의 학문 1세대 대다수의 연구 배경이 '문법'이라는 점과 무관하지 않다. 즉 설사 문법 교육의 내용 연구가 있다손 치더라도 국어학의 논의와 차별화되지 않은 논의들이 상대적으로 많았으며, 교수 방안에 대한 연구도 새로운 교수 방안의 개발보다는 소위 '전형적인' 문법 교수 방안에 따른 개별 문형의 교수에 그치는 예가 많았다. 외국어교육에서도 이러한 경향은 마찬가지였다.

> 앨런과 위더슨(Allan & Widowson, 1974)은 "전통적 규범 문법은 비과학적이면서도 난해한 주제들을 다루어 왔으며 이로 인하여 외국어를 가르치는 일선 교사들은 이 문법 이론을 교실에서 적용하여 가르치기 어렵다."고 지적하였다(Bygate, Tonkyn, & Williams, 1994, 재인용).

문법 교육의 교수 방안(How)을 논하려면 문법 교수의 교수 내용(What)에 대해서도 돌아보지 않을 수 없다. 내용과 방법은 서로 연계되어야 하기 때문이다. 국립국어원(2005)에서 한국어교육학계의 공동 집필진이 구성한 『외국인을 위한 한국어문법』(체계/용법 편)을 발간함으로써 어느 정도의 기초 작업이 이루어진 셈이다. 하지만 문법 내용학에 대한 연구가 충분하다고 말하기에는 아직 보강해야 할 많은 연구들이 남아 있다.

　외국어로서의 한국어 문법은 한국어에 대한 배경지식과 직관이 없는 외국인을 대상으로 하여, 이들이 이해할 수 있는 차원에서 한국어에 대한 추상적인 지식이 아닌 각 문법 형태들의 구체적인 의미와 음운·형태·통사·화용적 기능을 제시하여 외국인 학습자들이 한국어에 대한 의사소통을 원활하게 돕는 규칙 체계가 되어야 한다. 한국어 문법에 대한 직관력을 가진 모국어 화자를 대상으로 하는 국어교육이나 언어 연구 자체에 초점을 두는 국어학에서의 문법 연구와는 달리, 한국어교육 연구에서는 언어 수행상에 드러나는 다양하고도 구체적인 실제 자료를 다루게 된다.[3] 따라서 문법의 체계를 세우는 데에 있어서 국어 문법과 구분되는 외국인 학습자를 고려한 구체적이고 실용적인 문법이 기술되어야 한다.[4]

2. 문법 교수의 원리

　문법 교육의 내용과 방법을 이야기하기 위해서는 우선 한국어 교육 문법의 개념을 정리해야 한다. 문법은 규범 문법과 교육 문법으로 나뉘며, 이 중 교육 문법은 다시 모국어 화자를 위한 교육 문법과 외국인 학습자를 위한 교육 문법으로 나눌 수 있을 것이다. 규범 문법이란 철저히 이론 중심적이며 언어 현상을 기술하고 이를 바탕으로 이론을 체계화하려는 것이다. 반면에 내국인을 위한 교육 문법(일명 '학교 문법')이란 실용성과 이론이 합해진 것으로 그 언어를 사용하는 국민으로서의 사고체계 확립과 이를 표현하는 능력을 길러 주는 데에 목표를 두고 있다. 그렇다면 '외국인을 위한 교육 문법'은 무엇인가?

---

3) 예를 들어 시제 표현은 과거(-았-, -었-), 현재(-는다, -다), 미래(-겠-, -을 것이다) 등으로 제시되지만, 학습자들은 모국어 화자와는 달리, 다음과 같이 '형태'와 '문법적 시제'와 일치하지 않거나, 라.와 같이 같은 이유 표현도 어미에 따라 시제 결합 여부가 달라지는 실제 자료에 대한 직관력이 없다.
　예: 가. 도착하면 전화해라. 나. 저 내일 떠나요. 다. 지금쯤 도착했겠다.
　　　라. 비가 와서 땅이 젖었어요./비가 왔기 때문에 땅이 젖었어요.
4) 예를 들면 외국인 학습자들이 한국어 문법 규칙을 배울 때에는 학습자들은 자신의 배경지식 안에 있는 모국어 문법 범주와 연결시켜 학습하는 경우가 많으므로 대조분석적 연구가 전제되는 것이 바람직하다.

백봉자(2001)는 교육 문법은 전통적인 규범 문법에 근거하여 통일된 체계를 가진 문법이어야 함을 전제하고, 이를 위해서는 무엇보다도 의사소통적 체계 안에서의 문법 이론이 도출되어야 하고, 그 이론과 규칙은 교육 문법의 최종 목표인 언어 생산을 할 수 있는 것으로 이어져야 한다고 지적한다. 또한 외국어로서의 한국어 문법 교육의 원리로 규범성과 실용성, 간결성, 규칙과 제약을 통한 공식화, 유사한 요소들의 연결 교수, 난이도와 빈도수를 고려한 등급화, 대조적인 입장에서 의미와 기능을 살필 것을 제안한다.[5] 강현화(2011)는 한국어 교육 문법 교수에서 고려해야 할 문법 내용을 아래와 같이 지적한 바 있다.

첫째, 교사 문법과 학습자 문법의 차이에 주목해야 한다. 교사 문법은 주로 교수에 필요한 문법과 교수를 하는 데에 참고가 될 문법이 어떤 것이냐와 어떻게 가르치는 것이 효율적인가 하는 데에 중점을 두어야 한다. 학습자 문법은 교수자 혹은 학습자 스스로의 요구에 따른 목표 언어의 가장 핵심적인 문법이 그 내용이 되어야 하며, 구체적으로는 학습자 개인의 모국어와의 대조적 차이에 의한 가장 효율적인 학습 방법의 문제에 중점을 두어야 한다.

둘째, 이해 문법과 표현 문법의 구별을 논할 수도 있다. 즉 텍스트의 이해(듣기, 읽기)에 필요한 문법과 텍스트의 생산(말하기, 쓰기)에 필요한 문법의 내용은 구분될 필요가 있으며 효율적인 담화 생성에 필요한 숙달도별 표현 문법의 범위를 정해야 한다.

셋째, 문어 문법과 구어 문법의 구별도 필요하다. 문어 문법은 문어 자료에서의 사용 빈도나 장르에 근거한 것이 바탕이 되어야 하고, 구어 문법은 구어 자료를 기반으로 하는 구어 표현 덩어리의 교수에 주의를 기울여야 하며, 이는 교육과정이나 교재에 반영되어야 한다.

넷째, 교수-학습 문법과 참고 문법의 구별이다. 교수-학습 문법은 교수 현장에서 사용되는 교재(코스북)를 위한 것으로 핵심적인 문법 항목으로 구성되어야 하며, 참고 문법은 학습자의 자율적인 학습을 위한 것이다. 이 두 문법을 활용하여 한국어 문법 이해의 폭을 넓히는 총론적인 접근이 필요하다.

---

5) 필자가 원문의 내용을 편의에 따라 요약했다.

3. 문법 교육의 내용

1) 문법 단위와 표현 단위

문법 항목을 선정할 때는 문법 범주나 체계를 바탕으로 한 문법적 형태만을 선정할 것이 아니라 습관적 표현 문형들도 함께 선정해야 한다. 표현 문형이란 기존의 한국어교육 현장에서 흔히 '패턴' 학습이라고 불리던 것들이다.[6] 현재 한국어 교재에 제시된 문법 표현에는 문장종결법, 존대법, 시제 표현, 부정 표현 등과 같은 범주 접근적 문법의 내용과 어휘 접근적 문법의 내용이 함께 제시되어 있다. 조사 결합형, 어미 결합형 등의 결합형과 의존 명사 중심의 표현, 부사-어미 간 공기 표현 등이 후자에 해당된다.[7]

문법 표현 단위의 또 다른 특징은 복합 단위들이 제시되어 있다는 것이다. 이는 일반 국어문법에서는 주목받지 않은 것으로 조사 결합형이나 어미 결합형이 그것이다. 조사 결합형이나 어미 결합형, 어미＋보조사 결합형 등의 의미나 담화 기능은 각각의 의미의 결합으로 설명하기보다 결합형 전체의 의미와 용법을 가지는 것이 많다. 예를 들어 조사 결합형 '이라고는'은 '어떤 조건에 맞는 것은 무엇이다'라고 말할 때에 '무엇'에 맞는 것이 전혀 없다는 뜻을 나타내는데, 이 경우 주로 '없다'나 '않다' 같은 부정을 나타내는 말이 함께 쓰여 결합형 전체가 하나의 의미를 가진다.

'-었더니'와 같은 결합형 역시 과거시제를 나타내거나 어떤 행동이 과거에 완결되었음을 나타내는 '-었-'과 '과거회상'의 '-더-', '앞의 사실이나 행동이 진행된 결과 뒤의 사실이 그러함을 나타내는' 연결어미인 '-니'가 합쳐진 꼴이다. 즉 아래의 [1]에서 보듯이 형태상으로 '-더니'와 '-었더니'는 단

---

6) 이는 국어학에서 말하는 '문장 형식'의 준말인 '문형'과는 구분된다. 한국어교육에서의 문형이란 '문법 형태'에서 준말로 짐작되는데 '문형'에 대한 각 교재의 용어는 다양하다. 연세대와 고려대는 '문형'으로, 서울대와 이화여대는 '문법 및 표현'으로 서강대, 경희대, 한국외대, 숙명여대는 각각 'form pattern, expression, expression pattern, form pattern expression'으로 표시한다. 김정은(2003)은 문형은 '문장 구조의 유형'을 의미하므로 '관용 구문'이 적당하다고 제안하나 이 역시 기존의 어휘적 관용표현과 혼동이 될 수 있다.

7) 문법에 대한 연구는 크게 어휘적 접근법(lexical approach)과 문법적 접근법으로 나뉜다. 전자는 기능적인 표현들을 이들의 문법적인 성분을 강조하지 않고 고정구(fixed phrases)로서 제시하는 방식이다. 후자는 문법적 접근법으로 이러한 표현들에 대한 일반화(generalizations)를 하는 방식이다.

지 '-었-'이 더해진 차이를 보이지만, '-었더니'의 경우에는 일인칭과 어울릴 수 없는 '-더-'가 가지는 제약도 해소됨을 알 수 있다.

[1] 가. 영수가/*내가 많이 먹더니 배탈이 났어요.
　　나. (내가) 감기약을 먹었더니 다 나았어요.

즉 구성 형태소 개개의 문법적 의미 설명만으로는 '-더니'와 '-었더니', '-니'의 의미 차이를 밝히기가 어려우므로, '-더니', '-었더니'는 결합형을 하나로 해서 각각을 다른 문법 요소로 학습자에게 제시해야 하는데, 이들 결합형은 문법의 단위가 된다.

이 밖에도 '-을 거예요', '-을 텐데', '-는 바람에'처럼 어떤 의존명사는 앞에 특별한 관형형과만 나타나거나 뒤에 특별한 조사나 어미만이 나타나는 경우 역시 문법 교수의 항목이 된다.

2) 문법 항목의 등급화

기존의 한국어 교재 집필자들이 한국어 문법 항목을 기술할 때 어떻게 하면 한국어의 문법 체계를 정확히 보여 줄 것인가에 관심을 두기보다 어떻게 하면 영어 문법의 틀을 이용해서 한국어의 문법 항목을 설명할 것인가에 관심을 두어 왔다. 따라서 한국어교육에서 문법 교육이 활성화되려면 교육자들이 참고할 수 있는 기준이 될 수 있는 문법의 체계가 세워져야 한다.

외국어로서의 한국어교육에서 문법의 등급화 문제는 현장 기반의 다양한 실험연구 결과들을 기초로 재조정되고 재조직되어야 할 것이다. 문법 항목의 등급화를 위해서는 다음과 같은 사항을 고려해야 한다.

① 사용 빈도와 범위를 살펴야 한다.
② 복잡도를 고려해야 한다.
③ 일반화 가능성을 살펴야 한다.
④ 학습자의 기대 문법을 고려해야 한다.
⑤ 학습자의 난이도 문제를 살펴야 한다.

우선 넓은 범위에서 빈번하게 사용되는 문법 항목은 학습자가 접할 가능성이 높은 항목들이므로 우선적으로 고려되는 것이 좋다. 하지만 사용 빈도가 높더라도 해당 항목이 문법적으로 복잡하다면 초급에서 가르치기는 힘들다. 예를 들어 서술형 종결 표현인 '-습니다'와 '-어요'를 비교할 때, 빈도 면에서는 '-어요'가 우세하나 복잡성(complexity) 면에서는 '-습니다'가 단순하다.

[2] 가. 철수가 밥을 먹습니다/철수가 잡니다 vs. 먹어요/자요(*자아요)
　　나. 날씨가 덥습니다 vs. 더워요(*덥어요)

즉 '-습니다'는 받침 여부만을 고려하면 되지만, '-어요'는 용언의 어간이 양성모음인지, 음성모음인지, 축약이 필수적인지, 불규칙동사인지 여부에 따른 제약을 모두 알아야 하기 때문이다. 따라서 복잡도 역시 등급화를 정하는 데에 중요한 요소가 된다. 일반화 가능성은 해당 문법이 유사 문형 간에 가지는 대표성의 정도를 말한다. 예를 들어 이유를 나타내는 다양한 표현 중 어떤 문형이 모든 상황에서 일반적으로 사용될 수 있느냐 하는 문제이다. 이들 요소들은 한국어 문법 항목 자체의 특성에 기인한 문제라고 볼 수 있다.

하지만 이 밖에 학습자 요인에 의한 것도 있다. 우선 학습자의 요구에 따라 문법 항목을 결정하는 것도 중요하다. 학습자의 목적이 무엇이든지 모든 학습자에게는 핵심 문법(core grammar)은 필요하지만, 개별 학습자의 학습 목적에 따라 문어 문법이 더 요구되는 경우도 있고 구어 문법이 더 요구되는 경우도 있기 때문이다. 아울러 학습자의 난이도(difficulty)도 고려해야 하는데, 학습자가 느끼는 어려움은 개인적인 인지도의 차이나 학습자의 모국어와 목표어인 한국어와의 차이 등의 다양한 요인이 있을 것이다. 이 밖에 교수-학습의 용이성 등의 요인도 복합적으로 고려할 수 있다.

한국어 문법의 등급화를 위해서는 말뭉치 장르별로 개별 문법 항목의 빈도나 중복도 등의 기초 연구가 이루어져야 하며, 현행 한국어 학습 사전, 한국어 문법 사전, 한국어 교재 등에 나타난 문형 표현의 중복도나 빈도를 이용하는 메타적인 방법을 사용할 수 있다.[8] 아울러 교수-학습 대상이 되는 문법 항목을 선정하기 위해서는 '표현 문형'의 선정 기준에 대한 이론적인

---

8) 국립국어원의 『한국어문법 2』에 제시된 문법 항목의 수는 유사 문형과 이형태를 감안했을 때 약 600여 개에 이른다.

연구가 보강되어야 할 것이다. 다양한 장르에서의 문법 항목 분석도 필요하다.[9)]

3) 문법과 기능

언어 능력을 키우기 위해서는 문법과 단어들을 학습하는 것도 중요하지만 화자의 의도를 정확히 추론할 수 있는 능력도 중요하다. 그런데 어떤 구조와 기능은 특별히 결합하여 그 의미를 쉽게 나타낸다.

하나의 구조가 하나의 기능을 가지는 것은 아니다. 한 가지 기능을 여러 가지 다른 구조로 표현이 가능하며 또한 하나의 구조는 여러 가지 기능을 담당할 수도 있다. 예를 들어 '-겠-'은 아래와 같이 다양한 담화적 기능을 가진다.[10)]

> 예 '-겠-'과 기능
>
> 가. 권유하기: 이것 좀 잡숴 보시겠습니까?
> 나. 상대방의 의향 물어보기: 뭘 드시겠습니까?
> 다. 즉석에서 추측하기: (사진이나 영화의 한 장면을 보면서) 주인공의 주위에는 친구가 많겠군요. 저렇게 성격이 좋으니…/이번 여행은 아주 재미있었겠군요. 주변 경치가 아주 좋은데요.
> 라. 공식적으로 일정 알리기: 지금부터 10분 동안 휴식을 갖겠습니다./모두 자리로 돌아와 주십시오. 지금부터 회의를 시작하겠습니다.
> 마. 즉석에서 결정하기: (파티를 해야 할 상황에서 각자 할 일을 선택해야 할 때) 제가 케이크를 준비하겠습니다. 다른 분들은 음료와 과일을 맡아 주시지요./(선택해야 할 품목을 받은 후에) 저는 이것으로 하겠습니다. 색도 그런대로 무난하고 크기도 적당합니다.

반대로 한 기능을 여러 구조가 나타내는 경우도 있다. 원인이나 이유를 나타내는 문법 항목을 정리해 보면 다음과 같다.[11)]

---

9) 학습자의 표현 능력(말하기, 쓰기 능력)을 향상시키기 위해서는 준구어(드라마 대본 등)에서 덩어리(chunk)로 나타나는 문형 표현 자료에 대한 분석도 중요하다.
10) 한송화·강현화(2004) 참조.
11) 우형식(2003) 참조.

① 연결어미: -어서, -니까, -느라고, -으므로, -기에
② 의존명사: -ㄴ 까닭에, -는 바람에, -는 통에, -는 고로, -기 때문에
③ 보조용언: -어 가지고
④ 인용: -는다고

이렇듯 구조와 기능을 일대일로 대응시키는 것이 어려움에도 불구하고 교재에서는 '초대, 계획, 요구, 비교' 등의 기능과 그에 사용되는 문법적 구조들을 기계적으로 연결시키는 예가 많다. 물론 요구를 할 때 관습적으로 사용하는 언어 표현이 있지만 하나의 표현만이 사용되는 것은 아니다. 아래는 '요청'을 나타내는 문형 표현으로 다양한 담화 상황에서 사용된다.

① -(으)ㄹ 수 있어(요)?, -(으)ㄹ 수 있을까요?, -(으)ㄹ 수 없어?, -(으)ㄹ 수 없나요?
    ← 청자의 능력(ability)
② -어/아도 괜찮아요?, -(것)이 가능해?
    ← 요청의 실현 가능성(possibility)
③ -(으)ㄹ래요?, -어/아 줄래요?
    ← 청자의 의지(willingness)
④ -어/아 주시겠습니까?, -(으)시겠습니까?, -어/아 주시지 않겠습니까?
    ← 청자 행위에 대한 예측(prediction)
⑤ -어/아도 돼요?, -(으)면 안 되나요?, -(으)면 안 될까요?
    ← 요청 내용에 대한 청자의 허락(permission)

교수 현장에서 다루어지는 것은 어떤 '문형 표현'에 대한 설명과 연습에만 치중해 왔다. 이런 식의 설명은 한 형태의 '문형 표현'에 다양한 해석과 다양한 담화 기능을 설명하기 어렵다. 예를 들어 '-으시겠어요?'를 배운다면 이 표현에 대한 간단한 문법적 설명과 주어진 용법에 따른 반복적 연습이 주어지는 것이 일반적인 교수 방식이었다. 하지만 학습자의 입장에서 볼 때, 표현의 유창성을 기르기 위해서는 '표현'하고자 하는 담화 상황에 맞는 가장 적절한 기능을 가지는 표현이 무엇이며, 유사한 표현 중 어떤 것이 해당 담화 상황에 가장 적절한 것인지를 설명해 줄 수 있어야 한다. 예를 들면 '요청'의 담화 상황에서 어떤 표현이 요구되는지를 알고, 이에 따른 다양한 표

현을 정리한 뒤, 이들 표현 간의 유사성과 차이성이 교수되는 것이 학습자의 표현 교육에 도움이 될 수 있다고 본다.

결국 형태와 기능의 완벽한 결합을 위해서는 문맥 안에서 무엇을 말하고 있는지에 대한 단서를 찾아내는 것이 필요하며, 문맥을 소홀히 하는 문법 교육은 오해를 불러일으킬 수밖에 없다. 즉 문법의 의미가 담화에서 추출된다는 것은 어느 상황에서 많이 쓰이느냐 하는 적절성의 문제인 것이며, 이것을 언어 교육에서 다루어야 한다.

예를 들어 '-으십시오'는 상대방에게 행동을 명령하는 의미와 함께 행동의 방향이나 종류를 지시하는 의미가 있다. 행동을 명령하는 의미일 때는 윗사람에게 이 표현을 쓰지 못하나, 지시하는 의미를 보일 때는 윗사람에게도 쓸 수 있다.

> 예 여기에서 연세대학교에 가시려면 먼저 1호선 지하철을 타십시오. 그리고 시청역에서 2호선으로 갈아타십시오. 신촌역에서 내려서 10분쯤 걸어오시면 됩니다.

즉 명령형 종결어미의 기능은 명령보다는 지시의 기능으로 학습자에게 제시할 때 학습자의 오류를 줄일 수 있다. 문법을 개별적으로 학습자에게 제시하기보다는 기능으로 제시함으로써 담화의 맥락을 살릴 수 있고, 학습자에게 문법 형태의 의미를 정확하게 인식시키며, 실생활에서 자연스럽게 사용할 수 있게 한다.

4. 문법 교수의 방법

1) 문법 교수의 원칙

앞 절에서 지적한 바와 같이 문법 교육은 학습자의 숙달도 단계에 적당한 문법 항목들을 선정하고 배열해서 교육해야 한다. 이 밖에도 문법은 학습 목표와 학습 주제·기능과 관련이 있어야 하며, 재미있어야 하고 필요한 때에 적절한 피드백이 주어져야 한다. 손베리(Thornbury, 1999)는 문법 교수의 원칙으로 아래의 네 가지를 제안한다.

① 문맥의 원칙(The rule of context): 문법은 문맥 속에서 가르쳐야 한다. 또한 문법 형태들을 단독으로 또는 비교하여 가르칠 때에도 의미와 관련짓고 다른 형태와의 의미 차이를 구별해 주면서 설명하라.

② 사용의 원칙(The rule of use): 문법 교육은 문법 그 자체의 교육이 아니라 학습자의 언어 이해를 돕고 실제 언어를 발화할 수 있도록 촉진하는 교육이 되도록 해야 한다. 학생들로 하여금 문법 지식을 즉각 의사소통 활용에 적용하도록 기회를 제공하여야 한다.

③ 경제의 원칙(The rule of economy): 연습 시간을 최대화하려면 설명 시간은 간결하고 최소화하여야 한다.

④ 관련성의 원칙(The rule of relevance): 문법 지식을 다 가르칠 필요가 없으며 학생들이 어려워하는 것만 기존 지식과 관련하여 가르쳐야 한다. 학생들이 이미 알고 있는 것에 근거해 관련지어 가르치고 학습 언어의 문법이 모어 문법과 전적으로 다른 문법이라는 의식을 갖지 않게 하면서 두 언어 간의 공통 기반(보편 문법)을 탐구하게 해야 한다.

2) 문법 교수의 원리

교수 현장에서의 문법 교수는 문법에 대한 이해가 의사소통 능력으로 이어질 수 있도록 형태적인 활용은 물론 문법적인 의미, 사회적 기능, 담화적 기능 등을 종합적으로 이해시켜야 한다. 이를 위해서는 아래의 사항들이 고려되어야 한다.

① 학습자의 숙달도 단계에 적당한 문법 항목들이 제시되어야 한다.
② 문법 교육은 학습 목표와 학습 주제·기능과 관련이 있어야 한다.
③ 문법 교육은 한 번에 하나가 이루어지는 게 바람직하다.
④ 문법 교육은 재미있어야 한다.
⑤ 적절한 피드백이 제공되어야 한다.
⑥ 문법 교육은 언어 교육의 한 부분으로서 교육되어야 한다.

문법 항목의 연습 과정은 의사소통적이어야 하고 그 형태를 제시할 때의 입력이나 연습 과정 등이 듣기, 말하기, 읽기, 쓰기 등 각각의 언어 기술과 연계되고 관련될 수 있어야 한다. 이러한 학습 활동을 통해 학습자가 규칙을 인지하는 것은 물론, 그것을 의사소통 상황에서 적절하게 활용할 수 있도록 단순화하고 간략화해서 가르치는 것이 바람직하다. 교사는 문법 항목을 설명하는 데에 있어 가장 쉽고 적절한 예문을 제시해야 한다.

3) 의사소통 교수에서의 문법 교수의 방법론

국외에서 논의되는 의사소통 중심 교수에서의 문법 기반 교수는 표면적으로 볼 때는 거의 소멸된 것으로 보인다. 그간에 중심을 두었던 문법적인 교수요목은 기능 또는 과업을 기반으로 한 의사소통식 교수요목에 의해 대체되었고, 문법을 기반으로 한 방법론들(Presentation - Practice - Production)은 기능과 기술 기반 교수로 대체되었으며, 정확성을 중시하는 활동들(반복 훈련과 문법 연습)은 상호 소그룹 활동에 기초한 유창성을 위한 활동들로 대체되었다. 이것은 정보를 공유하기 위한 기회를 우선적으로 제공하고, 교실 내에서의 의미의 협상과, 학습자 문법은 학습자들의 유창성 증진을 위한 과업에 기반하여 결정되는 유창성 우선 교수(fluency-first pedagogy)를 이끌어 내었다.

(1) 과업 중심 교수

유창성을 기반으로 한 교수법을 구성하는 핵심 요소는 과업 활동이다. 누난(Nunan, 1989)은 의사소통적인 과업은 형식보다는 의미에 집중하며 학습자의 이해·조정·생산·상호작용을 포함하는 교실 활동의 일부라고 지적한다. 즉 의사소통적인 과업을 수행하는 동안 학습자는 이해 가능한 입력을 받아 수정된 생산을 하게 되는데, 이러한 일련의 과정들은 제2언어의 습득을 위한 절차로서 중시되며 결과적으로 언어학적·의사소통 능력의 향상으로 이어질 수 있다는 것이다. 과업은 언어 교수에서 교수 자료를 구축하는 것과 관련이 있는데, 토론·의사소통 게임·상황극·역할극·짝 활동 등이 해당된다.

한국어 교재에서의 문법 교수는 목표 문형 제시와 기계적 연습을 넘어 다양한 의사소통 활동을 중심으로 한 유의미한 연습과 실생활에의 적용에 노력을 기울이고 있다고 할 수 있다. 하지만 이러한 경향성에도 불구하고, 개별 단원의 틀을 분석해 보면, 주제와 그에 따른 대화문, 대화문에서의 문법 제시, 연습, 활동에의 적용이라는 변형된 P-P-P의 틀에서 크게 벗어나지는 못했다고도 볼 수 있다. 즉 〈표 4-1〉에서 과제 초점 활동에 제시된 다양한 특성들이 충분히 반영되고 있다고 보기는 어렵다는 것이다. 또한 진정한 의미의 과업 혹은 기능을 기반으로 구성된 교재는 많지 않음을 알 수 있다.

표 4-1   문법 초점과 과제 초점 활동의 요약

문법 초점 활동	과제 초점 활동
• 전형적인 교실 언어의 사용을 반영 • 정확한 형식의 예문들의 구성에 집중 • 드러내기 위한 언어의 생산 • 명시적인 지식을 요구 • 통제된 수행을 반영 • 담화적 문맥을 벗어난 연습 • 제한된 예들로 이루어진 연습 • 실제적인(진정성 있는) 의사소통을 요구하지 않음	• 자연스러운 언어의 사용을 반영 • 암시적인 지식을 요구 • 자연스러운 화행 스타일의 도출 • 자동적인 수행을 반영 • 즉각적으로 만들어 내기, 바꾸어 말하기, 정정하기, 재조직화하기의 사용을 요구 • 항상 예측 가능한 언어의 생산만이 이루어지는 것은 아님 • 학습자의 사용 언어 선택을 허락 • 실제적인 의사소통을 요구

(2) 형태 초점 교수

형태 초점 교수법이란 학습자의 주의를 언어 형태로 유도하기 위해 사용되는 교수학적 활동으로 볼 수 있다. 의사소통 능력 제고를 위한 과제나 기능 중심의 언어 교육은 과거의 전통적 문법 교수가 가지는 문제점을 극복하고자 시작되었으나, 이 역시 정확성의 부재라는 문제점을 가지자, 이에 대한 개선책으로 형태 초점 교수법이 제안되었다. 하지만 이 교수 이론 역시 큰 틀은 의사소통 능력 제고라는 맥을 잇는 교수법으로, 아래의 몇 가지 배경에서 출발했다.

첫째, 언어 습득의 측면에서 문법 교수가 필요하다는 것이다. 의사소통 중심의 교수법 도입 이래 많은 학습자들은 고급 단계의 문법 능력을 성취하는 데 실패하고 있다는 것이다. 물론 학습자들은 목표어의 문법적 체계를 알지 못하더라도 그들의 대화에 만족할 수는 있다. 하지만 대부분의 경우 의사소통 중심 활동들은 질 높은 상호작용의 기회를 제공하지 못하며, 의미 있는 생성(output)의 기회를 제한하게 되어 충분한 의사소통 능력이 제고되기는 어렵다. 또한 결정적 시기(critical period)는 모든 언어 능력에 적용되는 것은 아니어서, 문법의 교수는 이러한 시기의 제약을 받지 않을 가능성이 높으므로, 성인 대상의 외국어 교수에 적용할 수 있다는 것이다. 특히 '자연스럽게' 습득되기 어려운 문법 구조는 부정적 피드백(negative feedback)을 통해 명확히 교수될 필요가 있다고 보았다.

둘째, 중간언어 발달(interlanguage development)에서 형태 초점 교수의 효과와 타당성이 인정된다는 것이다. 많은 실험 연구 결과, 형태 교수(formal instruction)는 제2언어 습득을 더욱 빠르게 증진시키고 또한 고급 수준까지 성취할 수 있도록 하며, 비교적 간단한 문법 규칙을 가르치는 것이 암시적 지식(implicit knowledge)을 향상시키는 데 효과적이라고 본다. 물론 학습자들에게 특정 문법 규칙을 가르치는 것이 곧 학습으로 이루어진다고 보기는 어려운 측면이 있고, 연습의 방법 또한 학습을 완성하기에 충분하지 않은 측면도 있으므로, 형태 교수는 자연스러운 의사소통의 기회와 연결되었을 때 가장 효용성이 있을 것이라고 전제한다.

셋째, 상당수의 성인 학습자는 외국어 학습에서 문법을 중심 요소로 여기며, 많은 외국어 학습에 성공한 사람들은 형태 교수에 중점을 두어 왔다는 점이다. 이는 문법에 대한 학습자의 요구와 학습의 효용성에 관한 것이다.

넷째, 그간의 개념/기능 교수요목(notional/functional syllabus), 과업 기반 교수요목(task based syllabus), 주제 기반 교수요목(thematically based syllabus) 등의 교수요목들은 언어의 체계적 범주를 설명하는 데에 충분하지 못하며, 따라서 구조적 교수요목(structural syllabus)과 의미 기반 교수요목(meaning-based syllabus)을 통합하는 것이 목표어 문법의 범위를 체계적으로 익히게 하는 의미 있는 수단이 될 수 있다고 보았다.

흔히 제1언어 습득은 암시적이고 경험적이어서, 언어 입력에 노출시키는 것으로 충분하며 명시적인 교수는 필요하지 않다고 본다. 이에 반해 제2언어 습득의 경우, 의사소통 상황에서 암시적으로 습득될 수 있는 것은 (모국어 화자와 비교해) 제한적이며 특히 정확성 습득은 의식적·명시적 학습의 부가적인 자원을 반드시 필요로 한다고 보았다. 슈미트(Shumidt, 1990)의 '알아차리기' 가설은 알아차리는 개인적인 경험을 포함하여 의식적인 노력은 필수적이며, 제2언어 습득에서 입력(input)은 수용(intake)으로 전환되기 위한 충분조건이라고 보았다. 또한 외국인 학습자가 가지게 되는 제1언어 전이, 이미 학습된 주목(learnt attention), 자동화 등은 제2언어 습득에서 암시적 학습의 성취를 제한할 수 있다고 보았다. 따라서 이러한 결점에 대한 교육학적 대응으로 명시적 교수를 도입할 필요가 있다고 보았다. 그에 따르면 알아차리기(noticing), 차이 인식하기(noticing the gap), 의도된 산출 연습 등의 명시적 과정을 통해 제2언어 습득을 이룰 수 있다는 것이다.

한국어 교재를 분석해 보면, 이러한 형태 초점 교수법을 적용한 사례를 찾아보기란 쉽지 않다. 일부 논문들을 통해 해당 방법의 도입의 필요성이 논의되기는 하지만 실제 교육현장에서의 적용 여부와 적용의 효용성에 대한 논의는 부족하다. 아직은 전통적 문법 교수 방법이나 의사소통 과제 활동을 동반하는 문법 교수의 수준에 머물러 있다고 볼 수 있다.

(3) 담화 기반 교수

문법 교수에서 형태의 제시와 그에 따른 형태·통사적 제약 그리고 해당 문법의 의미에 대한 교수는 충분히 이루어지고 있다고 보인다. 하지만 해당 문법이 언제, 어떤 의도로, 어떤 상황에서 사용될 수 있는가에 대한 교수는 충분하게 이루어지고 있다고는 보기 어렵다. 이는 교재에서의 문법 설명이나 한국어교육 문법 사전에서의 설명을 분석해 보아도 쉽게 알 수 있다. 따라서 해당 문법의 화용적 특성에 대한 교수 여부는 전적으로 교사의 몫이거나 학습자의 경험에 의해 부차적으로 학습해야 하는 요소로 남아 있다고 볼 수 있다. 라센-프리먼과 롱(Larsen-Freeman & Long, 1991)은 문법을 구성하는 세 가지 요소로 다음과 같은 [그림 4-1]을 제시하면서, 형태와 의미에 이어 실제 사용에 대한 내용을 가르쳐야 한다고 보았다.

어린아이의 자국어 습득은 충분히 노출된 다양한 언어 상황에서 오랜 기간에 걸쳐서 이루어지게 되므로, 이러한 화용적 양상에 대해 시행착오를 반

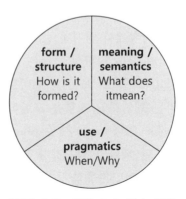

[그림 4-1] 문법 교수 학습 단계

복하며 꾸준히 학습하게 된다. 하지만 주로 교실 교육에만 한정되는 외국어 교육 현장이나, 제한된 언어 사용 환경에 놓이게 되는 제2언어 습득 현장에서는 자국어 습득에서의 과정처럼 충분한 입력을 받을 수도 없으며, 학습자가 화용적 적절성에 대한 검증을 혼자의 힘으로 해내기에도 쉽지 않다. 따라서 언어 교수 현장에서의 이러한 화용적 특성에 대한 인식과 교수법 개발이 반드시 필요한 영역이라고 판단된다.

과거의 문법 교육에서와 같이 맥락이 배제된 분석적인 교수법으로 회귀하지 않기 위해서는 형태를 사용 중심 또는 의사소통적 접근법 안에서 강조하여 가르치는 것이 중요하다. 적절한 맥락에서의 사용은 화용적인 측면을 고려한 것으로 대화 상대자와의 관계, 대화 상황과 같은 사회적 맥락과 담화의 장르나 의미, 구조 등을 포함한 담화 맥락을 전제로 한다. 학습자가 문법 구조를 학습하는 데 어려움을 겪는다는 것은 특정 맥락에 맞는 구조나 형태를 선택하는 데에 어려움을 느낀다는 것을 의미하며, 따라서 종합적인 언어 사용 능력을 위해 이 부분도 명시적으로 제시될 필요가 있다는 것이다.

5. 문법 교수의 방안

1) 문법 교육의 단계

교수 현장에서 문법을 교수하는 순서적인 단계는 다음과 같이 제시할 수 있다.

먼저, 도입(warm up) 단계에서는 본격적인 학습으로 들어가기 전에 학생들에게 심리적인 안정과 수업에 흥미를 갖도록 준비시키고 수업으로 넘어가기 위해 자연스럽게 그날의 내용을 이끌어 낸다. 학습할 문법 항목을 교사가 자연스럽고 부담스럽지 않은 상황에서 학생이 인식할 수 있게 하는 단계이다. 유의적인 질문을 통해 학습 항목으로 유도하는 방법이 사용될 수 있는데 학생들은 무의식중이지만 학습할 내용에 대해 자연스럽게 접근하게 된다. 이 단계에서는 자연스러운 상황을 만드는 교수의 기법이 중요하게 작용한다.

다음으로 제시(presentation) 단계에서는 그날 학습할 내용과 목적을 제시하고, 이후 연습 단계에서 그날 학습할 내용을 본격적으로 집중해서 교육한다. 학습자에게 그 문법 구조의 형태와 의미를 인식할 수 있도록 그 형태를 제시하고, 본격적인 연습 단계로 가기 전에 그 문법 항목에 대한 설명을 하는 단계이다. 그림, 문장, 대화를 통해 제시할 수 있다.

연습(practice) 단계는 문법 교육에서 가장 중요한 단계이다. 이 단계에서는 제시 단계에서 이루어진 단기 기억을 장기 기억으로 옮겨서 실생활에서 사용할 수 있도록 하는 것이 목적이다. 문법 항목 고르기, 밑줄 긋기, 빈칸 메우기, 틀린 부분 고치기 등의 통제된 연습과 문법 항목을 활용한 문장 완성하기, 재배열하기, 대화 완성하기 등의 유도된 연습 등이 이루어진다. 이 단계에서는 구조적 연습(structural drill)과 유의적인 연습(meaningful drill)이 함께 이루어져야 하며, 문법 항목의 사회적·담화적 기능에도 주의를 기울여야 한다.

사용(use) 단계에서는 앞으로 연습할 것들을 과제로 통합해서 실제로 사용해 본다. 사용 단계의 연습은 실세계의 상황을 자료를 활용하여 배운 문법을 활용하여 이야기하기 등의 활동이 이루어진다. 배운 문법을 활용한 역할극을 할 수도 있다. 이 단계에서는 교사에 의한 오류 수정이 많으면, 학생들이 심리적 압박감으로 인해 의사소통에 소극적인 태도를 보이므로 실제 생활에서의 의사소통 능력을 기르는 데 초점을 두는 것이 좋다. 사용 단계는 마무리 단계로 이어지거나 통합될 수 있다.

마무리(follow up) 단계는 학습한 내용에 대해서 정리하는 단계로 학습 내용을 정리하여 학습자들이 실생활에서 의사소통 능력을 기를 수 있도록 이끌어야 한다.

수업 시간에 이루어지는 구체적인 활동으로는 문법 구조 인지하기(aware-ness), 지시대로 연습하기(controlled drills), 창의적 표현 연습(meaningful drills), 조건화된 창의적 표현 연습(guided, meaningful drills), 자유 작문하기(free sentence-

도입	제시	연습	사용	정리
• 학습 목표 인식 • 흥미 유발 • 배경지식	• 문법 규칙 제시	• 구조적 연습 • 유의적 연습	• 실제 적용 활동 • 반복 학습	• 정리 • 평가 • 차시 예고

[그림 4-2] 세 가지 차원의 문법 구성 요소(Larsen-Freeman, 1991)

composition), 이야기 구성하기(discourse composition), 문형 연습(반복 연습, 대체 연습, 변형 연습, 대화 연습, 확대 연습, 대체표의 활용), 문제 해결 방안 모색하기, 정보의 공백 채우기, 물건 제시하기, 문법 게임하기 등을 제시하고 있다.

한국어교육 현장에서의 교수 방법론에 대한 관심은 최근에 발표되는 논문들을 통해서도 살펴볼 수 있다. 논문들에 나타난 교수 방법론의 경향을 살펴보면 다양한 활동과 연계된 방법의 변화가 요구되고 있음을 확인할 수 있다. 예를 들면 그림을 통한 문법 교수나 학습자 스스로 규칙을 발견해 가는 과정 중심 교수 방법들이 그것이다. 현재 학습 현장에서 가장 많이 이루어지고 있는 문법 교수 방법은 PPP 모형과 TTT 모형으로 짐작된다. 그 외에 OHE 모형이나 NDAE 모형에 대한 이론의 도입도 시도되고 있다.

① PPP 모형: 기존의 문법에 대한 지식적인 부분만을 제시(presentation)한 뒤에 연습(practice)을 통해 생성(production)을 하는 정확성을 강조하고 유창성을 가미하는 교수 방법이다.
② TTT 모형(Task → Teach → Task): 과제(task)를 기반으로 하며 과제 해결을 통해 유창성을 익힌 후 정확성을 가미한 문법 교수 모형이다.
③ OHE 모형[12](Observation-Hypothesis-Experiment): 어휘적 접근법(lexical approach)을 제시하여 관찰-발견 · 가설-탐구 · 시도의 방법을 통해 문법 항목의 위계화 없이 어휘적 접근법으로 교수하는 모형이다.
④ NDAE 모형[13](Noticing-Discovering Rules-Accommodation and restructuring-Experimentation): 문법 현상에 주목하고 문법 의식을 고양하여 탐구 학습의 방법을 복합한 교수 모형이다.

2) 문법 연습의 유형

교실에서 이루어지는 문법 연습에는 통제적인 연습과 유의적인 연습이 있다. 보통 초급에는 통제된 패턴을 바탕으로 반복 훈련을 통해 해당 표현을 학습한다. 청각구두식 교수법에서 활용하던 방식으로 현재 국내 교육기관에서도 여전히 사용되는 방법이다. 먼저 교사 대 학생으로 활동이 이루어지며

---

12) Lewis(1993) 참조.
13) Richards(2002) 참조.

다음으로 학생 대 학생의 반복 연습이 이루어진다. 아울러 과제 중심의 유의미한 문법 연습도 이루어진다. 유의적 연습이란 학습자가 배운 문법을 자신의 의미를 전달하기 위해 유의적인 맥락을 제시하고 연습하도록 유도하는 방식이다. 통제된 연습 후에는 반드시 실제 생활과 연관된 유의적인 연습이 보완되어야 한다.

① 반복하기: 교사의 발화를 그대로 학습자가 집단적으로 혹은 개별적으로 반복하는 방식이다.
② 교체 연습: 교사가 단어 카드나 그림 카드를 교체하거나 교체어를 구두로 제시함에 따라 같은 패턴의 문장을 만드는 방식이다.
③ 응답 연습: 교체 연습을 한 후에 습득 여부를 확인하기 위해서 교사-학생 간 혹은 학생-학생 간에 이루어지는 응답 방식이다. 질문은 예/아니요 의문문과 의문사 의문문 모두를 활용할 수 있으며, 대답 역시 긍정과 부정 모두 가능하다.
④ 연결 연습: 연결어미를 사용하여 구나 문장을 연결시키는 연습이다.
⑤ 완성 연습: 교사나 교재에 제시된 선행문을 바탕으로 나머지 문장을 완성하는 방법으로 부분적인 창의성을 필요로 한다.
⑥ 확장 연습: 단순한 문장을 복잡한 문장으로 길게 하여 말하는 연습이다. 관형어나 부사어 등의 수식구를 활용하게 된다.
⑦ 변형 연습: 같은 의미를 가진 문형을 변형하는 연습이다.

3) 문법 설명과 교실 활동

문법 설명은 가능한 한 단순화하는 것이 좋다. 도표, 그림을 활용하는 것도 좋은 방법이며 지나치게 분석화하지 않도록 주의한다. 문법의 교수는 전체의 문형 표현을 학습한 뒤, 구성 형태를 분석하는 것이 좋으며 불필요한 문법 용어 사용은 자제하는 것이 좋다. 또한 선행 학습과의 연계가 필요한 경우, 앞서 교육한 문법 항목과 비교하는 설명이 필요하다.

또한 문법 설명은 예문을 활용하여 유의미한 맥락 안에서 설명되어야 한다. 문법을 가르친다는 것은 의미, 사용 환경을 가르치는 것이라고 볼 수 있다.[14] 다음은 학습 활동의 유형을 보인 것이다.

(1) 문법 구조 인지하기(awareness)

학습자들에게 문법 구조를 제시한 후 간단한 담화 문맥을 제시하여 특정한 형태나 의미를 주목하여 반복 훈련을 하게 한다. 예를 들면 시제 형태 익히기, 신문 기사를 읽고 용언의 과거 시제 부분을 모두 찾기 등을 들 수 있다.

(2) 지시대로 연습하기(controlled drills)

학습자로 하여금 주어진 지시대로 문장 생성 활동을 하도록 하는 방법이다. 이를 위해서는 교사에 의해 사전에 교재가 철저히 준비되어야 한다. 예를 들면 대조 후 부정문 만들기를 들 수 있다.

> 예 다음 예문처럼 (가~라)를 만들어 보라.
> [예시] 철수는 녹차를 마시지만 커피는 마시지 않는다.
> (가) 좋아한다 – 아이스크림/케이크   (나) 말한다 – 영어/일본어
> (나) 즐긴다 – 축구하기/테니스하기   (라) 본다 – 영화/연극

(3) 창의적 표현 연습(meaningful drills)

학습자로 하여금 주어진 문장 표현 활동을 하되 창의적으로 하게 한다.

> 예 현재 시제 표현으로 친구의 취미 말하기
> 철수는 아이스크림을 좋아한다, 테니스 치기도 좋아한다, 와인도 좋아한다, 폴란드어를 말할 줄 안다 등

(4) 조건에 따른 창의적 표현 연습(guided, meaningful drills)

학습자로 하여금 주어진 조건에 따라 활동을 요구하되 다양한 어휘 사용을 통해 창의적 표현을 유도한다.

> 예 가정법 익히기-'만일 내게 백만 달러가 있다면' 무엇을 할 것인지 말하거나 써 본다.

(5) 자유 작문하기(free sentence-composition)

시청각 자료나 상황적 단서를 주고 학습자가 각자 자유롭게 말하거나 쓰게 한다.

---

14) Ur(2009) 참조.

예 많은 사람이 다양한 일을 하고 있는 그림이나 사진을 주고 적절한 시
제로 표현해 보도록 한다.

(6) 이야기 구성하기(discourse composition)

학습자에게 과제를 주고 (주어진 특정 문형을 포함하여 또는 아무 제한 없이)
토론을 하거나 작문을 하게 한다.

예 학생들에게 곤란한 상황을 가정하고(가령 모범생 친구가 커닝을 하는 것
을 보았을 때 어떻게 할 것인지) 해결책을 말로나 글로 제시하도록 한다
(이때 가능, 당위, 추측 등의 양태 표현을 포함하도록 한다).

(7) 문형 연습

반복 연습, 대체 연습, 변형 연습, 대화 연습, 확대 연습, 대체표의 활용
등이 제시 훈련 모형에 따른 학습 지도 방법이다.

① 반복 연습: 기본적인 예문을 주고 익숙할 때까지 되풀이하는 방법이
   반복 연습이다.
② 대체 연습: 대체 연습은 학습하고자 하는 부분, 예를 들면 문장 성분
   일부, 문법 항목의 일부 등을 대체하면서 문장 전체가 익숙해질 때까
   지 연습하는 방법이다. 어휘를 바꾸어 본다든지, 표현을 바꾸어 보도
   록 연습한다.
③ 확대 연습: 문장을 만들어 연습할 때 문장 성분 중 한 가지를 넣어서
   문장을 만들게 하다가 시간이 지남에 따라 차츰 알려 주는 정도를 줄
   여 나가는 방법으로 학습자의 자율성을 넓혀 가도록 하는 방법이다.

(8) 문제 해결 방안 모색하기

해결해야 할 과제의 상황과 문제 항목을 제시한 후 제시된 문법 항목을
이용하여 문제 해결 방안을 표현하게 한다.

예 배가 난파되어 무인도에 도착하게 되었다. 다음 어구를 이용하여 휴대
전화로 구조를 요청해야 하는 상황을 조별로 이야기해 본다. 학습자
활동 시 '-거나', '-하자마자', '-커녕' 등 어구는 교사나 학습자의 필
요에 따라 배운 것을 토대로 다양하게 제시할 수 있다.

(9) 정보의 공백 채우기

잡지나 신문의 광고를 교사가 준비한다. 예를 들면, 세제 광고도 좋고, 휴대전화 광고, 공익 광고도 좋다. 문구가 많지 않은 광고를 준비하여 2인 1조의 학습자들에게 나누어 준다. 광고를 보고 광고 문구를 만들어 보게 한다.

(10) 물건 제시하기

가르치는 현장에 실물 차원의 사물이나 그림, 사진을 가져와서 꾸민다. 교실에 있는 사물을 활용하여 학습자들이 서로 의사소통 활동에 참여하게 함으로써 교사는 학습자들에게 대화 규칙들과 여러 표현을 시도해 보도록 한다. 실물을 제시하기 어려운 경우에는 낱말 카드로 대신할 수 있다.

> **예** 교통편에 관련된 주제로 수업을 할 경우 지하철 노선표나 방향을 나타내는 낱말 카드를 교실 벽에 붙여 놓고 이를 활용하도록 한다. '-가려면, -하자마자, -로 갈아타세요' 등과 같은 표현을 함께 연습하도록 한다.

(11) 문법 게임하기

교사가 제시하는 그림, 만화 등을 보거나 음악을 듣고 학습자들은 이야기를 상상해 보면서 표현하고자 하는 내용을 모색해 보도록 지도한다. 학습자들이 상상한 이야기를 표현할 때 사용할 수 있도록 문법 항목이 포함되어 있는 문장을 교사가 미리 준비한다. 교사는 미리 문법 항목이 있는 10개의 문장을 한 바구니에 넣어 두고 학습자가 필요한 문장이나 문법 항목을 선택하여 사용하도록 유도한다. 문법 항목이나 문장 중에서 학습자들이 반드시 사용해야 할 것과 변형해서 사용해도 좋은 것을 구분하여 교사가 학습자들에게 제시하여도 좋다. 문장 카드를 숨겨 두고 찾도록 하는 방법을 병행해도 좋다. 문법 게임을 이용한 수업의 장점은 학습자들 스스로 문법이 어떤 것인지 생각할 수 있도록 유도하며, 학습자들이 안 사실을 교사가 접근하여 쉽게 정리해 줄 수 있다. 또한 문법이라는 심각한 문제를 놀이의 문맥으로 해결하여 재미있게 문법을 공부할 수 있으며 학습자들의 집중을 높일 수 있다는 데에 있다.

4) 숙달도별 문법 교수

교육과정에서 숙달도별 문법 교수의 적용 방법에 대해 살펴보자. 우선 명시적 문법 교수의 시기는 숙달도별로 볼 때 어떤 시기에 어떤 교수의 방법이 적절할까?

현재 교육 현장에서는 문법 교수의 시기가 초급부터 시작된다. 학습을 습관의 형성으로 본다면 문법은 초기 단계에서부터 교수되는 게 바람직하다. 하지만 최근의 중간언어 발달(inter language development)에 관한 많은 연구들을 보면 학습자의 오류는 가설 검증의 과정이며 오류는 자연적, 필연적인 언어 습득 과정의 산물임을 알 수 있다. 따라서 초급부터 정확성을 강조하는 것이 학습의 효과를 가져올 수 있다는 결정적 증거가 부족하다는 것이다. 외국어 습득 초기 단계는 모국어 습득의 초기 단계와 같이 자연스러운 환경을 제공하는 것이 필요하며 학습자의 정서적 측면을 고려하더라도 초급부터의 문법 강조는 바람직하지 않다고 볼 수 있다. 따라서 초급 단계에서부터의 문법 교수는 가급적 지양하는 것이 좋다고 본다. 이 단계에서는 어휘력 신장이 필요하며 어휘 단위로 파악되는 문법 덩어리의 제시 정도로 충분하다고 본다. 문법의 명시적 교수는 중급 이상(intermediate-plus) 단계에서 이루어지는 것이 효과적이라고 본다.

특히 문법 교수의 집중도 면에서 숙달도별 조절이 필요하다고 본다. 초급에서의 문법 교수의 목적이 목표어 구조를 자유자재로 사용할 수 있는 것이 아니라, 목표 언어의 규칙을 이해하는 것에서 출발한다면, 표현 활동에 많이 사용될 주요 문법을 반복적이고 집중적으로 가르치기보다는 상대적으로 덜 집중적인 문법을 다양한 방법으로 노출시키는 것이 중요하다고 본다. 외국어 학습에서 문법의 습득은 '인식(awareness)'에서 시작되는 것이 중요하다고 보기 때문이다.

둘째는 문법의 구조에 대한 명시적인 문법 독립적 교수와 의미 중심으로서의 과제 접근적 교수는 어떻게 연계하는 것이 좋을까? 초급에서는 명시적이고 독립적인 문법 교수보다는 의사소통 활동 안에 문법을 통합하여, 의사소통이 진행되는 맥락 속에서 학습자들이 형태에 집중하도록 하는 것이 바람직하다고 본다. 즉 의사소통 과제 수행 중에서 드러나는 학습자 오류에 대하여 교수자가 피드백 형식으로 문법을 교수해도 충분하다고 본다.

반면에 중급 이상의 문법 교수에서는 명시적이고 독립적인 문법 교수와 의미 중심의 문법 교수가 동시에 제공될 필요가 있다고 본다. 즉 교수자가 직접 이들을 결합하여 제시하기보다는 문법 독립 교수와 의사소통 활동 중심 문법 교수라는 두 틀에서 학습자 스스로 이 둘을 통합하여 생산해 낼 수 있도록 할 필요가 있다는 것이다.

또한 고급 학습자의 경우에는 새로운 저빈도 문형의 학습보다는 앞서 배운 문형들의 의사소통 기능적 의미를 확대하여 학습하고 이들의 맥락별 사용의 적절성을 학습하는 것이 바람직하다고 본다. 또한 장르별로 관습적으로 사용되는 문법 표현을 학습하여, 학습자가 필요로 하는 다양한 장르에서 변별적으로 사용되는 문법 항목들의 특성을 파악하는 것이 중요하다. 현재 한국어 교재의 많은 부분은 숙달도별 위계화로만 나열되어 있을 뿐 숙달도별 문법 교수 방법의 변별성을 가지지는 못하고 있다. 하지만 초급과 중급, 고급의 학습자는 각각의 단계에서 차별화된 문법 교수의 방법론 도입이 필요하다고 본다.

5) 실제성을 기반으로 한 문법 교수

흔히 한국어 교재의 실제성 논의는 대화문의 비실제성이나 녹음 자료에 나타나는 음성적 요소의 비실제성에 대한 논의가 가장 많다. 선행 연구들을 살펴보면, 구어 담화의 다양한 특성을 반영하고 있지 못한 듣기 자료의 비실제성에 대한 논의와 대화 자료나 읽기 자료의 비실제적 실태에 대한 연구들이 두드러진다. 일부 과제의 비실제성에 대한 논의도 있었으나 교재 내의 과제들이 구체적으로 분석의 대상이 된 바는 많지 않다.

하지만 문법 교수 자료의 비실제성 역시 두드러지는 현상이다. 아래는 문법 연습에서 흔히 발견할 수 있는 문형의 대체 연습에 해당하는 것들이다.

> 예 (가) 나이가 몇 살입니까?　　　(나) ＿살입니다.
> 　　 (가) 피아노를 칠 수 있어요?　　(나) 예, 피아노를 칠 수 있어요.

하지만 과연 실제 대화에서 상대의 나이를 묻거나, 상대방의 능력(기술적 가능 여부)을 묻게 되는 경우는 흔하지 않다. 이러한 문형 연습은 목표 문형의 기본 연습(응답 연습, 교체 연습 등)의 형태로 제공되지만, 반복적 연습을 하는 학습자에게는 실제적이지 않은 이러한 문장들이 학습될 수 있고 곧바로 산출로 연결될 수도 있다. 특히 초급 교재에서 제시되는 많은 문법 연습들은 실제성 면에서 거리가 있는 경우가 많다.

어휘 수가 제한된 초급 학습자에게 실제 자료를 활용하는 것은 쉽지 않은 일이나, 최대한 자연스러운 발화에 근거한 문법 연습지를 만들려는 노력도 필요하다. 특히 회화 교재의 많은 문법 연습들은 구어에서는 사용되지 않는 문형 연습인 경우도 많다.

현재 한국어 교재는 통합 교재인 경우도 있지만, 말하기 및 듣기 교재(혹은 회화 교재), 읽기 교재, 쓰기 교재 등으로 분리된 교재들도 많다. 어떤 경우이든, 회화 영역과 문어 영역에서 주로 사용되는 표현들을 인식하고 이를 변별적으로 제시하는 경우는 그리 많지 않은 것 같다. 따라서 실제성을 기반으로 한 문법 교수란 장르별로 적절한 문법 항목의 제시, 해당 사용역에 가장 적절한 문법 자료 사용, 사용 맥락에 맞는 문법 과제 적용 등의 다양한 실제성과 관련된 문제들이 있는 것이다.

또한 학습자 중심의 문법 교수 방법론은 이른 시기부터 논의되었지만, 귀납적 문법 학습이 활발히 이루어지고 있다고 보기는 어렵다. 교재의 대부분은 연역적으로 문법을 제시하는 데에 익숙하여, 학습자들은 보통 수동적 문법 학습을 하기 쉽다. 교수자에 의한 문법 자료 제시와 귀납적 문법 규칙의 발견이라는 문법 교수의 방법은 학습자 중심의 문법 학습이라는 장점이 있기는 하지만, 많은 시간이 소요되거나 스스로 의미 있는 규칙 찾기에 실패할 가능성도 높다는 문제점을 가지기도 한다. 하지만 중고급 이상의 학습자에게는 이러한 교수 방법의 접근이 필요하다. 또한 언어권별 혹은 숙달도별로 고빈도로 나타나는 문법 오류 자료를 활용한 문법 교수 역시 그 효과가 있으리라 짐작되지만 활발히 사용되지 못하고 있다는 점에서 아쉽다.

6. 맺음말

이상의 논의를 바탕으로 향후 문법 교수의 방향성을 정리해 볼 수 있다.

첫째, 한국어 교육 문법은 외국인 학습자의 의사소통 능력을 높일 수 있는 효율적 체계를 가진 문법이어야 한다. 즉 문법 교육을 통해 언어 교육의 목표인 언어 사용의 유창성과 정확성을 확보할 수 있어야 한다. 또한 외국어로서의 한국어 문법 교육의 원리는 규범성과 실용성, 간결성, 규칙성을 가져야 하며 무엇보다도 교사와 학습자가 쉽게 접근할 수 있는 용어와 형식을 바탕으로 해야 한다. 교수자 및 학습자 변인을 고려한 문법 교재 개발 및 교수법의 개발도 필요하다.

둘째, 문법 교수에 내용이나 방법론에 대한 학습자 요구 분석이 이루어져야 한다. 즉 대상별, 목적별 문법 교수의 요구를 살피는 것에서 출발해야 한다. 이를 토대로 요구 분석 결과에 따른 문법 교수 항목의 선정이 이루어져야 한다. 특히 다양한 학습자군을 가지고 있는 한국어 교수 현장을 고려할 때 대상별, 목적별로 광범위한 문법 요구 조사가 이루어져야 한다. 또한 학습자가 접할 맥락이나 사용 가능성이 높은 장르별 코퍼스(corpus)에 대한 연구도 필요하다. 이런 연구가 이루어져야 대상별, 목적별로 필요한 교수요목의 기초 자료를 완성하게 될 것이다.

셋째, 유사한 문법 요소들의 단계적 교수를 위한 문법 항목들의 복잡도와 빈도수를 고려한 등급화 연구가 지속되어야 하며, 언어권별 대조 문법에 대한 연구와 문법 오류 자료의 교수 활용 방안에 대한 노력도 계속되어야 할 것이다. 담화 중심의 문법 교수, 맥락을 고려한 문법 교수가 충분히 이루어지지 못했다는 지적은 구어 문법 혹은 담화 문법에 대한 이론적 연구가 꾸준히 이루어진다면 해당 결과를 활용한 효율적 교수가 이루어지리라 본다.

넷째, 문법 교수의 방법론은 국외 이론의 도입을 넘어 해당 교수 방법론의 적용 노력 및 검증 절차가 요구된다. 다양한 교수 환경에서의 방법론의 효용성 검증은 지속적으로 필요한 연구들이다.

연습문제

1. 문법 항목을 등급화하기 위한 기준을 제시하라.

2. 초급 학습자에게 문법을 교수할 때 고려해야 할 방안에 대해 설명하라.

3. 교수 현장에서 문법을 교수하는 단계의 순서를 제시하라.

4. 문법 교수 원리를 제시하라.

풀이

1. 문법 항목의 등급화를 위해서는 다음과 같은 사항을 고려해야 한다.
   첫째, 사용 빈도와 범위를 살펴야 한다.
   둘째, 복잡도를 고려해야 한다.
   셋째, 일반화 가능성을 살펴야 한다.
   넷째, 학습자의 기대 문법을 고려해야 한다.
   다섯째, 학습자의 난이도 문제를 살펴야 한다.

2. 초급에서는 한 항목의 여러 사용법 중 기본 사용법부터 단계적으로 가르치는 것이 좋다. 유사한 의미를 나타내는 문법 항목 간의 학습 순서를 조절한다. 간단하고 쉬운 것으로부터 다소 복잡하고 어려운 것으로 학습 순서를 정해 나가야 한다. 초급에서는 규칙이나 문법 용어를 명시적으로 제시하지 않고 개념을 이해시키는 암시적 기술이 효과적이며, 학습자에게 최대한 쉽게 설명할 수 있는 방법을 모색해야 한다. 하나의 문법 항목을 지도할 때는 가르치고자 하는 문법의 의미와 기능이 잘 드러나는 간단한 문장으로 예시하고, 질문 응답으로 예시문의 이해를 확인하도록 하며, 연습 문장은 학습자가 관심을 가지는 주제로 하여 학습자 중심의 교수가 이루어지도록 해야 한다.

3. 교수 현장에서 문법을 교수하는 순서적인 단계는 다음과 같이 제시할 수 있다.
   도입 단계 ― 제시 단계 ― 연습 단계 ― 사용 단계 ― 마무리 단계

4. 문법 교수의 원리를 살펴보면 다음과 같다.

첫째, 학습자의 숙달도 단계에 적당한 문법 항목들이 제시되어야 한다.

둘째, 문법 교육은 학습 목표와 학습 주제·기능과 관련이 있어야 한다.

셋째, 문법 교육은 한 번에 하나가 이루어지는 게 바람직하다.

넷째, 문법 교육은 재미있어야 한다.

다섯째, 적절한 피드백이 제공되어야 한다.

여섯째, 문법 교육은 언어 교육의 한 부분으로서 교육되어야 한다.

참고문헌

강현화(2005), "한국어문법교육론", 『외국어로서의 한국어교육학』, 한국방송통신대학교대출판부.

_____(2006), "한국어교육을 위한 문형 등급화를 위한 문형 유형 연구", 응용언어학회 국제학술대회.

_____(2008a), "어휘접근적 문법교수를 위한 표현문형의 화행기능 분석", 『한국어의미학』 26, 한국어의미학회.

_____(2008b), "'-을걸'의 특성과 후회표현의 양상", 『이중언어학』 38, 이중언어학회.

_____(2009a), "코퍼스에 기반한 '-잖다'의 화행적 특성 고찰", 『한국어의미학』 28, 한국어의미학회.

_____(2009b), "한국어교육을 위한 불평표현 문형 연구", 『한말연구』 24, 한말연구학회.

_____(2010), "(세계화 시대의) 한국어교육학 연구의 동향 및 전망: 연구사를 중심으로", 『국어국문학』 155, 국어국문학회.

_____(2011), 『한국어 문법 교육 연구의 현황과 전망』, 서울대 국어교육 학술대회 발표집.

김유정(1998), "외국어로서의 한국어 문법교육: 문법항목의 선정과 단계화를 중심으로", 『한국어교육』 9-1, 국제한국어교육학회.

김정은(2003), "한국어 교육에서의 중간 언어와 오류 분석", 『한국어교육』 14권 1호, 29-50.

김제열(2001), "한국어교육에서 기초문법 항목의 선정과 배열 연구", 『한국어교육』 12-1.

민현식(2005), "문법교육의 표준화와 다양화의 과제", 『제7회 한국어교육 국제학술대회 발표집』 13-63, 서울대 국어교육연구소.

방성원(2004), "한국어 문법화 형태의 교육방안: '-다고' 관련 형태의 문법항목 선정 과 배열을 중심으로", 『한국어교육』 15-1, 국제한국어교육학회.

배두본(2000), 『외국어교육과정론』, 한국문화사.

백봉자(2001), "외국어로서의 한국어 교육문법", 『한국어교육』 12-2, 국제한국어교 육학회.

석주연(2005), "한국어교육에서의 문형교육의 방향에 대한 일고찰", 『한국어교육』 16-1, 국제한국어교육학회.

우형식(2003), "외국어로서의 한국어교육문법", 국제한국어교육학회 춘계학술대회 발표집.

이미혜(2005), 『한국어 문법항목 교육연구』, 박이정.

이희자·이종희(2001), 『한국어 학습용 어미조사 사전』, 한국문화사.

한송화·강현화(2004), "연어를 이용한 어휘 교육 방안 연구", 『한국어교육』 153, 국제한국어교육학회.

Batstone, R. (1994), *Grammar*, Oxford University Press.

Bygate. M., Tonkyn, A., & Williams, E. (Eds.) (1994), *Grammar and the Language Teacher*, London: Prentice Hall.

Doughty, C. & Williams, J. (1998), *Focus on Form in Classroom Second Language Acquisition,* Cambridge Press.

Fotos, S. (Ed.) (2007), *Form-Focused Instruction and Teacher Education*, Oxford Press.

Larsen-Freeman, D., & Long, M. H. (1991), *An Introduction to Second Language Acquisition Research*, New York: Longman.

Larsen-Freeman, D. (2002), "The Grammar of Choice", In E. Hinkel & S. Fotos (Eds.), *New Perspectives on Grammar Teaching in Second Language Classrooms*, New Jersey: Lawrence Erlbaum Associates, pp. 103-118.

Lewis, M. (1994), *The Lexical Approach*, London: Language Teaching Publications.

Nunan, D. (1989), *Designing Tasks for the Communicative Classroom*, Cambridge Press.

Schmidt, R. (1990), "The role of consciousness in second language learning", *Applied Linguistics* 11, 129-158.

Thornbury, S. (1994), *How to Teach Grammar*, Harlow, England: Pearson Education.

Ur, P. (2009), "Teaching Grammar: Research, Theory and Practice", Paper presented at the conference of Centre for English Language Teaching, Vienna: 2009 February.

제5장

한국어 기능 교육론 1
(읽기)*

이미혜

학습개요

읽기는 문자 언어를 대상으로 한 이해 영역의 활동이다. 실제 생활에서 읽기는 독자 스스로 자신의 배경지식을 활용하여 담화 의미를 파악하고 필요한 정보를 얻는 과정이다. 효율적인 읽기 교육을 위해서는 읽을 자료가 갖는 문어적인 특성을 고려하면서 이해에 도움을 줄 수 있는 배경지식과 전략을 효과적으로 활용하도록 지도해야 한다.

이 장에서는 읽기의 개념과 특성을 소개하고 읽기 교육의 목표와 내용을 알아본다. 그리고 읽기 모형과 읽기 자료 구성, 읽기 전략과 활동, 읽기 수업 구성을 알아보고 사례를 제시한다.

---

* 이 장은 강현화·이미혜(2011)의 '제9강 읽기 교육론'을 재구성하였다.

1. 읽기의 개념과 특성

읽기는 문어(文語)를 대상으로 하는 이해 영역으로서, 학습 효과가 가장 오래 지속되는 기능으로 알려져 왔다. 외국어교육에서 읽기란 단순히 문자를 조합하여 의미를 이해하는 것이 아니라 독자 스스로 자신의 배경지식을 활용하여 담화 의미를 파악해 가는 과정이다. 이러한 읽기의 특성은 다음 같은 정의에 잘 나타나 있다.

① 읽기란 독자가 다양한 언어학적 기호(문자, 음절, 단어, 구, 문법적 신호, 담화표지 등)를 인식하고, 그 의미를 언어학적 자료 처리 메커니즘과 자신의 배경지식을 통해서 해석하는 것이다(Brown, 2001).
② 읽기란 심리언어학적인 추측 게임이다(Goodman, 1967).

굿맨(Goodman, 1967)의 "읽기란 심리언어학적인 추측 게임이다."라는 정의는 읽기가 말하기의 보조 수단이라는 개념에서 탈피하여 독자적인 이해 영역이라는 자각을 낳았다. 이러한 견해는 글을 읽는 것이 텍스트 중심으로 의미를 조합하는 것이 아니라 독자가 텍스트의 언어 정보를 자신의 경험이나 지식과 결부시키면서 예측을 확인해 가는 과정이라는 것이다. 그러므로 글을 이해해 가는 독자의 역할을 중시하고, 독자의 배경지식 형성이 중요한 과제가 되었다. 그러나 이와 같이 외국어교육에서 이해 교육에 대한 관심이 생긴 것은 그리 오래된 일이 아니다. 문법번역식 교수법(grammar translation method)은 단어나 문장의 의미를 모국어로 번역하는 데 주력한 교수법이었으므로, 말하기나 듣기에 비해 상대적으로 읽기와 어휘력이 강조되었지만 이때의 읽기는 텍스트를 번역하는 텍스트 위주의 읽기였으며 글을 '이해'하는 것은 중요한 부분이 아니었다. 청각구두식 교수법(audiolingual method)은 말하기 능력 향상에 일차적인 목표를 두었으므로, 읽기는 말하기를 위한 문법이나 어휘를 강화시키는 수단이었던 것이다.

읽기에 대한 굿맨의 새로운 시선 이후 1970년대 들어서야 읽기 영역에 대한 중요성이 부각되었으며, 읽기 이해 과정에 대한 새로운 견해가 등장하게 되었다. 1970년대 말과 1980년대 초에는 제2언어 및 외국어 읽기 과정의 복잡성을 파악하려는 다양한 연구들로 이어져서 이해 과정, 이해 교육에 대한 이론이 정립되었다. 그리고 독자의 배경지식 활성화 방안 등을 다각적으로 모색하면서 최근의 다양한 읽기 이론들이 자리를 잡게 되었다.

한국어 학습자들은 한글 자모 읽기에서부터 신문, 문학 작품까지 수많은 읽을 자료들을 접하게 되며 이를 이해하고자 하는 욕구를 가지고 있으므로, 읽기 교육은 균형 잡힌 한국어교육을 위해서 필수적이다. 읽기 교육을 효율적으로 하기 위해서는 읽을 자료의 문어적인 특성을 고려하면서 이해를 위한 기재들을 효과적으로 활용하도록 지도해야 한다. 아울러 교실에서 학습한 지식을 응용해서 스스로 전략을 개발하여 문제를 해결할 수 있는 능력을 갖추도록 유도해야 할 것이다.

2. 읽기 교육의 목표와 내용

1) 읽기 교육 목표

한국어 읽기 교육의 목표는 다양한 문어 자료를 읽고 이해하는 데 있다. 일반 목적으로 한국어를 학습하는 사람이라면 필요한 정보를 얻고 이를 활용하여 의사소통하는 데 비중을 둘 것이며, 학문 목적으로 한국어를 학습하는 사람이라면 학술 서적을 통해 관련 지식을 얻는 데 가치를 둘 것이다. 또한 여성결혼이민자들은 일상생활에 필요한 정보 얻기, 자녀 교육에 필요한 자료(동화책 등) 읽기 등을 필요로 할 것이다. 이와 같이 읽기 교육 목표는 학습 목적이 무엇인지에 따라 달라질 수 있다.

여기에서는 일반 목적의 교육과정에 한정하여 숙달도에 따른 읽기 교육 목표를 살펴봄으로써, 숙달도에 따른 자료 유형, 내용을 중심으로 살펴보고자 한다. 숙달도별 교육 목표는 한국어능력시험(TOPIK)의 읽기 능력 평가 기준을 통해 확인할 수 있다.

초급은 일상생활과 관련된 생활문을 읽고 내용, 정보 파악에 중점을 둔다. 메모, 영수증, 간단한 안내문, 설명문 등이 주요 읽기 자료가 될 것이다. 중급에서는 사회생활에 필요한 자료(설명서, 기사, 계약서, 광고 등)를 읽고 이해할 수 있도록 지도해야 한다. 그리고 고급에서는 전문적인 영역, 추상적인 내용, 사회 전반에 관한 다양한 주제의 글을 읽고 이해할 수 있으며, 문학 작품도 읽을 수 있도록 지도해야 한다.

표 5-1 숙달도에 따른 읽기 교육 목표

급	목표
1급	• 기본적인 표지나 표지어의 의미를 이해할 수 있다. • 짧은 서술문을 읽고, 소재를 파악할 수 있다. • 일기, 편지 등 간단한 생활문을 읽고, 내용을 파악할 수 있다. • 메모, 영수증 등 간단한 실용문을 읽고, 정보를 파악할 수 있다.
2급	• 실생활에서 자주 접할 수 있는 표지어의 의미를 이해할 수 있다. • 일상생활과 관련된 설명문이나 생활문 등의 글을 읽고, 내용을 파악할 수 있다. • 실생활에서 자주 접하는 간단한 광고나 안내문 등의 실용문을 읽고, 정보를 파악할 수 있다.
3급	• 일상생활을 다룬 대부분의 생활문을 이해할 수 있다. • 친숙한 사회·문화 등의 소재를 다룬 간단한 글을 읽고, 내용을 파악할 수 있다. • 일상생활에서 흔히 접하는 간단한 광고, 안내문 등의 실용문을 읽고, 정보를 파악할 수 있다.
4급	• 경제, 사회, 문화 분야의 소재를 다룬 설명문, 논설문 등의 글을 읽고, 내용을 파악하거나 추론할 수 있다. • 계약서, 사용설명서, 광고, 안내문 등 실용문을 읽고, 구체적인 정보를 파악할 수 있다. • 신문 기사, 건의문 등의 시사성 있는 글을 읽고, 대체적인 정보를 파악할 수 있다. • 수필이나 동화 등의 작품을 읽고, 내용을 파악할 수 있다.
5급	• 정치, 경제, 사회, 과학 등의 소재를 다룬 글을 읽고, 내용을 파악할 수 있다. • 비교적 쉬운 시, 소설 등의 문학 작품을 읽고, 내용을 파악할 수 있다. • 대부분의 신문 기사, 건의문 등을 읽고, 정보를 파악할 수 있다. • 본격적인 수필, 동화 등의 작품을 읽고, 내용을 추론하거나, 작자의 태도를 파악할 수 있다.
6급	• 전문적이고 추상적인 소재를 다룬 설명문이나 논설문 등의 글을 읽고, 내용을 파악할 수 있다. • 한국 문학의 대표적인 수필이나 소설, 희곡 등의 작품을 읽고, 작중 상황, 인물의 심리 등의 내용을 파악할 수 있다. • 다양한 종류의 글을 읽고, 내용을 추론하거나 글을 쓴 의도를 파악할 수 있다. • 전문 영역에 관련된 논문이나 저술을 읽고, 내용을 파악할 수 있다.

2) 읽기 교육 내용

읽기 교육에서 무엇을 다루어야 할 것인가는 읽기 능력에 영향을 미치는 요소가 무엇인가를 살펴봄으로써 해답을 얻을 수 있다. 그러나 읽기 능력은 여러 요인이 복합적으로 영향을 미치는 것이므로 한두 가지로 설명하기는 쉽지 않다.

읽기가 문어를 이해하는 과정이므로 '이해'라는 것에 중점을 둔다면 '사실적 이해, 추론적 이해, 비평적 이해'를 포함해야 한다. 사실적 이해는 글에 명시적으로 나와 있는 정보를 파악할 수 있는 것이며, 추론적 이해는 글을 근거로 명시적으로 제시되어 있지 않은 내용을 추론하여 이해하는 것이다. 비평적 이해는 글의 내용이나 문체 등을 통해 글을 쓴 사람의 의도, 생각을 분석하여 이해하는 것이다. 이러한 이해력을 길러 주려면 읽기 활동이 내용 정보 파악에 그치지 않고 심층적인 이해와 추론까지 포함해야 한다.

글의 이해에 영향을 미치는 세부 요인들은 무엇이 있을까? 헤지(Hedge, 2000)는 읽기에 관여하는 능력으로 여섯 가지를 들었다. 통사론적 지식(syntactic knowledge), 형태론적 지식(morphological knowledge), 일반적 지식(general knowledge), 사회문화적 지식(sociocultural knowledge), 주제 지식(topic knowledge), 장르 지식(genre knowledge)이다. 통사론적 지식과 형태론적 지식은 언어에 관한 지식이며 그 밖의 지식은 선험적인 지식으로 분류하고 있는데, 이들이 상호작용함으로써 읽기가 이루어진다고 보았다.

그레이브(Grabe, 1991)도 유창한 읽기를 구성하는 능력으로 여섯 가지를 들었다. 첫째, 자동 인식 기술(automatic recognition skills), 둘째, 어휘와 구조 지식(vocabulary and structural knowledge), 셋째, 담화 구조 지식(formal discourse structure knowledge), 넷째, 내용/세상 배경지식(content/world background knowledge), 다섯째, 기술/전략 통합과 평가 지식(synthesis and evaluation skill/strategies), 여섯째, 메타인지적 지식과 모니터링 기술(metacognitive knowledge and skills monitoring)이다.

그레이브(Grabe, 1991)가 헤지(Hedge, 2000)와 다른 점은 읽기 기술과 전략을 통합하고 평가하는 능력, 읽기 과정을 모니터링하는 메타인지적인 부분을 포함하였다는 점이다. 그 외에는 언어에 대한 지식, 세상에 대한 지식이 필요하다는 점은 공통된 견해이다. 그레이브는 특히 언어적 과정과 관련된 것으로 '자동 인식 기술'을 언급하였는데, 최근에는 읽기 능력의 기본적인 요인으로 단어 인지 과정이 빠르게 일어나야 한다는 점을 강조하고 있다. 이러한 능력은 모국어 읽기에서보다 외국어 읽기에서 더 필요하다.

읽기 능력을 구성하는 하위 요소들을 살펴볼 때, 한국어 읽기 교육의 내용은 한국어에 대한 지식, 내용 및 세상에 대한 배경지식이 있어야 하며 단어를 자동 인식하는 기술이 필요하다. 그리고 자신의 읽기 전략이나 방법을 평가하고 조정할 수 있는 상위의 메타언어적인 능력도 요구되므로 이러한 모든 것들이 교육 내용 및 연습에 포함되어야 할 것이다.

3. 읽기 교육 이론

1) 읽기 모형

글을 읽는다는 것은 학습자가 글의 정보를 능동적으로 선별하여 수용하는 것으로 일련의 '이해 과정'을 거쳐 이루어진다. 학습자가 글의 정보를 어떻게 처리하는가는 이해 과정의 중요한 부분이다. 읽기 모형들은 언어 자료의 변인(어휘, 통사, 수사 구조 등)과 학습자 변인(인지 발달, 세상과 글에 대한 배경지식 등)을 각기 다르게 강조하여 이해 모형을 설정한다.

(1) 상향식 모형

상향식 읽기 모형(bottom-up processing)은 언어 정보의 작은 단위(bottom)에서 큰 단위(top)로 선형적인 과정을 거쳐 정보가 이해되는 것이다. 여기에서 작은 단위란 음절이나 단어 등의 요소를 말하며, 큰 단위란 주제나 상황에 대한 일반적인 지식을 말한다. 그러므로 상향식 모형은 음절에서부터 단어가 형성되고, 단어가 모여 구가 형성되는 등 소리나 문자로부터 단어, 문장, 단락, 전체 담화를 이해하게 되는 과정이다. 이 모형은 텍스트 중심의 이해이며 학습자는 주어진 언어 정보를 조합하여 이해하는 수동적인 역할을 하게 된다. 상향식 읽기 모형의 대표적인 방법은 글을 낭독하거나, 문장 단위로 분석하면서 읽는 방법이다. 글을 낭독하는 것은 위에서 아래로 글을 순서대로 읽는 것이며 빠짐없이 읽는 방법이다. 그리고 글을 분석하고 설명하는 과정을 통해 완전한 이해가 이루어진다. 상향식 모형의 읽기는 초급 단계에서 자주 활용된다.

(2) 하향식 모형

하향식 모형(top-down processing)은 글을 이해하는 과정이 텍스트에서부터 출발하는 것이 아니라 상위적인 정신 단계에서 시작하여 텍스트 자체로 이동하는 것이다. 즉 학습자의 배경으로부터 출발하여 구체적인 언어 정보를 이해해 가는 모형으로 심리 언어학적인 이해 과정과 일치한다. 학습자는 자신의 배경지식에 기대어서 글의 의미를 능동적으로 구성해 가는 역할을 담당한다. 하향식 모형은 배경지식을 이용하여 텍스트를 이해해 가므로 모르는 단어나 표현도 추측하게 되며, 추측과 예측은 이 읽기 모형의 중요한 활동이다.

(3) 상호적인 모형

상호적인 모형(interactive models)은 상향식 모형과 하향식 모형이 동시에 혹은 순차적으로 일어나는 읽기 모형이다. 이 모형은 이해 과정을 일직선으로 이루어진 선형 구조로 보는 것이 아니라 순환적인 것으로 본다는 차이가 있다. 즉 학습자의 배경지식을 바탕으로 하여 내용을 예측하고, 글에서 구체적인 언어 정보(어휘, 표현 등)를 포착하고 이를 근거로 사전 이해를 확인하거나 수정하며, 다시 글로 이동하여 정보를 파악하는 과정을 반복하게 된다. 한국어를 외국어로 학습하는 경우에는 상향식, 하향식의 선형적인 구조로 이해가 이루어지기보다는 대부분 순환적인 구조를 통해 이해를 확인하게 된다. 실제 수업에서 상호적인 모형을 통해 글을 이해하는 것은 배경지식을 활용하여 글의 내용을 예측한 후에 글을 묵독하면서 필요한 정보를 찾아가며 읽고, 자신의 예측이 틀린 경우 수정하면서 다시 정보를 찾는 과정을 반복하게 된다.

2) 배경지식 활용

최근의 한국어 읽기 교육은 이해 영역으로서의 특징을 최대한 반영하여 학습자의 배경지식(스키마, Schema)을 형성하도록 교실 내에서 상호작용을 다양하게 포함하고 있다. 스키마 활용은 제2언어 읽기와 외국어 읽기 연구에서 매우 중요하다. 이는 인지심리학에 기초한 것으로, 인간은 인지하는 과정에서 세상에 대해 가지고 있는 개념의 틀을 통해 이해하는 것이다. 학습자의 기억 속에 이미 저장되어 있는 지식 구조, 즉 스키마는 텍스트의 주제나 내용에 대한 '내용 스키마'와 텍스트의 구조, 혹은 수사 구조에 대한 '형식 스키마'로 나뉜다. 주제에 익숙하며 관련된 경험을 가진 학습자는 내용 스키마를 가지므로 텍스트를 더 수월하게 이해할 수 있다. 그리고 텍스트가 어떻게 조직되는가에 대한 지식이 있는 학습자는 형식 스키마를 가져 텍스트의 정보가 어떻게 서로 관련되고 어떤 순서로 세부 사항이 나타나는지에 대해 예측할 수 있어 이해 능력이 우수하다.

한국어 읽기 자료는 일정한 주제를 가지며, 문화적인 정보나 사회적인 배경을 반영한다. 자료의 주제가 특수할수록 스키마의 활용 능력은 읽기 능력의 중요한 요소가 된다. 또한 문화에 노출되지 않은 학습자들에게 문화적인 내용을 포함한 자료로 교육하는 경우에도 교사의 사전 활동을 통해 내용에 대한 스키마 형성이 필수적일 수밖에 없다.

스키마를 활용하는 것은 정보를 수동적으로 수용하는 것이 아니라 배경지식에 기초하여 의미를 재구성하는 적극적인 이해 활동이다. 교사는 '읽기 전 단계'에서 학습자의 스키마를 활용하고, 학습자 간에 지식을 공유할 수 있도록 하여 읽을 준비를 시켜야 한다.

4. 읽기 자료와 전략

1) 읽기 자료 구성

효과적인 읽기 수업을 위해 어떤 텍스트를 이용하고, 어떻게 자료를 구성할 것인가? 일반적으로 읽기의 목적은 정보를 얻기 위해서, 즐거움을 위해서라고 한다. 일상생활에서 한국어로 글을 읽고 정보를 얻어 문제를 해결해야 하는 학습자라면 모국어 화자가 접하는 다양한 종류의 읽기 자료들을 활용할 수 있을 것이다. 그리고 즐거움을 얻기 위해서라면 대표적으로 문학 작품을 활용할 수 있다.

한국어교육에서 실제로 사용 가능한 읽기 자료를 숙달도에 따라 살펴보면 다음과 같다.

| 표 5-2 | 숙달도에 따른 읽기 자료의 예 | | |

초급	중급	고급
메모, 표지판, 편지글, 일기, 영수증, 명함, 초대장, 일정표, 간단한 이메일, 메뉴판, 지도, 간단한 안내문, 서술문	간단한 기사, 만화, 이메일, 안내문, 제품 사용 설명서, 서술문, 비즈니스 편지, 팸플릿, 요리책, 간단한 광고	기사, 광고, 서평, 시, 소설, 수필, 보고서, 인터넷 자료들, 사설, 평론 등

이상의 읽기 자료도 숙달도에 따라 교육적인 목적으로 변형하거나 수정하여 사용할 필요가 있다. 일반적으로 읽기 자료를 개발하기 위해서는 다음 몇 가지 사항을 고려해야 한다.

첫째, 글의 종류를 다양하게 하며 다양한 담화 유형에 노출되도록 한다. 특히 초급 단계에서 설명문에 한정하여 읽게 하는 경우가 종종 있으나 다양한 읽기 자료를 적절하게 배합하는 것이 실제 생활에서의 적응력을 높이는 방법이다.

둘째, 읽기 자료는 교실 내의 수업이 실생활로 전이될 수 있도록 실제적인 자료로 구성해야 한다. 한국인을 대상으로 한 읽기 자료를 외국인을 대상으로 한 교육에서 사용하려면 숙달도에 따라 어휘와 표현을 수정하는 것이 필수적이다. 그러나 담화의 유형은 그대로 유지되어야 학습자가 유사한 글을 접했을 때 동일한 전략을 사용하여 읽을 수 있다. 또한 실제적인 자료를 위해서는 읽고 행하는 과제 활동(task)도 실제적이어야 한다.

셋째, 단원의 주제와 읽기 기능을 효과적으로 배합한다. 예를 들어 '소개'라는 주제에서 '자기 소개의 글 읽기, 신분증 읽고 정보 찾기' 등의 기능을 다루고, '요리'라는 주제에서 '조리법 읽기, 메뉴 읽기, 음식 소개의 글 읽기' 등을 다룰 수 있다. 단원의 주제와 읽기 기능을 알맞게 결합하면 주제 관련 지식을 심화할 수 있으며, 실생활에서 자료를 접하는 것과 유사한 상황을 제공하는 효과를 갖는다.

넷째, 읽기 자료는 문어 자료가 갖는 특성(글의 형식, 표현, 어휘 등)을 최대한 반영해야 하며 자연스러운 담화로 이루어져야 한다.

읽기 자료 중에서 문학 자료는 주로 중급 이상의 학습자에게 사용한다. 문학 작품은 특정 언어 형태가 어떤 문맥에서 사용되는지 반복적으로 접할 수 있어서 언어 형태와 구조적 학습에 도움이 된다. 문학 작품은 학습을 위해 만든 글이 아니기 때문에 학습자의 흥미를 끌 수 있는 내용이 많다. 또한 목표 문화를 이해하고 세상의 지식을 넓혀 주는 데도 유용하며, 생활양식, 사고방식 등을 알게 해 줄 뿐만 아니라 등장인물의 삶을 간접적으로 체험해 볼 수 있어서 개인의 정서적 성장에 도움을 준다.

문학 작품을 활용할 때는 작품을 통해 목표 문화 이해에 초점을 두는 모형, 언어 학습에 초점을 두는 모형, 학습자의 개인 성장에 중점을 두는 모형이 있다. 어떤 목적으로 활용하든지 문학 작품을 선정할 때는 다음 조건들을 고려해야 한다.[1]

첫째, 문학 작품의 내용이 목표 문화와 언어를 이해하는 데 도움이 되는지, 전체 주제 파악이 너무 난해하지는 않은지 등을 고려한다. 둘째, 문학 작품의 내용이 학습자와 관련되어 읽기 동기를 유발하는지 고려해야 한다. 셋째, 작품의 언어적 난이도를 살펴보고 학습자 수준에 따라 적합한 문학 작품을 선택해야 한다. 넷째, 학습자의 문학적 배경을 고려해야 한다. 학습자가 모국어로도 익숙하지 않은 장르를 접한다면 학습의 어려움이 커질 것이다. 다섯째, 문학 작품의 길이도 고려하여 주어진 시간에 활용 가능한 길이인지를 판단해야 한다. 여섯째, 현대적인 작품을 택하여 가능하다면 실제 사용할 수 있는 표현을 학습할 수 있도록 하는 것이 적절하다. 이 외에도 삽화 등 비언어적인 자료가 적절히 포함되어 있어야 작품을 이해하는 데 도움이 된다.

2) 읽기 전략 및 활동

글의 내용을 이해하기 위해 어떻게 읽을 것인가 하는 것은 이해 전략에 해당한다. 지적인 성인 학습자는 글의 유형과 특성에 따라 어떤 전략을 사용해야 하는지를 이미 모국어 환경에서 습득했다. 예를 들어, 신문에서 텔레비전 프로그램에 대한 안내를 읽을 때는 훑어 읽기를 통해 필요한 정보를 찾고, 대부분의 신문 기사들은 머리기사 중심의 훑어 읽기 방식으로 전체 내용을 파악하려고 할 것이다. 한국어교육 현장에서는 이러한 학습자들의 다양한 전략을 교사의 과제 지시를 통해 효과적으로 유도할 수 있다.

글을 읽은 후에 학습자들은 설명하기, 행동하기, 문제 풀이를 통해 답하

---

1) 최연희·전은실(2006, 235-239) 재인용.

기, 토론하기, 요약하기, 정리하여 쓰기 등 다양한 활동을 하게 된다. 이러한 과제 활동은 글을 읽는 방향을 제시하는 역할을 한다. 즉 학습자들에게 읽고 무엇인가 활동을 하게 하는 것은 글을 어떻게 읽어야 하는지 전략을 알려 주는 것이다. 한 예로 비교 대조의 글을 읽고 유사점과 차이점을 찾아 요약하도록 한다면, 학습자는 유사점과 차이점을 파악하는 데 중점을 두고 글을 읽게 될 것이다. 그러므로 교사는 글의 특성에 맞는 읽기 전략을 고려하여 과제를 구성하는 것이 중요하다.

(1) 담화 층위의 읽기 전략

최근의 읽기 교육은 문장을 넘는 담화 이해를 유도한다. 문장 이해에 중점을 둘 때는 문장 내의 어휘나 표현을 이해하도록 하거나 문장 이해를 확인하는 과제를 부여하게 된다. 그러나 문장 차원을 넘어서 전체 담화 차원의 이해를 추구하는 의사소통 중심의 교육에서는 글의 주제 파악하기, 전체 내용 이해하기, 제목 붙이기, 중심 요지 파악하기, 작자의 어조·태도 파악하기, 내용 요약하기 등을 통해 담화 이해를 유도할 수 있다.

(2) 낭독과 묵독

낭독은 초급 단계에서 발음, 억양, 끊어 읽기 등을 연습하는 데 적절하며, 문자와 소리의 관계를 익힐 수 있게 한다. 학급 전체를 주의 집중하도록 하는 효과가 있으며, 빨리 정확하게 낭독하는 연습을 통해 말하기 능력에도 도움을 줄 수 있으므로 초급 단계에서 적절하게 사용하는 것이 좋다. 그러나 낭독에 초점을 맞추다 보면 조금 복잡한 글에서는 전체 내용을 이해하는 데 어려움을 겪을 수 있으며, 학습자를 상향식 읽기 모형에 치중하게 할 수 있으므로 주의해야 한다.

묵독은 소리 내지 않고 글의 의미를 파악하는 데 중점을 두고 읽는 방법이다. 하향식 모형, 상호적인 모형으로 글을 읽을 때 주로 활용하게 되며, 일상생활에서 자주 사용하는 읽기 유형이므로 초급 단계 이후에는 낭독보다 좀 더 많은 비중을 두고 활용하도록 할 필요가 있다.

(3) 정독과 다독

정독(intensive reading)은 글의 세부적인 내용까지 파악하도록 자세하고 정확하게 읽는 방법이다. 정독 방법은 내용적으로 깊게 이해해야 하는 전공

서적을 읽을 때, 문법이나 어휘의 의미를 정확하게 이해하며 글을 읽을 때 사용한다.

다독(extensive reading)은 세부적인 이해보다는 전체 내용을 파악하기 위해 신속하게 읽어 가는 읽기 방식으로 즐거움을 위한 읽기나 다량의 정보를 얻기 위한 읽기에 유용하다. 다독에서는 정독보다 긴 지문이나 글 전체가 활용된다. 교실 내 수업에서는 다독을 충분히 할 수 있는 여건이 되지 못하므로 수업 시간 이외에 개인 학습 방법으로 자주 활용된다. 자신이 관심 있는 분야의 읽기 자료를 선정해서 읽도록 하며, 교사는 주기적으로 읽은 양과 속도 등을 파악하여 조언을 하도록 한다.

(4) 훑어 읽기와 정보 찾기

모든 자료를 자세히 읽고 모든 정보를 파악해야 하는 것은 아니므로 자료의 종류 및 읽는 목적을 고려하여 빨리 읽고 필요한 정보를 파악하는 연습을 시킨다. 훑어 읽기(skimming)와 정보 찾기(scanning)는 빠른 시간 내에 이루어지는 읽기이다. 훑어 읽기는 글 전체를 빠르게 훑어 읽고 요점을 파악하는 연습이므로 광고물을 보고 대략적으로 무슨 내용인지 파악하거나 글의 중심 요지가 무엇인지 등을 파악하는 데 적절하다. 반면에 정보 찾기는 글을 빨리 읽고 필요한 정보(이름, 날짜, 목록 등)를 찾는 방법이므로 구체적으로 공연 장소, 가격, 사람 이름 등을 찾을 때 적절하다.

3) 어휘 지도

어휘에 대한 지식은 읽기 능력과 밀접한 관계가 있으므로, 읽기 능력을 위해 어느 정도의 어휘를 알아야 하는지, 읽는 과정에서 어떤 방법으로 어휘 지도를 해야 하는지는 중요한 부분이다.

읽기 모형을 중심으로 어휘 지도 방법을 생각해 보면, 글을 읽기 전에 어휘를 먼저 학습할 것인지, 글을 읽어 가면서 학습자 스스로 어휘를 추측해 가도록 할 것인지, 글을 읽은 다음에 교사와 학습자가 함께 어휘를 학습해 갈 것인지는 글을 읽는 목적과 전략에 따라 다양하다. 일반적으로 읽기 수업에서 어휘 지도는 다음과 같은 문제점을 낳기 쉽다.

상향식 읽기 모형으로 글을 읽는 초급 학습자의 경우는 읽기 전에 관련 어휘와 표현을 학습해야 한다. 그러나 과다한 어휘 설명은 읽기 전 단계 활동을 비대하게 하고 읽는 목적과 전략을 모호하게 할 수도 있다. 또한 어휘에 집착하는 학습자를 만들어 버리거나 상향식 읽기 습관에 길들여지기도 하므로 주의해야 한다.

따라서 이해 중심의 읽기 교육을 위해 상호적인 모형으로 수업을 진행할 경우, '읽기 전 단계'의 어휘 지도는 글을 이해하는 데 필수적인 어휘에 국한한다. 어휘나 문법 능력이 매우 제한적인 초급 학습자라면 읽기 전 어휘 지도에 더 의존할 수 있겠으나, 중·고급 학습자에게는 상향식 모형의 읽기를 유도하게 되므로 주의해야 한다. 하향식 모형, 상호적인 모형으로 글을 읽을 때 '글을 읽는 단계'에서 교사가 일일이 침투하여 학습자를 간섭하지 않도록 주의해야 하며, 읽는 도중에 일일이 모르는 어휘를 설명해 주거나 사전을 찾게 하는 방식을 피하는 게 좋다. 그리고 학습자는 문맥에 의존하여 모르는 어휘를 추측하고, 과제를 해결하도록 유도한다. '읽은 후 단계'에서는 각각의 어휘들에 대해 다양한 문맥을 제공하여 이해시키고, 어휘를 적절하게 사용하는 연습을 할 수도 있다. 종종 어휘 지도가 어휘 설명에 그치고 이해 정도를 측정하거나 사용까지 유도하지 못하는 문제가 생긴다. 그러므로 필수적인 어휘에 대해서는 '의미 전달', '의미 확인', '어휘 사용' 단계를 거치도록 한다.[2]

그러나 다른 한편으로, 모국어 읽기의 유창성은 어휘의 자동적 인식 능력에 좌우된다는 연구 결과들이 많이 있어서 최근에는 제2언어 읽기 교육에서도 단어 인지를 포함하여 자동적으로 이루어지는 언어적 능력 과정이 중요하게 부각되는 추세이다. 글을 읽는 도중에 사전을 활용하거나 주석을 활용하는 방법 등이 어휘력에 긍정적인 영향을 미친다는 연구들을 볼 수 있다.

---

2) 어휘 지도의 단계는 다음과 같은 세 단계를 거친다.
① 의미 전달 단계: 시각적인 자료(그림이나 사진), 단어 간의 관계를 통한 제시(비슷한 말, 반대말 등), 정의하기, 설명하기, 적절한 문장 제시하기, 조어법 설명하기 등의 다양한 방법을 사용한다. 읽기를 통한 어휘 지도에서는 가능하면 문맥에서의 어휘 이해를 유도하며, 고립된 방법으로 제시하지 않도록 한다.
② 의미 확인 단계: 교사는 종종 "의미를 이해했어요?"라고 묻고 넘어가는 경우가 많으나 학습자의 이해 정도를 확인하기 위해서는 간단한 질문에 답하기, 빈칸 채우기 문제, 관계 있는 어휘를 유형별로 분류하기 등의 다양한 방법을 사용하는 것이 바람직하다.
③ 어휘 사용 단계: 해당 어휘가 이해를 위한 어휘인지, 표현까지 유도해야 하는 어휘인지에 따라 의미 확인 단계에서 끝나거나 어휘 사용 단계까지 나아갈 수 있다. 어휘를 사용하기 위해서는 다른 언어 요소와 결합하여 유의미적인 상황에서 사용할 수 있는 활동을 구상해야 한다. 즉 문제 해결하기 활동, 어휘를 적절하게 사용하여 이야기나 대화 구성하기, 토론이나 역할극 수행하기 등이 해당된다.

단어 인지 능력이 어휘 능력뿐만 아니라 이해력 향상에 직접적인 영향을 미친다는 연구 결과들이 나온다면 앞으로 상호적인 모형으로 글을 읽으면서 맥락에 의존하여 어휘 의미를 추측하게 하는 지도 방식에 변화를 가져올 수도 있을 것이다.

5. 읽기 수업 구성

1) 수업 구성 원리

교실 밖에서의 읽기 활동에는 학습자 스스로 글을 읽고 과제를 수행하는 과정만 존재한다. 그러나 교실 내에서의 읽기 연습은 실제 상황에서의 읽기를 효율적으로 높이기 위한 능력 개발 과정이므로 읽기 전과 읽은 후에 교사의 역할이 매우 중요하다. 읽기 수업에서 교사는 학습자들이 읽는 목적과 전략을 세우도록 도우며, 다양하고 효과적인 접근 방법을 제공해야 한다. 또한 읽기 전 단계 활동을 통해 개념적인 준비 활동을 하게 하며, 어려운 통사, 어휘, 문장 구조를 다룰 수 있는 전략도 제공해야 한다. 이러한 일련의 과정은 모두 문장 단위를 넘는 담화의 이해를 유도하도록 구성되어야 한다.

수업 구성 원칙은 다음의 몇 가지로 정리할 수 있다.

① 목적성 있는 읽기: 학습자로 하여금 글을 읽는 목적을 알게 하여 필요한 정보를 적극적으로 찾고 조합할 수 있도록 한다.
② 배경지식을 활용한 읽기 활동: 교사는 학습자가 배경지식과 경험, 인지 능력을 최대한 활용하여 글을 이해하도록 한다.
③ 담화 이해를 위한 읽기: 읽기 활동의 최종 목표는 문장의 이해를 넘어 전체 담화의 이해가 가능하도록 한다.
④ 언어 기능 간의 통합: 읽기 수업은 전체 교육과정 안에서 말하기·듣기·쓰기의 다른 언어 기능과 통합하여 구성하고 실시한다.
⑤ 낭독 방법을 활용한 초급 단계 활동: 초급 단계 학습자에게는 문자에 대한 이해를 도와서 상향적 읽기가 가능하도록 낭독 방법을 적절하게 이용한다. 낭독 시에는 발음, 끊어 읽기, 자연스러운 어조, 속도 등을

고려한다.

⑥ 묵독 기술을 활용한 중·고급 단계의 활동: 묵독을 통해 읽기 속도를 빨리하고 필요한 정보를 찾을 수 있도록 하는 연습을 한다.

⑦ 표면적인 의미와 함축된 의미의 이해: 글의 표면적인 의미뿐만이 아니라 함축된 의미도 화용적인 정보를 통하여 끌어내도록 한다.

2) 수업 구성 단계

실생활에서 학습자는 듣거나 읽는 활동만 하지만 교실 내에서는 쉽게 이해할 수 있도록 준비하는 '전 단계'와 이해 내용을 강화하고 확장하는 '후 단계'의 활동이 포함된다. 그러므로 읽기 수업은 '전 단계-본 단계-후 단계'의 세 단계로 구성한다.

(1) 읽기 전 단계

글을 읽기 전에 주제를 소개하고 주제에 대한 흥미를 유발시키며, 읽는 목적을 갖도록 유도하는 단계이다. 관련 질문이나 그림, 표 등을 활용하여 학습자가 읽을 자료에 대해 예상하고 예측할 수 있도록 도와준다. 또한 글을 이해하는 데 필수적인 어휘나 표현을 상기시키거나 제시하여 읽을 준비를 시킨다. 또한 특정한 글이나 문학 작품에 대해서는 글의 장르, 유형이나 작가에 대한 정보를 주어 이해를 돕는다. 교사와 학습자의 문답 방식으로 말하기 기능이 주로 사용되며, 숙달도가 높아질수록 읽기, 듣기 방법이 다양하게 사용된다.

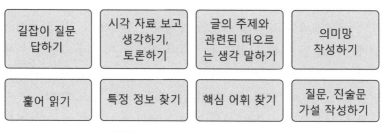

[그림 5-1] 읽기 전 단계 활동

(2) 읽기 단계

읽기 전 단계에서 형성한 스키마로부터 세운 가설을 텍스트 정보를 이용하여 확인하고 검증하는 단계이다. 개인 활동, 짝 활동, 소그룹 활동으로 문제를 해결하도록 한다. 이때 과제는 글을 읽는 전략을 묵시적으로 제시하므로 자료의 성격에 맞는 과제를 주어야 하며, 읽기 전에 해결해야 할 과제를 먼저 제시하여 목적을 갖고 읽을 수 있도록 한다.

학습자는 글의 전반적인 이해에서 출발하여 단락, 문장 또는 단어와 같은 작은 단위로 이동하도록 한다. '훑어 읽기' 단계에서 글을 이해하는 데 필요한 단서나 정보를 포착하고, '자세히 읽기' 단계를 통해 구체적인 내용이나 정보를 찾도록 한다.

교사는 과제를 미리 제시하여 학습자 스스로 훑어 읽고 자세히 읽는 단계를 선택적으로 거치도록 할 수 있다. 또한 글의 특정 부분에 대한 질문을 제시하여 중요한 내용을 이해했는지 확인한 후에 전체 내용을 이해하도록 유도할 수도 있다.

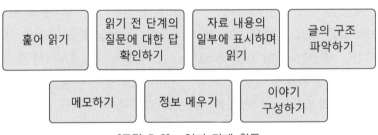

[그림 5-2] 읽기 단계 활동

(3) 읽은 후 단계

읽은 내용을 정리하고 학습 내용을 강화하는 단계이다. 이 단계에서는 과제 해결에 직접적인 연관은 없으나 학습이 필요한 어휘나 표현을 위해 교사와 학습자가 함께 글을 읽어 갈 수 있다. 또한 정독한 글을 낭독으로 다시 읽어 발음이나 어조를 자연스럽게 익히는 활동을 할 수도 있다. 즉 이 단계에서는 글을 새로운 방법으로 다시 읽거나 관련된 자료를 통하여 어휘나 표현, 중심 내용들을 확장하는 활동을 한다. 읽은 내용을 말하기 · 듣기 · 쓰기 활동과 연계시킴으로써 다른 언어 기술로 전이하거나, 통합 연습을 통해 교육 효과를 높일 수 있다.

읽은 내용 확인하기	어휘, 표현 학습하기	글의 내용 토론하기
글의 내용을 자신의 경험, 생각과 연결하기	글의 내용을 새 상황에 적용해 보기	읽은 내용을 구어, 문어로 전이하기

[그림 5-3] 읽기 후 단계 활동

3) 읽기 수업의 실제

(1) 중급: 신문 기사 읽고 내용 이해하기

① 읽기 전 단계

신문을 보면 매일 여러 사건에 관한 기사를 읽게 됩니다. 다음 단어를 보고 화재 사고와 관계있는 것은 '**화**', 교통사고와 관계있는 것은 '**교**'라고 표시하십시오.

불이 나다	( )	부딪히다	( )
충돌하다	( )	건물이 무너지다	( )
사망하다	( )	부상당하다	( )
미끄러지다	( )	건물이 타다	( )
사고를 내다	( )	사고를 당하다	( )

② 읽기 단계

다음은 신문 기사 내용입니다. 기사를 읽고 사고 내용을 써 보십시오.

대전 시장 건물에 화재

　27일 새벽 2시 15분쯤 대전 시장 건물 2층에서 불이 났다. 불은 20여 분 동안 계속되어 건물을 일부 태웠다. 이 사고로 건물 3층에서 잠을 자던 김 모 씨(31)가 사망하고, 박 모 씨(46), 최 모 씨(39)가 부상을 당했다.

　경찰은 건물 2층에서 난로를 켜 놓고 자다가 불이 난 것으로 보고 정확한 원인을 조사 중이다.

---

1. 언제: _____

2. 어디에서: _____

3. 무슨 사고: _____

4. 사망자: (   ) 명

　　부상자: (   ) 명

5. 왜: _____

③ 읽은 후 단계

메모한 내용을 보고 친구와 같이 사건에 대해 묻고 대답해 보십시오.
그리고 사건을 요약해서 말해 보십시오.

(2) 여성결혼이민자 중급 : 가정 통신문 읽기

① 읽기 전 단계

이것은 누가 누구에게 쓴 것일까요? 왜 보냈을까요?

한국초등학교	가정통신문	2015. 9. 17.

문화 여행 안내문

학부모님께,
안녕하십니까?
·················

한국초등학교장

② 읽기 단계

다음은 초등학교의 가정통신문입니다. 읽고 물음에 답하십시오.

한국초등학교	가정통신문	2015. 9. 17.

문화 여행 안내문

학부모님께,

안녕하십니까?

우리 학교는 매년 가을마다 문화 여행을 떠납니다.

올해는 다음과 같이 문화 여행을 계획했습니다. 학부모님의 많은 협조를
부탁드립니다.

1. 기간 : 10월 4일~5일(1박 2일)

2. 장소 : 한국수련원

3. 준비물 : 체육복, 긴팔 옷, 잠옷, 속옷, 우비 또는 우산, 운동화, 모자,
       세면도구

※ 출발할 때는 체육복을 입습니다.

한국초등학교장

1. 이 글의 내용에 맞는 것은?
   ① 이 학교는 처음 문화 여행을 갑니다.
   ② 문화 여행은 하루 동안 갑니다.
   ③ 우산이나 우비를 가져가야 됩니다.

2. 준비물로 맞지 않는 것은 무엇입니까?
   ① 긴팔 점퍼   ② 잠옷   ③ 청바지

3. 학교에 갈 때 아이들은 무엇을 입습니까?
   ① 교복   ② 체육복   ③ 티셔츠

③ 읽은 후 단계

문화 여행 안내문을 읽고 아이가 참석하는 것에 동의한다는 답신을 보내려고 합니다. 다음을 완성하십시오.

문화 여행 참가 동의서

문화 여행은 10월 4일~5일(1박 2일)에 있습니다.
자녀의 참가 여부에 대해 다음 동의서를 작성하여 보내 주십시오.

( )학년 ( )반 ( )번　학 생 (　　) 　학부모 (　　)

　　　　　　동의 (　) 　　　　동의하지 않음 (　)

이유 :
기타 질문 :

연습문제

1. 초급 단계에서 발음, 억양, 끊어 읽기 등을 연습하는 데 적절한 읽기 방법은?

① 낭독   ② 묵독

③ 정독   ④ 다독

2. 주로 상향식 모형으로 글을 읽는 학습자에게서 생길 수 있는 문제점은?

① 어휘력이 부족하다.

② 글을 정확하게 읽지 못한다.

③ 문법, 문장 단위의 이해에 주력한다.

④ 학습자 간의 활동이 부족하고 개인 활동을 한다.

3. 다음은 어떤 읽기 방법(유형)에 대한 설명인가?

> 전체 내용을 파악하기 위해 신속하게 읽어 간다.
> 즐거움을 위해 읽거나 많은 정보를 얻기 위한 읽기에 적절하다.
> 비교적 긴 글이나 많은 양의 글을 활용한다.

4. 좋은 읽기 수업을 진행하는 태도가 <u>아닌</u> 것은?

① 글을 읽기 전에 읽는 목적을 제시한다.

② 읽기 활동 전후에 다른 언어 기능과 통합 활동을 계획한다.

③ 글을 이해하기 위해 학습자가 자신의 배경지식을 활용하게 한다.

④ 모르는 말은 확인하면서 읽어서 글을 명확하게 이해하는 습관을 갖도록 한다.

풀이

1. [①]. 소리 내서 읽으면서 발음, 억양, 끊어 읽기 등을 연습하는 데 도움을 얻을 수 있다.

2. [③]. 상향식 모형은 문장 단위의 이해, 문법 이해에 주력하기 때문에 담화 차원의 이해력을 기르는 데 한계가 있다.

3. 다독(열린 읽기, extensive reading)에 대한 설명이다.

4. [④]. 4번은 상향식 읽기 모형에 익숙한 학습자를 만들게 된다. 명확하지 않은 의미도 맥락에서 파악할 수 있도록 추측하는 연습이 필요하다.

참고문헌

강현화·이미혜(2011), 『한국어교육론』, 한국방송통신대학교출판부.

김정숙·조항록·이미혜·원진숙(2008), 『초급 한국어 읽기』, 한림출판사.

이경화(2003), 『읽기교육의 원리와 방법』, 도서출판 박이정.

이미혜 외(2007), 『방송 매체를 이용한 다문화 가정 한국어 교재(초급)』 편집본, 국립국어원.

정길정·연준흠 편(1996), 『외국어 읽기 지도의 이론과 실제』, 한국문화사.

최연희·전은실(2006), 『영어 읽기 교육론: 원리와 적용』, 한국문화사.

Brown, H. D. (2001), *Teaching by principles* (2nd ed.), White Plains, NY: Addison Wesley Longman.

Goodman, K. S. (1967), "Reading: A psychological guessing game", *Journal of Reading Specialist 7*, 126-135.

Grabe, W. (1991), "Current development in second language reading research", *TESOL Quarterly 25*, 375-406.

Grellet, F. (1981), *Developing Reading Skills: A Practical Guide to Reading Comprehension*, New York: Cambridge University Press.

Hedge, T. (2000), *Teaching and learning in the language classroom*, Oxford: Oxford University Press.

Omaggio, A. H. (1993), *Teaching Language in Context*, Heinle & Heinle Publishers.

Seal, B. (1991), "Vocabulary Leaning and Teaching", In M. Celce-Murcia (Ed.), *Teaching English as a Second or Foreign Language* (2nd ed.), MA: Heinle & Heinle Publishers.

제6장

한국어 기능 교육론 2
(쓰기)*

이미혜

학습개요

　쓰기는 문자 언어를 대상으로 한 표현 영역의 활동이다. 실제 생활에서 쓰기는 문어를 사용하여 자신의 생각, 느낌, 정보 등을 표현하는 과정이다. 쓰기 교육은 한글 자모 베껴 쓰기에서부터 자신의 생각을 글로 표현하는 자유 작문에 이르기까지 광범위한 활동을 포함하며, 그러한 표현 기술을 통해 의사소통 능력을 기르는 데 목표를 둔다.

　이 장에서는 쓰기 교육의 목표와 내용을 소개하고 수업 구성 원리를 살펴본다. 그리고 구체적인 수업 활동 유형과 수업 구성 방법을 알아보며, 오류 교정 및 평가 방법을 다룬다.

---

* 이 장은 강현화·이미혜(2011)의 '제11강 쓰기 교육론'을 재구성하였다.

1. 쓰기의 개념과 특성

쓰기는 문자 언어를 대상으로 한 표현 영역의 언어 기능이다. 쓰기는 한글 자모를 베껴 쓰거나 소리를 듣고 옮겨 적는 활동에서부터 맞춤법에 맞게 단어·문장을 쓰는 활동, 생각을 조리 있게 글로 표현하는 자유 작문에 이르기까지 광범위한 영역의 활동을 포함한다. 일반적으로 표현 영역은 이해 영역보다 복잡한 과정을 거치므로, 쓰기도 철자, 어휘, 문법, 담화 전반에 걸친 복합적인 능력을 요구한다.

쓰기는 문자 언어를 대상으로 하므로 문어의 특성을 고려한 지도가 필요하다. 쓰기가 다른 언어 기능에 비해 어렵다고 생각되는 것도 바로 쓰기가 갖는 문어의 특성에 기인한 것이다. 브라운(Brown, 2000)은 읽기, 쓰기 교육에서 고려할 문어의 특성을 일곱 가지로 제시하였다.

1) 불변성

구어는 발화와 동시에 사라져 버리지만 문어는 불변한다. 이러한 점은 읽기 교육에서는 반복해서 글을 읽을 수 있다는 장점으로 작용하지만, 쓰기 교육에서는 쓰기를 두렵게 만드는 요인이 된다. 완성된 글이 독자에게 전달되면 수정이 불가능하므로 글을 완성하기 전에 수정하고 다듬는 습관을 갖도록 지도해야 한다.

2) 산출 시간의 소요

문어는 구어보다 산출하는 데 많은 시간이 소요된다. 이러한 특성을 고려한다면 쓰기 교육에서 교사는 정해진 시간 내에 글을 쓸 수 있도록 지도해야 하며, 주어진 시간을 효과적으로 사용하는 전략도 길러 주어야 한다.

3) 글쓴이와 독자의 거리

문어의 메시지가 전달되기까지는 시간적·공간적 거리가 존재한다. 학습자가 쓴 글을 읽는 사람은 대부분 한국인이며, 다른 시간, 다른 장소에서 읽

히는 게 일반적이므로 글을 쓸 때 한국인의 관점에서 생각하는 능력이 필요
하다.

4) 철자

구어는 억양, 몸짓, 리듬 등을 활용하여 의미를 효과적으로 전달하지만 문
어는 문자만으로 의미를 전달한다. 그러므로 철자를 통해 메시지를 정확하
고 효과적으로 표현하는 연습이 필요하다.

5) 복잡성

문어는 구어보다 복잡한 문장으로 구성되며 정보의 양도 많은 것이 특징
이다. 구어로 표현할 때는 간단한 문장을 말한 후에 반복, 부연 설명하는 방
법을 자주 활용하지만, 문어로 표현할 때는 적절하게 복문을 사용해야 하며,
다양한 문형을 활용해야 한다.

6) 다양한 어휘

문어는 구어보다 다양하고 많은 양의 어휘를 사용하며, 특정한 어휘는 문
어에서만 사용하기도 한다. 그러므로 글을 잘 쓰려면 문어 어휘를 선택하고,
다양한 어휘를 사용하는 연습이 필요하다.

7) 형식성

문어 텍스트는 형식성이 강한 특성이 있으므로 쓰기 교육에서 텍스트의
구조, 수사학적인 형식 등을 익히도록 유도한다.

이상에서 살펴본 문어의 특성과 이를 반영한 쓰기 교육 내용을 도시하면
[그림 6-1]과 같다.

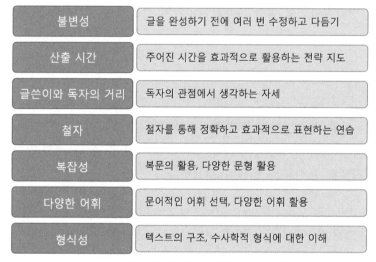

불변성	글을 완성하기 전에 여러 번 수정하고 다듬기
산출 시간	주어진 시간을 효과적으로 활용하는 전략 지도
글쓴이와 독자의 거리	독자의 관점에서 생각하는 자세
철자	철자를 통해 정확하고 효과적으로 표현하는 연습
복잡성	복문의 활용, 다양한 문형 활용
다양한 어휘	문어적인 어휘 선택, 다양한 어휘 활용
형식성	텍스트의 구조, 수사학적 형식에 대한 이해

[그림 6-1] 문어의 특성을 반영한 쓰기 교육 내용

2. 쓰기 교육의 목표 및 내용

1) 쓰기 교육의 중요성

의사소통 능력은 표현 능력과 이해 능력, 구어 능력과 문어 능력을 고루 갖춤으로써 완성된다. 쓰기는 문어를 통한 표현 능력을 길러 주는 중요한 기술이지만, 교육 현장에서는 시간적인 제약, 말하기를 통한 가시적인 교육 효과를 우선시하는 경향으로 쓰기 지도에 충분한 시간을 할애하지 못하고 있다. 이와 더불어 쓰기는 외국어교육에서 부수적이며, 주변적이라는 인식도 일부 남아 있는 것이 사실이다.

그러나 한국어 인사말을 배울 때도 한글 자모를 읽고 쓸 수 없는 학습자는 더 많은 노력을 기울여야 하며, 말하기·듣기·읽기·쓰기 능력이 고루 발달하지 않은 학습자는 언어 능력이 일정 수준에서 멈춰 버리기도 한다. 또한 한국어를 사용하여 대학 강의를 듣거나 직장생활을 하는 사람이 쓰기 능력을 갖추지 못한다면 의사소통, 학업 수행, 업무 수행에 큰 어려움을 겪게 되는 것은 자명한 일이다. 국내 여성결혼이민자 한국어교육에서도 말하기를 통한 의사소통 능력 향상에 주력하는 경우가 많으나 한국에서 영원히

체류하여 자녀 교육까지 담당할 사람이라는 점을 생각한다면 한국인에 준하는 쓰기 능력을 갖추도록 더 많은 노력을 기울여야 한다.

커민스(Cummins, 1980)는 언어 유창성을 '기본적인 대인 관계에서의 의사소통 기술(basic interpersonal communication skills: BICS)과 인지적 부담이 큰 학문 영역에서의 언어 능력(cognitive academic language proficiency: CALP)으로 구분하였다. 단지 일상생활에 필요한 표현 학습을 목표로 한다면 BICS 개발에 주력하면 되지만 더 높은 수준의 언어, 전문적 영역의 언어까지 습득하고자 한다면 오랜 시간을 투자하여 CALP 개발에 노력해야 한다. 그러나 네 가지 언어 능력이 균형 있게 향상되지 않는다면 이 높은 단계로의 진입은 원천적으로 불가능해진다.

한국어 쓰기 능력은 한국어를 사용하여 일상생활, 사회생활을 영위하기 위한 필수적인 능력이며, 고급 단계의 숙달도를 갖추기 위해 반드시 필요한 능력이다. 그러나 쓰기 능력이 다른 언어 기능을 학습함으로써 저절로 향상되는 것은 아니므로, 쓰기 특성을 고려하고 쓰기 능력에 영향을 미치는 요인들을 반영하여 효율적인 교육 방법을 모색해야 한다.

2) 쓰기 교육 목표

한국어 쓰기 교육은 문어를 사용하여 생각이나 느낌을 표현하며, 타인과 원활하게 의사소통하는 데 목적이 있다. 그러므로 생각이나 느낌 등을 좀 더 적절하게 표현할 수 있고, 맥락에 맞게 표현하도록 지도하는 것이 중요하다.

쓰기 교육 목표는 교육과정별, 숙달도별, 글의 유형별로 달리 설정할 수 있는데, 학문 목적의 한국어, 직업 목적의 한국어 쓰기 목표를 살펴보면 그 차이를 뚜렷하게 알 수 있다.

(1) 학문 목적의 한국어 교육과정

강의 수강 및 연구에 필요한 쓰기 능력을 길러 대학생활에서 부딪히는 쓰기 과제를 수행할 수 있다. 내용 요약하기, 참고문헌 작성하기, 목차 구성하기, 외래어 표기 익히기, 문서 작성하기 등 대학에서 요구되는 기본적인 쓰기 기능을 수행할 수 있으며, 조사 보고서 쓰기, 전문 주제에 관한 보고서 작성하기, 강의 들으면서 필기하기, 답사기·비평문·일지 쓰기, 발표 자료 구성하기 등을 할 수 있다.

(2) 직업 목적의 한국어 교육과정

직장 생활에 필요한 다양한 서류 작성하기, 사회적인 글쓰기를 통해 다양한 업무를 한국어로 처리할 수 있다. 회의 서류 작성하기, 프레젠테이션 자료 만들기, 공적인 이메일 쓰기, 공문 작성하기, 업무 보고서 쓰기 등을 할 수 있다.

쓰기 교육의 세부 목표를 살펴보기 위해서는 숙달도에 따른 교육 목표를 살펴볼 필요가 있다. 동일한 교육과정에서도 숙달도에 따라 쓰기 교육 목표는 심화되고 확장되는데, 일반 목적 한국어 교육과정에서의 목표를 살펴보면 다음과 같다.

표 6-1　숙달도별 쓰기 교육 목표

급	목표
1급	• 글자 구성 원리를 이해하여 맞춤법에 맞게 글씨를 쓸 수 있다. • 정형화된 표현이나 외운 표현을 사용하여 대화를 구성할 수 있다. • 기본적인 문장 구조를 이해하여 간단한 문장이나 대화를 구성할 수 있다. • 일상적이고 친숙한 소재에 대해 짧은 생활문을 쓸 수 있다.
2급	• 사용 빈도가 높은 조사와 연결어미를 사용하여 문장을 구성할 수 있다. • 일상생활에 관한 간단한 대화를 구성할 수 있다. • 일상적이고 친숙한 소재에 대해 생활문을 쓸 수 있다. • 간단한 메모, 편지, 안내문 등의 실용적인 글을 쓸 수 있다.
3급	• 사적이고 친숙한 소재의 글을 유창하고 정확하게 쓸 수 있다. • 자신에게 친숙한 사회적 소재에 대해 글을 쓸 수 있다. • 설명문의 구조를 이해하여 간단한 글을 쓸 수 있다. • 문어와 구어의 기본적인 특성을 구분할 수 있으며, 문어체 종결형을 사용해 글을 쓸 수 있다.
4급	• 친숙한 사회적·추상적 소재에 대해 글을 쓸 수 있다. • 일반적인 업무와 관련된 간단한 서류 및 보고서를 작성할 수 있다. • 간단한 감상문, 설명문, 수필 등을 쓸 수 있다. • 자신의 생각을 논리적으로 표현하는 간단한 글을 쓸 수 있다.
5급	• 자신과 관련이 적은 사회적·추상적 소재에 대해 어느 정도 글을 쓸 수 있다. • 업무나 학문 등의 전문 분야에서 요구되는 글을 쓸 수 있다. • 다양한 담화 상황에 맞는 적절한 격식을 사용하여 글을 쓸 수 있다.

	• 감상문, 설명문, 수필, 보고서, 논설문 등을 쓰거나 요약할 수 있다.
6급	• 자신의 업무나 전문 분야와 관련된 글을 정확하고 유창하게 쓸 수 있다. • 한국어 담화 구조의 특징을 이해하여 설득력 있고 논리적인 글을 쓸 수 있다. • 다양한 표현법 중 가장 적절한 표현을 선택해 사용할 수 있다. • 논문, 연설문, 공식적인 문서 등을 쓸 수 있다.

초급에서는 일상적이고 친숙한 주제의 생활문(메모, 편지, 안내문 등)을 쓸 수 있도록 지도한다. 그리고 중급은 친숙한 추상적·사회적 글을 쓸 수 있으며, 감상문, 설명문, 수필 등 다양한 유형의 글을 쓸 수 있고 논리적으로 글을 조직하는 능력을 갖추도록 지도해야 한다. 고급은 보고서, 논설문, 평론 등 다양한 텍스트를 완성할 수 있으며, 공적인 문서 등 격식적·전문적 분야의 글을 알맞게 쓸 수 있어야 한다.

3) 쓰기 교육 내용

트리블(Tribble, 1996)은 쓰기 능력을 구성하는 지식 범주를 네 가지로 제시했는데, 내용적 지식(content knowledge), 맥락적 지식(contextual knowledge), 언어 체계에 대한 지식(language system knowledge), 쓰기 과정에 대한 지식(writing process knowledge)이다. 내용적 지식은 주제와 관련된 지식이며, 맥락적 지식은 누가, 어떤 맥락에서 글을 읽을 것인지에 대한 것으로 상황에 맞게 글을 구성하는 능력이다. 언어적 지식은 어휘, 문법, 철자, 구문에 대한

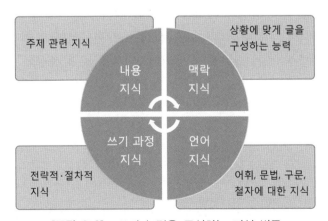

[그림 6-2]   쓰기 능력을 구성하는 지식 범주

지식이며, 쓰기 과정 지식은 전략적·절차적 지식을 가리킨다.

일반 목적 학습자 대상의 쓰기 교육은 주제에 관한 내용 지식을 갖추고, 어휘력, 문법 능력과 같은 언어 지식을 갖추는 데 중점을 두는 경우가 많다. 그러나 사회생활에 필요한 학문, 직업과 관련한 글쓰기를 위해서는 어떤 목적으로 쓰는 글이며, 누가 읽을 것인지를 생각하고 맥락에 맞게 글을 쓰는 데 중점을 두게 된다. 물론 어떠한 경우에도 학습자는 글을 쓰는 과정, 전략에 대한 지식이 필요하다. 의사소통 능력은 맥락, 상황을 알고 그에 맞게 한국어를 사용할 수 있어야 하므로, 한국어 쓰기 교육도 맥락에 대한 지식, 맥락을 포함한 활용 연습을 중요하게 다루어야 한다.

하이랜드(Hyland, 2003)는 쓰기 능력을 갖추기 위해 장르 지식(genre knowledge)이 있어야 한다고 하였다. 장르 지식은 '특정 상황에서 독자와 의사소통 목적에 따른 장르의 특징을 알고 이에 맞게 글을 쓰는 능력'이므로 곧 맥락 지식과 연관된다. 최근과 같이 학문 목적 학습자가 늘고 있는 한국어교육 현황을 고려할 때, 유학생들에게 필요한 보고서 등 특정 장르 중심 쓰기 교육은 쓰기 능력을 배양하는 중요한 방법이다. 또한 일반 목적 한국어교육에서도 장르 지식을 적절하게 활용한다면 독자와 상황 맥락을 고려하여 글을 쓰는 능력을 기를 수 있다.

3. 쓰기 교육의 흐름

쓰기 교육의 접근 방법은 교육의 초점을 어디에 두는지에 따라 '형식(결과) 중심, 필자(과정) 중심, 독자(장르) 중심'으로 변화하였다. 형식 중심의 접근법은 결과 중심 쓰기 교육에 해당되며, 이후는 과정 중심의 쓰기 교육이 이루어지고 있다. 독자 중심의 접근법은 장르 중심 접근법이라고도 하는데, 과정 중심의 쓰기와 대립적인 개념은 아니므로 과정·장르 접근법을 통합한 모형[1]도 활용된다.

---

1) 이에 대해서는 트리블(Tribble, 1996)의 '쓰기 과정과 장르 중심 접근법을 접목한 쓰기 지도 모형'을 참조할 수 있다.

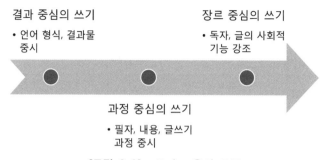

[그림 6-3] 쓰기 교육의 흐름

구조주의 언어학에 근거한 1960년대까지의 쓰기 교육은 문법, 어휘, 철자, 구성 등에 중점을 둔 형식 중심 쓰기였다. 텍스트를 중심으로 한 이 지도 방법은 모범 글의 표현, 수사적인 구조 등을 모방하여 글을 쓰도록 하고 결과물의 완성도를 중시하여 결과 중심 쓰기 교육이라고 한다. 쓰기 수업은 모범 글 베껴 쓰기, 문형을 활용한 문장 쓰기 연습 등을 통해 텍스트의 형식 전이를 유도하는 것이었다.

그러나 인지주의 언어학에 근거한 시기에는 텍스트 자체보다 필자가 글을 어떻게 쓰는지에 중점을 두고 글을 쓰는 '과정'을 중시하였다. 과정 중심 쓰기 교육은 필자가 자신의 생각을 다듬고 완성하는 일련의 과정, 즉 계획하기, 초고 작성하기, 수정·교정하기, 완성하기의 과정을 거치도록 한다. 이미혜(2001)는 과정 중심의 쓰기 수업을 다음과 같이 도식화하였다.

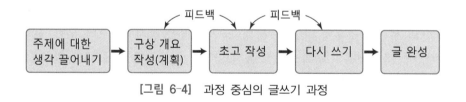

[그림 6-4] 과정 중심의 글쓰기 과정

과정 중심의 쓰기 수업은 글을 쓰기 전에 미리 계획을 세우도록 하며, 학습자로 하여금 글을 쓰는 목적과 과정을 이해하게 하여 좋은 학습자 습관을 갖게 한다. 좋은 학습자 습관이란 문법 구조에 집착하지 않고 내용에 중점을 두고 글을 쓰며, 자신의 글에 대해 피드백을 구하고 참을성 있게 교정하는 것이다. 과정 중심 쓰기 수업은 교사와 학습자, 학습자 간의 상호작용이 활발하게 일어나므로 상호적인 수업이 된다.

과정 중심의 접근법과 결과 중심의 접근법은 다음과 같은 차이점이 있다.[2]

표 6-2 결과 중심 접근법과 과정 중심 접근법의 특성

구분	결과 중심 접근법	과정 중심 접근법
쓰기의 정의	• 일련의 직선적 과정	• 복잡하고 순환적인 창의적 과정
초점	• 학습 과정의 결과 • 글의 형식(구성) 중심	• 쓰기 단계별 과정 • 필자 • 다양한 교실 수업 활동 • 글의 내용 중심
주요 특징	• 정확성 중시 • 예시 글의 모방, 베껴 쓰기, 변형 • 학습자 개별 쓰기 활동 • 교정 단계 배제 • 쓰기 단계에서 교사 간섭 배제	• 쓰기에 필요한 충분한 시간 배정 • 문법의 중요성 약화 • 협동 학습 • 적절한 쓰기 전략 개발 • 교사 간섭의 최소화 • 학습자 간의 피드백 권장
이론적 배경	• 구조주의 언어학	• 인지주의, 사회언어학

과정 중심 쓰기 교육을 통해 필자는 동료, 교사와 협력하여 적극적으로 문제를 해결함으로써 쓰기에 대한 부담을 줄이는 긍정적인 효과를 낳았다. 그러나 몇몇 문제점이 해결 과제로 지적된다. 첫째, 필자의 생각을 어떻게 글로 표현하는가도 중요하지만 사회 공동체가 요구하는 맥락에 맞게 쓰는 것도 중요하다. 그러나 과정 중심 쓰기는 글을 쓰는 필자를 중시하였으나 상대적으로 독자와 글에 영향을 미치는 담화 공동체에 대한 이해를 간과하여 글의 형식을 소홀히 하였다. 둘째, 글의 내용을 중시하였으나 문법, 표현, 수사적인 측면에서의 정확성을 소홀히 다루어 최종적인 글에 대한 완성도가 낮아지게 된다는 것이다.

1980년대 후반부터 쓰기 교육에서 사회적·문화적 맥락이 강조되면서 독자를 고려하고 사회에서 통용되는 텍스트의 특성에 따라 글을 쓰도록 하는 장르 중심 쓰기 교육이 이루어졌다. 스웨일스(Swales, 1990)는 장르란 "특정 의사소통 목적을 공유하는 의사소통 활동의 종류"라고 정의한다. 의사소통 활동은 텍스트뿐만 아니라 필자와 독자, 텍스트가 쓰인 사회적·역사적 배경이 모두 포함된다. 그러므로 장르 중심 쓰기는 담화 공동체의 요구를 고

---

2) 최연희(2009: 40)에서 인용하여 재구성하였다.

려하여 텍스트의 구조, 수사적·언어적 특성을 맞춰 글을 쓰도록 해야 하며, 어떻게 써야 하는지에 대한 명시적인 설명도 포함한다. 그러나 장르 중심 쓰기에서 강조하는 텍스트 형식, 구조는 형식 중심 쓰기에서 강조하는 언어 형식과 구별된다. 형식 중심 쓰기는 텍스트를 상황 맥락과 상관없이 고정된 것으로 보고 모범적인 언어 형식을 모방하도록 하였다면, 장르 중심 쓰기는 사회적인 맥락에 따라 텍스트의 언어 형식과 특징이 변한다고 보았다. 따라서 장르 중심 쓰기 교육에서 교사는 정해진 규칙을 준수하고 규범에 맞게 글을 쓰도록 강조하는 것보다 장르 특성을 익히고 사용하는 데 중점을 두어야 한다. 학습자에게 모범 글을 제시할 때도 정형화하여 주입식으로 지도하는 것은 바람직하지 않으며 장르에 어느 정도 적합한지를 중심으로 지도하는 것이 좋다.

장르 중심 쓰기의 교수-학습 모형은 '맥락에 대한 이해', '모형화', '교사와 학습자의 같이 쓰기' 단계를 반드시 포함하고, 이를 바탕으로 학습자가 개별 글쓰기를 하도록 설계한다.

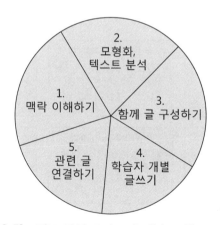

[그림 6-5] 장르 중심 쓰기 교수-학습 모형(Feez, 1998)

1단계는 목표 장르에 대한 배경지식을 쌓으며 맥락을 이해하는 맥락화 단계이다. 2단계는 목표 장르의 수사학적 언어적 특징을 파악하여 모형화하는 단계이며, 3단계는 교사와 학습자가 함께 목표 장르의 글을 써 보는 단계이다. 이렇게 교사와 학습자가 협동 쓰기 과정을 거친 후에 학습자가 독립적으로 목표 장르의 글을 써 보는 단계에 이른다. 학습자는 내용 구상하기, 글 조직하기, 초고 작성하기, 수정하기 단계를 거치면서 자신의 글을 완성해 낸다. 이런 점에서 장르 중심 쓰기는 과정 중심 쓰기와 상반된 쓰기 방식이 아니며 양립이 가능하다고 할 수 있다

4. 쓰기 교육 원리

1) 내용, 구조, 문법, 철자의 균형 잡힌 교육

완결된 글을 쓰기 위해서는 어휘, 문법, 철자, 내용의 긴밀성, 텍스트 구조의 적절성이 모두 갖추어져야 하므로, 쓰기 교육은 정확성과 유창성을 동시에 추구하는 균형 잡힌 교육이 되어야 한다. 외국인을 대상으로 한 한국어 쓰기 교육은 모국인 대상의 쓰기 교육보다 상대적으로 철자, 문법을 중요하게 다루어야 하지만, 텍스트 전반에 대한 통찰력과 표현력도 갖추도록 지도해야 비로소 쓰기를 통한 의사소통이 가능해진다.

내용(content)	구성(organization)	담화(discourse)
• 생각, 논지의 일관된 구성 및 전개 • 예시, 묘사, 설명, 비교 등에 맞는 내용	• 텍스트 유형에 맞는 알맞은 구성(서론, 본론, 결론의 적절성 등)	• 문장을 연결하여 단락을 구성 • 단락의 통일성, 응집성
문법(grammar)	어휘(vocabulary)	기계적인 부분 (mechanics)
• 문법적으로 적절한 문장구성	• 다양하고 적절한 어휘 사용	• 철자, 구두점, 들여쓰기 등

[그림 6-6] 균형 잡힌 쓰기 교육의 내용

2) 학습 요구를 반영한 실제적 쓰기와 학문적 쓰기 포함

최근 한국어 학습자 집단이 다양해지며 쓰기 수업에서 고려할 학습자 요구도 복잡해지고 있다. 여성결혼이민자나 일반 목적 학습자들은 실생활에 필요한 과제 수행 중심으로 쓰기 활동을 할 때 학습 동기를 높일 수 있다. 그러나 한국 대학의 학문 목적 학습자나 특수 직업을 위해 한국어를 학습하

는 사람들은 학문적인 쓰기 활동을 필요로 하고, 특정 서류나 문서 쓰기를 희망할 것이다. 따라서 학습자 요구를 파악하여 실제적인 쓰기와 학문적인 쓰기를 배합하고, 일반 목적의 쓰기 활동과 특수 목적의 쓰기 활동을 적절히 활용해야 한다.

일반 목적 학습자나 여성결혼이민자 대상의 수업에서 활용 가능한 실제적인 쓰기 과제를 예로 들면, '자기소개의 글쓰기, 이메일 쓰기, 메모하기, 은행거래신청서 쓰기, 문자 메시지 쓰기, 초대장 쓰기, 일기 쓰기' 등이 있다. 학문 목적 학습자를 위한 쓰기 과제로는 '보고서 쓰기, 시험 답안지 쓰기, 논리적인 주장의 글쓰기, 객관적 자료를 분석·설명하는 글쓰기, 대학 생활에 필요한 문서 작성하기, 자기소개서와 이력서 작성하기' 등이 있다.

3) 과정 중심의 쓰기 수업

쓰기 수업에서 교사는 학습자의 글을 평가하는 것에 초점을 두는 것이 아니라, 학습자가 자신의 생각을 글로 표현할 수 있도록 전략을 제공하며 안내하는 역할을 해야 한다. 이러한 수업은 학습자가 글을 쓰는 과정에 중점을 두며, 쓰는 과정에서 학습자 간, 교사와 학습자 간의 다양한 상호작용을 촉진하는 것이다.

과정 중심 수업 구성을 위해서는 다음과 같은 점에 주의해야 한다.

① 학습자가 스스로 글을 쓰는 과정을 이해하고, 글을 통해 나타내고자 하는 것을 스스로 발견하여 자기 주도적으로 글을 쓰도록 한다.
② 글을 완성하기까지 시간적인 여유를 주어, 교정하고 다시 쓰는 전략을 활용하게 한다.
③ 교사뿐만 아니라 학습자 간의 피드백을 권장하여 상호적인 수업으로 운영한다.
④ 학습자 글에 대한 피드백과 오류 교정을 신중하게 한다.

4) 상호작용의 촉진

전통적인 쓰기 수업은 학습자 혼자 쓰고 교사가 평가하는 일방향의 수업이었다. 그러나 최근의 쓰기 수업은 학습자 간에 생각을 나누며 피드백을 주고받는 상호작용을 중시한다. 쓰기 전에 서로 생각을 교환하여 쓸 내용을 정리하며, 자신이 쓴 글에 대해 다른 사람에게 의견을 구하면서 학습자 간, 교사와 학습자 간의 다양한 상호작용이 일어난다.

모국어 쓰기 수업과 달리 외국어 쓰기 수업은 학습자 간의 피드백을 효과적으로 활용하는 것이 쉽지 않다. 그러나 효과적인 방안을 고안한다면 동료의 글을 읽으면서 독자의 입장에서 글을 볼 수 있는 통찰력이 생기며, 올바른 글쓰기 기준이 내재화되는 효과를 얻을 수 있다.

5) 글쓰기에 영향을 미치는 언어문화 특성 고려

캐플런(Kaplan, 1966)의 '문어 담화의 유형(Patterns of Written Discourse)'에 의하면 사고를 글로 표현하는 형태는 언어나 문화의 영향을 받는다고 한다. [그림 6-7]과 같이 영어를 사용하는 언어문화권에서 성장한 사람은 사고를 글로 표현하는 방법이 직선적인 데 비해 동양의 언어문화권 사람들은 우회적으로 돌려서 표현한다는 것이다. 이 이론은 과도한 단순화, 일반화로 비판을 받았으나 학습자 모국어의 수사학적인 간섭에 대해 관심을 갖고 학습자 글을 이해하고 지도해야 한다는 점은 설득력이 있다.

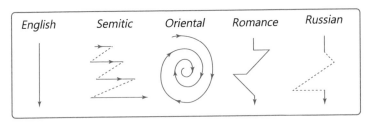

[그림 6-7] 문어 담화의 유형(Kaplan, 1966)

한국어 쓰기 수업에서도 외국인 학습자가 쓴 글을 읽는 사람이 한국인이라는 점을 고려한다면 학습자들이 한국인의 담화 전개 방식을 익혀서 글을 쓰도록 지도해야 할 것이다. 그리고 학습자의 글 전개 방식은 모국의 언어문화 영향을 받았을 수 있으므로 주의 깊게 관찰하여 지도 방안을 찾아야 한다.

5. 쓰기 수업 활동

쓰기 활동은 무엇을 기준으로 분류하는지에 따라 다양한 방식으로 나눌 수 있는데, 여기에서는 교사의 통제가 어느 정도인지, 학습자가 자유롭게 써 가는 부분은 무엇인지에 따라 '통제된 쓰기, 유도된 쓰기, 자유로운 쓰기'로 구분하였다.

1) 통제된 쓰기

(1) 베껴 쓰기
한글 자모를 익히거나 어휘 의미와 철자를 암기하기 위한 활동이다. 필순, 정자로 쓰기 등에 주의하도록 한다.

사과	사 과	사 과
	사 과	사 과

(2) 받아쓰기
주로 초급에서 사용하며 완벽한 글의 일부분을 써 보는 연습이다. 교사는 2~3회 반복하여 읽어 주는데, 첫 번째는 보통 속도로, 그다음에는 문장을 2~3곳으로 나누어서 읽어 준다. 그리고 마지막에 다시 정상 속도로 읽어 준다. 받아쓰기는 말소리와 문자를 대응시키는 연습이지만 전적으로 음성에 의존하여 전사하는 활동은 아니다. 학습자는 문장을 듣고 의미를 이해한 후, 일정 부분을 기억하면서 다시 문장으로 써 내려가야 한다. 받아쓰기는 철자에 대한 연습을 겸하므로 어휘, 문법을 정확하게 익히는 데 도움이 된다.

(3) 바꿔 쓰기
글의 일정한 요소를 다른 것으로 전환하는 연습이다. 현재 시제를 과거 시제로 바꿔 쓰거나 격식체를 비격식체로 바꿔 쓰는 등 목표 문법에 중점을 둔 쓰기 활동이다.

저는 아침 7시에 일어납니다. 그리고 7시 반에 아침을 먹습니다. 식사 후에 신문을 읽고 청소를 합니다. 점심 때 친구를 만나러 시내에 갑니다.	저는 아침 7시에 **일어났습니다.** 그리고 7시 반에 아침을 _____. 식사 후에 신문을 읽고 청소를 _____. 점심 때 친구를 만나러 시내에 _____.

(4) 문장 연결하기

'-고, -어서, -지만, -니까' 등의 연결어미를 활용하여 두 문장을 연결하는 연습에서 주로 사용한다.

(5) 빈칸 채우기

어미, 접속 부사 등을 사용하여 문장의 일부분을 완성하는 연습이다. 주로 문장, 짧은 담화 단위에서 특정 표현이나 어휘 학습, 문장 연결에 중점을 두고 구성한다.

그리고	그래서	그렇지만	그러면	그런데

어제는 수진 씨의 생일이었습니다. 나와 수진 씨는 같이 저녁을 먹고 노래방에 갔습니다. _____ 노래방에서 우리 반 친구들을 만났습니다. _____ 우리는 모두 같이 노래를 불렀습니다. _____ 춤도 추었습니다. 아주 재미있었습니다.

2) 유도된 쓰기

(1) 이야기 재구성하기

주어진 핵심 어휘, 표현을 사용하여 이야기를 구성하는 쓰기 활동이다. 어휘, 표현을 제시함으로써 내용, 표현의 일부를 제한하지만 그 밖의 것은 학습자가 자유롭게 구성할 수 있다.

다음 내용을 바탕으로 사건 기사를 쓰세요.

- 일시 : 8월 22일(일) 오후 11:30
- 장소 : 경부고속도로 하행선 2km 지점
- 사고 내용 : 화물 트럭(하행)이 중앙분리대를 넘어 승용차(상행)와 충돌
  운전수 2명 사망, 3명 부상
- 사고 원인 : 과속 운전, 졸음운전

(2) 그림, 도표, 통계 자료 등을 보고 서술하기

내용을 시각적인 자료로 제시하고 언어 형식을 학습자가 선택하여 글로
쓰는 연습이다. 간단한 문장에서부터 줄거리가 있는 담화 차원까지 구성할
수 있다.

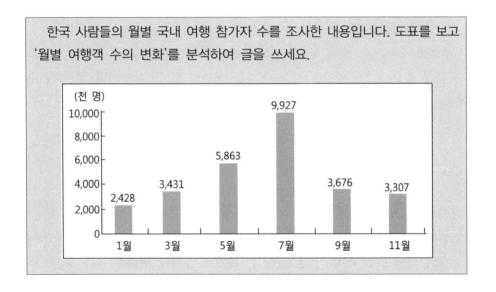

한국 사람들의 월별 국내 여행 참가자 수를 조사한 내용입니다. 도표를 보고
'월별 여행객 수의 변화'를 분석하여 글을 쓰세요.

태국의 날씨 정보를 보고 이메일을 완성하세요.

태국 방콕의 날씨(12월)
- 선선하다
- 덥지 않다/춥지 않다
- 비가 안 오다
- 25℃쯤

영아 씨,

안녕하세요?

다음 달에 태국에 갈 거예요?

방콕은 12월에 날씨가 _____.

_____ 춥지도 않아요.

그리고 비가 _____.

기온은 _____.

여행 가기 전에 다시 연락 주세요.

제가 자세히 알려 드릴게요.

디나.

(3) 담화 완성하기

담화의 일부분을 비워 두고 문맥에 맞게 완성하는 활동이다. '서론, 본론에 맞게 결론 쓰기, 원인을 보고 결과를 예측하기' 등 다양하다. 주어진 내용을 근거로 글을 완성해야 하지만 언어 형식을 자유롭게 구성할 수 있는 특징이 있다.

3) 자유로운 쓰기

(1) 자유 작문

다양한 주제, 다양한 종류의 글로 자유롭게 생각을 표현하는 쓰기 활동이다. 숙달도에 따라 주제, 글쓰기 방식, 텍스트 유형에 변화를 준다. 과정 중심의 쓰기 교육을 위해서는 과제만 제시하는 것보다 메모한 후에 글을 완성하도록 절차를 제시하는 것이 좋다.

건강에 좋은 음식을 추천하는 글을 쓰세요.

1. 다음의 표에 필요한 내용을 메모하세요.

음식 이름이 뭐예요?	
언제, 누가, 어디에서 먹어요?	
재료가 뭐예요?	
어떻게 만들어요?	
어떤 점이 건강에 좋아요?	

2. 메모를 바탕으로 글을 완성하세요.

(2) 글 읽고 의견 쓰기

'글을 읽고 내용 요약하기, 글을 읽고 자신의 생각을 정리하여 견해 쓰기' 등 읽기와 연계하여 다양한 활동을 구성할 수 있다.

(3) 기타

그 밖에 자유로운 쓰기에는 강의 메모하기, 일기 쓰기 등이 있다.

6. 쓰기 수업 구성

1) 쓰기 전 단계

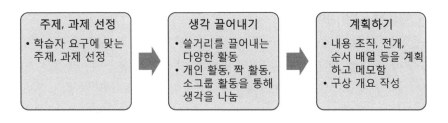

주제, 과제 선정
- 학습자 요구에 맞는 주제, 과제 선정

생각 끌어내기
- 쓸거리를 끌어내는 다양한 활동
- 개인 활동, 짝 활동, 소그룹 활동을 통해 생각을 나눔

계획하기
- 내용 조직, 전개, 순서 배열 등을 계획하고 메모함
- 구상 개요 작성

(1) 생각 끌어내기

좋은 글은 주제에 대한 다양한 정보, 풍부한 생각이 있을 때 가능하다. 그러므로 학습자들이 관심 있는 주제, 흥미롭게 다가갈 수 있는 주제를 선정하는 것이 중요하다. 그러나 적절한 주제를 선정했다고 해도 쓸거리를 생각해 내는 것은 학습자에게 매우 부담스러운 일이다. 그러므로 개인 활동, 짝활동, 소그룹 활동을 통해 주제에 대한 생각을 나누고 준비한다. 낯선 종류의 글을 쓸 때는 텍스트 특성에 대해 알고 있는 것을 공유하거나 유사한 글을 보면서 어떤 방법으로 글을 써야 할지 의견을 교환하는 것이 좋다.

(2) 계획하기

주제에 대한 생각을 글로 옮기기 전에 어떻게 내용을 조직할 것인지 계획하는 과정을 거치는 것이 좋다. 일반적으로 개요 작성 단계라고 말하는 이 과정을 통해 '글을 통해 나타내려는 논지가 무엇인지, 그 논지를 뒷받침해 주는 상세한 부분들은 무엇인지, 그것을 어떤 순서로 배열할 것인지' 등을 계획하고 메모하게 된다. '서론, 본론, 결론' 형식으로 쓸 내용을 메모하기도 하며, 도표 등으로 도식화하여 정리할 수도 있다. 만일 텍스트 전개 방식에 대한 지식이 없을 때는 모범 글의 구조를 분석하고 그 틀에 맞춰 생각을 정리해 놓는다.

2) 쓰기 단계 활동

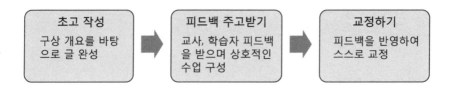

(1) 학습자 간의 피드백

학습자는 계획 단계에서 작성한 구상 개요를 바탕으로 처음에 생각한 것을 초고에 최대한 반영하여 글을 완성한다. 그러나 글을 쓰는 과정은 자신의 생각을 점차 더 가깝게 요리해 가는 과정이므로 초고가 완성된 후에도 글을 다듬고 수정하는 작업이 필요하다. 초고에 대해 학습자 간에 의견을 나누고 피드백을 제공할 수 있다.[3] 학습자 간의 피드백은 주로 모국어 쓰기 수업에서 활용하는데 외국어교육에서 효과적으로 사용하기 위해서는 전환 방법을 생각해야 한다. 즉 단순히 글을 읽고 장단점을 말하는 것은 언어 능력이 부족한 학습자들에게 효율적이지 못하다. 그러므로 교사는 글을 평가하는 기준[4]을 제시하여 피드백 방향을 안내하는 것이 좋다. 예를 들어 '글의 단락이 잘 나누어져 있습니까?', '제목이 글의 내용에 적절합니까?' '중심 내용이 명료하게 나타나 있습니까?' 등의 질문을 제시하고 평가하게 한다. 이러한 기준은 문법적·통사적인 면보다 내용과 구성에 초점을 두는 것이 효과적이다.

(2) 교사의 피드백

학습자의 글에 피드백을 제공하는 것은 쓰기 교육에서 교사가 담당해야 할 중요한 부분이며 가장 많은 시간이 소요되는 일이기도 하다. 교사는 잘 된 부분에 대해 칭찬하는 긍정적인 피드백을 제공하기도 하며 오류 교정을 하기도 한다. 오류 교정은 어떤 부분을 교정할 것이며, 어떤 방식으로 교정해 줄 것인지 신중하게 고민해야 한다. 그런데 오류 교정에서 무엇보다 중요한 것은 학습자가 표현하고자 했던 의도에 맞게 오류를 교정해 주어야 한다는 점이다. 즉 오류 교정은 모국어 화자의 자연스러운 언어 수준으로 수정하고 지적하는 것이 아니라 학습자가 표현하려고 했던 원래의 의미를 추측하여 그 의도에 맞게 글을 쓰도록 도와주는 것이다.

초고에 대한 피드백은 전체적인 구성과 내용을 중심으로 언급하고, 지엽적이거나 문법적 오류는 지적하되 스스로 수정하도록 유도하는 것이 좋다. 그리고 세밀한 오류 교정은 학습자가 교정 과정을 거쳐 완성한 최종 글에 대해 하는 것이 학습자에게 심리적인 안정감을 주고 문법에 집착하지 않도록 하는 방법이다.

초고에 대한 오류 교정은 교사와 학습자가 약속한 상징 부호를 사용하여 단지 오류의 존재만을 표시하거나 오류 내용을 알려 주고, 학습자 스스로

---

3) 교사는 학습자의 글을 모두 피드백 대상으로 선정할 수도 있으며, 그중의 몇몇만 선정할 수도 있다. 글이 우수하여 함께 살펴볼 필요가 있는 글, 목표로 하는 글쓰기 방식에서 교사가 특정한 목적을 가지고 언급하려는 글, 다른 언어 기능은 뒤떨어지지만 쓰기 능력이 우수하여 북돋아 주고 싶은 학습자의 글을 선정한다.

4) 평가 기준은 학습자의 숙련도와 수업 목적에 따라 한두 개씩 사용해야 한다. 학습자들은 이러한 평가 기준으로 동료들의 글을 읽으면서 자신과 다른 학습자들의 글에 대해 좀 더 독자적인 비평가가 된다. 그리하여 올바른 글쓰기의 기준이 내재화되며, 글에 대한 통찰력과 분석력이 생긴다.

[그림 6-8] 상징 부호 사용 오류 교정, 직접 교정의 예

교정하도록 기회를 주는 것이 좋다. 상징 부호를 사용하는 방법은 학습자에게 좋은 쓰기 습관을 길러 주며, 자신의 오류를 스스로 범주화할 수 있는 능력을 키워 주고, 오류 유형에 관심을 갖게 한다.

상징 부호를 사용한 오류 교정이든 직접 교정이든 서면으로 피드백을 제공하는 것이 가장 일반적이다. 서면 방법은 시간을 효율적으로 사용할 수 있다는 이점이 있고, 시간이 지난 후에도 다시 읽어 볼 수 있어서 좋다. 그러나 학습자 의도를 파악하고 교정 내용을 효과적으로 전달하는 데는 한계가 있으므로 면담을 병행하는 것이 좋다. 중·고급의 학습자라면 컴퓨터를 이용하여 쓰도록 하고 이메일로 오류를 교정해 주는 방법이 있는데, 이 방법은 시간적·공간적인 제약이 없다는 점과, 학습자의 다시 쓰기가 수월하여 여러 번 반복 교정이 가능하다는 점에서 권장할 만하다.

3) 쓰기 후 단계 활동

다른 언어 기능과 통합 활동	교사의 최종 피드백	학습자의 피드백 활용
• 쓴 내용 발표 • 견해를 쓴 후 토론 • 경험이나 생각을 쓴 후에 인터뷰하기	• 세부적인 오류 교정 • 글에 대한 교사 의견 제시	• 다양한 전략을 활용하여 내재화

(1) 다른 언어 기능과 통합 활동

쓰기 수업에서도 글을 완성한 후 다른 언어 기능과 통합된 활동으로 언어 능력을 강화시킨다. '쓴 내용 발표하기, 견해를 글로 쓴 후 토론하기, 자신의 경험이나 생각을 기록한 후에 서로 인터뷰하기' 등이 자주 활용된다. 이 외에도 교실 내에 글을 전시하여 서로 읽어 보도록 할 수 있다.

(2) 학습자의 피드백 활용

교사가 다양한 방법으로 오류를 교정해도 대부분의 학습자들은 교사의 지적을 한번 읽는 것으로 끝나 버린다. 그러나 아무리 과정 중심으로 글을 완성하고, 교사가 정성스럽게 오류 교정을 해도 학습자 스스로 그 내용을 내재화하여 활용하지 못한다면 의미 없는 일이다. 그러므로 학습자가 교실 밖에서 이를 활용할 수 있도록 유도하고, 다양한 방법을 안내해 주어야 한다.

피드백을 활용하는 학습자 전략은 다양하다. 첫째, 여러 번 반복해서 읽거나 써 보고 암기한다. 둘째, 문법서나 참고 자료를 활용하여 확인하고 메모한다. 셋째, 주위 사람들에게 설명을 들어 보충한다. 넷째, 지적받은 내용을 스스로 범주화하고 목록을 정리한다.

그러나 학습자가 이러한 다양한 전략을 스스로 사용하기는 쉽지 않다. 그러므로 교사는 학습자가 피드백을 활용하는 전략을 갖도록 다음과 같은 방법들을 사용하는 것이 좋다. 첫째, 작문 메모장을 따로 준비하게 하여 오류 교정 내용을 메모하는 습관을 유도한다. 둘째, 문법 목록이나 범주화된 어휘의 목록을 제시하여 학습자가 자신의 문법적인 오류를 범주화하도록 돕는다. 셋째, 글의 구성이나 내용에 대한 부분 중 학습자의 공통적인 문제를 수업 시간 내에 언급한다. 넷째, 최종 글에 대한 교사의 피드백을 활용하여 다시 써 보게 한다. 다섯째, 교사의 피드백을 받고 글을 다시 읽은 후에 자신의 글에 대한 생각을 말하게 한다.

연습문제

1. 쓰기 수업을 과정 중심으로 지도하기 위하여 다음과 같이 이끌었다. 가장 바람직한 교사는?

   ① 쓰기 과제를 부여하고 집에서 글을 완성해 오도록 했다.

   ② 가능하면 빠른 시간 내에 글을 완성하도록 연습시켰다.

   ③ 학생의 글에 대한 오류는 초고부터 빠짐없이 고쳐 주었다.

   ④ 글을 쓰기 전에 주제에 대한 이야기 나누기로 생각을 끌어냈다.

2. 다음 중 통제된 쓰기 활동이 <u>아닌</u> 것은?

   ① 문장 듣고 받아쓰기

   ② 서론, 본론에 맞게 결론 완성하기

   ③ 글의 시제를 과거 시제로 바꿔 쓰기

   ④ 두 문장을 연결어미를 사용해서 연결하기

3. 쓰기 수업에서 학습자 간의 피드백에 대한 설명으로 맞지 <u>않는</u> 것은?

   ① 학습자가 글을 평가할 수 있는 기준을 제시해 주는 것이 좋다.

   ② 다른 사람의 글을 평가하면서 글에 대한 통찰력을 기르게 된다.

   ③ 글의 내용이나 구성보다 문법이나 철자를 중점적으로 보게 한다.

   ④ 글에 대한 모든 부분을 평가하기는 어려우므로 몇 가지에 한정해서 평가하게 한다.

4. 쓰기 수업에서 교사의 피드백에 대한 설명으로 맞는 것은?

   ① 모국인 화자가 읽어도 자연스러울 정도의 글로 수정해 준다.

   ② 상징 부호를 사용한 오류 수정 방법은 글쓰기에 대한 부담을 주므로 좋지 않다.

   ③ 글에 대한 피드백은 서면으로 주고받는 것이 가장 바람직하다.

   ④ 초안에 대해서는 글의 내용과 구성 등 전체적인 오류에 중점을 둔다.

풀이

1. [④]. 과정 중심 쓰기 수업은 글을 쓰는 과정(생각을 끌어내고, 계획하고, 교정하는 등)을 중시한다.

2. [②]. 서론, 본론에 맞게 결론을 완성하는 것은 유도된 쓰기 활동이다.

3. [③]. 학습자 간의 피드백은 언어 평가에 중점을 두는 것보다 내용, 구성에 초점을 두게 한다.

4. [④]. 초안에 대해서는 내용, 구성에 대한 피드백을 중점적으로 주고, 최종 글에 대해 세부적으로 오류를 수정하는 것이 좋다.

참고문헌

강현화·이미혜(2011), 『한국어교육론』, 한국방송통신대학교출판부.

김선정·김용경·박석준·이동은·이미혜(2010), 『한국어 표현교육론』, 형설출판사.

박혜숙(2006), 『영어 쓰기 교육의 이해』, 한국문화사.

이미혜(2001), "과정 중심의 한국어 쓰기 교육: 작문 수업을 중심으로", 『한국어교육』 11-2, 국제한국어교육학회.

최연희 편(2009), 『영어 쓰기 교육론: 원리와 적용』, 한국문화사.

Brown, H. D. (2000), *Teaching by Principles*, Englewood Clifs, NJ: Printice-Hall.

Cummins, J. (1980), The Cross-Lingual Dimensions of Language Proficiency: Implications for Bilingual Education and the Optimal Age Issue, *TESOL Quarterly* 14-2, TESOL.

Feez, S. (1998), *Text-based syllabus design*, Sydney: Macquarie University/AMES.

Grabe, W., & Kaplan, R. B. (1996), *Theory and practice of writing: An applied linguistic perspective*, London: Longman.

Hyland, K. (2003), *Teaching and researching writing*, Harlow, UK: Longman, Pearson Education.

Kaplan, R. B. (1966), *Cultural thought patterns in intercultural education*, Language Learning, 16.

Kroll, B. (1991), *Teaching Writing in the ESL Context, Teaching English as a second or foreign language*, Heinle & Heinle Publishers.

_____, B. (Ed.). (1990), *Second Language Writing: Research insights for the classroom*, Cambridge: Cambridge University Press.

Swales, J. (1990), *Genre analysis*, Cambridge: Cambridge University Press.

Tribble, C. (1996), *Writing (Language teaching: A scheme for teacher education)*, Oxford: Oxford University Press.

제 7 장

한국어 기능 교육론 3
(말하기)*

이미혜

학습개요

  말하기는 음성 언어로 의사소통하는 표현 영역의 활동으로 실제 생활에서 말하기는 언어와 비언어적인 요소를 사용하여 자신의 생각, 느낌, 정보 등을 표현하는 과정이다. 말하기 교육은 상호작용 속에서 자신의 의사를 명확하게 표현하고, 상대방의 의사를 이해하여 상황에 맞게 즉각적으로 적절하게 대처하며, 자신이 필요로 하는 정보를 요구하여 알아내거나 확인할 수 있고, 인간관계를 원활하게 유지하도록 하는 데 목적이 있다.

  이 장에서는 말하기의 개념과 특성, 교육 목표 및 내용을 소개한다. 그리고 말하기 교육의 원리와 활동 유형을 구체적인 예시와 함께 살펴보고, 말하기 수업 구성 및 오류 교정에 대해 알아본다.

---

* 이 장은 강현화·이미혜(2011)의 '제10강 말하기 교육론'을 재구성하였다.

1. 말하기의 개념과 특성

인간의 의사소통은 언어적(verbal) 요소와 비언어적(non-verbal) 요소를 통해 이루어지며, 언어적 요소를 활용한 의사소통은 음성 언어(oral language)와 문자 언어(written language)를 매개로 하여 이루어진다. 말하기는 음성 언어를 사용하여 자신의 생각, 느낌, 정보 등을 표현하는 활동이며, 이 과정에서 인간은 음성 언어와 함께 비언어적인 요소(몸짓, 표정 등)를 사용한다. 이와 같이 말하기는 '음성 언어', '표현 활동', '비언어적인 요소'라는 개념으로 설명된다.

음성 언어를 사용하여 말하는 행위는 필수적으로 조음 음성학적 과정을 거치는데, 그 이전에 화자는 생각이나 느낌을 표현하기 위해 보이지 않는 일련의 사고 과정을 거친다. 따라서 말하기 활동에는 조음·음성학적인 면, 사고 과정에 해당하는 심리·정신적인 면이 모두 관여된다.

노명완(1992)은 말하기는 자신이 의도한 내용을 언어적·비언어적 방법을 사용하여 표현하는 활동으로 심리적·정신적 과정의 측면에서 보면 '의미를 언어로 변형하는 과정'이라고 하였다. 전은주(1999)는 말하기의 개념적 정의는 '의미를 언어로 변형하는 인지적 작용 과정'이라고 하였으며, 정서적 정의는 '개인의 내재 동기를 충족할 수 있게 언어적 또는 비언어적으로 표현하는 것'이라고 하였다. 그리고 활동적 정의는 '화자가 의사소통 상황에서 언어적·비언어적 표현을 통해 청자에게 변화를 주기 위하여 메시지를 전달하는 일련의 행위'라고 하였다. 이러한 정의들은 말하기 특성 중에서 '의미를 언어로 변형하는 인지적인 과정'과 '의사소통적 활동'에 주목하고 있음을 알 수 있다. 그런데 모국인 대상의 국어 말하기 교육과 달리 외국인 대상의 한국어 말하기 교육은 조음기관을 거쳐 소리를 생성하는 음성학적 특성도 중요하게 다루어져야 한다. 즉 말하기의 '조음과 인지' 두 측면이 모두 중요하게 다루어져야 할 것이다.

말하기는 구어를 통한 의사소통 활동이므로 구어의 일반적인 특징을 반영하고 있다. 브라운(Brown, 2001)은 말하기를 어렵게 하는 요인이기도 하며 긍정적으로 활용하면 말하기 능력을 향상시키는 요인이기도 한 말하기의 특성을 다음의 여덟 가지로 설명하였다.

1) 무리 짓기

유창한 표현은 단어가 아니라 구 단위로 이루어진다. 학습자는 인지적으로 적절한 단위를 무리 짓거나, 호흡에 적절한 단위로 무리 지어 표현할 수 있다. 따라서 정확하게 말하는 것도 중요하지만 적절한 단위로 끊어서 말하기, 즉 일정한 단위로 연결 지어 발화하도록 지도하는 것도 중요하다.

2) 중복성

문어와 달리 구어는 반복하는 말, 고쳐 하는 말, 설명하는 말, 덧붙이는 말이 많아서 중복성(redundancy)이 많으므로 화자는 반복과 부연 설명을 통해 의미를 분명하게 할 수 있다. 따라서 자연스러운 정도 내에서 부연 설명하기, 고쳐 말하기 등의 방법을 활용하도록 교육하는 것이 필요하다.

3) 축약형

구어는 축약형을 많이 사용하는데, 이는 음성적 축약, 형태적 축약, 통사적 축약, 화용적 축약을 모두 포함한다. 따라서 말하기 교육에서는 축약 표현을 적절하게 사용하도록 해야 자연스러운 발화를 유도할 수 있다.

4) 수행 변인

대부분의 구어에서는 화자가 말하는 도중에 주저하거나 머뭇거리거나 말을 수정하는 경우가 많다. 모국어 화자는 어릴 때부터 이러한 언어 수행 변인(performance variable)을 처리하는 방법을 익혀 왔지만 외국어 학습에서는 새롭게 학습해야 하는 요소가 된다.

5) 구어체

대화 속에는 관용적 표현이나 축약형, 공통의 문화적 지식 등이 포함된다. 교사는 이러한 학습자들에게 구어체의 어휘와 관용적 표현을 지도해야 한다.

6) 발화 속도

구어는 다양한 발화 속도로 전달되는데, 유창하게 발화하려면 적절한 속도를 지녀야 한다. 말하기 교육에서는 유창성을 구성하는 다른 요소들과 함께 적절한 속도를 기르도록 하는 연습이 필요하다.

7) 억양과 강세

구어는 음성을 통해 전달되며, 어조, 억양, 강세 등의 요소가 의미를 전달하는 데 중요한 요소가 된다. 따라서 말하기 교육에서는 중요한 부분을 강조하거나 적절한 억양으로 의미를 표현하는 것도 지도해야 한다.

8) 상호작용

대화는 상호작용 규칙(협상하기, 명료화하기, 신호에 주의하기, 순서 지키기, 화제 지정 등)의 지배를 받는다. 말하기는 양방향 활동이므로 의미 협상을 위해서는 이러한 상호작용을 익힐 필요가 있다.

무리 짓기	문장을 알맞은 단위로 끊어 말하기
중복성	반복, 부연 설명을 통해 의미 분명하게 전달하기
축약형	구어의 축약형 활용하기
수행 변인	언어 수행 변인 익히기
구어체	구어 어휘 및 표현 익히기
발화 속도	발화 속도 조절하기
억양과 강세	억양, 강세를 조절하여 의미 표현하기
상호작용	대화 상호작용 규칙 익혀 대화하기

[그림 7-1] 구어 특성을 반영한 말하기 교육 내용

이상에서 살펴본 구어의 특성들을 반영한다면 한국어 말하기 교육은 [그림 7-1]과 같은 내용을 포함하게 된다.

2. 말하기 교육의 목표 및 내용

1) 말하기 교육의 중요성

인간은 하루도 말하지 않고 생활하는 날이 없을 정도로 말하기는 인간 사회생활의 기본적인 의사소통 수단이며 도구이다. 한국어교육에서 말하기 교육이 중요한 이유는 말하기 활동이 사회적으로 차지하는 중요성을 통해 쉽게 알 수 있다. 리버스(Rivers, 1981)에 의하면 일상적인 언어 활동에서 말하기는 30%, 듣기는 45%, 읽기와 쓰기는 각각 16%, 9%를 차지한다고 하였는데, 그만큼 인간의 일상생활은 말하고 듣는 활동에 치중해 있다. 한국어 학습자들은 한국어 생활권에서 기본적인 생활을 영위하고자 하는 목적, 한국어를 사용하여 한국인과 생각을 주고받으려는 목적, 학문적인 목적 등 다양한 필요에 의해 한국어를 학습하는데, 각각의 학습 목적을 달성하기 위해 말하기는 필수적인 언어 기능이다.

사회생활에서 말하기 활동이 갖는 중요성 때문인지, 의사소통 능력을 중시하는 세계화 시대의 외국어 학습 경향 때문인지, 한국어 학습자들도 스스로 자신의 언어 능력을 말하기 능력으로 측정하는 경우가 많다. 말하기 능력이 향상되면 한국어 실력이 좋아졌다고 생각하고, 동료보다 말하기 능력이 떨어질 경우 자신의 한국어 능력이 못하다고 여기며 소극적인 성향을 드러내곤 한다. 이러한 점은 말하기 능력이 학습자의 한국어 학습 전반에 영향을 미치며, 학습 동기와 직결된다는 것을 알려 준다. 이와 같이 말하기 활동이 실생활에서 중요할 뿐만 아니라 학습자의 언어 학습 전반에 영향을 미친다는 점을 고려하여 언어의 네 기능 중에서도 특히 중요하게 다루어져야 한다.

2) 말하기 교육 목표

한국어 말하기 교육은 한국어를 사용하여 자신의 생각이나 느낌을 표현하며, 타인과 원활하게 의사소통하는 데 목적이 있다. 의사소통은 화자와 청자 사이에서 이루어지는 상호적인 활동이며, 대화 참여자 간에 일어나는 양방향 활동이다. 화자는 일방적으로 의미를 표현하는 데 머무는 것이 아니라 상대방의 발화를 해석하고 필요한 경우에 논의, 협상까지 거친다. 따라서 말하기를 통한 의사소통은 대화 참여자와의 상호작용 속에서 자신의 생각이나 느낌을 명확하게 표현할 수 있어야 하며, 청자의 생각이나 느낌을 이해하여 그 상황에 맞게 적절하게 반응할 수 있어야 함을 의미한다. 그리고 자신이 필요로 하는 정보를 청자에게 요구하여 알아내거나, 자신이 알고 있는 것을 확인할 수 있어야 하며, 말하기 활동을 통해 청자와의 인간관계를 원활하게 유지할 수 있어야 한다.

말하기 교육 목표는 교육과정별, 숙련도별, 수업 시간별로 설정할 수 있는데, 교육과정에 따른 말하기 교육의 총괄 목표를 살펴보면 다음과 같다.

(1) 학문 목적의 한국어 교육과정

한국어를 사용하여 대학생활과 관련된 여러 문제(도서관 이용하기, 시험에 대한 정보 얻기, 수강 신청 방법 알아내기, 동아리에 가입하기 등)를 해결할 수 있으며, 대학 강의를 듣고 질문하기, 발표하기, 토론하기, 세미나에 참여하기 등의 기능을 수행할 수 있다. 또한 대학생활에서 접하는 다양한 계층의 사람들(친구, 직원, 교수 등)과의 대화에 참여하여 관계를 원만하게 유지할 수 있다.

(2) 직업 목적의 한국어 교육과정

직장 내, 직장 밖에서 한국어를 사용하여 사회생활을 유지할 수 있으며, 필요한 업무를 한국어로 수행할 수 있다. 즉 한국어를 구사하여 직장생활에서 만나는 다양한 사람들(동료, 상사, 부하직원, 외부 기관의 직원 등)과 원만한 관계를 유지할 수 있으며, 논의하기, 협력하기, 요청하기, 주장하기 등의 기능을 적절히 수행하여 사회생활을 해 나갈 수 있다. 또한 자신이 속한 직장(직업, 직종)에서 요구되는 업무(전화 받기, 회의하기, 홍보하기, 안내하기, 협상하기 등)를 한국어로 수행할 수 있다.

(3) 여성결혼이민자를 위한 한국어 교육과정

한국어를 사용하여 일상생활(물건 사기, 주문하기, 예약하기 등)을 영위할 수 있으며, 다양한 사회 환경에 대처하며 사회생활을 할 수 있다. 또한 가정에서 가족 간의 대화에 참여할 수 있으며, 자녀 양육이나 교육과 관련된 일을 한국어로 능숙하게 수행·해결할 수 있다.

말하기 교육의 세부 목표를 살펴보기 위해서는 숙달도에 따른 교육 목표를 살펴볼 필요가 있다. 동일한 교육과정에서도 숙달도에 따라 말하기 교육의 목표는 심화되고 확장되는데, 일반 목적의 한국어 교육과정에서의 목표를 살펴보면 다음과 같다. 초급은 일상생활에 필요한 기능을 수행하고 친숙한 주제에 대해 대화할 수 있다. 중급은 사회생활에 필요한 기능을 수행하고 격식과 비격식을 구분하는 등 발화 상황에 맞게 말하는 능력을 기른다. 그리고 고급은 다양한 추상적 주제 및 전문 주제에 대해 이야기할 수 있고 논리적으로 자신의 견해를 주장할 수 있으며, 다양한 상황에 맞게 언어를 선택하여 발화할 수 있다.

표 7-1 숙달도별 말하기 교육 목표

급	목표
1급	• 기본적인 문장 구조를 이용해 최소한의 의사소통을 할 수 있다. • 생존에 필요한 기초적인 말하기 기능을 수행할 수 있다. • 매우 친숙한 주제에 대해 간단한 질문을 하고 대답을 하거나 짧은 이야기를 할 수 있다. • 문법과 발음이 많이 부정확할 수 있다.
2급	• 일상적 맥락에서 요구되는 간단한 언어 기능을 수행할 수 있다. • 친숙한 주제에 관해 질문하고 대답하거나 짧은 이야기를 할 수 있다. • 우체국, 은행 등 기본적인 공공시설을 이용할 수 있다. • 자주 사용되는 조사와 연결어미를 사용해 이야기할 수 있으나 문법과 발음이 부정확할 수 있다.
3급	• 일상생활과 관련된 주제나 기능을 정확하고 유창하게 말하거나 수행할 수 있다. • 사회적인 맥락에서 요구되는 언어 기능을 부분적이나마 수행할 수 있다. • 친숙한 사회적·추상적 주제에 대해 간단한 질문을 하고 대답하거나 짧은 이야기를 구성할 수 있다. • 격식적 맥락과 비격식적 맥락을 구분해 말할 수 있다.

	• 개별 음소의 발음에 오류가 나타날 수 있으며, 억양이 부자연스러운 경우가 많다.
4급	• 친숙한 사회적·추상적 주제에 대해 유창하고 정확하게 말할 수 있다. • 사회적 맥락에서 요구되는 일반적인 언어 기능을 수행할 수 있다. • 일반적 업무 맥락과 학업 맥락에서 요구되는 기본적인 말하기 기능을 수행할 수 있다. • 발화 상황과 대화 상대자에 따라 구분되는 발화의 격식을 적절히 사용할 수 있다.
5급	• 격식적 맥락에서 요구되는 언어 기능을 어느 정도 수행할 수 있다. • 친숙하지 않은 사회적·추상적 주제나 자신의 전문 분야의 주제에 대해 어느 정도 말할 수 있다. • 업무 맥락이나 학업 맥락에서 요구되는 말하기 기능을 어느 정도 수행할 수 있다. • 논리적으로 설명하거나 자신의 견해를 주장할 수 있다. • 억양 등의 발음에서 모국어의 영향이 나타나나 의사소통에 지장을 주지는 않는다.
6급	• 격식적인 맥락에서 요구되는 언어 기능을 적절히 수행할 수 있다. • 친숙하지 않은 사회적·추상적 주제나 자신의 전문 분야의 주제에 대해 어느 정도 정확하고 유창하게 말할 수 있다. • 업무 맥락이나 학업 맥락에서 요구되는 말하기 기능을 대체로 수행할 수 있다. • 공식적 맥락과 비공식적 맥락에 따른 언어의 차이를 분명히 인식해 사용하며, 가장 적절한 언어 형태를 선택해 사용할 수 있다.

3) 말하기 교육 내용

한국어 말하기 교육은 다양한 구어 유형 중에서 무엇을 대상으로 삼아야 할까? 모국어 화자가 다양한 유형의 구어를 발화하면서 생활하는 것처럼, '외국어로서의 한국어교육'이나 '제2언어로서의 한국어교육'에서도 다양한 구어 유형들을 활용할 수 있다. 그러나 가장 주된 것은 브라운(Brown, 1994) 도 언급한 바와 같이 '대화'이다.

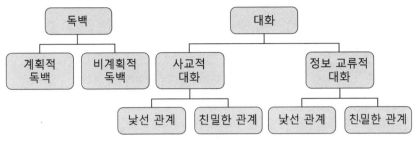

[그림 7-2]   구어의 형태(Nunan, 1991: 20-21)

　구어는 크게 '독백'과 '대화'로 구분되며, 독백은 '계획적인 독백'과 '비계획적인 독백'으로 나뉜다. 계획적인 독백은 연설, 강의, 뉴스 보도 등과 같이 화자가 일정 시간 혼자 말하는 독백 형태이고, 비계획적인 독백은 즉석 강의나 대화 도중 혼자 말하는 긴 이야기 등을 가리킨다. 대화는 두 명 이상의 화자 사이에서 일어나는 상호작용으로, 사회적 관계를 증진시키기 위한 '사교적 대화'와 정보를 교환하기 위한 '정보 교류적 대화'로 나눌 수 있다. 그리고 대화는 낯선 관계의 화자 간에 이루어지는 것도 있으며, 친밀한 관계 속에서 이루어지는 것도 있다. 말하기 교육에서는 독백보다는 대화, 즉 '사교적 대화'와 '정보 교류적 대화'가 빈번히 활용된다. 물론 한국어 학습자 중에도 종교적인 설교, 발표, 연설 등 특정한 구어 능력을 추구하는 학습자들이 있으나 좀 더 일반적인 말하기 활동에서는 다양한 사람들 간의 격식적·비격식적인 대화를 활용하고 있다.

　구어 의사소통 능력을 기르기 위해 말하기 교육은 어떤 내용을 포함해야 할까? 이 문제는 의사소통 능력을 구성하는 요소가 무엇인지를 살펴봄으로써 해답을 찾을 수 있다. 하임스(Hymes, 1972)는 '의사소통 능력'이라는 말을 처음 사용하였는데, 이것은 언어 능력과 언어 사용을 연계한 '언어에 대한 지식'과 '그 지식을 사용할 수 있는 능력'을 합한 개념이었다. 의사소통 능력은 커넬과 스웨인(Canale & Swain, 1980)에 와서 좀 더 구체화되었다. 의사소통 능력은 '의사소통에 필요한 지식과 기술의 기저 체계'이며, 문법적 능력(grammatical competence), 사회언어학적 능력(sociolinguistic competence), 담화적 능력(discourse competence), 전략적 능력(strategic competence)을 갖춤으로써 기를 수 있다고 보았다. 말하기 교육을 통해 의사소통 능력을 기르기 위해서는 의사소통 능력을 구성하는 네 가지 하위 능력이 무엇인지를 파악하고 교육 내용을 설계해야 한다.

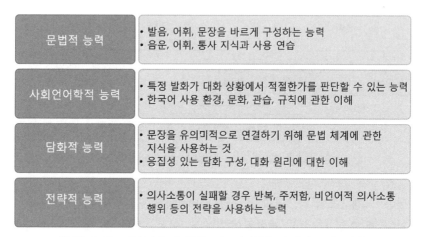

[그림 7-3] 의사소통 능력을 기르기 위한 말하기 교육 내용

　문법적 능력은 발음, 어휘, 문장을 모국인 화자의 언어 사용에 따라 적법하게 구성하는 능력을 말한다. 즉 적절한 어휘와 표현을 사용하고, 문법적인 문장을 구성하며, 발화하는 데 있어서 정확하고 유창하게 발음하는 능력을 의미한다. 따라서 말하기 교육에서 문법적 능력을 갖추려면 음운, 어휘, 통사적인 지식과 사용 연습이 교육 내용에 포함되어야 한다. 구체적으로 문법적 능력을 갖추기 위한 말하기 교육은 개별 음소의 발음 차이를 인식하여 발음하는 것, 자연스러운 억양으로 유창하게 말하는 것, 의도에 맞게 적절한 어휘를 사용하는 것, 문법 규칙에 맞게 문장을 구성할 뿐만 아니라 특정한 의미를 표현하기 위해 다양한 문법적 형태를 활용하는 것 등을 포함한다.

　전통적인 교수법에서는 문법적 능력을 갖추는 것이 궁극적인 목표가 되기도 했으나, 문법적 능력만으로는 상황에 맞게 발화할 수 없다는 점에 주목하면서 사회언어학적 능력을 강조하게 되었다. 사회언어학적 능력은 대화가 이루어지는 상황을 제대로 파악하여 상황에 맞게 기능을 수행하는 능력이다. 사회언어학적 능력을 갖추려면 우선 언어 사용 환경(상황)에 대해 이해해야 하며, 언어 사용 지식도 갖추어야 한다. 구체적으로 말하면, 타인에게 요청하거나 부탁하려면 먼저 한국인이 윗사람에게, 동료에게, 시부모에게 어떻게 요청하거나 부탁하는지 한국사회의 관습(문화)을 알아야 한다. 그리고 요청하거나 부탁하기 위해 사용하는 다양한 표현들 중에서 적합한 것을 선택하여 사용할 수 있는 능력이 있어야 한다.

　따라서 한국어 말하기 교육에서 사회언어학적인 능력을 기르기 위해서는 다음 내용들이 포함되어야 한다.

첫째, 한국어 사용과 관련된 관습, 문화를 알 수 있도록 내용을 구성한다. 한 예로 대화문을 제시할 때 한국의 식사 장면을 담고 식사 예절을 알 수 있도록 하는 것은 식사 상황에서 높임말 사용 능력을 높이는 데 도움이 된다.

둘째, 특정 표현을 왜 사용하는지 알 수 있도록 '기능(function)'을 반드시 포함하여 교육 자료, 연습 활동을 구성한다.

셋째, 격식 표현과 비격식 표현, 친근한 표현과 공손한 표현, 직접적인 표현과 간접적인 표현 등을 익혀서 상황에 따라 사용할 수 있도록 한다. 예를 들어, '요청하기'라는 기능을 수행할 때도 직장 상사를 대상으로 하는지, 시부모를 대상으로 하는지, 학교 친구를 대상으로 하는지에 따라 '-어 주세요, -어 줄 수 있어요?, -어 주면 좋겠는데요' 등 표현을 달리 사용하므로 요청의 다양한 표현 간의 차이를 알려 주어야 하며, 알맞게 사용하는 연습이 필요하다. 특히 말할 때는 간접적인 표현을 사용하여 자신의 생각을 표현하는 경우가 많으므로 발화의 표면적인 의미와 함축적인 의미의 차이를 인식하고 능숙하게 표현할 수 있도록 한다.

의사소통 능력을 갖추기 위해서는 담화적 능력이 있어야 한다. 담화적 능력은 문장을 유의미적으로 연결하여 응집성, 의미적인 긴밀성을 지닌 담화를 구성하는 능력이다. 말하기는 한마디의 외침으로 끝나는 경우도 있으나 대부분 문장의 연속으로 이루지지고, 화자와 청자는 서로를 의식하며 대화를 주고받는다. 그리고 다수의 화자가 대화하는 상황이라면 적절하게 대화 순서를 교대해 가면서 의사를 표현하게 된다. 따라서 담화적 능력을 갖추려면 주제(화제)에 맞게 일관된 내용으로 담화를 지속하기, 자신의 생각(논지)을 논리적으로 표현하기 위해 예시, 이유, 가정 등의 방법을 활용하여 발화를 뒷받침하기, 대화 원리[1]를 이해하여 적절하게 화제를 유지하거나 바꾸기, 대화에 끼어들거나 적절하게 순서 교대하기 등을 학습할 수 있도록 내용이 구성되어야 한다.

전략적 능력은 의사소통의 장애를 극복하고 효율성을 높이기 위해 언어적·비언어적 전략을 사용하는 능력을 말한다. 말하기를 통해 효율적으로

---

1) 구현정(2001: 315-316)은 대화는 사회적인 약속이므로 대화 속에 있는 규칙을 포함하여 교육해야 한다고 하였다. 순서교대(turn taking)나 중복, 대응쌍, 대화의 조직과 관련되는 대화의 구조, 화자와 청자가 번갈아 말의 순서를 차지하는 순서교대, 주고받는 말이 쌍을 이루는 대응쌍도 중요한 과제이다. 또한 대화를 시작하는 방법, 중심부를 이끄는 방법, 대화를 종결하는 방법도 포함되어야 한다.

의사소통하기 위해서는 비언어적 요소를 적절하게 활용할 수 있어야 한다. 예를 들면, 얼굴 표정, 몸짓, 발화 속도, 강세 조절, 언어가 막혔을 때 몸짓으로 의사 전달 등이 있다. 또한 주저함 표현하기, 번복하여 말하기, 시간 끌기, 중요한 부분을 강조해서 말하기, 표현을 모를 때 우회적으로 말하기 등의 언어적 전략을 활용할 수 있어야 한다.

이상에서 살펴본 바와 같이 의사소통 능력의 구성요소인 네 가지 능력을 갖출 수 있도록 말하기 교육의 내용을 구성한다면 구어를 통한 의사소통 능력을 기르고자 하는 교육 목표에 도달할 수 있을 것이다. 결국 이러한 교육은 언어학적인 구조에 대한 지식뿐만 아니라 언어 기능에 대한 지식, 언어 사용 과정에서 필요한 전략적 기술 또한 포함된다는 것을 알 수 있다. 그리고 그 단위 또한 발음, 어휘, 문장, 담화에 걸쳐 이루어짐을 알 수 있다.

3. 말하기 교육 원리

1) 정확성과 유창성[2]의 균형 있는 추구

의사소통 활동은 의미 전달이 최종 목표가 되므로 유창성에 중점을 두게 된다. 그러나 많은 선행 연구에서 보고된 바와 같이 유창한 발화가 반드시 정확한 것은 아니므로 의사소통을 성공적으로 수행하지 못할 수도 있다. 따라서 의미 전달에 중점을 둔 유창한 발화 구사에 주력하되, 올바른 의사 전달을 위해서 정확성을 유지하도록 지도해야 한다. 정확성을 무시하고 유창한 발화에만 중점을 둘 경우, 잘못된 표현이 굳어지는 화석화(fossilization)가 일어나는데, 한번 굳어진 잘못된 표현을 교정하려면 몇 배의 노력이 요구된다. 따라서 자연스럽고 유창하게 말하도록 지도하되, 정확성을 위해 적정 시간을 할애해야 한다.

---

2) 유창성이란 한국어를 사용하여 막힘없이 자연스럽게 사용하는 능력이나 정도를 말하며, 정확성이란 명확하고, 또렷하게 발음하며, 문법적이나 음운적으로 하자 없는 한국어를 구사하는 능력을 말한다. 정확성은 어법(usage)이 기준이 되지만 유창성은 언어 사용(use)에 초점을 둔다. 그러므로 정확성에 초점을 둘 때는 문법 규칙이 강조되고 반복과 암기를 사용하게 되며 문장 위주의 문형 연습에 치중하는 경향이 많다. 그리고 유창성을 강조할 때는 실질적인 의사의 전달이 높은 비중을 차지한다.

정확성과 유창성의 균형 잡힌 발화를 위해서는 문장 단위 연습에서 점차 큰 담화 단위로 확장하는 방법이 있다. 또한 '물건 사기, 주문하기, 약속하기' 등의 담화 단위 과제 수행 과정에서 특정 표현에 주의를 집중하도록 하여 정확성을 높일 수 있다.[3]

2) 듣기와 말하기의 연계

진정한 의사소통은 일방적인 전달이 아니라 상호적인 교류 속에서 이루어진다. 그러므로 듣기와 말하기가 함께 조화를 이룰 수 있도록, 듣기를 통해서 자료를 제공하고 말하기와 듣기가 연계된 활동을 구성하는 것이 필요하다. 연습 활동도 상대방 말을 듣지 않고 응답하는 기계적인 것을 피하고, 상대방 말을 인지하고 반응하는 활동으로 구성한다. 예를 들어 '-(으)시겠어요'를 사용하여 권유하는 연습을 할 경우, '커피 좀 드시겠어요?', '컴퓨터 사용하시겠어요?' 등 일방적인 권유 연습만을 하는 것보다 '커피 좀 드시겠어요?', '아니요, 괜찮습니다.', '그럼 과일 좀 드시겠어요?'와 같이 짝 활동으로 연습하는 것이 더 효과적이다.

3) 학습자 동기 부여 및 적극적인 참여

말하기는 학습자가 자신의 생각이나 느낌을 표현하는 활동이므로 학습자의 동기를 높이고 적극적인 참여를 이끌어야 교육 효과를 기대할 수 있다. 신뢰하지 못하는 교사와의 수업, 문화적으로 반감을 갖는 외국어를 학습하는 것이 종종 실패로 끝난다는 논의[4]는 외국어 학습에서 학습자의 정의적 특성이 학습 결과에 얼마나 중요한지를 알려 준다. 따라서 말하기 수업에서 교사는 단순히 언어적 정보를 주는 것만이 아니라, 학습자가 학습 내용을 두려움 없이 수용하도록 격려하고 동기를 부여해야 한다.

---

3) 문법과 말하기를 통합한 방식 중에서 전자는 PPP 모형, 후자는 TTT 모형에 가깝다.
4) 크라센(Krashen, 1982)의 정의적 여과장치(affective filter) 가설'은 학습자의 정의적인 측면의 중요성을 강조하고 있다. 정의적 여과장치는 일종의 심리적 방어벽(a mental block)인데, 학습자가 학습 동기가 없고 자신감이 부족하며 불안할 때는 이 방어벽이 언어 습득을 방해하여 이해 가능한 입력(comprehensible input)이 주어져도 습득이 이루어지지 않는다는 것이다.

4) 상호작용의 촉진

외국어교육에서 상호작용[5]을 통한 의미 협상은 학습자의 이해를 높이며, 언어 습득에 긍정적인 영향을 미친다(Long, 1980; Swain, 1985). 상호작용을 강조하는 논의들은 전통적인 방식의 교사 중심 수업보다 학습자 중심의 과제 수행을 통해 의사소통 능력이 향상됨을 주장하고 있다.

교실 내에서 상호작용을 촉진하기 위해서는 우선 상호작용이 가능하도록 U형, O형 등으로 자리를 배치하는 것이 필요하다. 또한 교사는 일방적으로 설명하기보다 "여러분은 어떻게 생각해요?", "그럴 때는 어떻게 말해야 할까요?" 등으로 질문하여 학습자의 생각, 반응을 유도해야 한다.

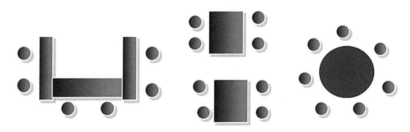

[그림 7-4] 상호작용을 위한 말하기 수업 책상 배치

그러나 무엇보다도 중요한 것은 학습자 간에 과제 수행을 통해 의미협상이 이루어지도록 연습 활동을 설계하는 것이다. 교실 내의 연습 활동은 교사의 통제로 이루어지는 활동인지, 학습자의 통제로 이루어지는 활동인지, 정확성을 목표로 하는지, 유창성을 목표로 하는지에 따라 [그림 7-5]와 같이 다양하다. A와 B는 정확성을 위한 연습 활동인데, A는 교사 중심으로 이루어지는 따라 읽기 등의 문형 연습이 대표적이다. B는 정확성을 위한 활동이지만 짝 활동이나 소그룹 활동으로 이루어진다는 점이 다르다. 예시 대화를 보면서 짝 활동으로 문답 연습을 하는 것이 해당된다. C와 D는 유창성을 위한 활동들이다. C는 교사 중심으로 이루어지는 토론, 시뮬레이션 등이 해당

---

5) 브라운(Brown, 1994)에 의하면 상호작용은 둘 이상의 사람 사이에서 일어나는 생각과 감정의 교환이다. 상호작용은 메시지를 주고받고, 맥락 속에서 그 의미를 해석하여 의미 협상을 하고, 특정한 목적을 달성하기 위해 협력하는 과정에서 생기는데, 이러한 상호작용은 소그룹 활동이나 짝 활동을 통해 활성화될 수 있다. 말하기 활동은 화자와 청자의 상호작용 속에서 이루어지는 행위이므로 교실 내에서 다양한 상호작용을 경험할 수 있도록 수업을 구성하는 것이 바람직하다.

되며, D는 짝 활동이나 소그룹 활동으로 역할극, 과제 수행, 프로젝트 작업을 하는 것이다. 상호작용이 활발하게 이루어지도록 하기 위해서는 학습자 중심의 B, D 활동을 유도하는 것이 필요한데, 정확성에 초점을 둔 B 활동에서 나아가 궁극적으로 D와 같은 과제 수행을 유도한다면 교실 내에서 상호작용을 활발하게 유도하는 말하기 수업이 될 것이다.

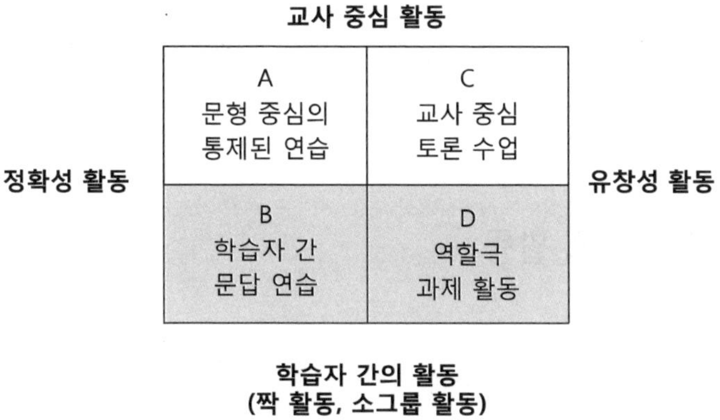

교사 중심 활동

A 문형 중심의 통제된 연습	C 교사 중심 토론 수업
B 학습자 간 문답 연습	D 역할극 과제 활동

정확성 활동　　　　　　　　　　　　　　　　　　유창성 활동

학습자 간의 활동
(짝 활동, 소그룹 활동)

[그림 7-5] 교실 내 말하기 활동과 상호작용

5) 실제적인 과제 수행

문법적인 문장 생성을 넘어 특정한 상황에서의 담화 구성 능력을 기르기 위해서는 교실 내에서 다양한 과제 수행을 유도할 필요가 있다. 예를 들어, 가격을 묻고 답하는 연습을 통해 문장 구성("사과를 한 개 주세요."), 짧은 대화 구성("사과가 얼마예요?", "한 개에 500원이에요.") 능력을 기를 수 있는데, 이러한 연습 후에 '시장에서 과일 사기' 과제를 수행한다면 담화 구성 능력을 기를 수 있으며 실생활에서의 의사소통 능력을 기를 수 있다. 실제적인 과제 수행은 [그림 7-5]에서 D 활동에 해당되는 것으로 학습자 간의 상호작용을 활발하게 유도한다는 장점이 있다. 초급에서 활용 가능한 과제를 예로 들면 '가족 소개하기, 시장에서 물건 사기, 친구와 주말 약속하기, 길 찾기, 교통수단 이용하기' 등이 있다.

6) 문장, 담화 단위에서의 발음 연습

유창한 말하기 능력을 기르기 위해서는 발음, 억양 지도가 반드시 필요하다. 정확한 발음은 조음 방법에 대한 체계적인 지도, 개별 음 연습, 어려운 단어 발음 연습 등이 반복적으로 이루어져야 하는데, 최종적으로는 담화 차원에서 자연스럽게 발음할 수 있어야 한다. 단기간에 이루어지는 발음 연습은 개별 음 발음 능력을 길러 주지만 담화 속에서는 다시 오류를 유발하기도 하므로 담화 단위에서의 발음, 억양 연습이 이루어져야 할 것이다.

4. 말하기 수업 활동

1) 문형 중심의 통제된 연습

고전적인 문법 중심의 말하기 수업에서 많이 활용하던 연습 유형이다. 교사가 시범을 보이면서 문법(문형)을 설명한 후에 학습자 연습이 이루어지는데, 반복 연습, 대치 연습, 변환 연습, 문답 연습, 문장 완성 연습 등 다양하다.

의사소통 능력을 기르려면 정확한 언어 사용 연습이 필요하므로 반복적인 문형 중심의 통제된 연습 활동도 필요하다. 그러나 문형 연습이라도 유의미한 상황을 함께 제시한다면 의미에 초점을 두면서 형태를 함께 익히는 효과를 거둘 수 있다. 이를 위해서는 통제된 연습 후에 자신의 정보를 적절하게 사용하여 답하는 연습을 곁들이고, 문장 단위 연습보다 짝 활동을 통한 대화 연습을 실시하는 것이 좋다.

(1) 반복 연습

교사는 목표 문법이 포함된 예문을 제시하고, 학습자는 이를 반복하여 따라 말하는 유형이다. 복잡한 문장의 경우는 구 단위로 끊어서 따라 말하도록 한다.

예 목표 문법 : 에게/한테

A: 수진 씨가 강아지에게 물을 줍니다.

> B: 수진 씨가 강아지에게 물을 줍니다.
>
> A: 수진 씨가
>
> B: 수진 씨가
>
> A: 수진 씨가 강아지에게
>
> B: 수진 씨가 강아지에게
>
> ……

(2) 대치 연습

목표 문법이 포함된 예문을 학습한 후에, 교사가 제시하는 내용에 따라 문장의 일부를 대치하는 연습이다. 인물, 장소, 사물, 행동 들을 나타내는 다양한 내용을 하나 또는 그 이상 대치하여 문장을 생성하도록 한다.

> 예 목표 문법: (으)로
>
> A: 학교에 버스로 옵니다. (집, 택시)
>
> B: 집에 택시로 옵니다.

(3) 변환 연습

문장의 시제, 서법 등을 교사가 제시하는 내용에 따라 변환하여 구성하는 연습이다. 평서문을 의문문으로 만들기, 현재 시제를 과거 시제로 만들기, 긍정문을 부정문으로 만들기 등에 활용할 수 있다.

> 예 목표 문법: -습니까?
>
> A: 토요일에 학교에 갑니다.
>
> B: 토요일에 학교에 갑니까?

(4) 문답 연습

주로 교사가 묻고 학습자가 대답하는 형식으로, 오늘 배운 문법을 연습하거나, 지난 시간에 배운 문법을 간단하게 복습하여 확인할 때 사용한다.

> 예 목표 문법: -거든요
>
> A: 어제 왜 학교에 안 왔어요?
>
> B: 머리가 아팠거든요.
>
> A: 주말에는 왜 만날 수 없어요?

B: 약속이 있거든요.

(5) 문장 완성 연습

목표 문법이 포함된 예문을 학습한 후에, 문장의 일부만을 제시하여 문장을 완성하게 하거나, 연결어미를 사용하여 두 문장을 연결하여 완성하도록 하는 연습이다.

> 예 목표 문법: 에 있다
>
> 우체국, 극장 옆 → 우체국이 극장 옆에 있습니다.
> 기숙사, 회사 뒤 → 기숙사가 회사 뒤에 있습니다.

2) 인터뷰 활동

목표 문법이나 표현을 사용하여 상대방을 인터뷰하고 필요한 정보를 얻는 활동이다. 학습자는 대화를 통해 정보를 묻고 답하지만 그 내면에는 특정 표현을 반복적으로 사용하도록 고안되어 있으므로 유의미한 맥락에서 언어 연습을 유도할 수 있다. 또한 인터뷰 활동은 말하기와 듣기가 연계된 활동이므로 학습자 간의 상호작용을 촉진하는 최근의 의사소통 중심 말하기 교육에 부합된다.

여러분 친구들은 주말에 보통 무엇을 할까요? 〈보기〉와 같이 주말 활동을 묻고 답해 보세요.

	주말 활동	제임스	사라
1	운동하다	○	
2	영화를 보다	×	
3	술을 마시다	×	
4	도서관에 가다	×	
5	요리하다	×	

〈보기〉 마이클: 주말에 보통 뭐 해요? 운동해요?
제임스: 네, 주말에 보통 운동해요.
마이클: 그래요? 그럼 주말에 영화를 봐요?
제임스: 아니요, 영화를 안 봐요.

'안' 부정문을 만드는 연습을 할 경우, 긍정문을 모두 부정문으로 전환하는 일괄적인 연습보다 다음 예처럼 주말 활동을 묻는 질문에 대해 긍정 또는 부정으로 답하는 연습을 함으로써 유의미한 맥락에서 '안' 부정을 연습시킬 수 있다.

3) 정보 결함 활동

정보 결함 활동(information gap activity)은 대화 참여자 간에 알고 있는 정보에 차이가 있어, A만 알고 있는 내용을 B에게 전달하거나 서로가 가진 정보를 교환하는 활동이다. 정보 결함 활동은 상대방만이 알고 있는 것을 대화를 통해 알아내야 한다는 점에서 실생활의 의사소통 유형과 유사하므로 학습자 흥미와 동기를 유발할 수 있다. 이 활동을 위해 교사는 정보 차가 있는 연습지를 2개 이상 구성해야 하며, 학습자 간에 대화 방법을 명확하게 안내해야 연습 효과를 얻을 수 있다. 타인에게 정보를 물어서 주변 지도 완성하기, 공연 관련 정보를 서로 물어 정보 완성하기 등이 해당된다.

4) 역할극

역할극은 실생활에서 접하게 될 다양한 상황을 미리 경험하면서 그 상황에서 맡게 될 역할을 담당하여 적절한 발화를 연습해 보는 활동이다. 예를 들어, 회사 상사, 가게 주인, 식당 손님 등 다양한 역할을 수행하면서 실생활에서 만날 가능성 있는 사람들과의 대화를 연습한다.

> 예 과일 가게에서 과일 사기
> - 손님: 과일 가게에 가서 과일 가격을 묻고 과일을 사세요.
> - 과일 가게 주인: 손님에게 과일 값을 알려 주고 과일을 파세요.

5) 문제 해결 활동

문제 해결 활동은 주로 그룹 활동으로 진행된다. 가상의 상황과 조건이 주어지고, 문제를 풀기 위한 정보가 주어진다. 그룹 구성원들은 논리적인 사고력을 동원하여 주어진 문제를 해결해 간다. 특정한 문법이나 표현을 반복 사용하는 연습 활동으로 유도할 수도 있으며, 실제적인 상황 속에서 과제 형태로 확장할 수도 있다. '특별한 여행에서 필요한 물건 목록 작성하기, 환경 문제 해결을 위한 방안 찾기' 등이 그 예이다.

5. 말하기 수업 구성

말하기 수업은 목적에 따라 다양한 방식으로 구성할 수 있는데, 성인 학습자를 위한 말하기 교육에서는 문법과 말하기 활동을 통합한 PPP(pre-sentation-practice-production) 모형이 보편적으로 활용된다. 정확히 말하면 PPP의 세 단계에 '도입'과 '마무리'를 포함하여 총 5단계[도입-제시-연습-활용(사용)-마무리]로 구성한 수업이다. 이 방식은 학습자가 알고 있는 어휘, 문법이 제한적이므로 먼저 문법을 익힌 후에 점차 큰 단위로 말하는 연습을 하여 의사소통 능력을 기르는 것이다. 성인 학습자들은 인지 능력을 활용하여 문법을 이해하려는 요구가 강하므로, 먼저 목표 문법(표현)을 익히고 점차 사용 능력을 길러 주는 '지식에서 사용'으로 전환하는 방법이 효과적이다.

'도입 단계'는 단원의 주제로 학습자를 이끌어 학습 동기를 유발하며 학습 목표를 알려 주는 단계이다. '제시 단계'는 특정 문법(표현)을 제시하고 이해시키는 단계이다. 표현을 대화문, 교사의 설명, 삽화, 번역 등과 함께 제시하고 의미, 형태를 이해시킨다. '연습 단계'는 학습한 문법(표현)을 사용할 수 있도록 내재화시키는 단계이다. 단순 조작 연습에서부터 유의미적인 의사소통 활동까지 다양한 연습 활동을 활용할 수 있다. '활용(사용) 단계'는 학습한 문법을 의사소통 상황에서 사용하면서 말하기 과제를 수행하는 단계이다. 이 단계까지 성공적으로 마친다면 학습자는 '지식'을 '사용'으로 전환하여 의사소통 능력을 갖추게 된다. '마무리 단계'는 학습 내용을 정리하고 과제물을 부과하며, 다음 학습을 안내하는 단계이다.

초급 말하기 수업에서 이 모형으로 수업을 구성하는 방법을 살펴보자.

[단원 구성]6)

• 주제: 물건 사기(쇼핑)

• 문법: 단위명사(개, 명, 마리 등), 가격(값)

• 말하기 과제: 과일 가게에서 물건 사기

도입
• 쇼핑하는 장소, 경험에 대해 묻고 답하기
• 물건 살 때 자주 사용하는 말(들은 말) 이야기하기

제시
• 단위명사(개, 명, 마리, 봉지 등) 익히기
• 물건 가격 말하기

연습
• 물건 가격 묻고 답하기
• 쇼핑 경험 말하기

활용
• 과일 가게에서 과일 사기(역할극)

마무리
• 내용 정리하기, 과제물 부과하기

[그림 7-6] 말하기 수업 구성의 예

1) 도입 단계

(1) 주제로 도입하기

옷이나 구두 등의 물건을 어디에서 사는지 물으면서 '쇼핑'이라는 주제로 대화를 이끈다.

(2) 학습할 어휘, 문법 노출하기

좋아하는 쇼핑 장소, 최근에 산 물건, 쇼핑할 때 한국 사람에게 자주 듣는 말 등에 대해 학습자와 문답하면서 오늘 학습할 문법, 어휘를 교사 발화 속

---

6)『이화 한국어 1-2』제8과를 활용하여 수업 구성 방법을 제시하였다.

에 녹여 간간이 노출한다.

(3) 수업 목표 제시하기

오늘은 '물건의 수 말하기', '가격 말하기'를 배우고 '물건 사기'를 한다고 학습 목표를 알려 준다.

2) 제시 단계

(1) 문법(표현)의 의미와 쓰임을 이해시키기

다음의 단위명사를 언제, 어떻게 사용하는지 예문과 그림을 통해 이해시킨다.

개	명	마리	병	잔	켤레
권	장	대	벌	송이	조각

(2) 문법(표현)의 형태 정보를 제시하기

'하나 + 개 → 한 개, 둘 + 개 → 두 개' 등의 수관형사 형태 변화를 알려 준다.

(3) 문법(표현)의 이해 정도를 확인하기

간단한 질문을 통해 문법이 이해되었는지 확인한다.

3) 연습 단계

(1) 다양한 연습 실시하기

[연습] 그림을 보고 무엇을 샀는지 묻고 답해 보세요.

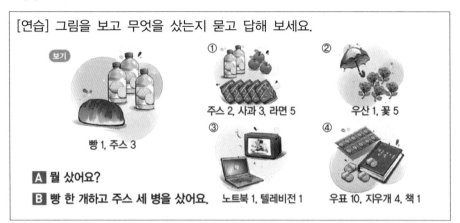

보기

빵 1, 주스 3

① 주스 2, 사과 3, 라면 5

② 우산 1, 꽃 5

③ 노트북 1, 텔레비전 1

④ 우표 10, 지우개 4, 책 1

A 뭘 샀어요?

B 빵 한 개하고 주스 세 병을 샀어요.

(2) 연습 내용을 발표시키고, 오류 교정하기

4) 활용 단계

(1) 말하기 과제 수행하기

실제적인 과제를 선정하여 역할극 형태로 수행하도록 하여 실제적인 활용 연습을 시킨다.

[말하기 역할극]

여러분은 과일 가게에 과일을 사러 갔습니다. 주인에게 과일 가격을 묻고 과일을 사 보세요.

　　말하기 역할극을 할 때는 다음의 모범 대화를 먼저 읽고 중요한 내용을 암기하며 부분적으로 대치 연습을 하여 대화를 확장하는 방법이 있다.

[모범 대화]

　주인: 어서 오세요.

　손님: 아주머니, 사과 있어요?

　주인: 네, 여기 있어요. 아주 맛있어요.

　손님: 이 사과는 얼마예요?

　주인: 한 개에 700원이에요.

　손님: 저건 얼마예요?

　주인: 저건 한 개에 1,000원이에요.

　손님: 배는 얼마예요?

　주인: 2,500원이에요.

　손님: 너무 비싸요. 좀 깎아 주세요.

　주인: 그럼 2,000원만 주세요.

　손님: 1,000원짜리 사과 세 개하고 배 두 개 주세요.

　　또 다른 방법으로 모범 대화를 보지 않고 스스로 대화 구성을 시도하는 방법도 가능하다. 이러한 방법은 학습자가 주도적으로 대화를 구성해 나가는 능력과 창의적으로 말하는 능력을 길러 줄 수 있는 장점이 있는 반면에 목표 내용으로 대화를 구성하도록 학습자를 이끄는 장치가 필요하다. 예를 들면 다음과 같은 말풍선(보조 장치)[7]을 제시하여 사람이 대화문을 구성하도록 연습시킬 수 있다.

---

7) 이때 말풍선으로 통제하지 않은 부분에 대해서는 학습자가 창의적으로 구성할 수 있으며, 이미 학습한 많은 표현들을 최대로 활용할 수 있다.

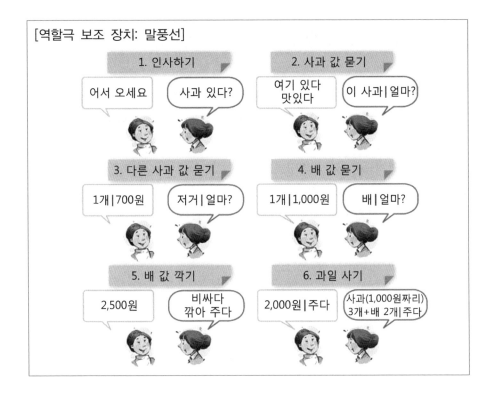

[역할극 보조 장치: 말풍선]

1. 인사하기
어서 오세요 / 사과 있다?

2. 사과 값 묻기
여기 있다 맛있다 / 이 사과ㅣ얼마?

3. 다른 사과 값 묻기
1개ㅣ700원 / 저거ㅣ얼마?

4. 배 값 묻기
1개ㅣ1,000원 / 배ㅣ얼마?

5. 배 값 깎기
2,500원 / 비싸다 깎아 주다

6. 과일 사기
2,000원ㅣ주다 / 사과(1,000원짜리) 3개+배 2개ㅣ주다

(2) 활동 내용을 발표시키고 오류 교정하기

말풍선을 따라 연습한 것을 발표시켜서 적절하게 활동을 했는지 확인한다. 그리고 부족한 부분에 대해서는 보충하여 지도한다.

5) 마무리 단계

(1) 수업 내용을 정리하기

오늘의 수업 내용을 정리해 주며 적절하게 격려하고, 주의를 준다. 그리고 수업 목표를 달성했다고 보는지 학습자 스스로 평가해 보게 한다.

(2) 과제물 부여하기

수업 중 학습한 내용을 강화시킬 수 있도록 과제물(슈퍼마켓에서 물건 사는 대화 써 오기, 모범 대화 반복해서 읽기 등)을 부과한다.

6. 말하기 오류 교정

교실 내의 말하기 활동은 크게 '교사의 자극—학습자의 반응(말하기)—교사의 피드백' 구조로 이루어진다. 교사의 피드백은 학습자 활동에 대한 긍정적 반응인 칭찬, 부정적 반응인 오류 교정이 있다. 교사의 칭찬은 학습자의 정의적인 측면에 긍정적인 영향을 주어 학습 동기를 강화하므로 교사는 적절하게 칭찬을 할 필요가 있다. 그런데 최근에는 학습자 중간 언어에서 나타나는 오류를 적절하게 교정해 주는 부정적인 피드백이 학습자의 말하기 능력에 중요한 영향을 미친다는 점에 주목하여 어떻게 오류를 교정하고 지도할 것인지에 주의를 기울인다.

말하기 활동에서 생기는 수많은 오류를 모두 다룰 수는 없으므로 교사는 어떤 오류를 어떻게 다룰 것인가를 결정해야 하는데, 교사는 다음의 여러 요소를 고려하여 최종적인 판단을 하게 된다.

첫째, 오류가 언어적인 오류(문법적 오류, 어휘적 오류, 담화적 오류)인지, 기능 수행 오류인지, 사회문화적인 오류인지 등은 오류 교정의 중요한 결정 요소이다. 문법적인 오류는 가장 빈번하게 일어나지만 모두 교정해 주어야 하는 것은 아니다. 일반적으로 의사소통을 방해하는 오류를 더 중요하게 다루어야 하며, 한 번의 교정을 통해 더 넓게 활용 가능한 규칙을 우선적으로 다루어야 한다.

둘째, 학습자 숙달도나 성격도 중요하게 고려해야 한다. 학습자가 오류 교정을 희망하는지, 직접적인 방식을 원하는지, 동료들 앞에서의 지적을 기꺼이 수용하는지 등을 고려해야 한다.

셋째, 오류가 수업에 어떻게 관여되는지 고려해야 한다. 이미 학습한 부분에 대한 오류라면 교정할 수 있지만 앞으로의 학습 내용을 노출한 정도라면 제외할 수 있다. 또한 정확성을 목표로 한 활동에서의 오류인지, 유창성을 위한 활동에서의 오류인지도 고려해야 하는데, 정확성을 목표로 한 활동에서의 오류는 더 세밀하게 다루어야 한다.

이상에서 살펴본 바와 같이 다양한 점을 고려하여 오류 교정 대상과 방법을 결정해야 하는데, 의사소통 중심 교육에서는 일반적으로 다음과 같은 방향으로 오류 교정하는 것을 권장한다. 학습자가 의사소통 활동을 하는 중간에 의사전달의 맥을 끊고 오류를 교정하는 것은 반드시 피해야 할 점이다.

그리고 의사전달에 장애가 되는 오류, 반복되는 오류, 교육 내용과 밀접하게 관련되는 오류를 중요하게 다룬다. 학습자가 오류를 범했을 때 교사는 오류를 직접 지적하는 것보다 간접적인 방식으로 오류가 있음을 알려 주는 것이 좋다. 예를 들어 "그렇게 말할까요?"라고 되묻거나 얼굴 표정 등으로 뭔가 잘못된 부분이 있다는 것을 표시하는 것이다. 또한 학습자 오류를 즉각적으로 교정하는 것보다 학습자가 자신의 능력으로 교정하도록 유도하면서 기다려 주는 여유가 필요하다. 오류는 기본적으로 개인적인 부분이므로 개인의 오류를 전체 학급을 대상으로 교정하는 것보다 개별적으로 교정해 주는 것이 바람직하다.

연습문제

1. 다음은 말하기 수업 활동 중 어떤 활동에 대한 설명인가?

   • 실생활에서 만나게 될 다양한 사람들의 역할을 맡아서 대화한다.
   • 상황을 설정하고 인물을 정하여 연습한다.
   • 가게에서 주인과 손님의 대화 연습, 직장에서 상사와 부하 직원의 대화 연습 등 다양하다.

2. 말하기 수업의 각 단계에서 교사의 역할이 맞지 <u>않는</u> 것은?
   ① 도입: 목표 문법이나 표현으로 이끌고 학습 목표를 노출시킨다.
   ② 제시: 학습 내용을 제시하여 의문점을 갖게 한다.
   ③ 연습: 단순한 연습에서 복잡한 연습으로 이끈다.
   ④ 활용: 실제적인 과제 활동을 구성한다.

3. 말하기 연습 활동에서 부탁하는 다양한 표현들의 차이를 익히고, '공손하게 부탁하기' 활동을 하였다. 이것은 어떤 능력을 기르기 위한 것인가?
   ① 담화적 능력
   ② 문법적 능력
   ③ 전략적 능력
   ④ 사회언어학적 능력

4. 말하기 수업에서 학습자의 오류를 알맞게 수정한 것은?
   ① 모든 오류는 발견하는 즉시 수정해 주었다.
   ② 수업 시간에 생기는 오류를 빠짐없이 수정해 주었다.
   ③ 개인의 오류라도 전체 학생들에게 충분히 반복 연습을 시켰다.
   ④ 자신의 오류를 스스로 수정할 수 있도록 기회를 주었다.

풀이

1. 역할극(role play)에 대한 설명이다.

2. [②]. 제시 단계에서는 목표 문법이나 표현을 이해시키는 단계이다.

3. [④]. 상황에 맞게 언어를 사용하는 능력은 사회언어학적 능력을 기르기 위한 것이다.

4. [④]. 말하기 오류를 수정할 때는 학습자가 스스로 수정할 수 있도록 시간을 주는 것이 좋다. 그리고 학습의 의사소통 활동에 방해가 되지 않도록 해야 하며, 수업 목표에 부합하는 중요한 오류를 대상으로 수정한다.

참고문헌

강현화 · 이미혜(2011), 『한국어교육론』, 한국방송통신대학교출판부.

구현정(2001), "대화의 원리를 바탕으로 한 말하기 교육", 『외국어로서의 한국어교육』 25-26, 연세대학교 한국어학당.

김선정 · 김용경 · 박석준 · 이동은 · 이미혜(2010), 『한국어 표현교육론』, 형설출판사.

노명완(1992), "언어, 사고, 그리고 교육: 국어과 교육의 기본 성격과 사고력 교육", 『국어교육연구』 11, 서울초등교육연구회, 1-11쪽.

이미혜 · 김현진 · 구재희 · 윤영 · 이수행 · 권경미(2010), 『이화 한국어 1-2』, 이화여자대학교출판부.

전은주(1999), 『말하기 · 듣기 교육론』, 도서출판 박이정.

Brown, H. D. (2000), *Principles of Language Learning and Teaching*, 권오량 · 김영숙 · 한문섭 공역(2001), 『원리에 의한 교수: 언어 교육에의 상호작용적 접근법』, Pearson Education Korea.

Brown, H. D. (2001), *Teaching by principles* (2nd ed.), White Plains, NY: Addison Wesley Longman.

Bygate, M. (1997), *Speaking*, Oxford University Press.

Byrne, D. (1976), *Teaching oral English*, Longman.

Canale, M., & Swain, M. (1980), "Theoretical bases of communicative appro-aches to second language teaching and testing", *Applied Linguistics* 1-1, pp. 1-47.

Hymes, D. H. (1972), "On communication competence", In J. B. Pride & J. Holmes (Eds.), *Sociolinguistics*, Harmondsworth: Penguin.

Krashen, S. D. (1982), *Principles and practice in second language acquisition,* New York: Prentice Hall.

Littlewood, W. (1981), *Communicative Language Teaching; An introduction,* Cambridge University Press.

Long, M. (1980), "Input, interaction and second language acquisition", Unpublished dissertation, University of California, Los Angeles.

Nunan, D. (1989), *Designing Tasks for the Communicative Classroom*, Cambridge Press.

Rivers, W. M. (1981), *Teaching foreign-language skills* (2nd ed.), Chicago, IL: The University of Chicago Press.

Swain, M. (1985), "Communicative competence: Some roles of comprehensible input and comprehensible output in it's development", In S. Gass & C. Madden (Eds.), *Input in second language acquisition*, Rowley, Mass: Newbury House.

제8장

한국어 기능 교육론 4
(듣기)*

이미혜

학습개요

　한국어 듣기 교육은 실생활에서 구어를 통한 의사소통 능력을 기르는 데 목표를 둔다. 이 장에서는 듣기의 개념과 특성, 교육 목표 및 내용을 소개하고, 언어 교수법의 변천과 함께 듣기 교수법이 어떻게 변화해 왔는지 살펴본다. 그리고 듣기 교육 자료 유형과 구성 원칙, 듣기 수업 구성 원리와 구체적인 수업 활동을 예시와 함께 다루고, 듣기 수업의 실제 모형을 제시한다.

---

* 이 장은 강현화·이미혜(2011)의 '제8강 듣기 교육론'을 재구성하였다.

1. 듣기의 개념과 특성

일상생활에서 듣기는 음성 언어를 대상으로 한 이해 영역의 활동이다. 음성 언어를 대상으로 한다는 점에서 듣기는 말하기와 음성 언어의 특성을 공통적으로 갖고 있으며, 이해 영역이라는 점에서는 읽기와 함께 이해 과정과 절차, 이해 전략 등의 유사점이 있다.

일상생활에서 의사소통은 언어적·비언어적 기호를 사용하여 정보를 교환하고 의견을 나누는 과정이며, 언어적 의사소통은 음성이나 문자 등의 수단을 사용하여 메시지를 생산하고 수용하는 일련의 역동적인 상호작용 활동이다. 일상적인 의사소통은 음성 언어를 매개로 해서 이루어지는데, 특히 듣기는 읽기, 쓰기는 물론이고 말하기에 비해서도 사용 빈도가 높은 것으로 알려져 있다.[1] 또한 듣기는 다른 기능으로의 전이 능력이 크기 때문에 듣기 능력을 키움으로써 전반적인 언어 능력이 신장될 수 있는 특징이 있다.[2] 즉 듣기는 의사소통의 기초로서 들을 수 없으면 말할 수 없는, 의사소통을 위해 필수적인 기능인 것이다.

실제 생활에서 듣기는 담화 구성자 간의 적극적인 의미 협상을 통한 의사소통 행위이며 목적을 가진 활동이다. 청자는 의사소통의 상황에서 자신에게 들리는 모든 정보를 수동적으로 듣는 것이 아니라 자신에게 필요한 내용을 목적에 따라 선택적으로 처리한다. 그러므로 듣기에서 중요한 것은 소리로 입력된 자료를 다 들었는가가 아니라 의사소통 상황에서 자신에게 필요한 정보를 얼마나 잘 구별해 들을 수 있는가 하는 것이다.

듣기는 음성을 매개로 한 이해 활동이므로 다음과 같은 특성을 지닌다.

첫째, 음성 언어의 시간적 흐름 속에서 진행되므로 청자 임의로 담화에 개입하거나 진행 속도를 조절하기가 어렵다. 음성은 순간적인 특성이 있으므로 음성 언어를 통한 의사소통에서는 표현과 이해가 동시에 이루어져야 하기 때문이다. 특히 이 점에서 읽기와 차별성을 갖는다. 읽기의 경우에는

---

1) 몰리(Morley, 1991)는 평균적으로 사람들은 듣는 활동에 말하기의 2배, 읽기의 4배, 그리고 쓰기의 5배만큼 시간을 할애한다고 하였다.
2) 리버스(Rivers, 1981)는 외국어 학습 초기 단계에는 말하기와 듣기가 중요한데 학습자가 어법, 억양에 대한 감각이 형성될 때까지 듣기가 말하기보다 우선되어야 한다고 하였다.

독자가 글을 처리하는 과정에서 자율권을 갖고 읽기 과정을 조절할 수 있다. 예를 들어, 독자는 어떤 부분을 집중적으로 읽거나 나중에 다시 읽을 수도 있고, 어떤 부분을 건너뛰거나 반복해서 읽을 수도 있다. 심지어 순서를 바꾸는 것도 가능하다.

둘째, 구어의 특징들로부터 영향을 받는다. 구어는 형태적으로 비언어적이고 비문법적인 요소를 다수 포함하고 있으며 수행 과정에서 휴지, 머뭇거림, 반복, 수정, 다른 요소의 삽입 등 다양한 전략적 기술들이 사용된다.[3] 구어의 이와 같은 형태적인 특징과 수행상의 변인들은 듣기에 상당한 영향을 미치는 요소이다.

셋째, 듣기에서는 언어 외적인 요소가 영향을 미친다. 따라서 화자의 어조, 표정, 동작 등을 고려해야 정확한 이해에 도달할 수 있다.

---

3) 구어에서는 의미 전달에 별로 중요하지 않은 단어들은 발음이 흐려지거나 명확해지지 않고 다른 발음에 묻혀 들어가게 된다. 그래서 단어 간의 경계가 허물어지는 동화작용이나, 모음·자음 등의 탈락, 변화 등이 일어난다. 아래에서 (가)는 단어 내부에서 자음이나 모음이 생략되어 사용되는 것이며, (나)는 단어와 다른 요소, 어간과 어미가 통합되어 생략이 일어나는 예이다.
   (가) 특별히 찾는 거(것이) 있으세요?
        이것이 맘(마음)에 들어요.
   (나) 오늘 점심에는 뭘(무엇을) 먹을까요?
        아이스크림은 책상 위에 놔(놓아) 두세요.
   또한 문어에서는 전혀 사용되지 않는 부가어의 사용이 빈번하다는 것도 한 특징이다. 부가어란 화자가 특정한 의미를 첨가하지 않으면서 청자에 대한 어떤 태도를 드러내는 비격식적인 단어인 덧말이다. 부가어의 사용을 사회언어학적인 관점에서 계층 간의 차이로 본 연구도 있으나 부가어의 사용은 개인적인 언어 습관과 관계가 있다고 판단된다. 다음과 같은 예를 들 수 있으며, 이 외에도 응, 글쎄, 좀, 말이지, 말이에요, 있지요' 등이 있다.
   (다) 제가(요), 어제(요), 시장에 갔는데(요).
   (라) 지난 여름은 너무 더워서 (말이야)……
   (마) 내일은 숙제를 꼭 해 (가지고) 오세요.
   (바) 제 실순데요 (뭘).

2. 듣기 교육의 목표와 내용

1) 듣기 교육 목표

듣기 교육은 실생활에서 구어를 통한 의사소통 능력을 기르는 데 목표를 둔다. 한국어 학습 목적에 따라 구체적인 학습 목표가 달라지겠지만 일반적으로 숙달도를 고려하여 듣기 목표를 설정한다면 〈표 8-1〉과 같다.

〈표 8-1〉 숙달도에 따른 듣기 교육 목표

급	목표
1급	• 한국어의 기본적인 음운(자음, 모음, 받침)을 식별할 수 있다. • 일상생활과 관련 있는 간단한 질문을 듣고, 대답할 수 있다. • 일상생활과 관련 있는 간단한 대화를 듣고, 내용을 파악할 수 있다. • 사적이고 친숙한 소재에 관한 매우 간단한 이야기를 듣고, 내용을 파악할 수 있다.
2급	• 구별하기 어려운 음운이나 음운의 변동을 식별할 수 있다. • 일상생활과 관련 있는 평이한 질문을 듣고, 대답할 수 있다. • 일상생활과 관련 있는 평이한 대화나 이야기를 듣고, 내용을 파악할 수 있다. • 실생활에서 자주 접하는 간단한 안내 방송 등의 실용적인 담화를 듣고, 내용을 파악할 수 있다.
3급	• 대부분의 일상 대화를 듣고, 내용을 파악할 수 있다. • 사적이고 친숙한 소재에 관한 대부분의 이야기를 듣고, 내용을 파악할 수 있다. • 친숙한 사회적 소재를 다룬 평이한 대화나 담화를 듣고, 내용을 파악할 수 있다. • 광고나 인터뷰, 일기예보 등의 실용 담화를 듣고, 대체적인 내용을 파악할 수 있다.
4급	• 친숙한 사회적 소재를 다룬 대화나 담화를 듣고, 내용을 파악할 수 있다. • 복잡한 맥락을 갖는 담화를 듣고, 함축된 의미를 파악할 수 있다. • 간단한 뉴스나 방송 담화 등을 듣고, 내용을 파악할 수 있다. • 친숙한 소재를 다룬 평이한 토론을 듣고, 내용을 파악할 수 있다.
5급	• 업무 영역이나 전문 영역에서 이루어지는 일반적인 대화를 듣고, 내용을 파악할 수 있다. • 친숙한 사회적·추상적 소재를 다룬 강연, 대담 등을 듣고, 대체적인 내용을 파악할 수 있다. • 사회적이고 추상적인 소재를 다룬 담화를 듣고, 화자의 의도를 파악하거나 내용을 추론할 수 있다.

	• 주례사, 추모사 등 특수한 상황에서의 담화를 듣고, 대체적인 내용을 파악할 수 있다.
6급	• 업무 영역이나 전문 영역에서 이루어지는 대부분의 대화나 담화를 듣고, 내용을 파악할 수 있다. • 사회적·추상적 소재를 다룬 대부분의 강연, 대담, 토론 등을 듣고, 내용을 파악하거나 추론할 수 있다. • 대부분의 뉴스나 방송 담화를 듣고, 내용을 파악할 수 있다. • 일반적으로 널리 알려진 방언을 듣고 이해할 수 있다.

2) 듣기 교육 내용

의사소통 중심의 듣기 교육은 어떤 내용을 포함해야 하는가? 이는 듣고 이해하는 능력이 어떤 요소로 구성되는가를 통해서 파악할 수 있다. 어(Ur, 1984)는 듣기 능력을 구성하는 요소로 ① 발음 식별력, ② 억양, 휴지 및 강세, ③ 구어의 특성(주저함, 반복, 중복어 등) 이해, ④ 어휘·숙어력, ⑤ 문법 능력, ⑥ 세부 내용 파악 능력, ⑦ 중심 사상 파악 능력, ⑧ 세상의 지식을 꼽았다.

또한 이해영(2002)은 기존의 듣기 능력에 대한 연구들을 반영하여 한국어 듣기를 위한 세부 능력으로 40개의 능력을 하위 설정하고 있다. 이를 바탕으로 의사소통 능력을 위해 직접적으로 고려할 교육 내용을 정리하면 ① 정보 전달에 기여하는 억양 파악하기, ② 화자의 태도를 드러내는 비언어적인 단서 이해하기, ③ 주제 관련 어휘와 주요 어휘 파악하기, ④ 문맥에서 어휘의 의미 추측하기, ⑤ 중요한 문법적 형태와 통사적 장치 이해하기, ⑥ 중심 생각, 예시, 가정, 일반화 등을 파악하기, ⑦ 주제에 대한 화자의 태도 파악하기, ⑧ 목적에 따른 듣기 전략 적용하기, ⑨ 이해 또는 이해 부족을 언어적 또는 비언어적으로 알리는 능력, ⑩ 학문적인 듣기 활동에서 배경지식 활용하기 등이다.

결국 듣기 교육에서는 듣는 단위에 따라 발음·단어·문장·단락·전체 내용까지 포함하게 되며, 듣고 파악할 내용에 따라 언어적인 다양한 정보에서부터 비언어적인 정보, 상황에 대한 파악까지, 그리고 담화 속에 담긴 화자의 의도와 태도까지 포함하게 된다. 또한 이해하기 위한 전략에 따라 추측, 확인, 이해 부족을 알리는 전략까지 포함하게 된다.

3. 듣기 교육의 흐름

전통적으로 듣기는 말하기의 부수적인 보조 기능으로 생각되거나 수동적인 언어 기능으로 여겨져 왔다. 문법 번역식 교수법은 문어 중심의 교육이므로 듣기 교육은 중요한 교육 대상이 아니었다. 직접 교수법, 청각구두식 교수법에서 듣기는 읽기, 쓰기에 비해 중요시되었으나 이해로서의 듣기 활동이 아니라 모방과 반복을 통하여 습득되는 말하기의 보조 수단으로 강조되었을 뿐이다. 1970년대에 들어 전신반응 교수법에서는 청취 이해가 발화에 선행할 때 효과적이라는 입장에서 청취 이해를 강조하는 이해 접근법을 시도하였으며, 이것은 의사소통 교수법으로 이어져서 능동적인 이해 영역으

문법 번역식 교수법(grammar translation method)
· 문법과 해석 중심
· 실생활적인 언어는 무시하고 문어에 초점
· 읽기와 쓰기 중심 교육

직접식 교수법(direct method)
· 듣기, 말하기를 강조하며 동시에 학습
· 모국어 사용을 최대로 배제하며 외국어로 듣기 수업
· 의사소통을 위한 효과적인 방법을 제시하지 못했음

청각구두식 교수법(audiolingual method)
· 말하기와 듣기를 강조하였으나 듣기는 수동적 · 도구적 · 보조적 기능으로 여김
· 모방과 암기를 수단으로 하여 언어의 구조와 형태를 학습
· 완벽한 발음을 추구

전신반응 교수법(total physical response)
· 이해 중심의 교수법, 듣기 기능이 본격적으로 인정됨
· 듣기가 말하기에 우선함

의사소통 중심 교수법(communicative language teaching)
· 의사소통을 성공적으로 수행하기 위한 듣기 전략
· 이해 영역으로서의 듣기 기능

[그림 8-1] 듣기 교육의 흐름

로서의 듣기가 자리를 잡게 되었다.

의사소통 중심 교수법은 듣기를 다른 언어 기능과 동등한 독립된 기능으로서 중요하게 인식한다. 그리고 이해 영역으로서의 듣기, 청자의 적극적인 활동과 전략을 강조한다. 따라서 의사소통 교수법에 따른 듣기 교육은 학습자를 적극적인 청자로 만들기 위한 방법을 마련해야 하며, 듣기 전에 배경 지식을 활용하는 활동, 다양한 전략을 개발하는 다양한 수업 활동, 담화 차원의 이해 활동을 고안해야 한다.

4. 듣기 교육의 자료 구성

1) 자료 구성의 원칙

듣기 수업을 효과적으로 구성하기 위해 어떤 텍스트를 이용하며, 어떤 전략을 유도할 것인가? 실생활에서 다양한 텍스트를 접하여 성공적으로 과제를 수행할 수 있도록 교실 내의 듣기 자료는 다양한 텍스트를 포함하는 것이 바람직하다. 또한 듣기 텍스트는 교실 내의 수업이 실생활로 전이될 수 있도록 실제적인 자료로 구성해야 한다. 그런데 한국어 듣기 텍스트와 실제 발화의 속도를 비교한 연구들(김하영, 2001; 박민신, 2008; 최은지, 2007)은 교육용 듣기 자료들의 문제점을 다음과 같이 지적한다.

① 발화 속도가 느리다.
② 드라마, 라디오 매체들과 비교해 볼 때 교재의 자료들은 발화 간 휴지가 일정하다.
③ 말 차례가 정형화되어 있으므로 말 차례 겹침, 순서 교대가 자연스럽지 못하다.
④ 화제 전환, 맞장구 양상이 나타나지 않는다.
⑤ 일반적인 한국인의 발화보다 휴지가 길고 일정하다. 특히 교재의 대화는 발화 내 휴지가 빈번하며, 휴지 시간이 길다는 것이다(실제 대화에서 평균 23음절당 한 번의 휴지가 일어나는 것과 달리 13음절에 한 번씩 휴지가 일어남).

이러한 문제를 해결하려면 듣기 자료의 실제성이 강화되어야 한다. 실제적인 자료란 첫째, 담화 유형이 실제 자료와 유사한 것을 의미한다. 물론 실제 자료를 수업에서 그대로 활용하기는 어려우므로 숙달도에 맞게 어휘, 표현이 변형될 수 있으나 텍스트의 담화 유형은 그대로 유지되어야 학습자가 유사한 텍스트를 접했을 때 동일한 전략을 사용할 수 있다. 예를 들어 광고의 내용이 어려워서 어휘나 표현을 숙련도에 맞게 조절한다고 해도 광고문이나 광고 방송이 가지는 특성을 그대로 갖추어야 한다. 둘째, 실제적인 자료는 실제적인 언어생활을 반영한 자료이다. 한국어의 구어 특성을 최대로 반영하여 '중복, 축약, 생략, 머뭇거림, 휴지' 등이 적절히 포함되어야 할 것이며, 발화 속도도 한국인의 정상 발화와 유사해야 한다. 셋째, 대화 원리를 담고 있는 자연스러운 담화로 이루어져야 한다. 즉 화제 전환, 맞장구, 순서 교대 등이 일반적인 한국인의 대화와 유사하게 구성되어야 한다.

이 밖에도 듣기 자료를 구성할 때는 주제에 따라 적절한 자료 유형, 듣기 기능을 고려하여 구성해야 한다.

2) 듣기 자료 유형과 주제

숙달도에 따른 듣기 자료의 주제와 유형은 다음과 같이 구성할 수 있다.

표 8-2 숙달도에 따른 듣기 자료

숙달도	담화 주제	담화 단위	담화 유형	예
초급	인사, 소개, 날씨, 물건 사기, 전화 걸기, 여행, 약속, 교통, 회사일 등	어절 문장 텍스트 (간단한)	대화, 안내와 같은 설명, 독백, 의례적 인사 등	교통수단의 안내방송, 간단한 일기예보, 전화 메시지, 간단한 일상대화, 자기소개 등
중급	방문, 병원·은행 등의 기관에서 용무 보기, 광고, 날씨, 속담, 전통예절, 전화, 여행 등	어절 문장 텍스트	대화, 독백, 의례적 인사, 설명(광고나 기계조작법 등), 의식사, 짧은 연설, 짧은 토의나 토론 등	공동 이용시설의 안내방송(백화점, 아파트, 놀이동산 등), 라디오의 교통 정보, 복잡한 일기예보, 광고, 짧은 뉴스, 전화로 듣는 여행 정보, 쉬운 주제에 대한 토의나 토론 등
고급	한국의 풍습, 사회의 이모저모, 경제,	어절 문장	독백, 대화, 좌담, 연설, 토의/	드라마의 복잡한 독백, 심도 있는 대화, 면접, 광고,

사랑, 교육, 우정, 토론, 노후 문제, 종교, 환경 문제, 취업, 문화, 역사 등	텍스트	토론, 회의, 의식사, 설명, 보도 등	캠페인, 대중매체의 좌담/토론/토의, 인터뷰, 뉴스, 선거 유세 등

5. 듣기 수업 활동

1) 수업 활동 유형

듣기 수업 활동은 무엇을 기준으로 구분하느냐에 따라 달라진다. 듣기가 이해 영역의 활동이고, 이해 정도를 확인하는 것은 쉽지 않으므로 듣고 가시적으로 행동하는 것(반응하는 것)에 따라 구분할 수 있는데, 이에 대해서는 런드(Lund, 1990)의 논의를 참조할 수 있다.

① 행동하기: 듣고 지시에 따라 신체적으로 반응한다.
② 선택하기: 그림이나 사물, 텍스트 가운데서 해당하는 것을 선택한다.
③ 전이하기: 들은 내용을 그림으로 나타낸다.
④ 대답하기: 질문에 대답한다.
⑤ 요약하기: 듣고 요약하거나 글로 적는다.
⑥ 확장하기: 이야기를 듣고 끝 부분을 완성한다.
⑦ 되풀이하기: 들은 내용을 모국어로 번역하거나 그대로 반복하여 말한다.
⑧ 모델링하기: 듣고 유사한 행동(말)으로 실행한다.
⑨ 대화하기: 적절한 정보 처리가 일어나는 대화에 참여한다.

듣기, 읽기와 같은 이해 영역에서는 어떤 과정으로 정보를 이해해 가는지에 따라 정보 처리 모형을 달리 설정하는데, 정보 처리 과정에 따라 상향식 모형, 하향식 모형으로 구분할 수 있다. 상향식 모형은 작은 단위(bottom)인 소리에서부터 시작하여 단어, 문법을 이해하고, 주제나 상황까지 이해해 나가는 과정이다. 특정 발음을 듣고 이해하기, 고립된 문장에서 어휘나 문법 이해하기, 간단한 대화를 듣고 특정 표현을 파악하는 활동들은 상향식 모형을 활용하는 것이 적절하다.

① 음 식별하기
② 단어, 억양 식별하기
③ 문장 듣고 어휘, 문법에 중점을 두어 내용 이해하기
④ 짧은 대화 듣고 특정 어휘, 표현을 근거로 정보 파악하기

반대로 하향식 모형은 학습자의 배경지식을 활용하여 구체적인 언어 정보를 이해해 가는 과정이다. 그러므로 상향식 모형에 따른 활동을 유도할 때는 특별한 준비 작업 없이 듣기를 진행하지만 하향식 모형에 따른 활동을 유도할 때는 배경지식을 활성화하는 과정을 거치며, 담화 차원의 이해를 유도하는 전략(전체 내용 이해, 주제나 화자의 어조 등 파악하기)을 활용하는 것이 적절하다.

① 중심 내용, 세부 내용 파악하기
② 논평하기, 자신의 의견 피력하기
③ 화자의 어조 파악하기
④ 지지하는 생각이나 의견의 근거 듣기
⑤ 이유, 결과 등을 추론하기
⑥ 듣고 내용 요약하기

이와 같은 상향식 모형의 활동과 하향식 모형의 활동을 적절히 배합하여 듣기 능력을 단계적으로 유도해야 한다. 또한 한 단원에서 다양한 듣기 활동을 포함한다면 간단한 연습 활동뿐만 아니라 실제적인 과제 수행을 유도하는 것이 의사소통 능력을 기르는 데 효과적이다. 한국어교육에서 활용 가능한 실제적인 듣기 과제를 예로 들면 다음과 같다.

① 듣고 정보 파악하기
　• 지하철 방송 듣고 맞게 행동하기
　• 라디오, 텔레비전 방송에서 필요한 정보 찾기
　• 뉴스 이해하기
　• 대담, 좌담 듣고 주장하는 내용 이해하기

- 일기예보 날씨 이해하기
- 드라마 이해하기
- 광고, 캠페인 듣고 이해하기
② 실생활적인 일상 대화 듣고 정보 파악하기
- 예약하는 전화 내용 듣고 정보 이해하기
- 식당에서의 대화 듣고 주문 내용, 음식에 대해 이해하기
- 스포츠센터, 박물관, 학원 등에 문의하는 대화 듣고 정보 파악하기
- 약속하기, 취소하기, 사과하기, 정보 주기, 초대하기, 물건 사기 등의 대화 이해하기

2) 듣기 활동의 예[4]

동일한 주제로 구성된 단원에서 듣기 활동을 설계할 때는 단어, 문장을 대상으로 한 듣기에서 담화 차원의 듣기로 진행해야 한다. 그리고 활동은 연습에서 과제 활동으로 진행해야 하며, 연습도 단순한 연습에서 복잡한 연습, 통합적인 연습으로 설계해야 한다.

(1) 단어/문장 듣고 발음 연습하기

1. 듣고 따라 하세요.
   ① 사진 찍는 것
   ② 책 읽는 것
2. 듣고 맞게 쓰세요.
   ① 음악 (듣는 것)   ② 소설책 (읽는 것)
3. 듣고 따라 읽으세요.
   ① 한국어 책을 읽는 것이 어렵습니다.
   ② 수빈 씨는 사진 찍는 것을 좋아합니다.
   ③ 저는 한국 음악 듣는 것을 아주 좋아합니다.

---

4) 조항록 외(2008), 『베트남인을 위한 종합 한국어 1』을 활용하여 재구성하였다.

(2) 문장 듣고 맞는 그림 찾기

대화를 듣고 관계있는 그림을 고르세요.

[듣기 1] 저는 강에서 낚시하는 걸 좋아해요.

1. ①   ②   ③

[듣기 2] 제 취미는 그림 그리기예요. 특히 만화 그리는 걸 좋아해요.

2. ①   ②   ③

(3) 문장/짧은 대화 듣고 답하기

대화를 듣고 내용이 맞으면 ○, 틀리면 × 하세요.

[듣기 1] A: 수영할 수 있어요?
    B: 네, 할 수 있어요. 3개월 동안 배웠어요.

1. 이 사람은 수영을 못합니다. (　)

[듣기 2] A: 태권도를 할 수 있어요?
    B: 태권도를 안 배웠어요.

2. 이 사람은 태권도를 할 수 없습니다. (　)

(4) 대화 듣고 완성하기

대화를 듣고 주요 내용의 일부를 쓰도록 할 수도 있으며, 배운 특정 문법이나 표현을 쓰도록 유도할 수도 있다. 전자의 경우, 대화 흐름에 따른 기능 학습에 주된 목표가 있다면 후자는 문법의 활용에 목적이 있다고 할 수 있다.

주말 약속에 대한 대화입니다. 듣고 대화에 맞게 쓰세요.

[듣기]

민재: 내일 친구들과 등산하려고 해요. 지원 씨도 같이 (갈 수 있어요)?

지원: 수업이 있어서 (못 가요). 오후에는 괜찮아요.

민재: 잘 됐어요. 1시쯤 출발할 거예요.

지원: 그럼 저도 갈 수 있어요. 뭘 (가져갈까요)?

민재: 도시락하고 사진기가 필요해요. 지원 씨가 사진기를 (가져올 수 있어요)?

지원 : 네, 좋아요.

---

(5) 대화 듣고 답하기

두 사람이 방학 활동에 대해 이야기하고 있습니다. 대화를 듣고 맞게 답하세요.

[듣기]

티엡: 여름 방학에 한국 회사에서 아르바이트를 하고 싶어요.

흐엉: 그래요? 티엡 씨는 컴퓨터를 할 수 있어요?

티엡: 네, 잘해요. 고등학교 때부터 컴퓨터를 배웠어요.
한글도 칠 수 있어요.

흐엉: 운전도 할 수 있어요?

티엡: 네, 할 수 있어요.

흐엉: 한국어 통역도 할 수 있어요?

티엡: 조금 할 수 있어요. 아직 잘 못 해요.

흐엉: 티엡 씨는 한국 회사에서 아르바이트를 할 수 있을 거예요.
걱정하지 마세요.

1. 티엡 씨는 무엇을 할 수 있습니까? 모두 고르세요.

①   ②   ③

2. 글의 내용에 맞는 것을 고르세요.
  ① 티엡 씨는 한국 회사에서 아르바이트를 했습니다.
  ② 티엡 씨는 한글 컴퓨터를 못 칩니다.
  ③ 티엡 씨는 통역을 잘합니다.
  ④ 티엡 씨는 고등학교 때부터 컴퓨터를 배웠습니다.

6. 듣기 수업 구성

1) 수업 구성 원리

효과적인 듣기 수업을 구성하기 위해서는 듣기의 특성을 고려하고 의사소통 방법론의 원리를 준수하며, 이해 교육의 특성을 반영해야 한다. 수업 구성 방향은 다음과 같다.

① 학습자 스스로 듣기의 중요성을 인지하게 하며 목적을 가지고 듣기 활동을 하도록 유도한다.
② 학습자의 이해 과정을 중시하여 들을 내용에 대해 배경지식을 형성할 수 있도록 유도한다.
③ 음의 식별, 통사 구조 및 형식적 담화의 식별, 전체 맥락 이해, 세부 내용 파악, 사회문화적 배경의 이해 등을 위한 다양한 듣기 전략을 개발하도록 한다.
④ 듣기 전략에 따른 다양한 수업 활동으로 학습자의 이해 정도를 주의 깊게 관찰한다.

⑤ 학습자의 숙련도와 자료의 성격, 수업의 목적에 따라 상향식·하향식 모형의 듣기 활동을 적절히 포함한다.

⑥ 실제적인 과제(real-world task)와 교육적인 과제(pedagogic task)를 적절히 배합하여 실생활에서의 과제 수행 능력을 배양한다.

⑦ 다른 언어 능력과의 통합 교육을 통해 언어 능력을 강화한다.

2) 수업 구성 단계

실생활에서 학습자는 듣는 활동에만 참여하지만 교실 내에서는 이해를 수월하게 준비시키고 추측하게 하는 '전 단계', 들으면서 예측을 확인하는 '본 단계', 듣고 나서 이해 내용을 강화하고 확장하는 '후 단계'의 활동을 포함하여, '듣기 전 단계—듣기 단계—들은 후 단계'로 구성한다. 이러한 수업 구성은 이해 과정을 고려한 수업 설계이며, 학습자를 적극적인 청자로 만들어 주는 역할을 한다.

(1) 듣기 전 단계

듣기 전 단계(pre-listening)는 주제를 소개하고 동기와 흥미를 유발하며, 듣는 목적을 제시하여 학습자가 전략을 형성하고 적극적인 청자가 되도록 만들어 주는 단계이다. 주제에 관한 교사의 계획된 질문을 통해 타인의 경험을 공유하거나 필요한 문화와 지식에 대한 정보를 공유하게 한다. 또한 관련 사진, 삽화, 도표, 실물 등 주제와 관련된 시각 자료를 활용하여 주제로 유도하고 들을 내용을 예측하게 하며, 들을 내용과 관련된 필수적인 어휘, 표현을 자연스럽게 제시하고 학습시킨다.

이 단계 수업을 설계할 때 주의할 점은 들을 내용과 관련된 필수적인 내용으로 한정해야 한다는 것이다. 주제와 관련된 준비 활동을 지나치게 많이 함으로써 학습 목표를 잃어버리는 경우가 종종 있는데, 이것은 교사의 주입식 활동이며, 학습자를 오히려 수동적인 위치로 만들어 버릴 위험이 있다.

(2) 듣기 단계

듣기 단계(while-listening)는 학습자가 주어진 자료를 들으면서 설정된 과제를 수행하는 단계이다. 과제 수행은 짝 활동, 소그룹 활동으로 진행하는 것도 가능하다. 이 단계는 학습자가 스스로 전략을 활용하여 듣기 전에 예측한 내용을 확인해 가는 과정이므로, 교사가 중간에 끼어들어 이해를 단절시키지 않도록 주의해야 한다.

학습자로 하여금 듣는 목적을 갖도록 하기 위해서는 막연히 듣게 하기보다는 과제 제시를 명확하게 하는 것이 바람직하다. 듣는 활동은 암기력을 확인하기 위한 것이 아니므로 적절하게 반복하여 들려주고, 들을 수 있도록 유도하며, 학습자도 들으면서 메모하는 습관을 갖도록 한다.

(3) 들은 후 단계

들은 후 단계(post-listening)는 들은 내용을 정리하고 강화하는 단계이다. 들은 내용을 목적을 달리하여 다시 들을 수 있으며, 전체적인 내용 이해에서는 중요하지 않았던(목적으로 하지 않은) 문법, 어휘, 발음에 대해 간단하게 점검하는 것도 포함할 수 있다. 또한 관련된 자료를 듣는 활동으로 확장하거나 말하기·읽기·쓰기 기능으로 전이하여 통합하는 활동을 유도할 수 있다. 다른 언어 기능과의 통합 방식은 들은 내용에 대해 말하기/토론하기, 관련 있는 자료 읽기, 심화된 내용의 다른 자료 듣기 등이 있다. 중·고급 단계에서 비디오 등의 시청각 자료를 통해 듣기 활동을 한 경우에는 그에 대한 글쓰기도 가능하다.

들은 후 단계 수업을 설계할 때 유의할 점은 들은 내용을 정리하는 단계에서 듣기 수업을 읽기 수업으로 전환하지 않도록 유의해야 한다는 점이다. 즉 듣기 자료의 모든 문법, 어휘를 이해시켜야 한다고 부담을 갖지 않는 것이 필요하다. 그리고 들은 내용과 관련된 활동을 유도해야 하며, 관련성이 멀수록 학습 능력의 강화 효과가 떨어진다는 점을 기억해야 한다.

7. 듣기 수업의 실제

- 숙달도: 중급
- 주제: 건강
- 문법: -도록 하다, -는 게 좋다
- 어휘: 감기, 건강, 약
- 과제: 병원에서의 대화 듣고 이해하기

---

1 듣기 전 단계

① 감기에 걸렸던 경험 말하기
② 감기, 약 관련 어휘 학습하기

---

1. 다음 중 감기의 증상을 모두 고르십시오.

열이 나다 ( )	콧물이 나다 ( )	기침을 하다 ( )
목이 붓다 ( )	설사를 하다 ( )	배가 아프다 ( )
재채기를 하다 ( )	몸이 가렵다 ( )	코가 막히다 ( )

2. 다음 증상과 관계있는 약을 맞게 연결하십시오.

① 열이 높다   •   • ㉠ 소화제
② 소화가 안 되다 •   • ㉡ 진통제
③ 이가 아프다   •   • ㉢ 해열제
④ 설사를 하다   •   • ㉣ 지사제

---

③ 병원에서의 대화 예측해 보기
- 병원에서 의사가 어떤 말을 할지 생각하게 하여 어휘, 표현, 내용을 예측하게 한다.

② 듣기 단계

① 대화 상황, 목적 제시

② 듣고 전체 내용, 세부 내용 파악하기

다음은 병원에서 의사와 환자의 대화입니다. 잘 듣고 맞게 답하십시오.

[듣기 내용]

의사: 어떻게 오셨습니까?

환자: 어젯밤부터 감기에 걸린 것 같아요.

의사: 증상이 어떠신데요?

환자: 목이 좀 아프고, 코가 막혀요.

의사: 아- 해 보세요.

　　(진찰 후)

의사: 부었군요. 기침은 안 하세요?

환자: 네, 기침은 안 하지만 재채기가 나요.

의사: 목감기니까 몸을 따뜻하게 하고 푹 쉬세요.
　　그리고 따뜻한 물이나 녹차를 많이 드세요.
　　오늘 식후에 약을 드시고, 내일 다시 오세요.

환자: 사실은 내일 등산 계획이 있는데 가도 괜찮을까요?

의사: 이번 감기가 심해서 조심하셔야 합니다. 이번 주에는 푹 쉬시는
　　게 좋겠습니다.

환자: 알겠습니다. 감사합니다.

1. 이 환자의 증상은 어떻습니까? 모두 고르십시오.

① 열이 난다　　　② 목이 아프다　　　③ 기침을 한다

④ 재채기를 한다　　⑤ 코가 나온다　　　⑥ 코가 막힌다

2. 이 환자는 어떻게 해야 할까요?

① 이틀 후에 다시 병원에 간다.

② 운동을 해서 몸을 따뜻하게 한다.

③ 계획한 등산은 가는 게 좋다.

④ 물이나 녹차를 따뜻하게 해서 마신다.

③ 들은 후 단계

① 들은 내용 확인하기

② 의사와 환자가 되어서 역할극 해 보기

③ 아팠던 경험담 말하기

④ 건강과 관련된 글 읽기(처방전, 경험담, 주의 사항 등)

연습문제

1. 의사소통 능력 향상을 위한 듣기 수업 구성 원칙으로 알맞지 <u>않은</u> 것은?
   ① 들은 후에 다른 언어 기능과 통합 활동을 한다.
   ② 정확한 음의 식별, 문형 듣기에 초점을 맞춘다.
   ③ 실제적인 과제와 교육적인 과제를 적절히 배합한다.
   ④ 목적을 가지고 듣도록 듣기 전에 과제를 부여한다.

2. 상향식 모형의 듣기 활용이 <u>아닌</u> 것은?
   ① 억양 구별하기
   ② 듣고 음 식별하기
   ③ 듣고 맞는 어휘 찾기
   ④ 대화의 주제 파악하기

3. 의사소통 중심의 교육을 위해 듣기 자료를 적절하게 구성한 것이 <u>아닌</u> 것은?
   ① 자연스러운 구어를 활용하여 녹음한다.
   ② 정상적인 모국인의 발화 속도를 따른다.
   ③ 실제 자료를 교육적인 과제로 수정하여 활용한다.
   ④ 주저하기, 고쳐 말하기 등을 포함하여 자연스럽게 구성한다.

4. 고급 단계의 듣기 자료로 묶인 것은?
   ① 지하철 안내 방송, 전화 메시지
   ② 뉴스, TV 토론
   ③ 간단한 일기예보, 라디오 캠페인
   ④ 자기소개 대화, 선거 유세

풀이

1. [②]. 의사소통 능력 향상을 위해서는 상향식 모형의 듣기 활동보다 하향식 모형의 듣기 활동에 익숙해질 필요가 있다.

2. [④]. ④는 하향식 모형의 듣기 활동이다.

3. [③]. 실제적인 과제와 교육적인 과제를 모두 활용할 수 있다. 실제적인 과제를 군이 교육적 과제로 수정하는 것은 바람직하지 않다.

4. [②]. 초급 자료: 지하철 안내 방송, 전화 메시지, 간단한 일기예보, 자기소개 대화; 중/고급 자료: 광고, 라디오 캠페인

참고문헌

강현화 · 이미혜(2011), 『한국어교육론』, 한국방송통신대학교출판부.

김하영(2001), "한국어 교육을 위한 듣기 텍스트 개발 방안", 고려대학교 석사학위 논문.

박민신(2008), "한국어 듣기 평가 텍스트의 진정성 연구: 대화형 텍스트의 상호작용적 측면을 중심으로", 『한국어교육』 19-1.

이준호(2011), "듣기 활동의 다양성 분석 연구", 「한국어학」 52.

이해영(2002), "한국어 듣기교육의 이론과 실제", 『21세기 한국어 교육학의 현황과 과제』, 93-128쪽.

전은주(2011), "한국어 말하기 듣기교육에서 '실제성 원리'의 적용 층위와 내용", 『새국어교육』 89.

조항록 외(2008), 『베트남인을 위한 종합 한국어 1』, 한국국제교류재단 · 국민은행.

최은지(2007), "한국어 듣기 교재 내 음성 자료 속도의 실제성", 『한국어교육』 18-1.

Anderson, A., & Lynch, T. (1989), *Listening*, Oxford University Press.

Brown, H. D. (2000), *Principles of Language Learning and Teaching*, 권오량 · 김영숙 · 한문섭 공역(2001), 『원리에 의한 교수: 언어 교육에의 상호작용적 접근법』, Pearson Education Korea.

Lund, R. (1990), "A Taxonomy for Teaching Second Language Listening", *Foreign Language Annals* 23, No.2.

Morley, J. (1991), *Listening Comprehension in Second/Foreign Language Instruction*, In M. Celce-Murcia (Ed.), *Teaching English as a Second or Foreign Language* (2nd ed.), MA: Heinle & Heinle Publishers.

Omaggio, A. H. (1993), *Teaching Language in Context*, Heinle & Heinle Publishers.

Rivers, W. M. (1981), *Teaching Foreign-Language Skills* (2nd ed.), The University of Chicago Press.

Ur, P. (1984), *Teaching Listening Comprehension*, Cambridge University Press.

제**9**장

한국어 교육용 부교재
제작 및 활용법

김은애

학습개요

　이 장에서는 한국어 교육 현장에 필요한 부교재를 선택하고 제작·활용하는 과정
에 대해 다룬다. 한국어 교육용 부교재의 정의, 사용 목적, 기능에 대해 생각해 보고
부교재 선택 시 고려할 점과 제작 시 주의할 점에 대해 알아본다. 이어 부교재 제작
및 활용법에 대해서도 학습한다. 나아가 부교재를 사용하게 될 교사의 역할에 대해
서도 생각해 본다.

1. 한국어 교육용 부교재의 의의

교육에는 3대 요소가 존재한다. 교사, 학습자, 그리고 교재이다. 교재는 학습자가 학습해야 할 내용을 거의 다 포함하고 있으며 교육 현장에서 교사는 교재를 통해 학습자가 배워야 할 내용을 전달한다.[1] 그러나 교재가 많은 내용을 담고 있음에도 불구하고 교사가 교재만 가지고 수업을 할 경우 자칫 준비 없는 수업으로 보일 수 있다. 특히 언어 교수-학습 현장에서는 더욱 그렇다. 말하고 듣고 읽고 쓰기를 통합적으로 익혀야 하는 교수-학습 현장에서 교재 한 권만으로 수업을 한다면 교수-학습의 효과를 기대하기 어려울 것이다. 교재의 한계를 보완하고 교수-학습의 효과를 높여 주는 것이 바로 교육용 부교재이다.

어학 교육으로서의 역사가 짧은 한국어 교육의 경우에는 교육용 부교재 개발이 원활하게 이루어질 시간을 확보하지 못했다고 할 수 있다. 따라서 사용 효과가 검증된 교육용 부교재들이 출판되거나 보급되어 있지 않아 교사들은 대부분 스스로 부교재들을 만들어 사용하고 있다.[2]

이 장에서는 어떤 교육용 부교재를 준비하고 어떻게 사용하는 것이 효과적인지를 살펴보고, 아울러 교육용 부교재를 사용하는 교사의 역할에 대해서도 생각해 보고자 한다.

2. 한국어 교육용 부교재 선택 및 제작

1) 한국어 교육용 부교재의 정의

한국어 교육용 부교재란 한국어 수업에서 사용될 수 있는 모든 것을 지칭

---

1) 김정숙 외(2006)는 한국어 교재란 한국어교육을 위해 개발된 교육 자료의 묶음으로서, 그 형식은 종이책을 비롯해 오디오 교재, 비디오 교재, 시디롬(CD-Rom) 교재, 웹 교재 등 다양한 매체의 형태를 취할 수 있다고 설명하고 있다.
2) 각 기관이나 개인이 낸 교재와 학생용 워크북은 상당수에 달하고 있으나 자료를 모아 놓은 형식의 출판물은 찾아보기 힘들다. 그러나 각 기관에서는 수업 시간에 자체적으로 제작한 내부용 부교재를 사용하고 있다.

한다. 주교재를 제외하고 정해진 수업 목표와 내용에 부합되는 자료는 모두 부교재라고 볼 수 있다. 교사의 말에서부터 시작하여 교육을 목적으로 제작된 자료, 실제 자료까지 다양한 종류의 자료들이 있다.[3]

2) 한국어 교육용 부교재의 사용 목적

학습 효과를 높이기 위해 부교재를 사용한다. 학습자들의 이해를 돕는 부교재와 학습자들의 활용 가능성을 높여 주는 다양한 부교재들을 사용함으로써 목표 언어를 배우는 데 들이는 시간과 노력을 절약할 수 있다.[4]

3) 한국어 교육용 부교재의 기능

첫째, 이해를 증진시킨다. 학습자들이 교재와 교사의 설명만으로 이해하기 어려운 어휘나 상황의 경우 그림이나 연출된 사진, 혹은 동영상 등을 이용하여 쉽게 이해시킬 수 있다.

둘째, 활용 가능성을 높인다. 새 문형이나 표현을 배울 경우 단순히 교사의 설명을 듣고 이해하는 단계에서 시작하여 이를 내재화(internalize)하여 실제로 학습자가 자유자재로 활용하는 단계에 이르기까지 많은 시간이 소요된다. 부교재를 사용할 경우 이해 단계에서 시간을 절약함은 물론 내재화되기까지의 시간을 단축시킬 수 있으며 빠른 시간 안에 완전 습득이 가능해진다.

셋째, 평가에 도움을 준다. 수업에서 사용한 부교재를 그대로 혹은 약간 변형시켜 평가 시 사용할 수 있다. 초급 단계에서 주로 사용하는 그림 보고 이야기 만들기, 말풍선에 알맞은 대화 써 넣기 등은 평가에서도 그대로 사용할 수 있다. 고급 단계에서는 수업 시간에 부교재를 사용해서 한 활동이나 연습의 난이도를 높여 평가 문항으로 사용할 수 있다.

넷째, 교사와 학습자 간의 의사소통을 돕는다. 매개어가 없는 초급의 학습

---

3) 교육을 목적으로 제작된 자료에는 연습 목적으로 문제들을 인쇄해 놓은 연습지, 각종 카드, 그림, 사진, DVD, 오디오 CD 등이 있다.

4) 목표 언어를 사용하는 나라에서 그 언어를 배우는 경우 모든 환경이 부교재와 자료로 사용될 수 있다. 외국에서 특정 목표 언어를 배우는 경우 교실 환경만이라도 해당 목표 언어 환경으로 완벽하게 만들어 놓아야 학습의 효과를 높일 수 있다. 매년 미국 미네소타 주에서 열리는 한국어 몰입 프로그램(immersion program) '숲 속의 호수(Sup Sogŭi Hosu)'와 최근 한국의 몇몇 지자체에서 시도하고 있는 '영어마을'도 목표 언어 환경 안에서만 생활하도록 하여 학습의 효과를 높이고 있다.

자와 교사 사이에서는 말 대신 제스처나 그림 자료 등을 사용하여 표현하고
싶은 내용을 전달할 수 있다. 이런 목적을 가진 부교재들은 보통 오리엔테
이션 과정에서부터 사용이 가능하며 기초 단계 이후에는 문형을 가르치는
자료로 쓰이기도 한다.[5]

[그림 9-1]   그림 자료의 예

다섯째, 교사의 역할을 일부 대신할 수 있다. 컴퓨터를 이용한 프로그램이
나 학습용 CD, 동영상 자료를 사용하는 경우가 해당된다. 대부분의 한국어
교육 현장에서 보통 교사 한 명이 다수의 학습자를 상대하는 방식의 수업을
진행하고 있다. 이러한 방식의 수업도 중요하지만 때로는 학습자들이 배운
내용을 빠른 시간에 연습, 숙지하거나 자신의 속도에 맞춰 공부하는 것이
필요할 경우도 있다. 이럴 경우 교사 한 명이 모든 학생들을 일일이 지도할
수는 없으므로 위에서 언급한 부교재들의 도움을 받을 수 있다.

4) 교육용 부교재의 선택 기준[6]

먼저 사용하려고 하는 부교재가 수업에서 가르치고자 하는 내용에 맞는지
를 확인해야 한다. 일단 적합하다고 판단이 되면 어느 시점에서 부교재를

---

5) 이 자료는 수업 시간에 전화 통화를 할 수 없다는 내용을 알리기 위해 사용할 수 있
   다. 문형을 가르칠 경우 'V(동사)-지 말다', 'V(동사)-(으)면 안 되다' 등에서도 사용
   할 수 있다.
6) 송정희 외(1999)에서는 교육 재료가 갖추어야 할 여건들로 가르치는 입장에서보다
   는 배우는 입장에서 보다 효율적으로 사용될 수 있어야 하고, 무엇보다도 학생들의
   언어 수준에 알맞은 내용을 선택해야 하며, 학습하는 내용과 이를 가르치기 위하여
   활용되는 교수법과 맞아야 한다고 주장했다. 또한 배울 내용을 미리 준비할 수 있으
   며 배운 내용을 복습하고 평가할 수 있는 교육 재료여야 한다고 밝히고 있다.

사용할 것인지에 대해서도 미리 계획을 세워야 한다. 또한 사용하려고 하는 부교재가 수업에 꼭 필요한 부교재인지 살펴봐야 한다. 사용하지 않아도 되는 자료를 사용한다면 학습자들의 이해에 방해가 되고, 오히려 혼란을 가져올 수도 있다. 학습 효과를 높일 수 있는 부교재만을 사용하도록 한다.

5) 교육용 부교재 선택 시 고려할 점

교육용 부교재 선택 단계에서는 교사의 정확한 판단이 요구된다. 부교재 선택 시 교사가 반드시 고려해야 할 점은 다음과 같다.

(1) 학습자 관련 요인[7]

① 학습자의 나이

수업 현장에서 학습자의 나이는 우선적으로 고려되어야 할 요인이다. 학습자들의 평균 연령도 중요하지만 대다수의 학습자가 비슷한 연령대인 경우 간혹 섞여 있을 수 있는 나이가 아주 어리거나 나이가 아주 많은 학습자도 관심 있게 지켜본 후 부교재를 선택해야 한다. 학습자의 나이가 어릴 경우 사회적 경험이 많지 않으므로 교사가 상식적이라고 생각하는 내용에 대해서도 무지할 수 있으며 연령이 높은 학습자의 경우 듣기 활동이나 새로운 부교재를 사용하는 수업에서 어려움을 겪을 수 있다.

② 학습자의 성격 및 성향

수업에서 전 시간의 학습자 또는 다른 학급의 학습자들이 재미있게 사용한 부교재를 그대로 사용했으나 반응이 전혀 다르게 나올 수도 있다. 이처럼 동일한 부교재를 동일한 방식으로 사용했는데도 결과가 다르게 나오는 경우는 학습자들의 성격과 무관하지 않다.[8] 교사는 학습자들의 성격과 성향을 항상 고려해야 하며 이들에게 맞는 부교재가 무엇인지 잘 생각한 후 선택해야 한다.[9]

---

7) 학습자 관련 요인은 교사가 세심하게 고려해야 하는 부분이다. 학습자들이 수업을 하면서 심리적 부담감을 갖는 경우 학습 효과가 떨어지기 때문이다.

8) 한국어 교육 현장에서 보면 학습 성적이 좋고 주도적 역할을 하는 몇몇 학습자의 성격에 따라 학급 전체의 분위기가 바뀌는 경우를 종종 볼 수 있다. 따라서 교사는 수업 초기에 이런 점을 파악하여 수업 진행과 부교재 준비를 하는 것이 좋다.

9) 브라운(이흥수 외 역, 2002)은 성격 유형과 직업에서의 성공, 시간 관리, 학업, 결혼,

③ 학습자의 성별

성별에 따라 관심의 초점이 다르므로 학습자의 성별도 고려해야 한다. 한 학급이 모두 남자 혹은 여자로 이루어진 경우라면 활동의 소재를 고를 때 차이를 두는 것도 좋다. 항상 성별에 맞는 주제만을 학습시킬 필요는 없지만 성별에 따라 관심이 다르다는 것을 간과해서는 안 된다.

④ 숙달도 수준

수업에 참여하는 학습자들의 숙달도 수준에 따라 부교재를 선택해야 한다. 매우 유익한 내용을 가진 부교재라 할지라도 학습자들에게 쉽게 이해되지 않을 정도의 난이도를 가지고 있다면 사용하지 않는 것이 좋다. 동일한 부교재를 사용할 경우라도 학습자들의 수준에 따라 학습 활동을 달리할 수 있다.

⑤ 학습 목적

목표 언어를 배우고자 하는 목적이 무엇인지에 따라 수업의 내용이 달라진다. 따라서 수업에서 사용되는 부교재도 학습 목적에 맞게 선택되어야 한다. 이주 생활 적응, 진학, 취업, 취미 등 학습 목적에 따라 부교재를 결정해야 한다.[10]

⑥ 사회·문화적 배경

학습자의 출신 국가나 종교에 따라 상당한 사회·문화적 차이가 있을 수 있고 이 차이로 인해 학습자 간의 이견이나 충돌도 있을 수 있다. 이런 점을 고려하여 교사는 부교재나 토론 주제 선정 시 신중을 기해야 한다.

육아, 그 밖의 것들과의 상관관계에 대해서 엄청난 관심이 모아져 왔다고 말하고 있다. 특히 학습자들이 갖는 두려움이 문제가 되고 있는데, 이는 능력 부족에 대한 두려움, 의사소통에 대한 두려움, 평가에 대한 두려움이고 성격에 따라 두려움을 표현하는 방식과 두려움을 떨쳐내는 방식이 다를 수 있다고 밝히며, 교사는 학습자들이 편안하게 느낄 수 있는 정서적 환경을 만들어 줘야 한다고 역설하고 있다.

10) 대학 진학을 목적으로 하는 학습자의 경우 자기소개서, 연구 계획서 쓰기 등 서류 작성을 포함한 진학 지원 단계의 지도를 받고, 진학 후 대학(대학원) 수업에 대비한 표현 능력 갖추기, 논문을 쓰기 위한 자료 수집과 정리 방법, 논문작성법 등에 대한 수업을 받게 된다. 각 기관의 경우 연구반이나 7급 과정을 개설하여 진학 목적 학습자들을 지도하고 있다.

(2) 기술·환경적 요인

교육용 부교재를 사용하기 위해 특별한 시설이나 기자재가 필요할 경우 설치가 가능한지를 먼저 살펴야 한다. 설치가 제대로 되어 있을 경우에도 사용 전에 매번 작동이 제대로 되는지 미리 점검을 해야 한다.

(3) 경제적 요인

한국어 교육용 부교재를 사용하기 위해 새 시설을 만들거나 기기를 설치해야 할 경우 그에 따르는 비용의 문제를 먼저 생각해 봐야 한다. 설치나 유지 비용이 너무 많이 드는 경우 해당 부교재의 사용 자체를 재고하거나 다른 부교재로 대체하는 것이 바람직하다.

3. 한국어 교육용 부교재의 제작 및 활용법

1) 한국어 교육용 부교재 제작 시 주의할 점

첫째, 내용을 명료하게 표현해야 한다. 부교재를 통하여 설명하려는 내용을 명확하고 알기 쉽게 표현해야 한다. 포함하고 있는 내용이 너무 많거나 복잡할 경우 역효과가 날 수도 있다. 또한 의도된 활동을 수행하도록 하는 경우 활동의 내용을 알려 주는 지시문도 학습자들이 쉽게 이해할 수 있도록 만들어야 한다. 교사에게 쉽고 간단해 보이는 활동도 학습자들의 입장에서는 대단히 난해하고 힘든 활동이 될 수 있음을 간과해서는 안 될 것이다.

둘째, 학습자들이 학습에 대한 동기를 유지하고 흥미를 가질 수 있도록 부교재를 제작해야 한다. 아무리 좋은 내용이 들어 있는 부교재라 할지라도 학습자들이 그 부교재를 사용하는 것에 대해 흥미를 갖지 않거나 무관심할 경우 부교재를 사용해서 얻을 수 있는 효과는 없다. 따라서 부교재를 제작할 때는 앞서 언급한 학습자 관련 요인을 미리 분석하여 학습자 중심의 부교재를 만들어 제공하는 것이 중요하다.

셋째, 시간과 노력을 절약할 수 있어야 한다. 많은 비용과 노력을 들여 외관상으로 멋있는 부교재를 만드는 것보다 내용이 알찬 부교재를 만드는 것이 중요하다. 따라서 기대되는 효과에 비해 너무 많은 시간과 노력을 들이는 것이라는 판단이나 부정적 시각이 있을 경우 다른 방식 혹은 다른 내용의 부교재를 만드는 것이 바람직하다.

2) 교육용 부교재의 종류와 활용

(1) 언어 자료

① 예문

교육용 부교재 중 가장 기본이 되는 자료이다. 교사가 만든 예문은 인쇄나 복사를 한 연습지의 형태로 학습자들에게 배부되거나 교사의 판서를 통해 학습자들이 보게 된다. 이미 출판된 책이나 신문[11]에서 예문을 선택하여 학습자들에게 제공할 수도 있다. 이때 제공되는 예문에는 단어는 물론 문장 형태의 글, 대화문, 질문 등 다양한 형태의 예문이 포함되어야 한다. 문어, 구어, 어미 활용 등 다양하게 연습할 수 있는 예문을 주도록 한다.

② 의사소통 중심의 과제(communicative task)

의사소통 중심의 과제는 유창성에 초점을 두고 시행한다. 교사가 정확성을 너무 강조할 경우 학습자들이 실수에 대한 두려움 때문에 말을 하지 않을 수 있기 때문이다. 의사소통 중심의 과제는 구체적이고 실제적인 목표 달성을 목적으로 해야 한다. 교사가 과제에 대해 설명을 할 때는 무엇을 어떻게 해야 하는지에 대해 자세하게 설명해 줘야 한다. 도입-제시-연습-사용-마무리의 순으로 진행하는 것이 좋으며 가능하면 실제적인 자료를 많이 활용하도록 한다. 정보 찾기, 문제 해결, 토론, 역할극, 게임 등 다양한 유형의 과제로 만들어 수행하게 한다.

---

11) 실제 자료(authentic material, authentic text)의 대표적인 예로 신문, 전단 등을 들수 있다. 브라운(Brown, 1994)의 경우 부교재용 자료를 분류함에 있어 scripted text, semi-scripted text, authentic text로 구분을 하고 있다. 초급 과정에서는 신문 광고에 나온 짧은 문장을 이해하고, 기사를 읽어 가며 문어체 활용 어미 찾기를 하거나 일기예보의 내용이나 형식 파악하기 등을 할 수 있다. 중급 과정에서는 직접화법, 간접화법 학습의 자료로 신문 기사를 이용할 수 있으며 기사 읽고 중심어 찾기, 기사 내용 요약하기 등도 수업에서 해 볼 수 있다. 고급 과정에서는 논설문 읽고 토론하기, 논설문 써 보기 등을 실시할 수 있다. 전단(피자, 중국집의 홍보용 광고 전단)을 사용하는 경우 초급 단계에서는 음식의 값을 말하거나 물어보는 정도에서 시작하여 주문하기로 활동을 발전시킬 수 있다. 중급 단계에서는 잘못 배달된 상황에 대한 설명을 하거나 잘못된 주문을 바로 잡기 등의 활동을 할 수 있으며, 각 단계에서 학습한 문형을 사용해 역할극(role play)을 하는 것도 가능하다.

(2) 청각 자료

① 교사의 육성

학습자와 직접 의사소통이 가능하다는 점을 가장 큰 특징으로 들 수 있다. 시간과 장소에 관계없이 수업을 진행할 수 있다. 다른 자료를 사용한다 할지라도 교사의 육성 없이는 진행이 불가능하다. 그러나 교재와 교사의 육성만으로 수업이 이루어질 경우 자칫 준비 없는 수업으로 보일 수도 있다.

② 오디오 CD

육성에 가까운 음질을 들을 수 있다는 점을 장점으로 볼 수 있으며 학습자들이 직접 사용할 경우 원하는 만큼 반복 학습이 가능하기 때문에 개별 학습용으로도 사용 가능하다. 교재를 녹음한 CD, 듣기 능력 향상을 위한 연습 문제용 CD 등 학습 목적으로 제작된 CD와 노래나 광고, 드라마, 뉴스, 연설 등을 녹음한 오디오 파일 등을 사용할 수 있다.

노래는 초급부터 고급까지의 전 과정에서 사용할 수 있는 자료이다.[12] 학습자들은 일상생활에서 자주 들을 수 있는 노래일수록, 노래에 배운 단어와 문형이 많이 들어 있을수록 관심을 많이 가지는 것으로 나타났다.

뉴스의 경우 일부분을 발췌하여 따라 하기 등을 시도함으로써 낭독 연습 겸 발음 연습을 할 수 있기 때문에 중급 이상의 과정에서 사용할 수 있다. 특히 실제 자료의 내용은 그 사회의 시대적·문화적인 상황까지 포함하고 있으므로 책을 통한 언어가 아닌 살아 있는 언어를 공부할 수 있게 해준다.

방송 혹은 연출된 상황이 아닌, 실제 상황을 녹음한 부교재를 제작할 경우 소음 처리에 만전을 기해야 한다. 주변 소음이 너무 크게 녹음된 경우 수업에서 사용할 수 없다. 이 밖에 학습자가 제공된 녹음을 수동적으로 들으며 학습하는 것 대신 능동적으로 사용하는 경우도 있다. 학습자가 자신의 발음을 스스로 녹음하고 그 결과를 듣고 수정을 하는 일련의 과정을 위해

---

12) 노래를 통해 자칫 지루해지기 쉬운 수업 시간을 재미있게 이끌어 갈 수 있다. 영어 교육의 경우 박자 노래(chant)를 통해 구어의 리듬, 강세, 억양 패턴을 자연스럽게 교육시켜 왔다(이홍수 편, 1999, p. 110, 박주경의 글 참조). 프랑스의 경우 1950년 대 말부터 수업에 샹송을 도입했고 1960년대에 본격화되었다. 어휘 바꿔 넣어 보기, 가사 낭독 등 다양한 시도를 통해 학습자의 동기 유발에 큰 몫을 해 오고 있다(한문희, 2003, p. 101).

사용하는 경우이다. 녹음을 계속할 경우 학습 과정을 기록으로 남길 수 있고, 피드백(feedback)이 가능하기 때문에 유용한 자료가 될 수 있다.

③ 어학실습용 프로그램

컴퓨터나 휴대전화 애플리케이션을 통해 원어민의 발음을 따라 하거나 직접 녹음을 하는 학습용 프로그램들이 많이 나와 있다. 또한 컴퓨터 어학실습실(computer lab)의 사용도 가능하다. 어학 실습실이나 어학 실습용 기자재를 효율적으로 사용하기 위해서는 먼저 교사가 사용법을 숙지하고 있어야 한다.

(3) 시각 자료

① 교과서

교과서는 수업을 이끌어 가는 주교재이다. 통합형 교재[13]를 사용할 경우 부교재들이 교과서 안에 포함되어 있다고 볼 수 있다. 교과서는 일단 개발이 되면 별도의 비용이 들지 않으므로 경제적이며 대부분의 교과서는 오랜 기간의 연구와 수정, 검토를 거쳐 만들어지기 때문에 학습 내용이 매우 체계적이다. 또한 개별적으로 사용을 할 경우 개인별 능력에 따라 속도 조절이 가능하다. 휴대가 간편하며 장소의 제약을 받지 않는다. 그러나 교과서의 내용이 짜임새가 없으면 부교재를 많이 만들어 수업 내용을 보충한다 할지라도 큰 효과를 기대할 수 없다.

② 칠판[14]

수업 현장에서 가장 많이 쓰이는 기본적인 교구이다. 칠판에 표현되는 학습 내용은 수업의 구체적인 자료로 쓰일 수 있다. 그림을 그리거나 색분필을 사용하여 시각적 효과를 높일 수 있으며 다른 학습 자료들을 칠판에 붙여서 사용할 수 있으므로 다른 학습 자료의 보조 역할도 할 수 있다. 그러나 판서 시 교사가 학습자들로부터 등을 돌린 상태로 너무 오래 있게 되면 학습 효과가 떨어질 수 있다. 가능한 한 학습자와 계속 시선을 교환할 수 있을 정도의 각도를 유지하면서 판서하는 것이 바람직하다.

---

13) 통합형 교재란 말하기, 쓰기, 읽기, 듣기 영역에 대한 학습과 연습을 낱권으로 만들지 않고 한 권의 책에 모두 포함시켜 만든 교재를 말한다.
14) 화이트보드나 융판도 같은 부류로 볼 수 있다.

③ 오버헤드 프로젝터

오버헤드 프로젝터(Overhead Projector: OHP)를 사용하면 학습자와 교사가 마주 보고 수업을 하게 되어 학습에 대한 집중력을 높일 수 있다. 특히 학습자의 수가 많을 경우 꼭 필요한 기기라고 할 수 있다. 불필요한 복사물들을 만들지 않아도 되기 때문에 교사의 시간과 노력을 절약할 수 있다. 오버헤드 프로젝터용 필름(transparency)에 쓰는 글씨체는 명조, 바탕, 굴림, 고딕 계열이 적당하고, 크기는 16~30포인트 정도가 좋다. 글씨를 너무 작게 쓰거나 한 장에 너무 많은 내용을 써 넣지 않도록 한다. 오버헤드 프로젝터도 기종에 따라 작동 방법이 약간씩 차이가 있으므로 교사는 수업 전에 반드시 작동 방법을 익혀 놓아야 한다. 초점을 잘 못 맞추거나 교실이 너무 밝을 경우 스크린이 잘 안 보일 수 있기 때문에 사용 시 학습자들의 반응을 살펴야 한다. 시력이 약한 학습자가 있을 경우 자리를 임시로 옮겨 주는 등의 배려도 필요하다.

④ 카드[15]

가. 자음·모음 카드

초급 기초 단계에서 반드시 필요한 카드이다. 자음과 모음의 색깔을 구분하여 자음과 모음의 차이를 알게 하는 것이 좋다. 보통 자음과 모음을 각 한 개씩 준비하면 된다. 자음과 모음의 개별 음가 학습 단계가 지나면 자음과

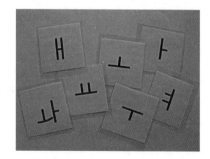

[그림 9-2] 자음·모음 카드의 예

---

15) 모든 카드는 카드의 훼손을 막고 장기간 사용하기 위해 라미네이팅(laminate)을 해서 사용하는 것이 바람직하다.

모음을 결합하여 음절을 만드는 연습을 하도록 지도한다.[16] 학습자들이 자음과 모음 카드로 음절을 쉽게 만들 수 있게 되면 그룹별로 게임을 하는 것도 좋다.[17]

나. 단어 카드

카드의 크기는 가로 30~35cm, 세로 10~15cm 정도가 적당하다. 교실의 크기와 학습자와의 거리를 고려하여 카드의 크기를 조절할 수 있다. 컴퓨터로 제작할 경우 글씨체 선정에 유의해야 한다. 너무 멋을 강조한 글씨체나 받침이 있는 음절과 받침이 없는 음절의 높이 차이가 크게 나는 글자체는 사용하지 않도록 한다.[18]

• 명사 카드

초급 단계에서는 기본적으로 명사 카드를 사용하여 소리 내어 읽는 활동을 할 수 있다. 그림 또는 실물과 명사를 짝짓는 활동을 통해 사물의 명칭을 익힐 수 있다. 학습자들이 간단한 명사 카드를 만들어 다른 학습자와 돌려 가며 읽도록 하는 연습도 가능하다. 초급 단계를 넘어서면 명사 카드는 거의 사용하지 않게 된다.

• 동사·형용사 카드

동사 카드와 형용사 카드는 대조적인 색이나 차이가 분명히 드러나는 색을 사용하는 것이 좋다. 연결어미 '-은데/는데'나 현재형 관형형 어미, 해라체의 서술형 어미 등을 학습할 때는 해당 문형과 결합하는 낱말이 동사인지 형용사인지를 파악하는 것이 기본이 되기 때문이다. 컴퓨터로 제작할 경우 글씨는 명조, 바탕, 굴림, 고딕 계열이 좋으며 글씨의 크기는 120포인트 정도로 한다. 글씨의 크기는 교실의 크기에 따라

---

16) 연습 문제를 만들 때는 주의가 필요하다. 예를 들어 '몸'이라는 음절을 만들도록 지시할 경우 음절의 초성과 종성 자리에 동일한 자음이 들어가므로 자음 'ㅁ'이 두 개 준비되어 있지 않으면 음절을 만들 수 없다.

17) 교사가 '나무'를 부르고 빨리 단어를 완성하는 그룹에게 상을 주는 식의 게임을 실시하면 동기 유발을 겸한 효과적인 학습이 이루어질 수 있다

18) 명조, 바탕, 굴림, 고딕 계열의 글씨체를 사용하는 것이 좋다. '학교'(바탕체)와 '학교'(얇은 샘물체)를 비교해 보면 얇은 샘물체의 경우 받침이 있는 음절 '학'과 받침이 없는 음절 '교'의 높낮이와 글자의 세로 길이에 상당한 차이가 있다. 만약 학습자들에게 얇은 샘물체로 된 카드를 제시할 경우 초급의 학습자들은 카드에서 본 글자의 높낮이와 길이를 보고 그대로 따라 쓰게 된다.

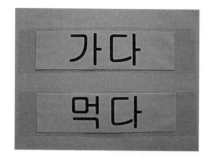

[그림 9-3] 동사·형용사 카드의 예

조절해도 좋다. 보관용 상자나 봉투를 만들어 보관하는 것이 좋으며 사용한 카드를 항상 가나다순으로 정리해 두면 다음 사용 시에 불편이 없다.

다. 종결어미, 연결어미 카드

학습 기간이 길어질수록 배우는 종결어미와 연결어미의 수는 늘어나고 학습자들이 종결어미와 연결어미 활용에 대해 완전히 익히기까지는 상당한 시간이 걸린다.[19] 따라서 새로운 어미를 배울 때마다 이전에 배운 어미를 복습

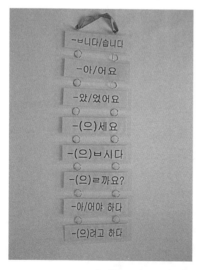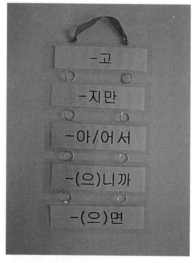

[그림 9-4] 종결어미, 연결어미 카드의 예

---

19) 초급 학습자들이 배우는 종결어미와 연결어미의 변화는 다음과 같다. 마지막 음절의 모음에 따라 '-아/어/여요', '-아/어/여서'를 붙이는 것과 마지막 음절의 받침 유무에 따라 '-ㅂ니다/습니다' 혹은 '-으니까/니까'를 붙이는 것 등이다. 학습자들이 '-아/어/여-'를 붙이는 때와 '-으-'를 붙이는 때를 스스로 구별할 때까지 연습을 계속해야 한다.

하는 것이 필요하다. 먼저 배운 어미들을 고리로 연결하고 그 아래에 새로 학습한 어미를 계속 연결하는 식으로 카드의 수를 늘려 나간다. 학습자들이 수시로 볼 수 있게 교실의 벽에 붙여 놓는 것이 좋다. 종결어미와 연결어미를 분리해서 만드는 것이 좋다.

라. 문형 카드

[그림 9-5] 문형 카드의 예

수업 시간에 배워야 할 목표 문법, 문형을 카드로 만들어 제시한다. 품사를 나타내는 글자는 반드시 색깔을 다르게 하고, 일관성을 유지하도록 한다. 세로는 10~15cm 정도로 하고 가로는 문형의 길이에 따라 조정한다. 글씨체는 단어 카드들과 동일한 글씨체를 사용하는 것이 좋다.

마. 그림 카드

그림 카드에는 낱말의 뜻을 그림으로 표현해 주는 카드, 상황을 나타내는 카드, 대화나 이야기를 완성할 수 있는 말풍선을 넣은 카드 등이 있다. 최소한 A3 크기 정도의 용지를 사용하는 것이 좋다. 크기를 축소한 그림 카드를 여러 세트를 만들어 두었다가 학습자들이 그룹 활동을 할 때 사용하게 해도 좋다.

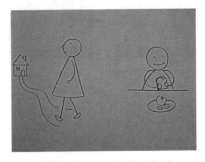

[그림 9-6] 그림 카드의 예 1

[그림 9-6]은 동작 동사 '가다'와 '먹다'를 가르치기 위한 그림 카드이다. 그림을 보고 의미를 명확하게 파악할 수 있어야 한다. 의미를 파악한 후에는 'N에 가요'와 'N을/를 먹어요'와 같이 완성된 문장으로 연습을 시키는 것이 좋다.

동사와는 달리 형용사를 가르치기 위한 그림 카드를 사용할 때는 교사가 먼저 그림을 보고 느끼는 감정이나 심리 상태를 말해 주는 것이 좋다. 아래 그림의 경우 학습자들이 '운동(을) 하다'라고 생각할 수 있지만 교사가 '힘들다', '무겁다' 등으로 설명을 하게 되면 학습자들도 형용사의 의미를 파악하고 그 의미에 초점을 맞춰 사용할 수 있게 된다.

[그림 9-7] 그림 카드의 예 2

바. 상황 및 문법의 의미를 나타내는 카드

목표 문법을 학습시키기 위해 그 문법을 사용할 수 있는 여러 상황을 제시하는 것이 좋다. 상황을 나타내는 그림은 앞서 본 그림 카드보다는 내용을 자세하게 그리는 것이 좋다.

[그림 9-8] '-겠-' 설명 예시

추측을 나타내는 '-겠-'은 학습자들이 교사의 설명을 들은 후에도 쉽게 이해하지 못하는 문법 중의 하나이다. 따라서 '-겠-'을 쓸 수 있는 상황의 그림을 여러 장 보여 주고 발화를 유도하는 것이 좋다.

[그림 9-9] '-다가' 설명 예시

[그림 9-9]는 '-다가'를 설명하기 위한 그림이다. 앞 문장의 행위가 완료되지 않고 다른 행위로 전환되었음을 나타내고 있다. 앞 문장과 뒤 문장의 주어가 같아야 하므로 두 그림에는 동일 인물이 등장하여야 한다.

[그림 9-10] '-아/어서' 설명 예시

[그림 9-10]은 계기의 '-아/어서'를 가르칠 때 필요한 그림이다. 앞 문장의 행위가 뒤 문장의 행위와 관련이 있음을 알려 줄 수 있는 그림으로 학습자들의 이해를 도울 수 있다. 이 그림에서는 친구를 만났고 그 친구와 같이 영화를 봤음을 나타내고 있다. 주인공과 친구가 첫 번째 그림과 두 번째 그림에 모두 등장하고 있다.

(4) 기타

① 사진

쉽게 구할 수 있고 경비도 많이 들지 않는다. 표현하는 내용이 명확하여 학습 자료로 많이 쓰인다. 디지털 카메라나 휴대전화의 카메라 사용이 일반화되면서 학습 자료용 사진을 쉽게 만들 수 있게 되었다. 그림으로 나타내기 어려운 복잡한 상황을 교수하기 위해 상황을 연출하여 사진을 찍어 쓸 수 있고[20] 파일 보관이 용이하다. 교사가 직접 찍은 사진 외에 잡지나 신문에 나와 있는 사진 등도 사용할 수 있다.[21]

② 차트

복잡한 내용을 간략하게 만들어 학습자들의 이해를 도울 수 있다. 종이의 재질은 마분지 계열이 좋으며 글자를 너무 많이 쓰지 않도록 한다. 여러 가지 색깔을 이용하면 시각적 효과를 줄 수 있다.[22] 각종 표와 그래프 형태의 자료가 이에 속한다.

③ 파워포인트 프레젠테이션(PPT), 플래시 애니메이션(Flash Animation), 프레지(Prezi)

문형 도입 단계나 용언의 활용형 제시, 단순 교체 연습, 상황 소개 등에 유용하게 쓸 수 있다. 학급 전체를 대상으로 빔 프로젝터(beam projector)를 사용하면 교사가 설명하고자 하는 것을 명확하게 나타낼 수 있고 학습자들의 집중도도 높일 수 있다. 그러나 진행 속도가 너무 빠를 경우 미처 따라오지 못하는 학습자가 있을 수도 있으므로 학습자들의 반응을 잘 살펴야 한다.

④ 실물 자료와 모형

말로 설명을 하거나 그림, 사진 자료를 사용해도 학습자들에게 쉽게 설명이 전달되지 않는 내용들이 있다. 이때는 실물 자료를 사용하는 것이 학습

---

20) 사람의 표정이나 감정을 가르치는 수업에서는 그림을 쓰는 것보다 상황을 연출한 사진이나 여러 인물의 표정이 드러나 있는 상황 사진을 사용하는 것이 좋다.

21) 옷의 명칭이나 무늬에 관한 어휘를 교수하는 수업에서는 홈쇼핑 홍보 책자 등을 사용하는 것이 효과적이다.

22) 컴퓨터 사용이 가능하면 파워포인트(powerpoint) 자료를 만들고 빔 프로젝터를 이용해 수업하는 것도 좋다. 그러나 이런 시설이 갖춰진 교실이 많지 않을 경우 차트를 사용하는 것이 좋다.

효과를 높이는 방법이 될 수 있다. 실물 자료는 부가 설명이 많이 필요하지 않고 직접 눈을 통해 확인할 수 있기 때문에 짧은 시간에 학습이 가능하다. 특히 한국에만 있는 물건이나 음식에 대한 내용을 다루는 경우 그림이나 사진보다는 실물을 보여 주고 직접 사용해 보게 하거나 먹어 보게 하는 것이 좋다.[23] 실물 자료를 구하기 어려울 경우 모형으로 대치해도 좋다.

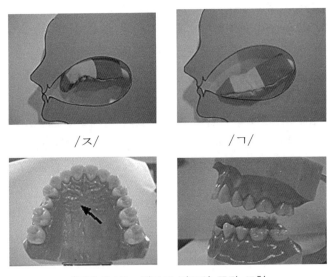

/ㅈ/   /ㄱ/

[그림 9-11] 개구도 카드와 구강 모형

[그림 9-11]은 발음 교육을 할 때 필요한 개구도 카드와 구강 모형이다. 교사가 조음 위치나 조음 방법을 설명할 때 유용하게 사용할 수 있다.[24] 개구도 카드와 /ㅈ/과 /ㄱ/의 조음 위치에 대해 구강 모형을 사용해 자세하게 설명할 수 있다.

---

23) 비아시아권 학생에게 벼루나 먹, 붓은 생소한 물건이다. 한석봉에 관한 일화나 서당에 관한 이야기가 교재의 내용에 들어 있는 경우 직접 사용을 해 보는 것이 설명만 하는 것보다 훨씬 효과적이다. 빈대떡이나 떡국과 같은 전통 음식의 경우도 직접 보고 시식하게 하는 것이 효과적이다.
24) 자음 /ㄱ/과 /ㅈ/의 조음 위치를 학습시키기 위해 사용한 경우를 보여 주고 있다. 특히 /ㅈ/의 경우 혀끝이 아닌 혓날을 이용해야 함을 설명하려는 의도로 사용했다.

(5) 시청각 자료

① 동영상[25]

수업 현장에서 많이 사용되고 있다. 학습용으로 제작된 동영상, 교사가 직접 제작한 동영상, 드라마나 영화 DVD 등이 있다. 한글 자막이 나오는 영화 DVD들은 학습용으로 유용하게 쓸 수 있다. 수업에서 학습자들이 활동하는 장면을 녹화해 놓을 경우 학습자들의 수행 평가 및 오류 교정의 자료로도 쓸 수 있다.

② 컴퓨터와 컴퓨터를 이용한 프로그램[26]

컴퓨터를 이용한 수업은 크게 두 가지로 나누어 볼 수 있다. 교실에서 다수의 학습자를 대상으로 목표 문형이나 활동을 설명하는 경우와 컴퓨터실에서 학습자 개개인의 진도에 맞춰 하는 수업으로 나눌 수 있다. 교실에서 컴퓨터를 사용하는 경우 빔 프로젝터를 같이 사용해야 한다. 대형 강의실에서 수업을 할 경우 그림이나 카드를 크게 만드는 데 한계가 있으므로 학습자의 수가 많을 경우 효과적으로 쓸 수 있다. 그러나 모든 문형이나 활동에 대한 설명을 컴퓨터를 이용해서 실시할 필요는 없다. 교사가 판단하여 가장 적절한 형태의 자료를 만드는 것이 중요하다.

컴퓨터실에서 이루어지는 수업에서는 문서 작성 기능 학습, 전자 신문의 활용, 뉴스 자료 이용, 단답형의 문제 풀이, 보고 듣고 쓰기의 통합적 개별적 학습, 발음 교정 훈련, 채팅, 이메일 보내기를 통한 글쓰기 훈련 등을 들 수 있다. 이메일과 채팅 등을 통해 의사소통이 가능하고, 음성 파형 프로그램을 이용한 발음 교정 연습도 가능하다. 또한 모든 학습 내용에 대한 반복 연습이 가능하며 평가용으로도 쓰일 수 있다.[27] 개인별 학습이 가능하며 능력에 따라 시간 조절이 가능하기 때문에 학습자들의 심리적 부담을 줄일 수

---

25) 빔 프로젝터를 사용할 경우 대형 강의실에서도 효과적으로 쓸 수 있다. 동영상을 직접 제작하여 쓸 경우 음향 부분에 특별히 주의하여 만들어야 한다.

26) 컴퓨터와 컴퓨터를 이용한 프로그램은 시각 자료에 포함시킬 수 있으나 발음 교정 훈련이나 뉴스 듣기 연습 등이 가능하므로 시청각 자료 부분에 넣어 설명을 하였다.

27) 서울대학교 언어교육원 한국어교육센터 6급 과정에서 시행하고 있는 TOP(Test of Oral Proficiency)를 예로 들 수 있다. 학습자들은 미리 설치된 소프트웨어를 실행함으로써 평가를 받게 된다. 각자 컴퓨터를 통해 나오는 질문을 듣고 주어진 시간 동안 자신의 답을 녹음하는 형식이다. 교사는 학습자들이 녹음한 답을 CD로 만들어 반복 청취할 수 있으며, 여러 명의 교사가 반복 청취하는 것이 가능하기 때문에 말하기 시험의 객관적 평가를 가능하게 했다는 평을 받고 있다.

있고 수준에 맞춰 다양한 수업 진행을 할 수 있다는 점을 장점으로 들 수 있다. 교사들이 학습자들의 수준을 고려하여 소프트웨어를 만들어야 한다는 점이 부담이 될 수 있다. 개인별 수업을 동시에 진행할 경우 많은 컴퓨터가 필요하기 때문에 시설 확보 및 유지에 경비가 많이 필요하며 예기치 않은 고장이 있을 경우 수업 진행을 할 수 없다는 것이 단점이 될 수 있다.

③ 멀티미디어를 이용한 자료[28]

멀티미디어는 인간이 살아가면서 감각적으로 보고, 듣고, 읽고, 느낄 수 있는 여러 가지 매체들을 컴퓨터를 통해서 동시에 제공하는 것이다. 문자, 그림, 사진, 애니메이션, 음성, 동영상 등을 이용하여 학습 현장을 보다 생생하게 접할 수 있게 해 준다. 특히 언어 학습 상황에서는 보다 사실적인 언어 사용 상황을 학습할 수 있다. 여러 가지 다른 매체들이 서로 어울려서 제시하고자 하는 내용의 전달을 보다 정확하고 빠르게 해 준다. 그 위에 학습자들이 이미 가지고 있는 배경 지식과 새로운 학습 내용이 어우러져 통합적인 학습이 될 수 있게 해 준다. 학습자들이 교실에서도 실생활과 같은 상황을 체험할 수 있게 해 주기 때문에 동기 부여의 효과도 기대할 수 있다. 학습자의 숙달도 수준, 학습 목적 등과 같은 개별적인 요인들에 의해 학습이 영향 받는 것을 감안하여 개별 학습 기회를 최대화하는 것이 좋다. 학습자가 스스로 원하는 정보를 선택함과 동시에 정보를 제시받아 나름대로의 새로운 정보 창출을 가능하게 하는 수업이 될 수 있다. 개별 학습을 할 경우 교사의 전체적 통제가 쉽지 않기 때문에 학습자들의 집중력이 떨어질 수 있고 교사가 학습자들의 이해 정도를 빨리 파악할 수 없기 때문에 문제 해결 학습에 대한 피드백이 원활하지 않을 수 있다. 컴퓨터와 다른 기기의 고장 등으로 인해 수업 진행에 방해를 받을 수 있으며 시설 확보에도 경제적 · 시간적인 노력이 많이 필요하다. 학습자 중심의 상호작용이 가능한 학습이기는 하지만 시설과 기기의 문제, 소프트웨어의 개발 부족, 교사들의 지식 부족이 문제가 될 수 있다. 또한 자칫하면 인간 대 인간의 접촉이 없는 지루한 반복으로 인해 흥미를 잃고 학습을 포기할 가능성이 있다는 것도 단점으로 꼽을 수 있다. 교사는 멀티미디어는 학습 매체일 뿐 교사의 역할을 완전히 대신해 주지 못한다는 것을 알아야 하며 멀티미디어의 장점만을 부분적으로 이

---

28) 김정렬(1999), p. 223.

용해 학습의 효과를 높이는 수업을 구상해야 할 것이다.

4. 맺음말

　지금까지 한국어 교육용 부교재 및 활용법에 대해 살펴보았다. 한국어 교육용 부교재는 기능이나 용도에 따라 다양하게 개발할 수 있다. 학습자들이 다양한 한국어 교육용 부교재와 교육 자료를 접하고 스스로 활용하며 적극적으로 수업에 참여할 때 학습자 중심의 수업, 학습 효과가 극대화되는 수업이 될 것이다. 교육용 부교재를 개발하는 것과 수업 목적에 맞는 부교재들을 선택하여 적절하게 사용하는 것은 교사의 몫이다. 교사는 항상 학습자들에게 관심을 갖고 끊임없이 새로운 아이디어와 자료를 만들어 내고 보완함으로써 수업의 효과를 극대화해 나가야 할 것이다.

1. 한국어 교육용 부교재 선택에 영향을 미치는 학습자 관련 요인은 무엇인가?

2. 한국어 교육용 부교재의 기능에 대해 설명하라.

3. 한국어 교육용 부교재 제작 시 주의할 점은 무엇인가?

4. 한국어 초급 과정에서 쓸 수 있는 카드 자료를 나열하고 특징을 간단하게 쓰라.

5. 멀티미디어 학습 환경에서의 교사의 역할에 대해 설명하라.

풀이

1. 학습자의 나이, 성격 및 성향, 성별, 숙달도 수준, 선행 학습 정도, 학습 목적, (출신 국가의) 사회·문화적 배경

2. 학습자들의 이해를 증진시키고 학습한 내용을 학습자들이 숙지, 직접 활용하는 과정에 도움을 준다. 그대로 혹은 변형되어 평가의 자료로 이용된다. 교사와 학습자 간의 의사소통을 도우며 교사의 역할을 일부 대신하기도 한다.

3. 내용을 명료하게 표현해야 하며 학습자들에게 동기를 부여할 수 있어야 한다. 예상되는 효과에 비해 너무 많은 시간과 노력, 경제적 비용이 요구될 경우 필요성을 재검토해야 한다.

4. ① 자음·모음 카드
     • 음절을 만드는 과정에서 사용, 게임 자료로 사용할 수 있음
   ② 명사 카드
     • 사물의 이름을 익히는 과정에서 사용

③ 동사 카드, 형용사 카드
  • 동사와 형용사를 구분하는 연습 단계에서 사용
  • 해라체의 서술형 어미 습득 과정에서 사용
  • 동사 카드와 형용사 카드의 색깔을 다르게 만듦
④ 종결어미, 연결어미 카드
  • 초급 과정에서 나오는 어미 등을 연결해 놓아 복습 유도
⑤ 문형 카드
  • 목표 문형을 수업 시간에 칠판 등에 제시해 둠으로써 암기 유도
⑥ 그림 카드
  • 동사나 형용사의 의미 등을 그림으로 표현
  • 구두 설명이 복잡하거나 힘든 상황을 그림으로 표현함으로써 학습자들의 발화 유도

5. 멀티미디어 수업을 받게 될 학습자의 수준에 맞는 자료를 검색, 제시해야 한다. 멀티미디어 수업의 경우 개별 학습 시간이 많이 주어지므로 평균 수준을 크게 웃돌거나 밑도는 학습자들에 대한 보충 자료나 대체 수업 자료도 준비해야 한다. 교사의 전체적 통제가 쉽지 않기 때문에 수업에서 이탈하는 학습자들도 있을 수 있으므로 학습 과정 내내 학습자 관찰에 주의를 기울여야 한다. 멀티미디어 수업이 교사 중심의 수업이 아닌 학습자 중심의 수업이라 할지라도 멀티미디어가 교사를 대신할 수는 없다. 수업에서 학습자를 관찰하고 피드백을 주고 언제든지 일어날 수 있는 예기치 않은 상황에 적절하게 대처하며 수업을 이끌어 가는 것, 수업의 속도나 내용의 난이도를 조절하는 것은 교사만이 할 수 있는 일이다.

참고문헌

김은애(2014), "한국어 교재론", 『한국어교육의 실제 2』, 아카넷.

김정렬(1999), 『영어평가 및 멀티미디어교육론』, 이흥수(편). 한국문화사.

김정숙·정명숙·이경희·안경화·김지영(2006), 『한국어 교육 총서 5』, 한국어 교재론 개발 최종보고서, 문화관광부 한국어세계화재단.

신용진(2000), 『영어교육공학 II』, 한국문화사.

송정희·장한업·한민주·한상헌(1999), 『불어교육론』, 우하.

이충현(2002), "외국어 교육과 멀티미디어의 활용", 국제한국어교육학회 춘계학술대회 발표 요지집.

이흥수 편(1999), 『영어교수·학습방법론』, 한국문화사.

최정순(2000), "원격교육과 가상교육", 제2차 워크숍(한국어교사 연수회) 요지집.

한문희(2003). "프랑스어 수업에 있어서 샹송의 활용", 『프랑스어문교육』, 제16집, 한국프랑스어문교육학회.

Brown, H. D. (1994), *Teaching by Principles,* Upper Saddle River: Prentice Hall.

_____ (2002), 이흥수 외 역, 『외국어 학습 교수의 원리』, Pearson Education.

Cross, D. (1995), *A Practical Handbook of Language Teaching,* Phoenix: Prentice Hall.

Gairns R., & Redman S. (1995), *Working with Words,* New Work: Cambridge University Press.

Nunan, D. (1989), *Designing Tasks for the Communicative classroom,* New York: Cambridge University Press.

제 10 장

한국어 평가론

최은규

학습개요

한국어 학습자의 의사소통 능력 평가는 언어 지식보다는 언어의 사용에 중점을 두어야 하며 이를 위해 어휘나 문법의 고립적인 측정보다는 문맥 속에서의 언어 사용 능력을 평가해야 할 것이다. 이 장에서는 학습자의 의사소통 능력을 평가하는 데 필요한 사항, 즉 평가의 기능과 요건, 평가의 종류, 문항의 유형 및 문항 개발, 기능별 평가의 목표와 문항 유형, 출제 과정, 채점 등에 대한 기본 개념과 유의 사항을 중심으로 살펴본다.

1. 평가의 개념

평가는 특정 대상에 대해 어떤 의사 결정을 하기 위해 관련 정보나 자료를 수집하고 가치 판단을 하는 과정과 절차를 말하는데 이와 같은 일련의 과정 전체, 또는 그중 어느 한 단계를 가리켜 평가라고 할 수 있다(이완기, 2003).[1] 이렇게 볼 때 한국어 교육의 평가는 한국어 학습자(평가 대상)의 한국어 능력을 알아보기 위해(가치 판단) 시험(정보나 자료 수집의 도구)을 실시한 후 채점 결과를 보고(정보 수집의 과정과 절차) 한국어 능력 수준을 결정하는 것이라고 할 수 있다.

평가는 추정(extrapolation)과 진정성(authenticity)이라는 원리에 기초하고 있으며 평가의 결과는 세환 효과(washback effect)[2]라는 측면에서 교수 학습에 작용한다. 이러한 점을 고려하면 언어 능력을 평가하는 방법도 형식적인 언어의 정확성보다는 언어의 사용에 중점을 두어야 한다. 즉 고립된 어휘나 문법 단위에 대한 지식을 측정하기보다는 의사소통적인 관점에서 문맥과 실제 자료를 사용해 측정하는 방식을 지향해야 할 것이다.

또한 평가는 역사적으로 볼 때, 문지기 역할(gatekeeping role)을 하는 것이 중요한 목적이었다(이완기, 2003). 즉 학습자들을 특정한 목적에 맞게 구별해 내기 위해서 사용되었다. 그러나 교육과 관련하여 볼 때 평가는 학습자가 알고 있는 것이 무엇인지를 찾아내어 다음에 무엇을 가르칠 것인가를 정하는 목적으로 더 활발하게 사용되는 것이 바람직할 것이다.

이 장에서는 한국어 학습자의 의사소통 능력을 정확히 평가하기 위해 필요한 사항, 즉 평가의 기능과 요건, 평가의 종류, 평가 목표와 유형, 출제 시

---

1) 박경자 외(1994)는 evaluation을 비형식적인 평가, testing을 형식적인 평가라는 넓은 의미에서 보고 있다. 또한 quiz는 5~10분에 걸쳐서 시행되고 현재 학습하고 있는 내용을 다룬다. test는 30분~1시간에 걸쳐 시행되고 한 개 이상의 단원을 다룬다. exam은 두 시간 이상에 걸쳐서 시행되고, 적어도 수업 과정의 절반을 다룬다(김유정, 1999, 재인용). 이 장에서는 이들을 포괄하는 광의의 개념으로 '평가'라는 용어를 사용한다.

2) 학습의 결과에 대한 평가가 거꾸로 수업에 긍정적이거나 부정적인 영향을 미치는 경우를 가리킨다. 부적절한 평가 방식이 수업에 부정적인 영향을 미치기도 한다. 예를 들어, 객관식 문제는 시험 요령을 잘 터득하면 실제 능력 이상의 득점이 가능하다. 그러므로 객관식 유형만으로 언어 능력을 간접 평가하게 되면 출제되는 문제 유형 자체를 위하여 교수-학습이 이루어질 우려가 있다.

유의점, 출제 과정, 채점 등에 대한 기본 개념과 유의 사항을 중심으로 살펴보고자 한다.

2. 평가의 기능

평가의 가장 중요한 기능은 첫째 학습 결과를 진단하는 것이다. 한국어 교육과정 중의 중간고사나 기말고사가 이러한 기능을 가진다. 교사는 그 결과를 통해 학습자가 학습 목표를 달성했는지 파악할 수 있다.

둘째, 평가를 준비하고 실시하는 전 과정은 교사가 교수 목표를 결정하고 교육과정, 교수법을 개선하는 계기가 될 수 있다.

평가를 계획하고 작성하는 것은 교사가 교수 목표를 결정하도록 자극하는 작용을 한다. 교수 목표는 이미 명확히 제시되어 있어야 하겠지만 사실상 시험 준비로 인해서 교사들은 그 목표가 무엇인가를 다시 자문해 보게 된다.

또한 교사는 평가의 결과를 분석하여 교육과정과 교수법을 개선하는 데 이용할 수 있다. 즉 시험 결과를 통해 학습자가 잘 배우고 있는지, 그 내용을 잘 이해하였는지를 파악할 수 있다. 실제로 학습자가 듣기 평가에서 낮은 성취도를 보였다면 교사는 앞으로의 수업에서 듣기 연습 부분을 보강하게 될 것이다. 수업 과정 중에 다루어진 내용이 효과적인 언어 기술로 연결되지 않았다고 분석된다면, 교사는 교수 방법을 수정하거나 다른 교수법을 찾아내야 할 것이다. 이것은 평가가 그 후속 교육에 미치는 영향이며 평가 정보를 통하여 얻게 되는 긍정적인 세환 효과이다.

교사는 그 문항의 목표를 명확히 알아도 그 시험의 답이 어떻게 나올 것인지에 대해서는 미리 알 수 없다. 그러므로 학습자가 질문에 답하는 과정을 관찰함으로써 학습자가 실제로 무엇을 알고 무엇을 모르는가에 관한 정보를 입수할 수 있다. 실제로 교실에서 가르치는 것과 학습되는 것 사이에는 일대일의 대응이 이루어지지 않는다는 사실이 연구에서 밝혀지고 있다. 학습자는 학습 내용을 잘못 이해하거나 때로는 교차 연상의 오류(cross-association errors)[3]를 일으키기도 하는데 평가를 통해 이러한 사실을 확인하

---

3) 교사나 교과서가 너무 유사한 두 단어나 구조를 동시에 제시하거나 분명히 변별해 주지 못했을 때, 학습자가 학습 항목을 정확하게 구별할 수 있을 정도로 학습하지

고 바로잡을 수 있다(Cohen, 1980). 그러나 이런 피드백은 시험 시행으로 교사에게 자동 제공되는 것은 아니며 교사가 평가 결과의 분석에 노력한 만큼 얻을 수 있다.

셋째, 잘 만들어진 평가는 학습자의 동기를 유발하고 자신감을 갖게 한다. 학습자가 시험에 출제된 문제를 통해 수업의 목표를 잘 인식하게 되면 수업을 더 능률적으로 받을 수 있고 따라서 학업 성취도가 높아질 수 있다. 학습자는 평가를 통해 자신의 바람직하지 않은 학습 습관을 깨닫고 이를 보완하거나 바꾸게 된다. 또, 학습자는 평가를 통해 적극적으로 의사소통 능력을 발휘하는 경험도 가질 수 있으므로 학생에게 긍정적인 효과를 줄 수 있다.

또한 교사는 학습자가 쓰기 평가에서 몇 점을 받았다면 그 평가 결과가 의미하는 것이 무엇인지를 목록화하거나 서술적 평가를 하여 학습자에게 제시할 수 있어야 한다. 단순히 총점이 몇 점이라는 식의 결과가 아니라 어떤 기술의 사용 능력에 문제가 있다는 언급과 함께 자세한 피드백이 이루어져야 한다. 이렇게 피드백을 받은 학습자는 평가 결과를 통해 자신의 구체적인 문제점을 발견하고 해결할 수 있게 될 것이다. 이러한 과정은 학습자에게 성취감을 느끼게 하고 내적 동기 유발의 역할을 한다(김유정, 1999).

이상으로 볼 때 평가는 교육의 마지막에 덧붙여지는 한 단계로서 단순히 학습 결과의 측정 기능만 가지는 게 아니라, 거꾸로 교육과정에서 교사나 학습자 모두에게 긍정적인 영향을 미치는 적극적인 기능도 있다. 즉 마무리로서의 평가뿐 아니라 평가를 통해 교육 과정과 내용의 개발에 기여할 수 있는 것이다. 그러나 이러한 기능은 평가 도구가 능력의 측정을 위해 바람직하게 제작되었을 때 가능한 것이다. 잘 만들어진 평가 도구가 중요한 이유가 여기에 있다.

3. 평가의 요건

평가가 정당성을 가지고 실시되고 유의미한 결과를 얻으려면 타당도(validity)와 신뢰도(reliability), 실용도(practicality)를 갖춰야 한다. 이 중 타당

못한 경우에 일어나는 학생의 오류를 가리킨다.

도와 신뢰도가 가장 중요하고 핵심적인 요건으로, 평가에 대한 대부분의 논란도 두 요건의 상호 관계에서 빚어지는 것이다. 이 세 요건을 만족하는 정도가 높을수록 좋은 평가라고 할 수 있다.

1) 타당도

타당도는 무엇을 측정하고 있느냐의 문제인 동시에 그 평가 도구가 학습목표를 얼마나 정확하게 재고 있느냐의 문제이다. 능력 측정은 직접 측정이 아니라 평가라는 방식에 의해 간접적으로 이루어지기 때문에 항상 타당도의 문제가 생긴다.

평가의 타당도는 교육 목표를 기준으로 검증할 수 있다. 읽기 목표가 편지, 메모, 시간표 등을 읽고 이해하는 것이라면, 읽기 평가도 그 목표를 달성할 수 있는지에 집중해야 타당도가 높을 것이다. 듣기 평가의 경우 들은 것을 쓰게 한다면 쓰기 능력의 영향 때문에 정확한 듣기 능력 평가가 이루어질 수 없으므로 타당도가 낮아질 것이다.

타당도는 일반적으로 내용 타당도(content validity), 구인 타당도(construct validity), 준거 관련 타당도(criterion-related validity), 안면 타당도(face validity)로 구분한다.

내용 타당도는 평가 도구가 측정하고자 하는 목적에 맞게 얼마나 대표성 있고 광범위하게 내용을 추출했느냐에 관한 것이다. 평가가 학습자의 의사소통 능력 자체를 모두 평가할 수는 없다. 따라서 평가 목표에 맞게 내용이 제한되고 그 속에서 적절한 내용 항목들이 선정되어야 한다. 학습한 내용과 다른 내용을 평가한다면 그것은 내용 타당도를 만족시킬 수 없다. 따라서 다양한 지문과 함께 다양한 유형의 시험 문항 수가 많을수록 내용 타당도가 높다고 볼 수 있다. 이를 위해서는 평가를 구성할 때 시작 단계에서부터 평가의 목표에 맞는 다양한 내용을 미리 검토하여 선정할 수 있도록 교육 목표의 확인, 적당한 내용의 추출, 문제 유형과의 결합 등에 관한 고려가 포함된 평가 세부 계획서(test specifications)가 있어야 한다.

구인 타당도는 기준과 내용을 평가하기 위해 일반적인 구성 체제로 통합하는 개념을 말한다. 즉 평가 체제가 측정하려는 언어 지식과 의사소통 능력을 정확히 반영하고 있어야 한다는 것이다. 말하기 평가를 한다면 평가를 위한 적절한 절차와 평가 결과의 수량화에 대한 고려가 필요하며, 등급 간

혹은 구성 요소 간의 배점 비율을 고려하는 것이 구인 타당도를 높일 수 있다. 또한 말하기 능력을 평가하기 위해 '낭독하기'라는 방법을 선택하였다면 이는 구인 타당도가 낮다고 할 수 있다. 낭독을 통해서는 발음, 억양 등의 정확성만을 측정할 수 있는데, 발음이나 억양은 말하기의 일부 구성 요소일 뿐이므로 그를 통해 말하기를 평가한다는 것은 타당하지 못한 것이기 때문이다.

준거 관련 타당도는 내용 타당도나 구인 타당도와 별개의 개념이 아니고 타당도를 보는 다른 시각에 의하여 분류한 것이다. 준거 관련 타당도는 비교 기준이 설정되는 시기와 어떤 시험이 실시되는 시기가 동시일 수도 있고, 기준이 시험보다 후에 설정될 수도 있다. 즉 성취도 평가의 타당도를 산출하기 위해 학습된 항목 모두를 소수의 학생들을 대상으로 시험을 보고, 전체 학생들을 대상으로 실제 시험을 실시하여 두 시험 사이의 상관관계를 확인할 수 있는데 이것은 공인 타당도(concurrent validity)를 확인하는 것이다. 예측 타당도(predictive validity)는 평가 결과가 앞으로 학습자가 어떤 활동이나 일을 하는 데 얼마나 성공적일 수 있는지 예측해 주느냐에 관한 것이다. 예를 들어 학생들의 입학시험 성적과 입학 후 학업 성적과의 상관관계가 높은 것으로 나온다면 입학시험의 예측 타당도가 높다고 할 수 있다.

안면 타당도는 평가가 외견상 측정하려는 내용이나 개념을 측정하는 듯이 보이는 정도를 가리킨다. 이것은 과학적이거나 통계적인 근거가 없는 직관적이며 인상적인 개념이지만 안면 타당도가 낮은 문제는 교육 현장의 지지를 받을 수 없다는 점에서 대단히 중요한 역할을 한다. 만약 평가의 내용이나 방법이 학습자의 기대에 어긋날 경우 그 평가가 부적절하게 보일 수 있을 것이다. 그러면 학습자는 최선을 다하지 않을 수도 있으며, 그 평가 결과에 대해 믿지 못하게 되므로 평가 자체의 타당도와는 관계없이 부정적인 세환 효과를 미치게 될 것이다. 학습자가 최선을 다하지 않고 불성실하게 임하는 경우, 지시문이 명확하지 않은 경우, 평가 체제가 학습자에게 익숙하지 않은 새로운 것일 경우 안면 타당도는 낮아지게 된다. 그러므로 안면 타당도를 높이기 위해서는 다음과 같은 면에 주의를 기울여야 한다(Brown, 1994).

① 심사숙고해서 고안한 문제 형식
② 분명하고 복잡하지 않은 항목

③ 분명한 지시 사항

④ 수업 내용과 관련된 친숙한 과제

⑤ 학습자에게 알맞은 난이도

⑥ 학습자들이 최선을 다할 수 있는 평가 여건

2) 신뢰도

신뢰도는 한마디로 어떻게 측정하고 있느냐의 문제이다. 일관성 있고 믿을 수 있는 평가가 신뢰성 있는 평가가 된다. 신뢰도에는 시험 신뢰도(test reliability)와 채점자 신뢰도(rater reliability)가 있다.

시험 신뢰도는 하나의 평가 도구를 가지고 반복적으로 실시해도 비슷한 결과가 나와야 한다는 것이다. 동일한 시험 문제를 반복적으로 동일한 수험생, 또는 유사한 수준의 수험생들에게 실시하여 유사한 결과를 얻으면 시험 신뢰도가 높다고 한다. 듣기 시험을 실시하는 경우 조용한 수험 장소와 길거리의 소음이 들리는 장소에서 실시한 결과는 신뢰도가 낮아진다. 신뢰도를 높이기 위해서는 먼저 교육 목표의 명확한 분석이 선행되어야 한다. 쓰기 평가를 한다면, 쓰기의 목표가 명백하게 밝혀지고 그것에 의해 평가 도구가 마련되었을 때 쓰기 평가의 신뢰도가 높아질 수 있다.

평가 범위에 있는 내용이 가능한 한 모두 포함되어 있으면 신뢰도가 높아질 수 있으므로 시험 문항 수도 많은 것이 이상적이다. 그러나 전 범위를 빠짐없이 문항으로 다루기란 현실적으로 어렵다. 또 수험생들이 지루함을 느낄 정도로 긴 시험은 신뢰도를 오히려 낮게 할 수도 있으며, 시험 관리의 실용도를 감안할 때도 이것은 어려운 일이다. 그러므로 전체를 잘 대표할 수 있는 문항을 선정했느냐 하는 문항의 포괄성에 따라 신뢰도가 결정된다. 문항의 포괄성 조건은 타당성과도 직결되는 문제이다. 또한 앞 문항을 맞추면 뒤 문항도 쉽게 맞힐 수 있거나, 앞 문항이 틀리면 뒤 문항도 틀리기 쉬운 문제는 국지 종속성(local dependence)이 높은 평가이므로 신뢰도가 떨어진다. 만약 학습자가 답하는 요령이나 방법을 잘 몰랐다든지 지시나 지시문을 이해하지 못해서 결과에 영향이 있었다면 이것도 신뢰도를 떨어뜨리는 요인이다.

채점자 신뢰도는 두 가지가 있다. 하나의 평가에 대해 둘 이상의 시험관이 채점할 경우 그 결과가 서로 비슷하거나 다른 정도를 채점자 간 신뢰도라고 하며, 한 채점자가 시간 차이를 두고 여러 학습자의 답안지를 채점할 때 그 결과의 일관성에 관한 것을 채점자 내 신뢰도라고 한다. 선택형 문제에서는 채점도 객관적으로 할 수 있으므로 문제가 적지만, 쓰기나 말하기 평가의 경우 채점의 주관성이 문제가 된다. 이 경우 채점자가 유념해야 할 정확한 세부 사항에 대한 채점 지침이 없으면 채점자에 따라 큰 오차가 나기도 한다. 채점 기준이 구체적으로 제시되어도 채점자들이 이 기준을 엄수하려는 의지가 없거나 철저한 훈련을 받지 않으면 일관성 있는 채점을 기대할 수가 없다. 그러므로 채점자 사이의 상호 일치성(agreement)과 채점자 개인의 자기일관성(self-consistency)이 신뢰도를 높이는 관건이 된다.

3) 실용도

실용도는 시험의 준비, 실시 시간, 채점의 용이성, 비용과 활용성 등 평가가 실제 상황에서 효과적으로 시행될 수 있는 여건의 구비 정도를 가리킨다. 시험 시간과 관련하여 생각할 때, 학습자는 시간의 제한 때문에 아는 것을 써 내지 못할 수도 있고 시간 내에 끝내야 한다는 부담감이 결과에 영향을 줄 수도 있다. 학습자가 자신의 능력을 제대로 발휘할 수 있도록 하기 위해서는 학습자의 숙달도 정도와 교육 목표·문제 유형·문제 제시 방법과 길이·문항 수·학습자의 집중도 등을 살펴서 실시 시간을 정해야 한다. 말하기 평가는 인터뷰 방식이 일반적인데, 대단위 평가의 경우 학습자를 인터뷰하기 위해서는 훈련받은 채점자, 적당한 장소, 인터뷰하는 데 걸리는 시간, 필요한 비용 등을 확보해야 하는 현실적인 문제가 있어서 실시하는 것이 쉽지 않다. 아무리 타당도와 신뢰도가 높다고 해도 현실적인 실용도를 간과할 수는 없다.

4. 평가의 종류

언어 능력 평가는 평가의 목적과 방법에 따라 몇 가지로 분류할 수 있다. 우선, 평가의 목적에 따라 배치 평가, 진단 평가, 성취도 평가, 숙달도 평가, 적성 평가, 형성 평가와 총괄 평가 등으로, 평가의 방법에 따라 객관식 평가와 주관식 평가, 직접 평가와 간접 평가, 분리 평가와 통합 평가, 규준 지향 평가와 준거 지향 평가, 속도 평가와 역량 평가 등으로 나눌 수 있다. 이 중 한국어교육과 관련된 평가를 중심으로 그 목적과 내용, 방법 등을 살펴보기로 한다.

1) 배치 평가

배치 평가(placement test)는 학습자를 능력에 맞는 등급에 배치하기 위해 실시하는 것으로 보통 교육과정 시작 전에 이루어진다. 학습자의 전체적인 언어 능력이 어느 정도에 해당되는지를 평가하게 된다. 평가 내용은 교육 기관의 목표를 기준으로 하여 각 등급에 맞는 대표적인 항목을 추출하여 평가를 시행하게 된다.

배치 평가의 타당도를 높이기 위해서는 언어의 네 가지 기술(듣기, 말하기, 읽기, 쓰기)에 걸쳐 평가가 이루어져야 하지만 이는 실용도 면에서 쉬운 일이 아니다. 보통 쓰기 평가를 중심으로 하는 지필시험과 말하기 평가를 중심으로 하는 인터뷰를 실시하며, 지필시험과 인터뷰 결과를 통합적으로 고려하여 배치를 확정하게 된다. 적절한 등급 배치를 목표로 하는 시험이니만큼 절대 평가로 이루어진다. 신뢰할 수 있는 결과를 얻기 위해서는 채점자 신뢰도를 높일 수 있는 통일된 평가 기준과 함께 채점자들의 활발한 상호 의사소통이 필수적이다.

2) 진단 평가

진단 평가(diagnostic test)는 학습자의 강점과 약점을 확인하여 학습자에게 알맞게 교육 내용이나 방법을 수정하고 보완하기 위해 실시한다. 학습자의 입장에서는 자신의 부족한 점을 진단받아서 집중적으로 재학습하고 훈련하여 고칠 수 있다. 주로 의사소통 기술과 직접 관련된 듣기, 말하기, 읽기, 쓰기 등의 영역별 평가, 하위기술인 어휘, 문법, 발음 등이 그 대상이 된다.

평가를 통해 읽기에 비해 듣기가 부족하다거나, 일상적인 말하기는 가능하나 쓰기 능력에는 문제가 있다는 진단이 가능하다. 발음을 진단 평가한다면 한국어의 어느 음운이 학습자에게 곤란을 주는가를 판단해 교정하는 것이 목적이 된다.

3) 성취도 평가

성취도 평가(achievement test)는 수업을 통해 학습자가 성취했거나 배운 것을 평가하는 것으로 한국어 교육 기관의 중간시험이나 기말시험이 여기에 해당된다.

성취도 평가는 실제 교실에서 다룬 '내용'의 성취를 측정하는 시험과 '목표'를 기준으로 측정하는 시험으로 나눌 수 있다. 내용 중심의 시험은 교실에서 다룬 지문, 문장 등을 그대로 출제하지만, 목표 중심의 평가는 교육 과정에 제시되어 있는 교육 목표를 보고 이 목표에 도달했는지 여부를 측정하므로 유사한 언어 기능, 어휘, 문법 구조를 활용한 다른 지문을 사용하여 듣기, 말하기, 읽기, 쓰기 능력을 측정하는 것이다(김덕기, 1996).

바람직한 성취도 평가는 언어 지식(어휘, 문법, 발음, 맞춤법 등)뿐만 아니라 그것을 가지고 수행할 수 있는 상위의 언어 기술(듣기, 말하기, 읽기, 쓰기)에 대한 평가도 이루어져야 한다. 그러므로 학습자들이 배운 것을 실제 의사소통의 맥락에서 얼마나 잘 사용할 수 있는가가 중요한 평가 목표로 다루어져야 할 것이다.

그러나 수업에서 다루는 언어 지식, 기능을 완벽하게 학습했다고 해도 말하기, 읽기 등 전반적 언어 능력이 함께 습득되는 것은 아니며 부분적 요소를 터득했을 뿐이다. 그러므로 학습자의 등급이 올라간다고 해서 언어 숙달도가 함께 올라가는 것은 아니다. 성취도 평가란 원칙적으로 일정한 진도 내에서 특정 언어 요소를 중심으로 실시하는 것이므로 이 평가를 통하여 언어 사용 능력의 어떤 수준을 판정해 낼 수는 없다는 점에서 숙달도 평가와 구별된다.

4) 숙달도 평가

숙달도 평가(proficiency test)는 학습자의 전반적인 언어 수행 능력을 평가하는 것으로 이전의 교육과정이나 교과서의 내용 등과는 관계없이 현재의 언어 숙달도를 측정한다는 점에서 성취도 평가와 구별된다.

상위의 언어 기술을 측정하는 것을 원칙으로 하며, 한국어에 대한 지식을 사용의 측면으로 얼마나 끌어낼 수 있는지를 평가하게 된다. 보통 개별 교육 기관이 아닌 공신력 있는 기관을 통해 대단위 시험으로 실시된다. 실제적인 한국어 의사소통 능력과 관련된 광범위한 능력의 평가이므로 이러한 평가를 통해 한국어 학습자의 의사소통 능력을 객관적으로 점검해 볼 수 있고 학습자는 자신의 한국어 실력을 공인 기준으로 평가받을 수 있다.[4]

5) 직접 평가와 간접 평가

직접 평가(direct test)는 실제 의사소통 상황에서의 언어 사용 능력을 직접적으로 측정하는 것이며, 간접 평가(indirect test)는 이를 간접적인 방식으로 측정하는 것이다. 언어 지식과 그것을 실제로 수행할 수 있는 능력이 반드시 서로 일치하는 것은 아니므로 진정한 언어 능력 평가는 직접 평가하는 것이 바람직하다. 즉 말하기를 평가한다면 학습자를 직접 인터뷰하여 말하기 능력을 측정하는 것이 타당성 있는 평가가 될 것이며, 쓰기 능력을 평가한다면 단락 이상의 글을 작성하게 해야 할 것이다. 그러나 쓰기 능력을 평가하는 데 단답형 문항을 활용한다면 문장이나 담화 구성 능력보다는 어휘나 문법 구조 지식을 측정하는 데 그치게 된다. 듣기나 읽기 능력을 평가하기 위해서는 그 이해 여부를 지필시험을 통해 간접 평가할 수밖에 없다. 보통 주관식 평가보다는 객관식 평가가 언어 능력을 간접적으로 측정하므로 평가의 타당도가 문제가 된다. 평가 자체가 가지고 있는 인위성 때문에 언어 능력을 직접 평가한다는 것은 쉬운 일이 아니지만 직접 평가의 요소를 가능한 한 많이 반영하는 것이 바람직하다.

6) 속도 평가와 역량 평가

속도 평가(speed test)는 정해진 시간 내에 많은 분량의 문제를 제시하여 얼마나 많이 풀 수 있는가를 측정하는 것이며, 역량 평가(power test)는 충분한 시간이 주어진다 해도 모든 문제를 다 해결할 수 없을 정도의 수준에 해당하는 문제를 출제하여 학습자의 지식이나 능력을 측정하는 것이다.

언어 사용 능력은 실제 생활에서 사용되는 속도를 기준으로 해야 한다. 또한 학습자가 의식적인 지식 체계가 작동할 수 없도록 시간적 여유를 주지

---

4) 공인된 한국어 능력 평가로 국립국제교육원에서 주관하는 '한국어능력시험(TOPIK)'이 있다. 이에 대한 자세한 정보는 'TOPIK 한국어능력시험'(http://www.topik. go.kr)을 참조할 것.

않으면, 의사소통 능력의 바탕이 되는 잠재의식적인 지식 체계를 더 정확히 측정할 수 있다는 점에서 언어 평가는 속도 평가로 측정될 필요가 있다(최인철, 1993).

5. 평가 문항의 유형

평가 문항의 유형은 채점의 방법에 따라 주관식과 객관식, 수험자의 반응에 따라 선택형과 서답형, 응답 언어의 양이나 정답의 기준 등 형식적 양상에 따라 폐쇄형, 반개방형, 개방형 등으로 나눌 수 있다. 각 문항은 각각의 특성과 장단점을 가지고 있으므로 특정 유형이 평가 문항으로서 최선이라고 하기는 어렵다. 그러므로 평가 목표, 평가 항목에 가장 적절한 유형을 선택하도록 하는 것이 바람직하다.

1) 선다형

선다형(multiple-choice form)은 3~5개의 선택지에서 정답을 고르는 유형으로 채점의 실용도와 신뢰도가 높아서 듣기, 읽기, 쓰기, 어휘, 문법 평가에서 많이 활용된다. 그러나 우연이나 추측에 의해 정답을 고를 가능성이 높고, 학습자의 진정한 능력이나 지식을 측정하기보다는 시험 보는 요령을 습득시킬 가능성이 있으므로 문항 작성 시 다음과 같은 점을 주의해야 한다.

① 지시문은 간단하고 명확하게 제시한다.
② 지시문은 가능하면 피한다.
③ 오답 매력도가 높도록 선택지를 구성한다.
④ 정답 선택지가 너무 두드러져 보이지 않도록 한다.
⑤ 선택지에 선택의 단서가 없도록 한다.
⑥ 선택지는 통일된 형식으로 제시한다.
⑦ 선택지는 일정한 원칙에 따라 배열한다.
⑧ 정답이 일정한 번호에 편중되지 않게 한다.

2) 진위형

진위형(true-false form)은 발화나 글의 의미에 대해 긍정이나 부정으로 답하는 유형으로 듣기 및 읽기 평가에서 사용된다. 선다형보다 학습자가 추측으로 정답을 맞힐 확률이 높으므로, 오답에 대해서는 벌점을 부과하는 방식으로 그러한 가능성을 방지해야 한다. 학습자의 학습 내용 이해도, 예습한 내용에 대해 단시간에 확인하는 방법으로 효과적이며, 성취도에 대한 평가 방식으로는 적합하지 못하다.

3) 연결형

연결형(matching form)은 서로 관계있는 것끼리 선으로 연결하거나 번호를 쓰게 하는 유형으로 어휘 및 문법 평가, 듣기, 읽기 평가 등에서 사용할 수 있다. 왼쪽과 오른쪽에 동일한 숫자의 항목을 제시할 경우 맨 나중에 연결하는 항목은 저절로 답을 맞히게 되므로, 양쪽에 제시하는 항목의 수를 다르게 하여 난이도를 조절해야 한다.

4) 단답형

단답형(short-answer form)은 빈칸에 알맞은 내용을 써 넣는 유형으로 어휘 및 문법 평가, 듣기, 읽기, 쓰기 평가 등에서 사용할 수 있다. 문항을 작성할 때는 문장이 모호하지 않은지, 한 단어로 완성이 될 수 있는지, 복수 정답이 가능하지는 않은지 등에 유의해야 한다.

5) 규칙 빈칸 메우기

규칙 빈칸 메우기(cloze test)는 담화 단락에서 보통 5~7번째 단어를 빈칸으로 제시하여 학습자가 맥락에 따라 알맞은 단어를 써 넣도록 하는 통합적 평가 유형으로 학습자의 읽기와 쓰기 능력을 평가할 수 있다. 제공되는 단락의 첫 문장과 마지막 문장은 배경지식과 이해의 실마리를 제공하기 위해 남겨 둔다. 규칙적으로 빈칸을 제시하는 것은 교사가 특정 언어 요소를 강조하는 주관성을 배제하기 위한 것이며, 빈칸의 단어가 추론이 불가능하거나 문맥 이해를 위한 핵심어일 경우에는 조정을 할 수 있다.

6) 작문

작문(composition)은 어떤 주제에 대해 자신의 생각을 적어도 한 단락 이상으로 표현하는 평가 유형으로 진정한 쓰기 평가 유형이라고 할 수 있다. 평가 문항의 지시 사항이 구체적이고 한정적이어야 하며, 채점 기준을 미리 제시하면 학습자가 글을 쓸 때 도움이 된다. 글의 내용, 글의 범위, 글의 독자, 글의 길이 등을 명확하게 제시하여 작문의 방향을 정확하게 잡을 수 있도록 한다. 주관식이므로 채점하기는 쉽지 않다.

7) 구두 면접

구두 면접(oral interview)은 교사가 정해진 내용에 관해 질문을 하면 그 질문에 학습자가 답하는 것을 보고 평가하는 방식으로 실제의 의사소통 능력을 직접 평가한다는 점에서 말하기 평가로서 가장 타당도가 높은 평가이다. 그러나 평가자와 수험자의 관계가 실제 언어생활과 거리가 멀고, 수험자로부터 평가할 수 있는 충분한 양의 언어를 이끌어 내기가 쉽지 않다는 문제가 있다. 또한 평가자의 주관적 판단이 작용하여 채점의 신뢰도를 확보하기가 용이하지 않으므로 정확한 채점 항목과 기준을 세워야 한다. 시간, 비용, 인력이 많이 필요한 평가이므로 대단위 평가의 경우는 실용도의 문제로 실시하기가 용이하지 않다.[5]

8) 받아쓰기

받아쓰기(dictation)는 청각 식별 능력, 어휘 및 문법 이해 능력, 전체적 의미 이해 능력, 쓰기 능력 등이 개입된 복합적인 활동으로 학습자의 전반적인 언어 능력을 측정할 수 있는 통합적 평가 유형이다. 그러나 받아쓰기의

---

[5] 구두 면접 평가로 잘 알려진 형태로 ACTFL(The American Council on the Teaching of Foreign Languages)과 ILR(Federal Interagency Language Roundtable)의 OPI (Oral Proficiency Interview) 등급 기준이 있다. 자세한 내용은 ACTFL Proficiency Guideline(1986), 김왕규 외(2002) 참조.

결과를 통해 틀리고 맞는 것이 결정되므로, 이러한 능력들을 상대적인 가치로 일관성 있게 평가할 수 없는 것이 단점이다. 받아쓰기를 할 때는 글 전체를 정상속도로 읽어 주고 난 후 의미 단위로 끊어서 한 번이나 두 번 더 읽어 주는 것이 좋다. 단어를 하나씩 읽어 주는 것은 어구의 의미를 이해하는 것을 방해하여 받아쓰기를 더 어렵게 만드는 요인이 된다. 일반적으로 초급에서 교육의 방법으로 흔히 사용되며 평가 방법으로는 거의 사용되지 않는다.

9) 번역

번역(translation)은 전통적으로 빈번히 사용된 평가의 방식이었으나, 최근 의사소통이 외국어 학습의 직접적인 목표가 되면서 번역 자체가 이러한 학습에 방해가 될 수 있다는 점과, 번역은 고도로 전문화된 복합적인 언어 활동이므로 평가 기준과 수준을 정하기가 어렵다는 점 때문에 최근에는 평가로서의 정당성과 효용성을 많이 상실하였다. 국내 교육기관에서는 이러한 평가가 이루어지는 경우는 없으나, 국외에서 이루어지는 한국어교육의 경우 학습자의 학습 목적에 따라 교육이나 평가에서 활용되기도 한다.

6. 문항 개발 시 유의 사항

타당도와 신뢰도가 높은 평가를 시행하기 위해서는 평가 문항의 개발에 유의하여야 한다. 이를 위해서는 평가의 목표를 정한 후에 그 목표를 잘 측정해 낼 수 있는 유형을 선정하고 그에 따라 문항을 개발해야 한다. 평가 문항을 개발할 때 주의해야 할 점을 살펴보면 다음과 같다.

1) 분명한 평가 목표

각 문항에는 반드시 평가 목표가 있어야 한다. 평가를 한다는 것은 정해진 학습 목표의 성취 여부를 측정하려고 하는 목적이 있으므로, 각 문항의 평가 목표의 합이 전체 학습 목표에 해당한다고 볼 수 있다. 그러므로 각 문항의 평가 목표가 불명확하거나 목표에 일치하지 않을 경우 평가의 타당도를 떨어뜨리게 된다. 발음 능력을 지필시험으로 측정한다면 정확한 언어 사용 능력을 평가하기 어려우며, 듣기 능력을 평가하기 위해 쓰도록 한다면 쓰기 능력의 영향으로 인해 정확한 듣기 능력을 판단하기 어려울 것이다. 평가 목표를 명료하게 하는 것은 출제자 자신에게도 전체 학습 목표를 환기하고 문항 작성의 방향성을 제시해 준다는 점에서 양질의 평가 문항을 작성하기 위해 꼭 필요한 것이다.

2) 언어 능력의 평가

평가의 목표는 의사소통 능력을 측정하는 데 있다. 그러므로 평가가 의사소통과 관련 없는 내용에 치우치거나 언어 능력이 아닌 지식 능력을 묻는 것이 되지 않도록 유의해야 한다. 또한 자료를 읽거나 듣지 않고 논리적인 사고만으로 풀 수 있는 문제는 배제해야 하며 고유명사, 숫자, 전문용어 등의 사용도 제한하는 것이 좋다.

3) 실제성 있고 다양한 자료

문항은 실제적(authenticity)이고 자연스러운 언어로 구성해야 하며, 실제 언어생활에서 접할 수 있는 구어체, 문어체, 공식·비공식적인 텍스트를 다양하게 제시해야 한다. 또한 급별 수준과 평가의 목표에 맞춰 출제하다 보면 입력 자료를 변형하거나 수정하게 되는데, 이 경우 예시 지문 내에서 모순이 생기지 않도록 주의해야 하며, 내용의 이해를 돕는 정보의 반복이나 실마리가 제외되지 않도록 해야 한다.

4) 명료한 선택지

내용을 이해했음에도 불구하고 선택지가 너무 어려워 이해할 수 없다면 정당한 평가가 될 수 없다. 또한 선다형 문항의 경우 정답이 주관에 따라 달리 나타나지 않도록 명확하게 구성한다. 오답 선택지도 비문법적이거나 비논리적인 구성은 피하며, 해당 문맥에서만 부적합하도록 구성해야 매력적인 오답의 기능을 할 수 있다. 또한 정답과 오답을 골고루 배치하여 개연성에 의존하여 답을 맞히는 일이 없도록 한다.

5) 분명한 문항 지시문

문항 지시문은 학습자가 문항에 답을 하는 방법을 안내하는 것이다. 그러므로 지시문은 쉽고 명료하게 제시되어 있어서 학습자가 어떻게 해야 할지 혼란을 일으키거나 심리적 불안감을 갖지 않도록 해야 한다. 지시문이 난해해서 무엇을 해야 할지 모른다면, 학습자의 능력을 올바로 평가할 수 없으며 신뢰도가 낮은 평가가 된다. 초급 단계의 경우 문제의 유형이나 지시문의 언어에 익숙하지 않을 수도 있으므로 쉽고 평이한 지시문과 함께 예시 문항을 보기로 제시하면 학습자가 문제의 지시 사항을 더욱 분명히 인지할 수 있다. 특정 언어권을 대상으로 하는 평가라면 공통의 언어로 지시문을 제시하는 것도 좋다. 부정 지시문은 학습자에게 혼란을 일으키기 쉬우므로 가능하면 줄이되, 꼭 필요한 경우는 부정 표현에 밑줄 표시를 하여 혼선을 최소화시키도록 한다. 듣기 평가에서는 지시문을 문자 언어로 제시해 주고 동시에 녹음을 통해 들려주는 것이 좋으며, 문제의 평가 내용이 아니라면 담화 상황에 대한 정보를 지시문에서 미리 제공하여 담화 내용을 예측하게 하는 것이 좋다.

6) 명확한 그림과 도표 제시

그림이나 도표를 보고 해결해야 하는 문제는 이를 명확하게 제시해야 평가하려는 것을 올바로 측정할 수 있다. 똑같은 그림도 보는 사람의 관점, 사고방식에 따라 다르게 보일 수 있으므로 누가 보아도 결과가 명확해야만 출제자의 의도와는 다른 답안이 나올 가능성을 줄일 수 있다. 또한 외국인의 경우 상이한 문화 배경으로 인해 그림을 다르게 인식하는 경우가 있으므로 주의해야 할 것이다.

7) 유형과 난이도에 따른 문항 배열

평가의 타당도와 신뢰도를 높이기 위해서는 내용뿐만 아니라 형식도 고려해야 한다. 서로 다른 유형의 문제들을 관련성 없이 나열하기보다는 유사한 유형끼리 묶어서 제시하도록 하며, 단순하고 선택지의 길이가 짧은 문제에서 시작해서 복잡하고 선택지의 길이가 긴 문제 유형으로 난이도에 따라 배치한다. 지문도 어휘나 문장 단위에서부터 담화 단위로 배열하는 것이 좋다. 이러한 문제지 구성은 학습자에게 단계적으로 문제에 적응할 수 있는 시간을 부여하여 심리적 부담감을 줄일 수 있는 방법이 된다.

8) 국지 종속성 제거

앞뒤에 관련성 있는 문제를 배열하여 정답에 대한 정보를 제공하는 국지 종속성에 빠지지 않도록 주의한다. 특히, 듣기나 읽기 평가에서 1지문 다문항 형식으로 되어 있는 경우 상호 문항이 독립성을 유지하지 못할 가능성이 높아진다. 이러한 문제점을 해결하기 위해서는 하나의 지문에 한 문항, 또는 가능하면 최소 문항 형식을 유지해야 하며 출제 후 검토 과정에서도 면밀하게 검토해야 한다.

9) 학습자의 준비

평가는 그 특성 자체가 불안을 높이는 경험인데, 학습자는 흔히 평가에 대한 충분한 사전 정보 없이 시험에 임하게 된다. 학습자가 정서적으로 안정된 상태에서 적절한 평가를 받기 위해서는 교사는 준비 과정에서 다음 사항을 고려해야 한다.

① 평가의 일반 형식이나 진행에 대한 정보를 시험 전에 제공해 주어야 한다.
② 출제 항목의 유형에 관한 정보를 제공하고 그것을 연습할 기회를 학생들에게 준다. 특히 외국인 학습자의 경우 시험의 형식이나 유형에 익숙하지 않아 평가의 결과가 달라지기도 하므로 유의할 필요가 있다. 이를 방지하기 위해서는 실제 수업 과정 중에 다양한 문제 유형을 경험하고 연습하는 과정을 가져야 한다.
③ 출제 문제 자체는 학생들이 연습해 왔고 편안하게 느낄 수 있는 것이어야 한다. 교사는 학생의 난점이 출제 내용 그 자체의 요인인지 또는 평가하고 있는 언어의 요인인지를 모르고 있기 때문에 평가가 아주 새로운 형식의 테스트를 소개하는 시간이 되어서는 안 된다.

7. 기능별 평가

1) 듣기 평가

(1) 듣기 평가의 목표

듣기는 청자가 목적을 가지고 들은 발화에 대해 문자 그대로의 의미, 나아가 내포된 의미를 해석하는 의사소통 기술이다. 듣기 평가의 목표에 대해서 김왕규 외(2002)는 음성의 분별을 통한 의미 파악 능력, 들은 내용에 적절하게 반응하는 능력, 들은 내용으로부터 정보를 파악하는 능력, 들은 내용을 이용해 논리적으로 추론하거나 종합하는 능력, 이완기(2003)는 사실적 이해력, 추론적 이해력, 평가적 이해력, 강승혜 외(2006)는 문법적 능력, 담화이해 능력, 사회언어학적 능력, 전략적 능력, 허용 외(2012)는 사실적 이해, 추론적 이해, 평가적 이해로 보고 있다. 특히 허용 외(2012)는 듣기 평가에 대한 선행 연구의 검토를 바탕으로 하여 특정한 정보나 세부 사항, 담화의 핵심 내용 등을 파악하는 사실적 이해, 언급되지 않은 화자의 의도나 목적, 담화의 앞뒤에 이어질 내용 등을 파악하는 추론적 이해, 화자의 태도나 분위기, 심정 등을 파악하는 평가적 이해로 듣기 평가의 범주를 구분하고 있다.

듣기 평가 문항을 작성할 때는 다음과 같은 점에 유의해야 한다.

① 세부 문법 요소나 개별 단어의 의미 이해보다 내용의 이해에 중점을 둔다.
② 아무 맥락이나 배경이 없는 실생활의 듣기는 없으므로, 이러한 것이 포함되도록 문항을 작성한다.
③ 직접 녹음된 것을 들으면서 문항을 작성한다. 문자로 쓰인 자료는 여러 번의 반복적 사고와 수정 및 편집을 거친 것이므로 실제의 구어와 본질적으로 다르고, 이를 그대로 듣기 자료로 제시할 경우 이해하기 어렵다.
④ 듣기 자료는 실제 발화처럼 잉여성(redundancy)이 충분히 확보되도록 한다.
⑤ 듣기 자료 유형(대화와 독백)의 양적인 균형을 고려하여 작성한다.
⑥ 듣기 자료를 녹음할 때 남녀의 목소리를 적절히 배분한다.

⑦ 선다형의 경우, 선택지는 가능하면 간명하게 작성하여 읽기 능력의 간
섭을 최소화한다.

(2) 듣기 평가의 문항 유형

듣기 자료의 유형은 독백, 개인적 대화, 공식적 대화가 있는데 등급에 따
라 사용 가능한 자료의 종류나 문제의 유형이 달라질 수 있다. 듣기 자료와
반응 방식을 바탕으로 구성할 수 있는 평가 유형은 다음과 같다.[6]

① 단어 듣고 맞는 것 찾기
단어를 듣고 맞는 문자 표기를 고르는 유형으로, 초급 단계에서 사용한다.
의사소통 능력에서 기본이 되는 청취 능력을 측정하는 것이며 진정한 듣기
능력의 평가로 보기는 어렵다.

② 문장 듣고 문장의 일부 채우기
하나의 문장을 듣고 문장 내의 빈칸을 단어로 채워서 문장을 완성하는 유
형으로 선다형이나 받아쓰기로 구성한다. 문자 식별력과 어휘에 대한 이해
력을 평가한다.

③ 문장 듣고 적절한 반응 찾기
질문을 듣고 대답을 찾거나 적절한 반응을 찾는 유형이다. 듣기 평가에서
기본적인 유형으로 어휘, 문법, 사회언어학적 능력을 평가하며 말하기 능력
을 간접적으로 평가할 수 있다.

④ 문장 듣고 유사한 의미 찾기
문장을 듣고 의미가 같거나 다른 것을 찾는 유형으로 기본적인 문법 및
어휘 이해력, 문장 이해력을 평가한다.

⑤ 문장이나 대화 듣고 질문에 답하기
문장이나 대화 내용에 대한 질문의 답을 찾는 유형으로 들은 내용을 확인

---

6) 김유정(1999: 150-167)과 강명순 외(1999: 21-24)의 유형을 참고해서 정리하였다.

하는 유형 중 기초적인 것이다.

⑥ 그림 보고 설명이나 대화 찾기

그림을 보면서 그에 대한 내용 기술이나 대화를 듣고 맞는 것을 고르는 유형으로 문법 및 어휘 이해력, 내용 이해력을 평가할 수 있다.

⑦ 담화나 문장 듣고 맞는 그림 찾기

선택지를 그림으로 제시하므로 읽기 능력의 영향을 받지 않는 유형으로 위치나 장소, 사건이나 인물 묘사 등을 평가하는 데 적당하다.

⑧ 담화 듣고 담화 요소 파악하기

담화를 듣고 담화의 기능, 장소, 시간 등을 파악하는 유형이다. 실제 언어 생활에서도 다양한 담화 상황에 접하고 참여하게 되므로 담화 상황 이해는 의사소통 능력에서 중요한 부분이다.

⑨ 담화 듣고 그림 순서 맞추기

들은 내용에 맞게 그림의 순서를 맞추는 유형으로 시간 순서나 표현, 담화의 내용에 대한 이해를 평가할 수 있다. 내용의 논리적 전개가 분명해야 하며 그림만 보고 추론이 가능하지 않도록 구성해야 한다.

⑩ 담화 듣고 그림, 지도, 도표 완성하기

그림, 지도, 도표 등에 들은 내용에 대한 정보를 표시하는 정보 전이형으로 학습자가 그림, 지도, 도표의 내용이나 형태에 익숙하지 않아 불이익을 당하지 않도록 주의해야 한다.

⑪ 받아쓰기

단어나 문장, 담화를 듣고 일부나 전체를 받아쓰는 통합적 평가 유형이다. 맥락 속에서 문장을 듣고 이해하여 다시 표현하는 능력이 관계되므로 전체적인 능력을 측정하는 이점이 있지만 채점이 어렵고, 특정 언어 기술에 대한 직접적 정보를 얻기가 어렵다.

⑫ 정보 찾기

뉴스, 공연 안내, 기사, 광고, 캠페인, 개인 담화 등을 듣고 발화의 목적에 따라 실제적인 정보를 찾는 유형으로 정보 파악 능력을 측정할 수 있다.

⑬ 대화 듣고 이어지는 문장 찾기

대화의 일부를 듣고 이어질 내용을 추측하는 유형으로 추론적 이해 능력을 평가할 수 있다. 내용 이해에서 나아가 알맞은 반응을 찾아야 하는 것이므로 상호작용적인 의사소통 능력을 파악할 수 있다.

⑭ 담화의 전체 내용 이해하기

담화의 전체적인 내용 이해력을 평가하는 유형으로 듣기에서 중요하고 필수적인 능력을 측정하는 것이다.

⑮ 담화의 세부 내용 파악하기

담화의 세부 내용 이해력을 평가하는 유형으로 지엽적이거나 주변적인 것을 물어 내용 암기력을 평가하지 않도록 주의해야 한다.

⑯ 중심 요지 파악하기

담화에서 말하고자 하는 중심 요지를 찾거나 직접 쓰는 유형으로 선다형으로 구성할 때는 읽기 능력이, 직접 쓰게 할 때는 쓰기 능력이 영향을 작용할 수 있음을 유의해야 한다.

⑰ 내용 요약하기

들은 내용을 말하거나 쓰기로 요약하는 유형으로 내용 이해력뿐만 아니라 요약 능력도 평가할 수 있다. 듣기 능력을 말하기나 쓰기 능력을 통해 간접적으로 평가하므로 타당도가 낮아지는 것이 약점이다.

⑱ 제목 붙이기

담화를 듣고 내용을 파악하여 제목을 찾는 유형으로, 듣고 제목을 말하는 상황은 실제로 없지만 내용 이해력뿐만 아니라 내용을 종합하는 능력까지 측정할 수 있다.

⑲ 담화 듣고 추론하기

담화를 듣고 직접적으로 표현되지 않은 내용, 전후 상황, 담화 참여자의 관계 등을 추론하는 유형으로 내용이나 담화 표지, 어조, 억양 등이 추론의 단서로 활용된다.

⑳ 화자의 태도, 어조 파악하기

담화의 표면적 의미가 아니라 화자의 태도를 추론하는 유형으로 상대의 감정 및 태도를 파악하는 능력은 성공적인 의사소통에서 중요하게 평가되어야 한다.

2) 말하기 평가

(1) 말하기 평가의 목표

말하기는 음성 언어를 사용하여 다른 사람과 의사소통하는 활동이다. 성공적인 의사소통을 하려면 발음, 어휘, 문법 등의 기본적인 언어 능력이 전제되어야 한다. 그러므로 말하기를 평가할 때는 발음, 어휘, 문법의 정확한 사용 정도를 검토하고 유창성과 언어 사용의 적절성, 언어 사용 전략 등을 측정하게 된다. 즉 언어가 사용되는 상황, 대화 상대, 주제에 따라 최적의 언어를 사용하는가 아니면 기본적인 의사소통에 그치는가를 평가해야 한다. 이완기(2003)는 주요 외국어 시험의 말하기 평가 구인을 검토하여 말하기 평가의 목표를 정확성, 범위, 적절성, 유창성, 상호작용, 발음으로 제시하고 있다. 한편 강승혜 외(2006)는 발음, 어휘, 문법의 사용 능력과 관련된 문법적 능력, 이야기 구성 능력과 관련된 담화 구성 능력, 기능에 맞는 언어 사용 능력과 관련된 사회언어학적 능력, 발화 상황에 대처하는 능력인 전략적 능력으로 나누고 있다. 박동호 외(2012)는 한국어능력시험(TOPIK)의 말하기 평가 체제에 대한 연구로 말하기 평가의 구인을 전반적 능력, 어휘 및 문법, 발음, 내용, 조직으로 나누고 있다.

말하기 평가 문항 작성 시 고려해야 할 두 가지 요소로 언어 도출 기법과 채점 기법이 있다. 말하기 평가는 학습자의 언어 능력을 음성 언어로 표현하도록 하는 것이기 때문에 학습자가 자신의 능력을 가장 잘 표출할 수 있는 유형으로 평가를 실시해야 한다. 또한 학습자의 말하기 능력 평가에 채점자의 주관이 개입되지 않도록 정확한 채점 기준이 마련되어야 하고 그 채점 기준을 일관성 있게 적용할 수 있도록 해야 한다.

(2) 말하기 평가의 문항 유형

대개 일반 화자가 경험하는 말하기는 개인적인 말하기가 대부분이고 공식적인 말하기 상황은 극히 제한적이며, 말하기 형식도 독백이나 토론, 대화 정도이다. 그러므로 말하기 평가의 유형도 다른 기능의 평가 유형과는 달리 다양하지는 않다. 말하기 평가를 위해서는 우선 학습자로부터 말을 도출해 내야 하는데 그 도출 방법에 따른 평가 유형에는 다음과 같은 것이 있다.

① 낭독하기

문자로 된 입력 자료를 보고 그대로 낭독하는 유형이다. 진정한 말하기 능력 평가라고 할 수는 없지만 초급 단계에서 발음과 억양의 정확성을 파악하는 방법으로 사용할 수 있다.

② 인터뷰하기

교사가 평가 목표나 학습자의 등급에 맞추어 다양한 질문을 하고 학습자는 그에 대한 대답을 하는 것으로 진행한다. 말하기 평가의 가장 일반적이고 간편한 방법으로, 학습자가 말하는 것을 직접 관찰하면서 평가하기 때문에 실제 말하기 능력을 직접 평가할 수 있다는 장점이 있다. 그러나 교사가 말을 이끌어 내는 사람(interlocuter)과 채점자(marker)의 역할을 동시에 하게 되어 부담이 큰 방식이다. 또한 학습자가 일방적으로 대답만을 하게 되어 있어서 수동적인 말하기 측면만을 평가하며 의사소통 상호 활동이 일어나기 어렵다는 문제점이 있다. 이러한 평가 방식을 활용할 때는 학습자가 정서적으로 안정된 상태에서 채점하기에 충분한 양의 말을 하도록 유도하는 도출 기술이 필요하다.

③ 역할극(role play)

인터뷰 방식의 문제점을 보완할 수 있는 방식으로 다양한 말하기 기능을 수행할 수 있는지를 평가하는 데 유용하다. 학습자끼리 상황을 진행하는 경우는 서로 수준 차이가 너무 나지 않도록 고려해야 한다. 교사가 상대 역할을 하는 경우에도 역할에 따라 결과에 영향을 줄 수 있으므로 주의해야 한다. 역할을 담당하는 사람에 따라 다양한 상황이 벌어질 수 있으므로 실제

적인 말하기 능력을 평가하는 방법이며, 교실 수업에서 학습자들의 성취 정
도를 파악하는 장치로 활용되기도 한다.

④ 과제 수행형 평가

2~4명의 학습자에게 말하기 과제[토의하기, 토론하기, 정보 차(information gap) 활동 등]를 주고 문제를 해결하도록 하는 방식으로, 상호작용이나 정보 교환이 이루어지도록 과제를 고안해야 한다. 과제 수행을 통해 상호 의사소통 활동이 일어나므로 인터뷰 방식의 문제점이 해소될 수 있고 평가자는 채점자 역할만 하므로 부담이 적다. 학급 규모가 크거나 평가자의 언어 숙달도가 충분하지 못한 경우에 실용적으로 사용될 수 있다.

⑤ 발표하기

특정 주제에 대해 자신의 생각과 의견을 2~3분 정도 서술하게 하거나 정해진 주제에 대해 조사하고 정리해서 발표하도록 하는 유형이다. 미리 준비하여 발표할 때는 준비된 원고를 보지 않고 발표할 수 있도록 지도해야 하며, 발표가 끝난 후에는 질의응답 시간을 가짐으로써 자연스러운 말하기 능력 평가가 함께 이루어질 수 있게 한다.

⑥ 묘사하기와 지시하기

학습자가 그림을 보고 설명하거나 지시를 하면 또 다른 학습자나 교사는 그 내용대로 그림을 그리거나 재구성하는 방식이다. 그림의 결과를 보고 설명하거나 지시하는 학습자가 얼마나 말을 잘 전달했는지를 평가하게 된다. 그러나 다른 학습자가 내용을 들으면서 그림을 그리게 되면 듣는 학습자의 듣기 능력에 따라 결과가 달라질 수 있으며, 교사가 듣고 수행을 한다면 이미 답을 알고 있는 상황에서 하게 되므로 역시 결과에 영향을 미칠 수 있다는 점이 문제점이 된다. 또한 자연스러운 의사소통 방식과는 거리가 먼 인위적인 형식을 취하고 있다는 점도 이러한 유형의 한계라고 할 수 있다.

3) 읽기 평가

(1) 읽기 평가의 목표

읽기는 언어 지식을 바탕으로 스키마와 배경지식을 통해 전체적인 글의

의미를 해석할 수 있는 의사소통 기술이다. 읽기 능력 측정은 글자의 식별, 문장의 이해, 단락 이상의 처리 능력을 포함한다. 이완기(2003)는 읽기 능력의 구성 요소를 사실적 이해력, 추론적 이해력, 평가적 이해력으로 나누고 있다. 강승혜 외(2006)는 철자, 어휘, 문법 등의 이해 능력인 문법적 능력, 담화 표지나 담화 기능 이해, 담화 주제 이해 등과 관련된 담화 이해 능력, 문장 종결형의 기능 이해, 상황이나 기능에 맞는 텍스트 유형 이해 등과 관련된 사회언어학적 능력, 읽기 전략 활용 등과 관련된 전략적 능력을 읽기 능력의 평가 범주 및 평가 목표로 보고 있다. 한편 허용 외(2012)는 읽기 영역의 구인을 사실적 이해력, 추론적 이해력, 평가적 이해력으로 나누고 이에 따라 평가 내용을 세분하고 있는데 전체적으로 듣기 평가의 구인 제시와 유사하다.

읽기 평가 문항을 출제할 때는 다음과 같은 점에 유의해야 한다.

① 읽기 자료의 언어적 수준이나 길이가 학습자의 수준에 맞는 것을 고른다.
② 다양한 종류와 주제의 자료를 고르되 한쪽으로 치우치지 않도록 한다.
③ 하나의 지문에 딸린 소문항들이 국지 종속성에 빠지지 않도록 유의한다.
④ 세부 사항의 이해를 묻는 상향식 읽기 문제와 전체 맥락 이해와 의미 파악을 묻는 하향식 읽기 문제를 균형 있게 포함한다.
⑤ 어휘, 지시어 등 지엽적 언어 요소보다는 전체적인 의미 파악에 치중하여 문항을 작성한다.
⑥ 선택지를 읽기 자료의 난이도와 비슷하거나 쉽게 구성한다.

(2) 읽기 평가의 문항 유형

읽기 자료로는 안내문, 광고, 신문 기사, 메모, 설명문, 논설문, 수필, 소설, 연설문, 편지글, 서류 등이 있는데, 등급별로 사용되는 읽기 자료가 다양하므로 평가 유형의 선정도 이러한 점을 고려해야 할 것이다.[7]

---

7) 읽기 평가 유형은 김유정 외(1998)를 참고하여 정리하였다.

① 단어에 맞는 그림 찾기

단어를 읽고 해당하는 그림을 찾는 유형으로 문맥 없이 어휘의 고립적인 의미만을 파악하는 것이 단점이다. 철자 식별력, 기초 어휘력을 측정할 수 있다.

② 문장에 맞는 그림, 도표 찾기

문장을 읽고 내용에 맞는 그림이나 도표를 찾는 유형으로 내용의 복잡성과 난이도에 따라 여러 등급에서 사용할 수 있으며 어휘력, 문장 이해력을 측정한다.

③ 유의어, 반의어 찾기

한 단어의 유의어, 반의어를 찾거나 둘 이상의 단어를 함께 제시하고 그 관계가 다른 것을 찾게 하는 유형이다. 문맥을 제시하지 않으므로 문맥상의 어휘 의미 파악 능력을 측정할 수 없는 것이 단점이다.

④ 문장 내 단어의 의미 찾기

문장 내의 밑줄 친 단어와 뜻이 유사한 단어나 구를 고르는 유형으로, 문장이 제시되지만 밑줄 친 단어만을 보고 답을 찾을 수도 있기 때문에 지엽적인 어휘력만 평가할 우려가 있다.

⑤ 문맥에 맞는 단어, 표현 찾기

문장의 일부분을 빈칸으로 제시하고 내용에 맞는 단어나 표현을 찾는 유형으로 완결된 의미를 갖는 문장, 자연스러운 문장을 제시하는 것이 중요하다. 어휘나 문법 확인을 위해 문장을 제시하는 유형으로 진정한 읽기 평가 유형이라고 하기는 어렵다.

⑥ 단어를 골라서 문맥에 맞게 고치기

보기에서 알맞은 단어를 골라서 문맥에 맞게 고쳐 쓰는 유형으로 어휘력과 문법 능력, 문장의 이해력을 측정할 수 있다. 선다형 문제보다 난이도가 높으며 쓰기 능력이 영향을 미칠 수 있다.

⑦ 문장 내의 틀린 부분 찾기

문장을 읽고 오류를 찾는 유형으로 조사, 활용, 시상, 경어법 등을 대상으로 할 수 있다. 비문을 제시하고 오류를 파악하게 하는 것이므로 실제적 의사소통 능력 측정과 거리가 멀고 비문 판정 기준이 모호할 수 있다는 것이 이 유형의 문제점이다.

⑧ 문장 읽고 관계있는 문장 찾기

하나의 문장을 제시하고 의미가 같거나 다른 문장을 찾는 유형으로 문법이나 속담, 관용구가 출제 대상이 될 수 있으며 어휘 및 문법 능력, 관용적 표현 이해력을 측정한다.

⑨ 관계있는 질문, 대답 찾기

질문에 대한 적당한 반응을 찾는 유형으로 반대로 대답에 대한 적당한 질문을 찾게 할 수도 있다. 주로 초급에 적당한 문항 유형이며, 말하기 능력을 간접적으로 평가할 수 있다.

⑩ 대화 구성하기

대화의 일부를 괄호로 제시하여 대화를 완성하도록 하는 유형이다. 어휘와 문법 능력을 대화 속에서 측정하고 의사소통 능력의 유창성도 간접적으로 평가할 수 있다.

⑪ 문맥에 맞는 접속사 찾기

글의 내용을 논리적으로 연결하기 위해 필요한 접속부사를 찾는 유형으로 논리적 사고력, 글의 조직 능력을 평가하며 초급이나 중급 단계에서 주로 사용할 수 있다.

⑫ 규칙 빈칸 메우기

글의 일정 부분을 규칙적으로 삭제하여 글의 내용에 맞게 단어를 채워 넣는 유형으로 통합적인 평가 유형에 속한다. 쓰기 능력이 영향을 미치고, 통합적인 평가라는 점에서 채점이 어려운 점이 문제이다.

⑬ 정보 파악하기

광고, 안내문, 설명서, 계약서, 메모, 지시문 등을 읽고 일시, 가격, 순서 등 필요한 정보를 파악하게 하는 유형이다. 읽기 자료에서 필요한 정보만을 찾아 읽는(scanning) 능력을 측정하며 초급부터 고급까지 사용할 수 있다.

⑭ 글의 기능 파악하기

대화나 글의 기능을 파악하는 유형으로 대화나 글의 목적을 이해하는 것은 실제 의사소통을 성공적으로 수행하기 위해 중요한 능력이다. 중·고급 단계에서 적당한 평가 유형이다.

⑮ 단락을 순서에 맞게 배열하기

논리적인 일관성이 있는 글을 재배열하도록 하는 유형으로 글의 논리 이해력을 평가할 수 있다. 전체의 글을 너무 많이 분류하면 재배열이 어려워질 수도 있으므로 3~4단락 정도로 분류하고, 첫 한두 문장은 문제 해결의 실마리가 될 수 있도록 제시를 해 주는 것이 좋다.

⑯ 글을 읽고 그림의 순서 배열하기

대화나 이야기를 읽고 만화, 그림의 순서를 배열하는 유형이다. 표면적인 의미뿐만 아니라 함축, 생략의 의미를 파악하는 능력이 필요하므로 중급 이상에서 사용할 수 있다.

⑰ 문장 삽입·삭제하기

전체 글 속에서 필요한 문장을 삽입하거나 불필요한 문장을 제거하도록 하는 유형으로 글의 형식적 응집성, 내용의 일관성을 이해하는지 측정할 수 있다.

⑱ 지시어의 지시 내용 찾기

문맥에서 지시어가 지시하는 내용을 찾는 유형이다. 전체 내용과 문장 간의 의미 관계를 파악할 수 있어야 하므로 전체적인 담화 이해 능력을 측정한다.

⑲ 어휘·어구의 의미 파악하기

어휘나 어구의 의미를 문맥 내에서 유추하거나 파악하는 유형으로 문맥 내에서 어휘의 쓰임을 이해하는 능력은 기본적이고 중요한 읽기 능력에 해당한다. 문항을 작성할 때는 학습자의 수준보다 난이도가 조금 높은 어휘나 어구를 제시하고 문맥 내에 답의 근거가 있어서 읽은 내용을 바탕으로 문제를 해결할 수 있도록 해야 한다.

⑳ 중심 내용 파악하기

한 단락 이상의 글을 읽고 글의 주제나 전체적인 내용을 파악하는 유형으로 전체적인 담화 이해 능력을 평가한다.

㉑ 글의 제목 붙이기

글을 읽고 글의 제목을 붙이는 유형으로 글의 내용과 특성을 이해하고 있는지 확인할 수 있다. 글의 난이도와 분량에 따라 초급에서도 사용할 수 있지만 주로 중·고급 단계에서 적당한 평가 유형이다.

㉒ 글의 세부 내용 파악하기

글을 읽고 세부적인 사항을 이해했는지 파악하는 유형으로 담화 이해력을 측정한다.

㉓ 필자의 태도·어조 파악하기

직접 표면화되어 있지 않은 필자의 관점, 의도, 목적 등을 파악하는 유형으로 고급 수준의 이해 능력을 요구하는 문제이다.

㉔ 제목·목차로 글의 내용 파악하기

책의 제목이나 목차, 색인 등을 읽고 책의 전체 내용을 유추하는 유형이다. 추론적 이해 능력을 측정할 수 있으며 주로 고급 단계에 적절한 유형이다.

4) 쓰기 평가

(1) 쓰기 평가의 목표

쓰기는 어휘와 문법 지식을 사용해서 자신의 생각을 표현하는 의사소통 기술이다. 쓰기 능력은 맞춤법과 같이 가장 기본적인 것, 문법과 어휘 선택을 통한 문장 구성 능력, 글의 조직과 연결, 독자, 주제, 상황에 대한 적절성 등의 수사학적인 능력으로 구성된다. 단락 이상의 글을 구성하는 능력이 진정한 쓰기 능력이라 할 수 있으며 맞춤법, 문장 구성 등은 작문을 할 수 있는 하위 능력에 해당된다. 이완기(2003)는 외국어 쓰기 평가의 측정 목표를 검토하여 쓰기 평가의 목표로 내용 지식, 조직성, 정확성, 범위, 적절성, 기술적 세부 사항을 제시하고 있다. 강승혜 외(2006)는 맞춤법, 어휘 및 문법 사용 능력과 관련된 문법적 능력, 담화 구성, 구조적 긴밀성 등과 관련된 담화 구성 능력, 기능 수행과 관련된 사회언어학적 능력, 과제 해결 전략 활용과 관련된 전략적 능력을 쓰기 평가의 목표로 보고 있다. 한편 허용 외(2012)는 선행 연구를 검토하여 주제 기술과 관련된 내용 및 과제 수행, 수사적 지식 및 응집성과 관련된 전개 구조, 맞춤법, 어휘 및 문법 지식과 관련된 언어 사용을 쓰기 평가의 구인으로 제시하고 있다.

쓰기 평가 문항 작성 시 고려해야 할 요소는 말하기 평가와 마찬가지로 도출 기법과 채점 기법이다. 학습자로부터 평가하기에 적절한 분량의 글을 이끌어 내야 하는데 이는 평가 문항의 유형과 관련이 있다. 또한 도출된 글을 공정하고 객관성 있게 채점해야 하며 이는 채점자 신뢰도와 관계된다.

(2) 쓰기 평가의 문항 유형

쓰기는 글쓰기의 통제 정도에 따라 통제 작문(limited writing), 유도 작문(guided writing), 자유 작문(free writing)으로 나누어진다. 통제 작문은 쓰기 전 활동으로 진정한 쓰기라고 할 수는 없으나 초급 단계에서 사용될 수 있다. 유도 작문은 자유롭게 쓰게 하는 자유 작문과는 달리 쓰기를 위한 입력 자료(그림, 도표, 목차 등의 시각 자료, 문어 자료, 구어 자료 등)를 주고 쓰게 하는 것이다. 쓰기 평가에서는 가능하면 학습자 스스로가 많은 부분을 생성해 내는 직접 평가가 되도록 해야 한다.[8]

---

8) 쓰기 평가 유형은 김유정 외(1998)를 참고하여 정리하였다.

① 그림 보고 쓰기

그림을 보고 해당하는 어휘나 문장을 쓰도록 하는 유형으로 맞춤법, 어휘력, 기초적 문장 구성 능력을 평가할 수 있다. 그림을 제시할 때는 하나의 정답만이 나올 수 있도록 명료하게 구성해야 한다.

② 어순에 맞게 배열하기

제시된 단어를 어순에 맞게 배열하여 문장으로 구성하는 유형으로 초급 단계에서 문장 구성 능력을 평가하기 위해 자주 사용된다. 어휘력, 문장 구성 능력을 측정할 수 있다.

③ 문장 연결하기

적합한 연결어미를 사용하여 복문을 만들게 하는 유형으로 문항 작성이 용이하나 단순히 문법 지식만을 묻는 문제가 될 가능성이 있다. 다른 방법으로 두 개의 관련된 그림을 보고 접속문을 만들도록 하는 유형이 있는데, 시간의 선후 관계나 인과 관계를 표현하기에 적당하다. 어휘력, 문법적 정확성, 문장 구성 능력을 평가할 수 있으나 그림의 선후 관계가 분명해야 하므로 문항 작성이 까다롭다.

④ 대화 완성하기

대화의 비어 있는 부분을 완성하는 유형으로 초급에서 고급까지 맞춤법, 어휘, 문법, 관용구 표현 능력, 문장 구성 능력을 측정하기 위해 다양하게 이용할 수 있다. 문제가 요구하는 정답이 나올 수 있도록 문맥을 정확하게 구성하는 것이 중요하며, 학습자가 지나치게 짧은 답을 하는 경우를 막기 위해 사용해야 하는 단어의 수를 제시할 수도 있다.

⑤ 간단한 질문에 대답하기

질문에 대해 자유로운 대답을 하는 주관식 유형으로 초급 단계에서 자주 활용된다. 맞춤법, 어휘력, 문법적 정확성, 문장 구성 능력 등이 모두 평가 대상이 된다.

⑥ 바꿔 쓰기

문제의 요구에 맞추어 단락을 다시 쓰게 하는 유형으로 초급과 중급에서 간접 인용문, 시제, 평어 구문 등의 이해를 평가할 때 이용할 수 있다. 그러나 문법적 정확성만이 평가의 대상이 되므로 진정한 쓰기 평가라고 보기는 어렵다.

⑦ 시간 순서에 따라 쓰기

일과나 장래 계획을 시간 순서에 따라 쓰게 하는 유형으로 초급에서 시간의 학습 이후 성취도를 평가하는 방식으로 많이 사용된다. 몇 개의 그림을 주고 그 그림을 서술하게 하는 방식이 많이 이용되었으나 이 경우 학습자는 문장 간의 연결 관계보다는 개별 문장의 정확성에 초점을 맞추게 되므로 담화 구성 능력을 측정하기 어렵다는 문제점이 있다. 그림을 제시하지 않고 일과를 쓰게 할 경우 담화 구성 능력을 평가할 수 있으나 난이도가 높아진다.

⑧ 그림 순서대로 쓰기

만화나 연속된 그림을 보고 이야기로 쓰게 하는 유형으로 맞춤법, 어휘력, 문법적 정확성, 문장 구성력, 담화 구성력 등이 모두 평가 대상이 된다. 중급이나 고급 단계에서 적절한 문제 유형이다.

⑨ 그림이나 사진을 보고 묘사하기

그림이나 사진을 보고 사실과 의견을 기술하도록 하는 유형으로 초급에서는 단순한 그림을 제시하고, 중급이나 고급에서는 사진, 포스터 등을 제시할 수 있다. 학습한 내용에 따라 적절한 그림을 제시하되 글이 너무 길거나 짧아지지 않도록 일정 분량을 정하는 것이 좋다. 맞춤법, 어휘력, 문법의 정확성, 문장 구성력, 담화 구성력 등이 모두 평가 대상이 된다.

⑩ 개인 정보 채우기

문서의 일부나 전체를 작성하게 하는 유형으로 실용적인 글쓰기에 관한 평가이다. 초급에서는 학생증이나 학생 카드, 중급에서는 은행의 청구서, 고급에서는 이력서 작성을 대상으로 할 수 있다. 맞춤법, 어휘력, 문법적 정확성뿐만 아니라 정보를 목적에 맞게 기입했는지 등을 평가할 수 있다.

⑪ 실용문 쓰기

편지, 초청장, 자기소개서 등을 쓰게 하는 유형으로 글의 목적, 독자에 따라 내용과 표현 방법이 달라지게 되므로 사회언어학적 기능 수행력을 평가할 수 있다. 포함해야 할 정보를 조건으로 제시함으로써 시험의 신뢰도를 높일 수 있다. 맞춤법, 어휘력, 문법적 정확성, 문장 구성 능력, 담화 구성 능력, 사회언어학적 능력 등이 모두 평가의 대상이 된다.

⑫ 글 완성하기

빈칸으로 된 글의 일부를 채워서 완성하도록 하는 유형으로 읽기 능력과 쓰기 능력이 함께 요구된다. 고급 단계에서 주로 사용되며 글의 형식적 응집성, 내용적 긴밀성 등이 주로 평가된다.

⑬ 기사문 작성하기

신문 기사의 구성과 문체에 맞춰 기사문을 쓰는 유형으로 사건을 육하원칙에 따라 제시해 주거나, 도표·그래프 등을 제시하여 그 내용에 따라 기사문을 작성하게 한다. 핵심 내용을 정확하게 전달했는지, 논리적 전개력을 갖추었는지, 기사문의 문체를 갖추었는지 등이 평가 대상이 되며 고급 단계에서 적절한 유형이다.

⑭ 주장하는 글쓰기

자신의 의견을 논리적으로 주장하는 글을 쓰는 유형으로 다양하게 주제를 제시할 수 있다. 주요 논지의 글을 제시하고 그 글을 바탕으로 찬성 또는 반대의 글을 쓰게 하거나, 주제문과 개요를 제시한 후 이에 따라 글을 쓰도록 할 수도 있으며, 특정 주제만을 제시하고 의견을 쓰도록 할 수도 있다. 맞춤법, 어휘력, 문법적 정확성, 문장 구성력, 담화 구성력, 기능 수행력 등 쓰기에 필요한 거의 모든 능력이 평가 대상이 된다. 주로 고급 단계에서 적절한 유형이다.

⑮ 제목에 따라 쓰기

제목을 주고 자유 작문을 쓰게 하는 유형으로 초급에서 고급까지 주제의 난이도를 조절하여 사용할 수 있다. 작문의 길이를 통제하기 위해서 일정 분량을 조건으로 제시하는 것이 필요하며, 고급 단계에서는 글의 종류를 제한함으로써 답안의 내용과 범위를 통제할 수도 있다. 맞춤법, 어휘력, 문법적 정확성, 문장 구성력, 담화 구성력 등이 평가 대상이 된다.

8. 출제 과정

평가 문항의 출제가 내용의 균형이나 적합성에 대한 고려 없이 이루어질 경우에는 평가의 타당도와 신뢰도가 낮아진다. 효과적인 평가를 하기 위해서는 객관성이 있는 평가가 되어야 하는데 그러기 위해서 단계적인 출제 과정이 도움이 될 수 있다. 여기에서는 브라운(Brown, 1994: 386-390)을 참고하여 출제에 필요한 과정을 살펴보기로 한다.

1) 학습 목표 확인 및 평가 항목 결정

시험을 통해 평가하고자 하는 것이 무엇인가를 확인하는 단계로 평가의 타당도와 신뢰도를 높이기 위해 필수적이다. 즉 교과과정상의 학습목표를 확인하고 이것을 평가의 목표로 삼아 출제를 준비해야 한다. 학습목표를 확인한 후에는 그에 따라 평가 항목을 선정해야 한다. 교과과정의 내용을 반영하는 평가 항목, 즉 주제 및 상황, 기능, 문법, 어휘에 대한 목록을 준비하여 평가의 내용 타당도를 높이도록 한다.

2) 학습 목표에 따른 평가 세부 계획서 작성

평가 세부 계획서는 평가의 실제적인 개요로서 시험에서 평가하려는 영역, 문항 유형, 문항 수, 시험 시간 등이 나타나 있는 것이다. 평가 항목에 맞는 문제 유형을 고르고 시험 시간과 학습자들의 시험 수행 속도를 고려하여 문항의 수를 알맞게 조절해야 한다.

3) 평가 문항 작성

실제로 평가 문항을 작성해 보는 단계로 평가 항목으로 선정한 상황, 기능, 문법, 어휘 등을 중심으로 문항을 작성하는 것이 중요하다.

특히 문항 유형이 평가 목표에 적합한가에 유의해야 한다. 예를 들어, 듣기 평가에서 문법적 능력을 측정하려면 문장 듣고 유사한 의미 찾기, 문장 일부 완성하기 등을 선택하고, 담화 이해 능력을 측정하기 위해서는 담화의 전체 내용 이해하기, 세부 내용 이해하기, 이어지는 담화 고르기 등의 유형을 선택한다. 읽기 평가에서 내용에 대한 이해를 측정하기 위해 빈칸에 알맞은 단어 넣기와 같은 유형의 문제를 선택한다면 적합하지 않다. 쓰기 평가에서 특정 문형의 실제 사용 능력을 평가하려고 한다면 상황이 배제된 문장 만들기 유형은 적절하지 않다.

4) 평가 문항 검토

출제한 문제를 검토하는 단계로 검토는 출제자를 제외한 교수 경험자가 하는 것이 바람직하며, 이러한 과정을 거쳐야 평가의 신뢰도와 타당도를 높

표 10-1 평가 문항 점검표

점검 사항	결과
1. 각 문항이 배운 내용을 충분히 반영했는가	
2. 수업 시간에 학습되지 않은 내용이 출제되었는가	
3. 실제 의사소통 상황을 잘 반영한 실제성이 높은 문항인가	
4. 각각의 문항에 측정하고자 하는 구체적인 목표가 있는가	
5. 평가 목표가 일정 범주나 기능에 편중되어 있지 않은가	
6. 주제, 장르가 치우쳐 있지 않은가	
7. 문항의 난이도가 적절한가	
8. 정해진 시간에 풀어야 할 전체 문항 수가 적당한가	
9. 언어 능력이 아닌 지식이나 암기 능력을 평가하고 있지 않은가	
10. 국부 종속성이 있는 문제는 없는가	
11. 시각 자료가 잘 제시되어 있는가	
12. 지시문 내용이 명료한가	
13. 문항의 배열이 순차적으로 구성되어 있는가	
14. 선다형 문제에서 선택지만 보고도 답할 수 있지 않은가	
15. 선택지가 학습자를 적절히 유인하게 만들어졌는가	
16. 선다형의 경우 정답과 오답이 분명한가	
17. 주관식의 경우 채점 기준이 명확한가	

일 수 있다. 검토자는 학습자의 입장으로 시험을 쳐 보면서 문항을 검토하는 것이 좋으며, 〈표 10-1〉과 같은 평가 문항 점검표를 활용하여 점검 사항을 놓치지 않도록 한다.

5) 최종 편집 후 시험 실시 준비

시험을 실제로 실시하기 전에 소수의 학습자를 상대로 사전 검사를 해 보는 것이 가장 이상적이지만, 실제로 이루어지기는 어렵다. 그러므로 교사는 시험 실시 이전에 관련되는 여러 사항을 주의 깊게 점검하고 수정하여 실제 시험에서 차질이 빚어지지 않도록 해야 한다.

① 학습자가 평가를 수행하는 데 걸리는 시간을 고려하여 조정을 한다.
② 각 문항이 시험지에 잘 정돈되어 배열되어 있는지 살펴본다.
③ 듣기 평가의 경우 테이프가 잘 녹음되어야 하며 기자재 작동 여부를 확인한다.

6) 시험 실시 결과의 차후 평가 활용

시험을 본 후에는 평가 결과를 통해 나타나는 문제의 난이도, 학습자의 반응, 학습자의 시험 수행, 제한 시간 등에 대한 정보를 기록하고 이를 다음 평가에 반영한다. 이 단계는 평가에 관련된 오류를 줄이기 위해 반드시 필요한 것이다.

7) 평가 결과의 세환 효과 활용

학습자에게 평가 결과를 알려 주는 피드백에는 세환 효과의 원칙이 반영되어야 한다. 평가에서 얻어진 정보를 바탕으로 학습자가 알아야 할 것, 앞으로 학습해야 할 방향을 제시해 줄 수 있어야 하며, 복습이나 다음 과로 넘어가는 데 활용해야 한다. 또한 교사는 평가 결과를 교육과정 및 교수법의 개선을 위한 참고자료로 활용할 수 있을 것이다.

9. 채점

채점은 평가의 신뢰도를 높이기 위해 유의해야 하는 사항이다. 듣기 평가나 읽기 평가는 대개 선다형이나 단답형으로 문항이 구성되므로 채점의 객관성을 확보하는 데 큰 어려움이 없으나 쓰기 평가에서 작문, 말하기 평가에서 구술 면접을 실시하는 경우에는 채점의 객관적 기준을 마련하기가 쉽지 않다.

그러나 쓰기와 말하기에 주관적 평가가 개입될 수밖에 없더라도 가능한 한 최대한의 객관성을 확보해야 한다. 이를 위해서는 우선 채점자 훈련이 필요하다. 채점자 훈련은 채점자가 채점 방법과 채점 기준을 정확히 인식하고 처음부터 끝까지 자기 일관성을 가지고 채점에 임하고, 복수 채점자의 경우에는 채점자 상호 간에 판단 기준을 일정하게 적용하는 상호 일치성을 확보하기 위한 표준화 과정이다.[9] 또한 동일한 평가를 동일한 채점자가 두 번 채점하거나 두 명의 채점자가 함께 채점하는 복수 채점 방식으로 신뢰도를 높일 수 있다.[10]

또한 채점 방법도 총괄적 채점(holistic marking)과 분석적 채점(analytic marking)을 병행하는 것이 좋다. 총괄적 채점은 전체적 인상에 의한 채점이므로 언어 능력에 대한 구체적이고 객관적인 판단이 어렵다. 이에 반해 분석적 채점은 기술별 구성 요소에 따라 채점하므로 학습자의 능력에 대한 구체적인 판단이 가능하다. 그러나 분석적인 채점이 각 영역의 비중을 정하기가 쉽지 않은 반면, 총괄적인 채점은 문법이나 맞춤법보다 의사소통 능력에 중점을 두어 채점을 하므로 복합적 의사소통 능력을 평가하기 위해 좋은 방법이다. 채점 방법의 선택은 테스트의 목적, 채점 환경 등에 따라 달라질 수 있다. 진단 평가를 한다든지 여러 장소에서 여러 사람이 채점하는 경우라면

---

9) 채점자 훈련(marker training)은 채점자의 자질 향상과 훈련을 목적으로 평가에 필요한 다양한 기술을 교육시키는 채점자 교육(marker education), 설정된 채점 기준에 부합하도록 채점자를 설득하고 채점자의 주관성을 조정함으로써 채점의 일관성을 유지하며 채점 기준에 일치하는 평가가 이루어지도록 하는 채점자 조정(marker norming)이 있다. 채점자 훈련에 대해서는 이영식 외(2003) 참조.

10) ACTFL에서 실시하는 OPI(Oral Proficiency Interview)의 경우는 일정 시간의 구두 면접을 통해 학습자의 언어 숙달도를 평가하는 방식이므로 고도의 전문적 훈련을 받은 평가자(tester)가 필수적이며, 이를 양성하기 위한 채점자 훈련 과정이 시행되고 있다.

분석적 채점이 유용하지만, 같은 장소에서 작은 그룹을 대상으로 실시하는 평가이며 경험이 있는 채점자가 담당한다면 총괄적 채점이 더 경제적이다. 의사소통 능력을 기준으로 전체적으로 평가하고, 채점 척도에 따라 분석적으로 채점을 한 후 두 결과를 비교하고 조절함으로써 채점자 신뢰도를 높일 수 있다.

1) 쓰기 평가의 채점

작문의 채점은 채점자의 주관이 많이 작용하기 때문에 신뢰도가 떨어지고, 학습자들이 주로 자신이 사용할 수 있는 표현만을 쓰게 되므로 약점을 찾아내기가 쉽지 않으며, 채점에 시간이 많이 걸린다. 이러한 단점을 줄이기 위해서는 내용, 구성, 정확성, 맞춤법 등에 대한 정확한 채점 기준을 세워 놓아야 한다.

글의 길이나 학습 단계에 따라 채점 기준이 달라질 수 있다. 문장 단위의 쓰기에서는 맞춤법, 띄어쓰기, 문장 구조, 문법 요소 등 주로 형태적인 정확성에 치중해서 채점을 해야 할 것이다. 그러나 한 주제로 긴 글을 쓰는 경우에는 형태의 정확성과 함께 글의 응집성, 긴밀성 등의 수사력, 사회언어학적 능력 등에 중점을 두어야 한다. 학습 단계에 따라 초급의 경우에는 맞춤법이나 문법 요소의 배점 비중이 높을 것이나 중고급 단계에서는 맞춤법과 문법 요소보다는 글의 구성이나 표현력 등에 비중을 두어 채점을 하는 것이 바람직하다.

쓰기의 채점을 위한 채점 척도는 쓰기 능력의 구성 요소를 분석하여 그 요소들로 척도를 만들 수 있다. 다음은 영어 쓰기 평가의 채점 척도를 예시한 것이다(이완기, 2003).

① IELTS(International English language Testing System)
   - 의사소통의 질(communicative quality): 쓰기의 목적에 맞게 효과적으로 쓰는 정도
   - 조직성(organization): 의미를 파악하는 데 힘들지 않게 글을 논리적으로 전개하는 정도
   - 논점 명확도(argumentation): 필자의 논점이나 주장을 분명하고 명확하게 제시하는 정도

- 언어적 정확성(linguistic accuracy): 철자, 구두점, 어휘, 문법 구조의 사용에 오류가 없는 정도
- 언어적 적절성(linguistic appropriacy): 목적과 의미, 기능에 맞는 문체와 어휘 등을 사용하는 정도

② TWE(Test of Written English)

- 과제 완성도(task completion): 글을 쓰도록 요청받은 것을 다 포함하여 글을 쓰는 정도
- 조직적 전개(organization development): 글 전체의 전개가 조직적이고 논리적인 정도
- 언어 사용의 용이성(facility in language use): 의미를 표현하기 위해 사용한 어휘나 문법 등이 까다롭지 않고 읽고 이해하기 쉬운 정도
- 구조 다양성(syntactic variety): 같은 문장 구조의 반복적 나열이 적고, 다양한 문장 구조를 사용하는 정도
- 어휘 선택의 적절성((appropriate word choice): 글을 쓰는 목적과 내용에 적합한 어휘를 선택하여 사용하는 정도

채점 척도에서 제시하고 있는 구성 요소의 수가 많으면 쓰기 능력을 세분화하여 측정할 수 있으나, 채점자가 채점을 할 때 일관성을 유지하기가 어려워진다는 문제점이 있다. 반면 구성 요소의 수가 적으면 채점자가 적용하기는 쉽지만 타당도가 떨어질 수 있다. 또한 채점 척도의 기술이 명확하지 않거나 단계별로 분명히 구별되어 있지 않으면 채점자가 실제로 적용하기 어려워 신뢰도가 낮아질 수 있다. 그러므로 적절한 수의 채점 척도와 명확한 구성 요소 기술이 중요하다.

2) 말하기 평가의 채점

말하기 평가는 말하기의 본질적 특성상 주관식 평가를 실시해야 하고, 대부분의 경우 학습자가 말하는 것을 직접 보고 들으면서 실시간으로 채점이 이루어지는 현장 채점 방식이므로 평가의 신뢰도가 낮아질 가능성이 높다. 그러므로 채점의 신뢰도를 최대한 확보하기 위해서는 적절한 채점 척도를 마련하는 것이 중요하다. 다음은 영어 말하기 평가의 채점 척도를 예시한 것이다(이완기, 2003).

① ACTFL(American Council on the Teaching of Foreign Language)
- 어휘(vocabulary): 전달하려는 의미에 맞는 어휘를 효과적·효율적으로 동원하는 정도
- 문법(syntax): 말을 할 때 문법을 정확하게 사용하는 정도
- 발화(utterances): 상황과 맥락에 맞춰 발화하는 언어 사용의 적절성 정도
- 발음(pronunciation): 개별 단어 발음의 명료성과 전체적 억양 등의 정확성 정도
- 전체적 판단(overall): 말하는 사람의 언어 사용 능력에 대한 전체적 인상

② IELTS(International English language Testing System)
- 정확성(accuracy): 사용하는 단어와 문법 등의 정확성 정도
- 범위(range): 단어나 문법 등의 다양성 정도
- 적절성(appropriacy): 전체적 상황에 어색하지 않게 말하는 정도
- 유창성(fluency): 말을 막힘없이 자신감 있게 잘하는 정도
- 발음(pronunciation): 개별 단어 발음의 명료성과 전체적 억양 등의 정확성 정도
- 의미 전달(message delivery): 의미 전달의 효율성, 효과성의 정도
- 조직성(organization): 말의 형식과 의미상의 논리성, 조직성의 정도
- 유연성(flexible use of language): 말이 막히거나 상황이 갑자기 바뀌었을 때 재빨리 다른 말로 풀어서 말할 수 있는 정도
- 전체적 인상(overall impression): 상황과 맥락에 맞게 의미를 소통하는 전반적인 능력

말하기 평가를 할 때도 쓰기 평가와 같이 평가의 목적이나 학습 단계에 따라 구성 요소별 가중치를 줄 수 있다. 즉 발화의 수준이나 양이 한정될 수밖에 없는 초급에서는 발음의 명료성, 문법 및 어휘의 정확성 등에 비중을 두고, 중·고급 단계에서는 단어나 문법 사용의 범위, 유창성, 말의 조직성 등의 배점을 더 높일 수 있다.

10. 맺음말

언어교육에서 평가는 교육과정의 가장 마지막에 위치하여 학습 결과를 측정하는 것을 중요한 역할로 삼고 있었다. 그러나 타당도가 높은 좋은 문제를 출제하고 이를 잘 채점하여 신뢰도 높은 결과를 얻게 되면, 학습자의 언어 능력을 정확하게 평가할 수 있을 뿐만 아니라 교육과정 및 교수법을 개선하고, 피드백을 통해 학습자의 동기를 유발하는 등 평가가 전체 교육과정에 적극적인 기능을 할 수 있다는 점이 재인식되어야 할 것이다. 이 장에서는 이러한 관점을 기초로 하여 한국어 능력을 평가하기 위해 필요한 기초적인 사항과 실제 평가 문항의 유형 등을 광범위하게 제시하여 한국어 교사들이 평가 문항을 제작할 때 참고자료로서 활용하도록 하였다.

한국어교육에서 평가는 의사소통적 접근법을 기초로 하여 기능별로 다양한 평가 방식이 도입되고 있으나 다른 분야에 비해 큰 주목을 받아 오지 못했으며 따라서 연구 성과도 풍부하지 않은 편이다. 앞으로 이 분야에 대한 연구가 더 활발하게 진행되어 연구 결과가 현장에서 반영되고 평가의 신뢰도와 타당도가 높아져 학습자의 언어 능력을 정확하게 측정하고 향상시키는 데 적극적으로 활용되어야 할 것이다.

연습문제

1. 평가의 요건은 무엇인가?

2. 평가의 종류에는 무엇이 있는가?

3. 말하기 평가 문항 작성 시 유의해야 할 점은 무엇인가?

4. 평가 문항을 출제하는 과정을 말해 보라.

5. 채점할 때 주의할 점은 무엇인가?

풀이

1. 평가의 요건에는 타당도, 신뢰도, 실용도가 있다. 타당도는 평가 도구가 학습 목표를 얼마나 정확하게 재고 있느냐 하는 문제이며, 신뢰도는 평가 결과가 일관성 있고 믿을 수 있는지와 관계가 있다. 실용도는 시험의 준비, 실시 시간, 채점의 용이성, 비용과 활용성 등 평가가 실제 상황에서 효과적으로 시행될 수 있는 여건의 구비 정도를 가리킨다.

2. 평가의 목적에 따라 배치 평가, 진단 평가, 성취도 평가, 숙달도 평가, 적성 평가, 형성 평가와 총괄 평가, 평가의 방법에 따라 객관식 평가와 주관식 평가, 직접 평가와 간접 평가, 분리 평가와 통합 평가, 규준 지향 평가와 준거 지향 평가, 속도 평가와 역량 평가 등으로 나눌 수 있다.

3. 언어 도출 기법과 채점 기법에 유의해야 한다. 말하기 평가는 학습자의 언어 능력을 음성 언어로 표현하도록 하는 것이기 때문에 학습자가 자신의 능력을 가장 잘 표출할 수 있는 유형으로 평가를 실시해야 한다. 또한 학습자의 말하기 능력 평가에 채점자의 주관이 개입되지 않도록 정확한 채점 기준이 마련되어야 하고 그 채점 기준을 일관성 있게 적용할 수 있도록 해야 한다.

4. ① 학습 목표를 확인하고 평가 항목을 정한다.

② 학습 목표에 따라 평가 세부 계획서를 작성한다.

③ 평가 문항을 작성한다.

④ 평가 문항을 검토한다.

⑤ 최종 편집하고 시험 실시를 위한 준비를 한다.

⑥ 시험 실시 후에 나타난 결과를 다음 평가를 위해 이용한다.

⑦ 평가 결과를 수업 파급 효과를 위해 활용한다.

5. 채점은 평가의 신뢰도를 높이기 위해 유의해야 하는 사항이다. 듣기 평가나 읽기 평가는 대개 선다형이나 단답형으로 문항이 구성되므로 채점의 객관성을 확보하는 데 큰 어려움이 없으나 쓰기 평가에서 작문, 말하기 평가에서 구술 면접을 실시하는 경우에는 채점의 객관적 기준을 마련하기가 쉽지 않다. 그러나 쓰기와 말하기에 주관적 평가가 개입될 수밖에 없더라도 가능한 한 최대한의 객관성을 확보해야 한다.

참고문헌

강명순 외(1999), "한국어 듣기 능력 평가 방안", 『한국어교육』 10-2.

강승혜 외(2006), 『한국어 평가론』, 태학사.

김덕기(1996), 『영어 교육론』, 고려대학교 출판부.

김영아(1996), "외국어로서의 한국어 능력 평가 연구", 고려대학교 박사학위 논문.

김왕규 외(2002), "한국어 능력시험의 평가기준 개발 연구", 교육인적자원부 교육정책연구과제.

김유정(1999), "한국어 능력 평가 연구", 고려대학교 대학원 박사학위 논문.

김유정 외(1998), "한국어 능력 평가 방안 연구: 성취도 평가를 중심으로", 『한국어교육』 9-1.

박동호 외(2012), 『한국어능력시험의 CBT/IBT 기반 말하기 평가를 위한 문항 유형 개발』, 국립국제교육원.

이영식 외(2003), 『언어 평가의 이해』, 서울대학교 출판부.

이완기(2003), 『영어 평가 방법론』, 문진미디어.

이해영 외(2006), 『한국어능력시험 문항 유형 개발을 위한 기초 연구』, 한국교육과정평가원.

조항록 외(2013), 『한국어능력시험 체제 개편에 따른 평가틀 제작 및 표준문항 개발』, 국립국제교육원.

최은규(2005), "평가의 연구사와 변천사", 국제한국어교육학회 편, 『한국어교육론 1』, 한국문화사.

_____(2006), "한국어 능력 평가의 실제와 과제", 『한국어교육』 17-2.

최인철(1993), "외국어 능력 검정 시험 개발 모델", 『어학연구』 29-3, 서울대학교 어학연구소.

허 용 외(2012), 『한국어능력시험 신규 시험 체제 개발 및 타당화 연구』, 국립국제교육원.

ACTFL Proficiency Guideline (1986), *Hastings-on-Hudson*, N.Y. ACTFL.

Bachman, L. F. (1991), "What does language testing have to offer?", *TESOL Quarterly* 25: 601-704.

Brown, H, D. (1994), *Teaching by Principles : An Interactive Approach to Language Pedagogy,* Prentice Hall.

_____ (2007), *Teaching by Principles : An Interactive Approach to Language Pedagogy,* Longman.

Cohen, A. D. (1980), *Testing Language Ability in the Classroom*, 정명우 외 역 (1990), 『새로운 언어능력 테스팅』, 한신문화사.

_____ (1999), "Second Language Testing", In M. Celce-Murcia (Ed.), *Teaching English as a Second or Foreign Language*, Heinle & Heinle.

Hughes, A. (1989), *Testing for Language Teachers*, Cambridge.

Underhill, N. (1987), *Testing spoken Language*, Cambridge.

제**11**장

한국문화교육론

김종수

학습개요

　이 장에서는 '문화'의 개념을 검토하고 문화교육의 목적을 탐색한다. 또한 한국문화교육을 위한 구체적인 내용을 확인하고 한국문화교육을 진행할 때 고려해야 할 맥락과 한국문화 내용의 효율적 제시 방법을 이해한다. 그리고 한국문화교육의 방법을 구체적으로 살펴본다. 이를 위해 교실 내 활동과 교실 밖 활동, 그리고 매체를 활용한 교육 방법으로 나누어 검토한다.

1. 한국문화교육의 의의

1990년대 후반 이후 한국어교육은 양적으로뿐만 아니라 질적으로 비약적인 성장을 하였다. 여기에는 세계화의 흐름이 전 지구적으로 영향을 끼친 까닭도 있고 특히 한국의 정치, 경제, 문화적 발전이 그 밑거름이었다. 해외 많은 나라의 외국인들이 한국어와 한국문화에 큰 관심을 가지고 배우고 있다는 매스컴의 기사를 쉽게 접할 수 있고, 우리 사회에서 외국인을 만나는 일은 특이한 경험이 아니라 일상이 되었다. 뿐만 아니라 우리 사회는 빠르게 다문화 사회로 이동하고 있다. 결혼 이주 여성, 외국인 노동자의 유입이 그동안 빠르게 증가하여 2010년 정부가 공식 집계한 자료에 보면 외국인은 전체 인구의 2%인 113만 명에 달하고 그 증가 추세가 계속 이어지고 있다. 한국어교육은 이와 같은 국내외적인 변화와 요구에 부응하며 그 역할을 충실히 수행해 가야 할 때인 것이다.

한국문화교육론은 세계화 시대의 한국어교육에서 요구되는 상호문화적 의사소통 능력을 제고하기 위한 '문화교육이란 무엇'이며 '어떻게 가르칠 것인가'를 다룬다. 한국어교육 현장에서 문화교육의 중요성은 날이 갈수록 강조되고 있다. 문화는 인간의 상호작용에 뿌리를 둔 근본적 현상이기 때문이다. 인간의 상호작용 방식은 기계적이거나 자연법칙적 관계가 아니라 개인과 집단의 경험에 따라 가변적인 활동 영역을 맴돌기 때문에, 인간의 행태 구조를 일반화하고 환경을 다루는 공통의 방식을 제공하는 문화는 의사소통을 배경에서 조종하는 숨겨진 심급(審級)이라 할 수 있다. 따라서 문화를 단순히 나열하고 암기식으로 이해하기보다는 언어 기호의 운영에 더하여 다양한 문화 맥락을 수용하여 목표 문화와 자문화에 대한 올바른 인식에 도달할 수 있도록 교육하는 것이 문화교육에서 무엇보다 중요하다.

아래에서 다룰 한국문화교육론은 크게 두 부분으로 나누어진다. 첫 번째는 '한국문화교육의 이해'라는 대주제하에 문화의 개념과 문화교육의 목적, 상호문화적 의사소통, 한국문화교육의 내용과 방향이라는 소주제로 이루어진다. 두 번째는 '한국문화교육의 방법'이라는 대주제하에 교실 내 활동, 교실 밖 활동, 그리고 최근에 한국어교육 현장에서 많이 다루어지고 있는 매체를 활용한 한국문화교육의 방법을 다룰 것이다.

2. 한국문화교육의 이해

'한국문화교육의 이해'는 '한국문화'를 교육하기 위한 사전 이해의 시간이다. '문화'의 개념과 문화교육의 목적을 탐색하고 문화교육에서 강조하는 상호문화적 의사소통을 실현하는 과정의 특징을 살펴본다. 그리고 한국문화교육의 구체적인 내용은 무엇이며 문화교육 시 고려해야 할 맥락과 문화 내용을 효율적으로 제시하는 방법을 이해한다.

1) 문화의 개념과 문화교육의 목적

여기에서는 '문화'에 대한 개념을 검토하고 언어 교육에서 문화를 교육해야 하는 필요성과 그 목표가 무엇인지를 탐색한다. 특히 다문화 교육의 중요성이 한국사회에서 부각되고 있는 최근 상황을 고려하여 다문화 사회에 대응하는 문화교육의 의의를 확인한다.

(1) 문화의 정의

문화는 일반적으로 인간이 학습에 의해 사회 구성원으로서 획득하는 지식 및 생활양식의 총체를 의미한다. 이 같은 일반적인 정의로는 '문화'라는 것이 무엇인가가 분명하게 이해되지는 않는다. 문화의 의미가 매우 포괄적이어서 그렇다. 가령 '한국과 미국의 문화적 차이'라는 말이나 '청소년문화'라는 표현, '문화유산'이라는 어휘 등에서 쓰인 '문화'는 다양한 맥락에서 사용되고 있다. 서구의 대표적 문화 이론가인 레이몬드 윌리엄스(Raymond Williams)가 문화를 '지적·정신적·미학적 발전의 일반 과정', '한 민족, 시대, 집단, 인류 전반의 특수한 삶의 방식' 등으로 정리한 것을 보더라도 문화의 개념이 매우 포괄적이라는 것을 알 수 있다. 그렇다 보니 여러 교재들에서 문화에 대한 다양한 정의를 주제적·역사적·행위적·구조적·상징적으로 각각 접근하여 서술하고 있기도 하다.

문화교육에서 다루는 문화의 개념을 크게 문화 일반론의 관점, 언어와의 관계에 집중한 관점, 의사소통 관점으로 나눌 수 있다. 일반론적 관점에서 문화는 인간 창조물 전체를 다루는 광범위한 이해이다. 앞서 언급했듯이 인간이 획득한 능력과 습관의 총체를 포함하는 것이다. 이것을 언어 교육과 연관 속에서 한정한 것이 언어와의 관계 속에서 문화를 이해하는 관점이다. 여기에는 언어에 내재된 삶의 방식들을 이해하는 것이다. 그 영역도 매우 광범위하지만 언어생활에 집중한다는 점을 염두에 두면 되겠다. 경어법, 속담 등과 같은 언어 운용에서 이해가 필요한 문화 맥락에 집중한다. 마지막으로는 의사소통 관점이다. 원활한 담화 맥락을 이해하고 상호 의사소통하는 데에 필요한 문화 맥락에 주목하는 것이다.

사실 문화는 인간이나 이성과 함께 비교적 최근에 와서야 자립적이고 대상화된 의미 영역을 구축하기 시작한 말이다. 문화의 어원이라 할 수 있는 '경작'이나 '재배'가 갖는 사회적 함의에서 출발하여 문화의 근대적인 의미는 문화인류학의 역사적 성과를 통해 형성되었다. 문화를 '한 인간 집단의 생활양식의 총체'로 바라보고 '그 속에 사는 사람들의 행동과 사고, 산물의 총체'로 정의하는 총체론적인 관점이 지배적이다. 이와 같은 문화에 대한 정의에 기반하여 한국어교육에서 문화교육의 내용은 총체적인 한국 이해라고 규정할 수 있다. 즉 한국문화교육은 한국이라는 특정 지역에 대한 이해를 포괄적으로 학습해 나가는 것을 의미한다. 한국문화교육에서 문화의 기본적인 내용은 포괄적인 한국 이해를 범주화하는 가운데 형성되는 것이다.

(2) 문화교육의 필요성

외국어를 학습할 때 궁극적인 학습 목표는 원활한 의사소통에 있다. 원활한 의사소통을 위해서 언어 능력뿐만 아니라 상호문화적 의사소통 능력이 중요하게 부각되고 있다. 여기서 상호문화적 의사소통 능력은 외국어 학습자가 목표 문화에 대해 습득한 사전적인 지식이나 배경지식보다는 언어활동의 장에서 문화에 맞게 언어를 정확하게 이해하고 표현할 수 있는 능력을 지향한다. 즉 어떤 문화에 대해 아는 것을 넘어 목표 문화에 친숙해지고 그 문화를 언어활동에 활용할 수 있는 능력이 문화 능력이다. 문화적 맥락이 결여된 채로는 의사소통이 불가능하다는 것이다. 언어 교육은 목표어가 구체적으로 실행되는 문화를 이해할 때 효과적으로 이루어질 수 있기 때문에 언어는 문화와 함께 교육되어야 하는 것이다. 예를 들어 한국어에서 많이 쓰이는 속담, 사자성어 등은 한국사회의 문화가 반영된 관용 표현이다. "낫놓고 기역자도 모른다."와 같은 속담은 농경 사회의 생활 도구에 대한 지식을 동반하지 않으면 이해할 수 없는 것이다.

또한 언어 교육에서 문화교육은 목표어에 대한 흥미를 유발하고 학습 동기를 고취시킨다. 최근 한류 열풍으로 많은 외국인들이 한국어와 한국문화에 대한 학습 욕구를 갖게 되었다. 한국 대중문화와 현대 한국사회 문화에 관한 배경지식이 동반될 때 한국어의 효과적인 학습이 더욱 가능하다. 그리고 목표 문화에 대한 올바른 이해 없이는 학습자가 심리적인 문화 적응에 도달하지 못하기 때문에 문화교육은 필요한 것이다.

(3) 문화교육의 목표

문화교육의 목표는 크게 세 가지의 단계적 목표를 설정할 수 있다. 첫째는 목표 문화의 문화적 표현을 이해하는 것이다. 이것은 문화 지식을 이해하는 것이다. 문화 정보를 습득하고 단순한 사실을 파악하는 것이라고 할 수 있다. 예를 들어 '한국에서 새해 첫날에는 떡국을 먹고 한복을 입는다.'라는 내용을 아는 것이다. 다음 단계는 자국 문화와 목표 문화의 문화적 차이를 인식하는 단계이다. 여기에서는 문화 비교를 통한 차이를 인식하는 것이 필요하다. 즉 학습자가 자국 문화와 목표 문화를 비교하며 차이점을 파악하게 하는 단계이다. 한국에서 새해 첫날 먹고 입는 것과 자국에서 새해 첫날 먹고 있는 것을 비교하며 그 차이를 이해하게 되는 것이다. 마지막으로 목표 문화에 대한 문화적 함의와 가치를 인식하는 것이다. 학습자가 적극적인 해석과 목표 문화에 적응하는 단계로서 목표 문화와 자국 문화의 차이에 대한 의미를 분석하게 되며 목표 문화의 가치가 무엇인지 이해하게 됨으로써 목표 문화에 적응하게 되는 단계인 것이다. 한국 새해맞이 풍습에 내재된 문화적 전통을 자국 문화와 비교하며 그 가치를 인정하여 한국 새해맞이 풍습을 갈등과 오해 없이 받아들이게 될 수 있는 단계를 말한다.

(4) 다문화 사회에의 대응

외국어 학습은 기본적으로 다양한 개인, 집단, 시대적 경험의 접촉을 포함하고 있다. 외국어 학습의 과정에는 상호문화적 의사소통, 다문화 접촉이 필연적인 것이다. 문화교육은 다문화 접촉 과정에서 발생할 수 있는 문화적 갈등과 장애를 극복하는 데에도 중요한 역할을 한다. 특히 1990년대 이래 한국도 다른 나라들과 마찬가지로 다인종, 다문화 사회로 급속하게 이행하고 있다. 외국인 노동자의 유입과 결혼 이민자의 지속적인 증가는 국내적 상황에서 한국어교육의 중요성을 강화하고 있을 뿐만 아니라 한국사회의 문화적 다양성 확보를 요청하고 있다. 다문화 사회에서 중요한 것은 차이를 차별로 연결짓지 않는 관용과 포용이다. 따라서 문화교육은 다른 문화의 관점을 통해 자신의 문화를 바라보게 함으로써 자신에 대한 이해를 증진하며 자문화, 주류문화, 타 문화가 공존하는 다문화 사회에서 요구되는 지식과 기능, 태도의 습득을 요청하는 다문화 교육이기도 한 것이다.

2) 문화교육과 상호문화적 의사소통

문화교육을 할 때 중요한 것은 낯선 이문화를 접할 때 갖게 될 학습자의 심리 변화이다. 그 변화 과정을 상세하게 검토하며, 타 문화를 수용하는 학습자의 심리적 변화를 고려한 상호문화적 의사소통 능력의 향상을 위해 고려할 사항을 살펴본다. 또한 문화교육 시 유의할 점을 제시한다.

(1) 학습자의 타 문화 수용에 따른 심리 변화의 이해

서로 다른 타 문화에 대한 인식은 복잡한 심리적 수용 과정을 요구한다. 한국어를 배우는 외국인이 자문화를 습득하고 이해하는 방식과는 달리, 외국어로서의 한국어교육에서 문화교육은 자문화를 거울삼아 한국문화를 비교와 대조의 과정을 거치면서 서서히 인식해 나가는 학습자의 심리 변화에 대한 이해가 필요하다. 학습자들은 한국문화를 단순한 흥미의 대상이나 선망의 대상으로 바라보는 단계에서 문화 충격의 과정을 거치면서 한국문화를 이해하고 습득해 나간다. 이 과정에서 서로 다른 문화에 대한 조정 단계를 거치며 점차적으로 문화 수용과 문화 적응의 단계에 이르게 된다.

이들 과정은 학습자가 속한 문화권, 연령, 성별, 개인적인 성향의 차이 등

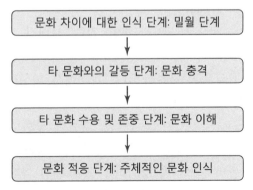

[그림 11-1] 타 문화 수용에 따른 심리 변화 단계

에 따라 달라질 수 있으며, 상황에 따라, 학습 목표에 따라서도 조금씩 다른 양상을 보일 수 있다.

이 밖에 타 문화 인식의 단계를 모형화한 후프스(D. S. Hoopes)의 문화 간 학습과정론, 한베이(R. Hanvey)의 교차 문화 인식 단계, 브라운(H. D. Brown)의 문화 변용 단계는 [그림 11-2], 〈표 11-1〉, 〈표 11-2〉와 같다.

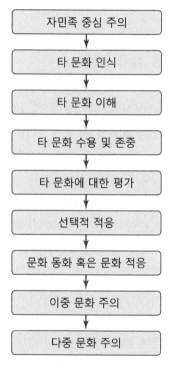

[그림 11-2] 후프스의 문화 간 학습과정

표 11-1   한베이의 교차 문화 인식 단계

교차 문화 인식 단계	양식	판단
피상적 인식 혹은 분명한 문화 특성 인식	관광 가이드북/교재/ *National Geographic*	이국적 문화에 대한 막연한 동경 혹은 불신
자신의 문화와 뚜렷하게 대조되는 문화 특성을 무의식적으로 인식	문화 갈등 상황	불신과 좌절, 불합리를 느낌
자신의 문화와 뚜렷하게 대조되는 문화 특성을 의식적으로 인식	지적인 분석	신뢰성을 갖게 됨
내부자의 입장이 되어 다른 문화를 어떻게 느끼는가에 대해 인식	문화 몰입: 문화 속에서 살기	친밀감을 느끼며 신뢰감을 가짐

* Patrick R. Moran, 정동빈 외 역, 『문화교육』에서 제시한 도표를 수정하여 인용함.

표 11-2   브라운의 문화 변용 단계

밀월 단계	문화 충격 단계	회복 단계	극복 단계
개인은 새로운 환경에 대하여 흥미를 느낀다.	개인은 자신의 이미지와 안정감 속으로 들어온 문화 차이에 대해 점점 더 침해라는 느낌을 갖게 된다.	다른 문제들이 지속되는 동안 문화 변용 시에 나타나는 몇몇 문제점들이 해결된다.	동화 혹은 적응, 해당 문화 속에서 형성된 자신감에 대한 수용

(2) 상호문화적 의사소통 능력 향상

앞서 다루었듯이 학습자의 타 문화 수용 과정의 심리 변화를 고려하여 상호문화적 의사소통 능력을 향상시키는 것이 중요하다. 학습자는 타 문화를 자문화의 관점에서 이해하고 배우기 때문에 서로 다른 문화에 대한 의사소통의 능력을 키우는 데에는 학습의 과정이 필요하다. 상호문화적 의사소통 능력이란 문화 충돌 및 갈등이 일어날 수 있는 상황에서 학습자가 문화의 내용이 아니라 문화를 보는 시각, 문화에 대한 태도가 문제임을 자각하고 열린 태도로 낯선 문화를 존중하며 각 문화의 가치를 인정하는 능력이다. 그렇다면 상호문화적 의사소통 능력을 기르는 데 필요한 요소는 무엇인가. 또한 문화 능력 향상을 위한 접근 방식은 어떤 것인가.

우선 의사소통 능력 향상을 위한 기본 요소는 첫째, 동기이다. 학습자가 긍정적인 태도를 가지고 내용을 전달할 필요성이 있어야 하기 때문이다. 둘째, 지식이다. 내용과 절차에 대한 적절한 지식이 있어야 의사소통을 잘 행할 수 있다. 셋째, 기술이다. 목적을 달성하기 위한 적절한 행위가 필요하다. 학습자에게 이 세 가지 요소를 갖출 수 있도록 자극하는 것이 중요하다.

한편 상호문화적 의사소통 능력 향상을 위한 접근 방식도 세 가지로 살펴볼 수 있다. 첫째는 목표 문화가 함유하고 있는 특징적인 문화를 따로 배우는 방식으로 목표 문화의 고유한 문화를 중심으로 학습하는 방식이다. 둘째, 대부분의 문화는 어느 정도의 공통성을 지니고 있다고 보고 문화 간 접근에서 이러한 문화 일반적인 요소를 강조하여 학습하는 방식이다. 셋째, 의사소통의 접촉 상황(비즈니스 환경, 교육적 환경 등)을 중심으로 문화를 학습하는 방식이 필요하다.

(3) 비언어적 의사소통 능력 향상

서로 다른 문화 간 의사소통에서 간과할 수 없는 요소는 비언어적 의사소통 방법인 몸짓, 표정, 시선, 접촉 등에 대한 이해이다. 『침묵의 언어(silent language)』 등에서 의사소통에 있어서 비언어의 중요성을 분석적으로 보여준 에드워드 홀(Edward T. Hall)은 문화 이해에서 비언어적 요소를 이해하는 것이 중요하다는 점을 일깨운 바 있다.

① 자세

한 문화에서 허용되는 자세와 허용되지 않는 자세가 무엇인가 문화적 학습이 필요하다. 예를 들어 한국에서는 윗사람에 대한 예의를 중시하여 인사를 할 때 고개를 숙이고 물건을 주고받을 때도 두 손을 사용한다. 친한 친구 사이에는 간단하게 손을 들어 인사하기도 하는데 윗사람에게는 그렇게 해서는 안 된다.

② 몸짓

한 문화에서 통용되는 긍정과 부정의 몸짓에도 문화적 학습이 필요하다. 예를 들어 한국에서는 승낙을 나타낼 때 고개를 위아래로 끄덕이고 거부의 표시는 양 옆으로 돌린다.

③ 시선

신체의 특정 부위에 대한 사회문화적 의미가 다른데 특히 눈을 통한 시선은 문화적으로 적절함과 부적절함이 관습화되어 있어 이를 이해하는 것이 중요하다. 한국에서는 눈을 똑바로 쳐다보는 것이 좋지 못한 태도로 이해되기 때문에 눈을 보며 대화하는 문화권의 학습자들과 대화할 때 오해를 불러일으킬 수 있다.

④ 신체 접촉

입맞춤이나 포옹, 등을 두드리는 행위 등은 문화적으로 억제되거나 허용된다. 또한 그 의미도 다르게 해석된다. 한국에서는 친밀한 사이가 아니라면 악수 이외의 신체 접촉은 가급적 하지 않는다. 공개적인 자리에서 입맞춤이나 포옹을 하게 되면 두 사람을 연인 관계로 이해하는 것이 일반적이다. 따라서 목표 문화의 신체 접촉 양상은 문화적인 학습이 필요하다.

⑤ 표정

미소에 대한 사회적 인식과 태도는 문화마다 서로 다르기 때문에 학습할 필요가 있다.

⑥ 공간과 거리

좌석 배열이나 사람들과 대화할 때의 거리 등도 문화마다 다르므로 이를 학습할 필요가 있다.

(4) 문화교육에서 유의할 점

① 자문화 우월주의나 타 문화 숭배를 피하라

문화교육 시간에 자문화의 우수성에 집착하다 보면 학습자들의 반감을 살 수 있다. 한국문화의 우수성, 위대한 업적을 강조하며 설명하는 것에 주의해야 한다. 마찬가지로 외국문화에 대해 지나치게 숭배하는 자세도 피하는 것이 좋다. 교사는 가능한 한 학습자가 목표문화를 올바르게 인식할 수 있도록 유도하는 역할을 해야 하기 때문에 객관적으로 서술하는 태도를 취하는 것이 좋다. 여기에 덧붙여 학습자가 목표 문화에 대해 갖는 인식이나 태도에 대해서 비난하거나 칭찬하는 것도 자제하는 것이 좋다.

② 학습자의 자문화에 대한 이해와 존중을 강조하라

목표 문화에 대한 이해 능력을 높이기 위해서는 학습자의 자문화에 대한 이해와 감각을 높여야 한다. 자문화에 대한 이해는 목표 문화에 대한 이해로 이어지고 이러한 비교문화적 인식의 증대가 성공적인 문화교육의 바탕이 된다.

③ 사회적 맥락을 강조하라

문화교육의 내용이 되는 문화 요소가 어떤 사회적 맥락을 갖는가를 제대로 이해할 수 있도록 해야 한다. 동일한 종교라 하더라도 한 문화권 내에서 그 종교가 갖는 의미와 기능은 다를 수 있다. 이에 대한 사회적 맥락이 전제되지 않는 단순 비교는 그릇된 문화 이해가 되기 쉽다.

④ 지나친 전형화를 피하라

문화는 다양성을 특징으로 하기 때문에 전형화(stereotype)시켜 가르치면

지나친 일반화로 인해 학습자가 문화적 다양성을 객관적으로 인식하는 능력 자체를 저하시킬 수 있다. 또한 학습자의 경험이 전형화된 문화 내용과 다를 때, 당혹스러움을 느낄 수도 있으므로 일반적인 특성이라 하더라도 다양성이 있을 수 있음을 동시에 강조하는 것이 좋다.

3) 한국문화교육의 내용과 방향

한국문화교육의 내용은 연구자들의 풍부한 교육 경험을 토대로 항목화되어 제시되고 있고, 덧붙여 지역학적인 시각이 한국문화교육의 방향성을 제시해 주는 예가 될 수 있다. 범주화된 한국문화교육의 내용은 상호관련성 속에서 한국에 관한 총체적인 이해를 도모할 수 있어야 한다. 또한 한국문화교육을 진행할 때 학습자의 사회문화적 맥락을 고려한 내용의 구분이 필요하다.

(1) 한국문화교육의 내용

그동안 한국어교육에서 문화교육의 내용은 한국어에 대한 이해, 언어생활 규범, 한국인의 의식주, 현대 한국인의 생활 속에 남아 있는 전통문화 요소, 한국의 공공 시설과 제도, 한국의 날씨와 계절, 한국인의 사고방식, 한국인의 취미 생활과 여가 생활, 한국인의 경제 활동, 한국인의 학교 생활, 직장 생활, 한국사회의 예절, 한국의 교통, 숙박 시설물 소개와 이용 방법, 한국의 자연, 지리, 관광지 등을 항목화하여 제시하였다. 성기철(2001)은 문화교육의 목표를 한국인의 사유 방식 이해, 상식적인 문화 지식 습득, 언어에 반영되어 있는 문화 내용 알기, 인위적이고 자연적인 문화에 대한 지식 습득, 일상생활에 필요한 문화 이해 등으로 설정하였다. 문화 어휘 분석을 통해 문화 내용을 항목화한 강현화(2002)는 의식주와 관련된 생활문화, 유무형의 문화유산, 일상생활과 관련된 생활 어휘 등으로 분류하였다.

최근에는 한국문화교육의 내용을 산물문화, 행위문화, 사고문화로 분류하여 제시하고 있다. 산물문화는 인간이 만들어 낸 문화적 소산물 일반을 가리키며, 행위문화는 인간이 이룩한 문화적 실행 일반을 일컫는다. 사고문화는 인간이 구축한 가치 체계를 말한다. 문화 내용이 범위가 매우 다양하고 많기 때문에 효율적인 분류가 필요한 상황인데, 황인교(2008)는 한국어 교원 자격 취득에 필요한 문화 내용 영역을 다음과 같이 구분하기도 하였다. 즉 한국어교육자격증 취득 과목을 통해 학습되는 영역을 일상문화, 예술문화,

한국문학, 한국역사에 대한 영역과 항목으로 나누어 제시하였다. 일상문화는 전통사회와 현대사회로 나누어져 각각 의식주 생활, 정치, 교육, 의사소통 체계 등을 포함하며 예술문화도 전통문화와 현대문화로 나누어지며 예술, 사상, 종교, 음악, 미술, 건축 등을 포함한다. 여기에 한국문학은 문학사와 장르별 이해를 포함하고, 한국역사는 통사와 각 시대사를 포함한다.

(2) 한국문화교육의 방향

앞서 살핀 한국문화교육의 내용은 그동안 교육 경험에 기초하여 한국문화 내용의 항목화를 시도하였다. 여기에 덧붙여 통합적인 내용성을 확보하는 한국문화교육의 방향성을 고려해야 한다. 외국어교육에서 문화의 의미가 종합적인 성격을 가진 지역에 대한 감각화를 지향한다는 점을 상기할 때 문화교육은 지역학적인 총체적인 시각을 확보하는 방향에서 범주 설정을 이루는 것이 필요하다(이선이, 2003). 후루카와 히사오의 지역성을 결정하는 기본 항목인 인간, 생태 환경, 문화, 사회, 역사를 원용해서 한국어교육에서 문화이해의 기본 범주를 설정하면 한국의 자연환경의 이해, 역사의 이해, 생활문화의 이해, 가치의식의 이해로 문화 내용을 범주화할 수 있다(이선이, 2003). 그 구체적인 내용은 다음과 같다.

① 자연환경의 이해

특정 지역에서의 삶을 특징짓는 기본적인 전제는 자연환경이다. 한국의 지리적·기후적·풍토적인 특성을 이해한다. 한반도의 기본적인 지리적 특성으로서 위도, 경도, 반도적 특성을 이해하고 사계절의 기후적 특성, 각 도의 지방적 특성으로서 관광지, 특산물, 문화재 등을 파악한다. 자연환경과 관련된 언어 표현으로서 절기나 속담 등을 이해한다.

② 역사의 이해

특정 지역의 삶은 시간의 흐름에 따라 역사적인 변천을 거듭하며 형성되어 나간다. 한 지역의 이해는 그 지역의 역사적 이해를 통해 구체화된다. 한국역사의 민족성, 각종 제도와 문물, 대표적인 인물 등을 학습한다. 구체적으로 한국의 역사적 명칭 및 변천으로 고조선, 삼국시대, 신라, 자유당 정권, 유신시대, 참여 정부 등을 이해한다. 시대별 특징 요소로서 역사적인 제도, 인물, 문화재, 문화유산을 학습하며 역사와 관련된 언어로 개천절, 삼일절과 같은 공휴일의 내력과 함흥차사, 화냥년 같은 단어의 근원을 이해한다.

③ 생활문화의 이해

특정 지역을 이해하고자 할 때 무엇보다 중요한 문제는 그 지역에서 살아 가는 사람들의 삶의 방식이다. 이를 이해하기 위해 의식주와 관련된 명칭, 예를 들어 밥, 된장, 초가집, 한복 등을 배우고, 설날, 추석, 대보름, 단오와 같은 세시풍속의 명칭과 그 의미를 이해한다. 또한 돌, 집들이, 환갑과 같은 관혼상제 및 통과제의의 의미를 학습하며 주말여행, 여름휴가, 동호회, 자동 차 이용과 같은 일상적 삶과 취미 생활을 학습한다.

④ 가치의식의 이해

특정 지역을 이해하고자 할 때 그 속에서 살아가는 이들의 정신세계를 이 해하는 것이 중요하다. 가치의식은 철학적으로는 세계관을, 윤리적으로는 생활규범을, 예술적으로는 미의식을 낳는 근거가 된다. 충효, 인의예지, 인 연, 초탈과 같은 의미에 내재된 유교, 불교, 도교 문화를 이해한다. 모음조화 의 원리와 요일 명칭, 태극기, 항렬 등에 내재된 음양오행 사상을 배우며 멋 과 여유, 정한의 미학, 자연미 등을 통해 전통 미의식을 학습한다.

이상의 범주들은 기본적으로 독립적인 의미를 가지기보다는 상호 관련성 속에서 총체적인 한국의 이해로 귀결되어야 한다. 이를 위해 다음과 같은 점을 염두에 두어야 한다. 우선 각 항의 범주들은 상호작용을 통해 총체적 인 인식으로 전환된다. 둘째, 각 항은 시대적인 변화를 염두에 두면서 동시 대적인 관점에서 우선적으로 접근한다. 통시적이면서 공시적인 문화교육의 실현이 바람직하지만 그 출발은 현대의 삶에서 시작한다. 셋째, 각 항의 개 별적인 사실들은 인간과 삶에 대한 이해라는 문화교육의 궁극적 목표 실현 을 위해 기능해야 한다.

(3) 문화교육 시 고려해야 할 맥락

한국문화교육을 진행할 때 사회문화적 맥락에 대한 인식이 필요하다. 한 국어교육의 주대상은 크게 보면 재외동포를 위한 한국어교육, 학문 목적의 외국인 학생을 위한 한국어교육, 국내 외국인 근로자를 위한 한국어교육 등 으로 나누어 볼 수 있다. 이들에게 필요한 문화의 내용은 달라질 수 있다는 점을 고려해야 한다. 구체적으로 보면 다음과 같다. 학습자 분류에서 국외 학습자와 국내 학습자로 나눌 때 국외 학습자는 크게 재외 동포와 외국인 한국어 전공자로 구성된다. 재외 동포의 경우, 이들이 요구하는 문화교육의 내용은 민족 정체성을 확인할 수 있는 문화 내용으로서 전통문화, 국가 상징 문화가 강조될 수 있다. 국외 외국인 한국어 전공자는 한국에 대한 심도 있는 이해를 가능하게 하는 체계적인 문화 내용이 중심을 이룬다. 한편 국내 학습자 중 학문 목적 외국인 유학생은 한국 적응에 필요한 현대 생활문화와 포괄적인 한국에 대한 지역 사정, 현대의 의식주 생활문화, 학교 문화 등이다. 국내 외국인 근로자의 경우는 한국 적응에 필요한 현대 생활문화, 특히 의식주 문화와 기업 문화에 대한 이해를 요구한다. 이처럼 학습자에 따라 문화교육의 목표와 내용이 다를 수 있다는 점을 고려할 필요가 있다.

(4) 문화 내용의 효율적 제시 방법

문화 내용을 어떻게 선정해 나가야 할 것인가라는 논의는 한국문화교육의 쟁점 중 하나이다. 언어 교육에서 활용되듯이 학습 목표에 따른 목표 어휘를 선정하고 이를 등급화하는 방안이 주로 사용되고 있다. 예를 들어 한국의 명절에 대한 이해를 학습 목표로 삼는다면 필요한 어휘를 초급, 중급, 고급으로 나누고 기본적인 어휘 이해, 해당 문화 관련 관용 표현 및 예절, 해당 문화에서 이루어지는 주요 풍속과 놀이 등을 선정하고 여기에 학습하는 어휘 및 표현 등을 목록화하여 이를 등급화하는 것이다. 그러나 이 같은 문화교육의 단계화가 문화 내용을 지나치게 단순화시키거나 상황 설명 자체를 어색하게 만드는 경우가 많다.

목표 문화에 대한 자기 이해의 수준을 동화와 적응의 수준으로 끌어 올리는 문화교육의 이상적인 지향점을 고려할 때 목표 문화의 이해 과정을 항목화하여 제시하는 방법을 고려해 볼 수 있다. 즉 첫 번째로 '단순 지식으로서의 문화 이해 단계'를 설정한다. 이 단계에서는 목표 문화가 함유하고 있는 실재하는 문화적 차이를 인식하는 단계로서 대부분 하나의 지식적 차원에서 인지되는 것이다. 가령 한국의 경주에는 석가탑이 있다, 한국에서는 설날에 떡국을 먹는다와 같은 단순한 사실을 전달하여 학습자에게 한국에 대한 문화 지식을 학습하도록 한다. 둘째, '문화 비교를 통한 차이의 인식 단계'이다. 이 단계에서는 학습자의 자국 문화와의 차이를 비교문화적 차원에서 견주어 본다. 한국에서 설에 해당하는 명절이 학습자의 모국에서는 어떤 것인지, 어떤 음식을 먹고 어떤 옷을 입는지 살펴보고 이 둘을 비교해 보는 학습을 한다. 셋째, '적극적인 해석과 적응의 단계'이다. 서로 다른 문화의 차이를 인식하고 그 차이가 무엇을 의미하는가를 분석하여 목표 문화가 갖는 의의나 가치를 이해하는 단계이다. 이러한 이해는 다른 문화에 대한 적응 혹은 동화를 가능하게 한다는 점에서 타 문화의 자기화 과정으로 볼 수 있다.

이상의 과정을 크게 보면 문화교육은 아는 것과 하는 것, 즉 내용에 대한 지식의 학습과 지식을 바탕으로 내면적이든 실제적이든 행위의 일정한 변화들을 촉발하는 과정이 될 수 있을 것이다. 문화교육을 통해 한국문화의 사실적 요소를 학습하고 동시에 이것이 한국문화에 대한 심화된 이해로 이어져 한국 생활의 원만한 적응이나 한국적 삶에 대한 이해를 심도 있게 유도하는 방식이 되어야 할 것이다.

3. 한국문화교육의 방법

한국문화교육의 구체적인 방법은 크게 교실 내 활동과 교실 밖 활동으로 나누어 살펴본다. 교실 내 활동은 학습자가 목표 문화에 대한 흥미와 관심을 지속적으로 유지할 수 있도록 교실 환경을 갖추고 다양한 시청각 자료를 구비하여 목표 문화에 대한 이해를 돕는다. 또한 교실 밖 활동에서는 학습자의 적극적인 활동을 기반으로 목표 문화의 심도 있는 내용도 이해할 수 있다. 교재 외에 다양한 매체를 활용한 한국문화교육 방법이 학습자들의 흥미를 자극하면서도 교육적 효과를 높이고 있다.

1) 교실 내 활동

교실 내 활동은 다양한 전시물을 교실에 게시하여 문화적 차이를 인식하는 환경을 갖추는 것부터 시작한다. 실물 자료 및 시청각 자료를 활용할 수 있으며 문화적 갈등이나 부적응을 유발할 수 있는 문제를 해결하기 위한 방법과 학습자에게 역할을 부여하여 문화 지식을 스스로 체득할 수 있도록 한다.

(1) 교실 환경 갖추기

교실에 다양한 전시물을 게시하여 문화적인 차이를 인식할 수 있도록 환경을 갖추는 것을 말한다. 목표 문화의 국기와 지도에서부터 대표적인 자연 경관 사진, 인물 사진, 주요 신문, 극장표, 식당 메뉴판, 기차 시간표 등을 게시하여 목표 문화에 대한 몰입을 유도한다.

구체적으로 살펴보면 우선 국가 상징물을 들 수 있다. 태극기, 국회의사당 사진과 같은 것이나 국가의 지리 정보를 담고 있는 한국 전도, 아시아 전도 와 세계 전도 등을 차례로 게시하여 한국의 지리 정보를 알려 줄 수 있다. 또 한국 각 지방의 풍물과 관광지 등이 표시된 지도를 게시한다. 한국의 대 표적인 인물 사진을 게시한다. 역사적 위인인 단군, 세종대왕, 이순신, 신사 임당, 이이, 이황 등이 있을 수 있겠고, 현대의 대표적인 인물로서 대통령, 기업인, 연예인, 예술가 등을 게시한다. 그리고 생활문화 자료로서 주요 신 문, 극장표, 식당 메뉴판, 광고 전단지 등을 활용한다. 여기에 한국의 대표 이미지를 전달할 수 있는 사진으로 문화체육관광부에서 선정한 한국의 문화 상징 이미지를 활용한다. 한복, 한글, 김치, 불고기, 불국사, 태권도, 인삼, 탈춤, 설악산과 같은 것이 있겠다. 또한 대표적인 문화공간으로 국립박물관, 국립미술관, 국립국악원, 예술의 전당 사진을 활용하며 2002년 월드컵 길거 리 응원 장면이 있는 사진이나 최근 인기 있는 한류 스타의 사진도 한국의 대표 이미지로 활용할 수 있다. 한국사의 연표를 아시아사와 세계사 주요 연표와 비교하며 게시하는 것도 필요하다.

(2) 문화 정보 제공

목표 문화에 대한 정보 제공이 가능한 문화 캡슐(culture capsule)을 만들어 제시하는 방식이 있다. 실물 교재와 다양한 시청각 자료 등을 전시하는 것 이다. 이때 교사가 목표 문화와 타국의 풍습 간에 근본적인 차이를 보이는 내용을 간결하게 제시하는 것이 중요하다. 교사의 프레젠테이션 과정에서 두 문화 간 차이점을 보여 주는 시각 자료가 제시되고 이와 관련된 교실 토 론을 자극하는 일련의 질문이 제시된다.

(3) 문화감지도구를 활용한 문제 해결하기

목표 문화의 특징적인 문화적 행위와 가치가 포함된 상황에 대해 자연스 럽게 적응하게 하기 위해 갈등이나 부적응을 유발할 수 있는 문제를 해결하기 위한 방법이다. 문화감지도구는 피훈련자가 목표 문화권에서 보편적으로 경험할 수 있는 사례들을 기술한 후 그러한 상황에 처했을 때 피훈련자가 반응할 수 있는 선택 문항을 3~4개 제시해 준다. 우선 교사는 학습자가 목표 문화에서 문화적으로 의미 있는 상황에 처하게 될 것을 가정하고 학습자에게 목표문화의 행동과 관련된 일련의 에피소드를 제공하며 각각의 에피소드는 서로 다른 문화가 상호작용하는 사건을 묘사한다. 예를 들어 "한국 친구와 점심을 먹었을 때 특별한 일이 없는데도 친구가 점심값을 계산하였고, 식사 후 차를 마시러 갔을 때 어떻게 할까?"에 대한 예문으로 ① 내가 친구의 찻값까지 같이 계산한다. ② 각자 찻값을 계산한다. ③ 친구의 찻값까지 내고 밥값보다 차가 싸면 남는 돈을 친구에게 돌려준다와 같이 제시한다. 학습자가 문항을 선택하면 학습자가 선택한 예문에 대한 피드백 과정에서 학생들의 오류를 잡아 준다.

(4) 역할 활동을 통한 문화 습득

① 역할극

의사소통 방식에서 문화 차이를 이해하고 효과적으로 의사소통과 상호작용을 하도록 교육하는 방법이다. 문화적으로 적절하거나 혹은 비적절한 행동을 지적하는 데 사용하는 것으로 학습자가 등장인물이 되어 대화와 즉흥 연기를 하기 때문에 상대적으로 높은 수준의 언어 사용 능력이 요구된다. 교사는 다음과 같은 단계로 역할극 준비를 한다. 첫째, 학습자에게 역할극 카드의 상황과 각 역할을 이해시키는 단계, 둘째, 문화 차이로 인해 갈등의 소지가 있는 말과 태도를 찾아가는 단계, 셋째, 토의 내용을 반영한 역할극을 발표하는 단계로 이루어진다. 마무리 단계에서는 역할극 수업에서 학습한 언어, 의사소통 방식, 태도를 정리하고 소감을 나눈다.

② 문화 문답 놀이

학습자들이 문화에 대한 퀴즈를 서로 주고받는 게임으로 진행된다. 학습자들이 자발적으로 문제를 만들고 푸는 활동을 통해 문화 지식을 습득하게 한다. 교실 전체에서 모둠을 나눠 모둠 내 문답 놀이를 하고, 그 후 모둠 대항 문답 놀이를 하면서 진행할 수 있다. 교사는 문제의 난이도와 카테고리를 다양하게 준비하여 다양한 문화 지식을 습득하도록 유도한다.

2) 교실 밖 활동

교실 밖 활동에서는 무엇보다 학습자의 적극적인 참여가 필수적이다. 문화 현상에 대한 상세한 관찰과 학습자의 호기심에 기반한 설문조사가 학습자의 지적인 학습 욕구와 연관된다면 교실 밖 공간에서 전개되는 다양한 한국문화 체험이나 한국인 친구를 통해 경험하게 되는 한국문화 현상의 이해는 육체의 감각적 체험을 기반으로 하는 것이다. 교실 밖 활동을 통해 교실 내에서와는 달리 현실 공간에서 전개되는 생생한 문화 현상을 이해할 수 있는 것이다.

(1) 관찰하기

관찰은 학습자가 특정 의사소통 행위를 관찰자로서 주의 깊게 지켜보는 것이다. 학습자에게 일정한 질문지를 주고 문화를 관찰하여 그 차이를 인식하도록 유도하는 방법이다. 예를 들어 한국의 식사 예절을 가르치기 위해 질문지를 제시하고 식사 과정을 관찰하게 한다. 이를 통해 자연스럽게 문화적 차이를 인식하게 하고 그 의미를 이해하도록 한다. 관찰할 내용을 담은 질문지의 예문으로는 ① 누가 제일 먼저 수저를 듭니까? ② 숟가락으로 무엇을 먹습니까? ③ 젓가락으로 무엇을 먹습니까? ④ 국 혹은 찌개는 어떻게 먹습니까? ⑤ 대화의 주제는 무엇입니까? 등을 제시한다. 이에 대해 학습자가 관찰 일지를 작성하도록 한다. 이때 학습자가 견지해야 할 태도는 관찰하고 있는 특정 행위에 대해 가치 판단이나 결론을 내리지 않고 관찰한 행위만을 보고하도록 한다. 이후 관찰 일지를 토대로 목표 문화를 분석하고 자문화와의 비교를 통한 문화적 이해를 도모한다.

(2) 설문조사 하기

이 방법은 학습자들이 궁금해 하는 문화적 관심사를 선택하여 이에 관한 설문지를 만들고 직접 설문조사 활동을 하는 것이다. 학생들의 적극적인 참여가 있을 때 가능하다. 설문조사에 사용되는 어휘, 문장 등을 미리 학습하고 이를 적용하여 설문지를 만들어 설문조사를 하게 한다. 학생 참여를 적극적으로 유도할 수 있는 장점이 있다.

(3) 문화 체험

문화 체험은 한국 내에서 이루어지는 한국어교육 현장에서 널리 활용되고 있다. 다양한 현장 체험 프로그램을 통해 살아 있는 문화 경험을 하게 한다는 점에서 그 효과가 크다. 문제는 문화교육의 효과를 높이기 위해 문화 체험 전에 학습할 내용을 어떻게 발견하고 체험하도록 할 것인가에 대한 준비가 필요하다는 데에 있다. 체험 전에 사전 준비 과정으로 '문화 체험 계획서'를 받도록 하고 체험한 뒤에는 '문화 체험 보고서'를 받아 이를 비교하여 발표하는 수업이 있어야 할 것이다.

(4) 목표어 화자와의 접촉

목표어 화자와의 접촉은 목표 문화 습득을 위해 효과적인 방법이다. 이것은 교실 안에서 교사와 학습자 간의 제한된 의사소통을 보완하고 목표어와 목표 문화에 대한 실제적인 지식을 습득할 수 있게 해 준다. 구체적인 방법은 다음과 같은 것이 있을 수 있다. 우선 편지, 전자 메일, 문자 교환하기이다. 과거에는 주로 편지를 교환하는 방법으로 목표어 화자와의 접촉이 이루어졌으나 최근에는 전자 메일(e-mail)이나 휴대폰 문자와 같은 수단을 활용하여 활발하게 접촉할 수 있다. 이 과정에서 한국인들의 글쓰기 관습에 내재한 문화적 맥락을 용이하게 접하고 배울 수 있다. 한국문화를 한국인과 직접 대면하여 배울 수 있는 버디 프로그램(buddy program)도 효과적이다. 많은 대학교에서 외국인 학생과 국내 학생의 친구 맺어 주기 프로그램을 시행하고 있다. 인간적인 친분을 쌓고 서로를 알아 가는 과정에서 자연스럽게 한국의 문화 현상과 문화 관습에 대한 빠른 이해에 도달할 수 있다. 단순한 언어 교환 프로그램이 언어의 교환에 초점을 맞추었다면 버디 프로그램은 홈스테이나 가정방문 등의 기회도 제공함으로써 일상생활 문화와 가족 문화에 대한 실제적인 문화 체험을 제공하는 장점이 있다.

3) 매체를 활용한 한국문화교육 방법

교재 이외에 많이 활용되는 매체를 중심으로 한 한국문화교육 방법을 논의한다. 대표적으로 신문, 잡지와 같은 인쇄 출판물과 매력적인 시청각 자료인 영화와 텔레비전, 그리고 21세기 정보통신 기술의 무한 진보를 반영한 웹을 활용한 교육 방법을 탐색한다.

(1) 출판물

신문, 잡지와 같은 출판물에는 교재에 포함되지 않는 문화 요소가 많다. 신문의 활용은 주로 고급 학습자들을 대상으로 유용하나 부분적으로는 중급의 숙달도를 지닌 학습자들에게도 활용할 수 있다. 신문을 읽고 요약하기나 읽고 기사 완성하기와 같은 쓰기 수업에도 활용할 수 있고, 읽고 토론하기나 읽고 요약하여 발표하기 등과 같이 말하기 수업으로도 활용 가능하다. 또한 고급 학습자들을 대상으로 하여 듣기 수업이나 프로젝트 수업과 같은 통합적인 활동을 수반하는 수업으로도 활용될 수 있다. 신문을 활용한 문화교육에서는 교사가 학습자들에게 외국 신문에 있는 특정 내용의 기사에 대해 비교문화적인 관점에서 토론하게 하는 것이 바람직하다. 머리기사나 광고, 논평, 스포츠, 만화, 일기예보 등과 같은 특정한 내용을 정하여 그 부분에 집중한 문화적 특징을 수업 시간에 다루는 것이 효과적일 수 있다.

(2) 영화

한국문화교육에서 활용될 수 있는 대표적인 시청각 자료가 영화이다. 영화는 시청각 효과를 최대한 활용하여 현장감 있는 교육 효과를 가져 올 수 있고 다양한 사건이 전개되는 흥미 때문에 학습자의 몰입도가 높기 때문이다. 특히 영화는 언어와 문화의 통합 교육을 실현하는 데에도 효과적이다. 영화를 매개로 듣기-말하기, 듣기-쓰기, 듣기-쓰기-말하기, 읽기-듣기-쓰기-말하기 등의 언어 교육과 통합된 수업을 진행할 수 있다. 다만 영화를 활용한 한국문화교육이 학습자의 흥미를 유발하며 한국 사회의 실생활을 이해하는 데에 큰 도움을 주는 살아 있는 문화 학습에 효과적인 것이 분명하지만, 문화교육 자료로 활용될 수 있는 영화를 선정하는 데에 주의해야 한다. 예를 들어 민족 감정을 자극하는 영화라든가, 과도한 폭력이나 선정적인 장면이 많은 영화, 사건 전개가 너무 비약적이고 복잡한 영화 같은 것은 문화교육 자료로서 부적절하다. 또한 한국문화교육에 활용하기 위해서 언어 능력을 고려하여 초·중·고급 대상자라든가 연령별 학습자 수준 등도 감안한 선택이 중요하다.

(3) 텔레비전

한국문화교육을 위해 텔레비전을 활용하는 경우 텔레비전의 텍스트 유형에 따라 뉴스, 드라마, 광고 등을 활용할 수 있다. 뉴스는 현대 한국 사회상을 그대로 제시하고 있어서 한국 현대문화를 이해하기에 적합하다. 또한 객관적인 사실을 일정한 시간 내에 전달해야 하는 역할 때문에 사실적인 정보로 이루어진 간결한 문체의 특성을 지니고 있다. 여기에 보도의 기본인 육하원칙에 해당하는 내용으로 전개되기 때문에 언어 학습에도 효과적이다. TV 드라마는 한국인의 일상적인 삶과 생활을 소재로 다양한 계층의 삶을 자연스럽게 이해할 수 있다는 점에서 효과적이다. 특히 드라마에는 사건을 매개로 한국의 역사, 사회, 정치적인 내용을 이해할 수 있다는 장점이 있다. 그리고 드라마 속 인물들이 구사하는 언어가 현대 한국인들이 사용하는 자연스러운 구어라는 점도 학습 교재로서 유용하다. 하지만 드라마를 활용할 때 시간 관계상 수업 목표에 맞는 편집이 반드시 필요하다는 점에 유의해야 한다.

텍스트 분량과 관련하여 텔레비전 광고는 한국문화교육에서 유용한 자료가 될 수 있다. 짧은 분량에 한국문화의 내용을 압축적으로 담고 있기 때문이다. 대중을 설득하기 위해 메시지를 효과적으로 전달하도록 제작된 광고는 한국 문화에 대한 이해뿐만 아니라 학습자 문화와의 비교에도 용이하다는 장점이 있다.

(4) 인터넷

웹 사이트에는 다양한 문화 내용이 정보화되어 있으므로 이를 찾는 과정에서 자연스럽게 문화교육을 할 수 있다. 최근에 인터넷은 정보 문화, 성취 문화, 행동 문화와 같은 다양한 유형의 문화들을 포괄적으로 담고 있는 중요한 자료의 보고로 등장했다. 이때 학습할 내용에 반복적으로 접근하게 하여 문화 어휘를 익히고 문화적 가치를 학습하도록 하는 교육적인 방안이 모색될 수 있다. 예를 들어 한국의 세계문화유산에 대해 인터넷에서 찾게 할 때 한국의 세계문화유산에 대한 이미지 찾기, 해당 문화유산이 만들어진 연도를 중심으로 연도별 문화유산 정리하기, 해당 문화유산이 있는 곳을 표시한 문화유산 지도 만들기 등의 방법으로 문화를 관찰하고 인식할 수 있도록 유도하는 것이 필요하다. 여기에서 중요한 것은 단순히 웹 자료를 활용하는 것이 아니라 학습자가 의식적으로 문화를 학습할 수 있도록 해야 한다는 점이다. 이때 학습자가 자국 문화와 비교를 할 수 있도록 유도한다. 문화 간 비교를 할 수 있는 문화 내용을 제시하여 문화 간 의사소통을 유도할 수 있는 것이다.

4. 맺음말

이상 다룬 '한국문화교육의 이해'와 '한국문화교육의 방법'을 정리하면 다음과 같다.

① 문화는 '한 인간 집단의 생활양식의 총체'이며 '그 속에서 사는 사람들의 행동과 사고, 산물의 총체'를 의미한다. 그러므로 한국어 교육에서 문화교육의 내용은 총체적인 한국 이해이다.

② 한국어교육에서 문화교육은 학습자의 흥미를 유발하고 학습 동기를 고취시킨다. 또한 한국문화의 올바른 이해 없이는 학습자가 심리적인 문화 적응에 도달하지 못하기 때문에 한국문화교육이 필요하다.

③ 상호문화적 의사소통 능력은 문화 충돌 및 갈등이 일어날 수 있는 상황에서 학습자가 문화를 보는 시각, 문화에 대한 태도가 문제임을 자각하고 열린 태도로 낯선 문화를 존중하며 각 문화의 가치를 인정하는 능력이다.

④ 문화교육에서는 자문화 우월주의나 타 문화 숭배를 피해야 하며 학습자의 자문화에 대한 이해와 존중을 강조하고 문화 내용의 사회적 맥락을 강조하는 것이 중요하다.

⑤ 한국문화교육의 내용은 한국문화의 의미가 총체적인 시각으로 이해될 수 있도록 범주 설정을 하는 것이 필요하며, 이를 통해 한국문화에 대한 심도 있는 이해와 한국 생활의 원만한 적응이 이루어질 수 있도록 하는 것이 중요하다.

⑥ 한국문화교육의 구체적인 방법은 교실 내 활동과 교실 밖 활동으로 나눌 수 있다. 교실 내 활동은 목표 문화에 대한 학습자의 흥미와 관심을 지속시키기 위해 교실 환경을 갖춰 목표 문화에 대한 이해를 돕는다. 교실 밖 활동은 학습자의 적극적인 활동을 기반으로 목표 문화의 심도 있는 내용도 이해할 수 있다.

⑦ 실물 교재와 다양한 시청각 자료를 제시하는 문화 캡슐 방법에서는 교사가 목표 문화와 학습자 문화 간 차이를 논의하며 토론을 이끌어 내는 것이 중요하다.

⑧ 문화감지도구를 활용한 문제 해결하기는 목표 문화의 특징적인 문화

적 행위와 가치가 포함된 상황에 자연스럽게 적응하게 하기 위해 갈등
이나 부적응을 유발할 수 있는 문제를 해결하기 위한 방법이다. 이를
통해 문화 차이를 극복할 수 있다.

⑨ 영화를 활용한 한국문화교육은 학습자의 흥미를 유발하고 한국사회의
실생활을 이해하는 데 큰 도움을 줄 수 있지만 학습 대상자의 수준을
고려한 영화 선택이 중요하다.

⑩ 인터넷 사용이 급증하고 있는 요즘 인터넷을 활용한 한국문화교육이
활발히 전개되고 있다. 단순히 인터넷 자료를 활용하는 것이 아니라
학습자가 자율적이고 자기 주도적인 학습이 가능하다는 점을 인식하
는 것이 중요하다.

1. 다음 중 한국어교육에서 문화교육의 필요성을 기술한 것으로 적절하지
   못한 것은?
   ① 효과적인 언어 교육이란 목표 언어가 구체적으로 실행되는 문화를 제대
      로 이해할 때 가능하기 때문에 문화교육은 필요하다.
   ② 한국어교육에서 문화교육은 한국어에 대한 흥미를 유발하고 학습 동기
      를 고취시킨다.
   ③ 한국에 대한 긍정적인 이미지를 가르치는 일은 국익에 도움이 되기 때
      문에 문화교육은 필요하다.
   ④ 한국문화에 대한 올바른 이해 없이는 학습자가 심리적인 문화 적응에
      도달하지 못하기 때문에 한국문화교육은 필요하다.

2. 다음 중 한국어교육에서 한국문화를 가르치는 교사의 바람직한 태도는?
   ① 학습자들이 한국문화를 비교문화적 관점에서 이해할 수 있도록 유도
      한다.
   ② 폭넓은 문화 어휘를 구사하는 것은 한국문화 내용을 풍부하게 제시할
      수 있는 첩경이므로 가능한 한 수업시간에 많은 문화 어휘를 암기할 수
      있도록 한다.
   ③ 문화 학습이란 결국 문화 동화에 도달하는 것이므로 가능한 한 한국문
      화에 빨리 동화될 수 있도록 배려한다.
   ④ 문화 지식을 전달함에서 있어서 문화 맥락을 고려할 필요는 없다.

3. 한국문화교육 시간에 영화를 활용할 때 얻게 될 장점이 아닌 것은?
   ① 학습자의 흥미를 높일 수 있다.
   ② 현장감 있는 교육을 할 수 있다.
   ③ 언어와 문화의 통합 교육을 실현할 수 있다.
   ④ 한국문화의 우수성을 쉽게 알릴 수 있다.

4. 다음 중 교실에서 이루어지는 문화교육 방법으로 적절하지 <u>않은</u> 것은?

   ① 설문조사하기
   ② 교실 환경 갖추기
   ③ 문화감지도구를 활용한 문제 해결하기
   ④ 역할극 해 보기

풀 이

1. [③]. 문화교육은 자문화 우월주의나 자국의 이익에서 벗어나 서로 다른 문화 간의 의사소통 능력을 향상하여 문화 적응을 용이하게 하는 것에 목표가 있다.

2. [①]. 한국어교육에서 한국문화교육은 일방적으로 문화 지식을 전달하거나, 자문화 우월주의를 내세워 문화 동화를 유도하는 교육이 아니다. 학습자의 수준을 고려하여 필요한 문화 내용을 맥락에 따라 학습자의 모국 문화와 비교하며 제시하여야 한다. 이를 통해 문화 동화를 유도하는 것이 아니라 문화 적응에 도달하는 것이 목표라 할 수 있다.

3. [④]. 문화교육에서 하지 말아야 하는 점은 목표 문화의 우수성을 강조하는 것이다.

4. [①]. 설문조사하기는 주로 교실 밖 활동으로 진행된다.

참고문헌

강승혜 외(2010), 『한국문화교육론』, 형설출판사.

강현화(2002), "한국어문화 어휘의 선정과 기술에 관한 연구", 박영순 편, 『21세기 한국어교육학의 현황과 과제』, 한국문화사.

국제한국어교육학회 편(2005), 『한국어교육론 2』, 한국문화사.

권오현 외(2013), 『다문화 교육의 이해』, 서울대학교출판문화원.

서울대학교 국어교육연구소 편(2014), 『한국어 교육학 사전』, 도서출판 하우.

성기철(2001), "한국어교육과 문화교육", 『한국어교육』 12-2.

이선이(2003), "문학을 활용한 한국문화교육방법", 『한국어교육』 14-1, 국제한국어 교육학회, pp. 153-171.

_____(2005), "'영화 '태극기 휘날리며'를 활용한 한국문화교육 방안", 『언어와 문화』 1-2.

_____(2007), "문화인식과 문화교육 — 한국문화교육을 위한 제언", 『언어와 문화』 3-1.

임경순(2009), 『한국어문화교육을 위한 한국문화의 이해』, 한국외국어대학교 출판부.

한상미(1999), "한국어교육에서 언어와 문화의 통합적인 교육 방안 — 의사소통 민족지학 연구 방법론의 적용", 『한국어교육』 10-2.

황인교(2008), "여성 결혼 이민자를 위한 한국문화교육 연구", 『언어와 문화』 4-3.